ମହନ୍ତରୁ ମୁଖ୍ୟମନ୍ତ୍ରୀ

ମହନ୍ତରୁ ମୁଖ୍ୟମନ୍ତ୍ରୀ

ମୂଳ ରଚନା
ଶାନ୍ତନୁ ଗୁପ୍ତା

ଅନୁସୃଜନ
ନବଜ୍ୟୋତି ରାୟ

BLACK EAGLE BOOKS
2021

BLACK EAGLE BOOKS
USA address:
7464 Wisdom Lane
Dublin, OH 43016

India address:
E/312, Trident Galaxy, Kalinga Nagar,
Bhubaneswar-751003, Odisha, India

E-mail: info@blackeaglebooks.org
Website: www.blackeaglebooks.org

First International Edition Published by
BLACK EAGLE BOOKS, 2021

MAHANTA RU MUKHYAMANTRI
by **Shantanu Gupta**
Translated by **Nabajyoti Ray**

Original Copyright © **Shantanu Gupta**
Translation Copyright © **Nabajyoti Ray**

All rights reserved. No part of this publication may be reproduced, stored in a retrieval system, or transmitted, in any form or by any means, electronic, mechanical, photocopying, recording or otherwise without the prior permission of the publisher.

Cover & Interior Design: Ezy's Publication

ISBN- 978-1-64560-215-6 (Paperback)

Printed in United States of America

ମୁଖବନ୍ଧ

ଯୋଗ ହେଉଛି ଭାରତ ଏବଂ ଏହାର ମହାନ ଧର୍ମ ସଭ୍ୟତା ପାଇଁ ହଜାରେ ବର୍ଷର ପରିଭାଷିତ ଶବ୍ଦ । ଶହେ ବର୍ଷ ପୂର୍ବେ ସ୍ୱାମୀ ବିବେକାନନ୍ଦ ପ୍ରଥମେ ପଶ୍ଚିମକୁ ଯାତ୍ରା କରିବା ପରେ ଯୋଗର ବିଶ୍ୱବ୍ୟାପୀ ବିସ୍ତାର ଏକ ରାଷ୍ଟ୍ର ଭାବରେ ବିକାଶ ସହିତ ସମାନ୍ତରାଳ ଭାବେ ହୋଇଛି ।

ମାର୍ଚ୍ଚ ୨୦୧୭ରେ ପ୍ରସିଦ୍ଧ ଗୋରଖନାଥ ମଠର ମୁଖ୍ୟ ଯୋଗୀ ଆଦିତ୍ୟନାଥ ଭାରତର ସର୍ବାଧିକ ଜନବହୁଳ ରାଜ୍ୟ ଉତ୍ତରପ୍ରଦେଶର ମୁଖ୍ୟମନ୍ତ୍ରୀ ହେଲେ । ଅନେକଙ୍କୁ ଆଶ୍ଚର୍ଯ୍ୟ କରିଥିବା ତାଙ୍କର ଏହି ନିଯୁକ୍ତି ଯୋଗ ଏବଂ ଭାରତର ଜାତୀୟ ଜାଗରଣ ମଧ୍ୟରେ ଚାଲିଥିବା ସମ୍ପର୍କର ଏକ ନୂତନ ଅଧ୍ୟାୟକୁ ଚିହ୍ନିତ କରେ ।

ଭାରତର ବର୍ତ୍ତମାନର ଯଶସ୍ୱୀ ପ୍ରଧାନମନ୍ତ୍ରୀ ଶ୍ରୀ ନରେନ୍ଦ୍ର ମୋଦୀ ଆନ୍ତର୍ଜାତୀୟ ଯୋଗ ଦିବସ ପ୍ରତିଷ୍ଠା ଏବଂ ବିଦ୍ୟାଳୟରେ ଯୋଗ ଶିକ୍ଷା ସାମିଲ କରିବା ସହିତ ଏହି ସଂଯୋଗ ଉପରେ ଗୁରୁତ୍ୱାରୋପ କରିଛନ୍ତି । ଯୋଗୀ ଆଦିତ୍ୟନାଥଙ୍କୁ ଚୟନ କରି, ଯେଉଁଭଳି ଭାବେ ମୋଦୀ ନେତୃତ୍ୱ ନେଉଛନ୍ତି, ତାହା ଏକ ନୂତନ ଭାରତର ଏହି ଯୋଗ ଦର୍ଶନର ପରିଚୟ ଦେଉଛି । ମୂଲ୍ୟବୋଧ ଭିତ୍ତିକ ଯୋଗ ଏବଂ ଯୋଗାଭ୍ୟାସ ଆମର କର୍ତ୍ତବ୍ୟକୁ ଭଲ ଭାବରେ କାର୍ଯ୍ୟକାରୀ କରିବାରେ ସାହାଯ୍ୟ କରିପାରିବ ଏବଂ ଏକ ସମୃଦ୍ଧ ତଥା ସଚେତନ ସମାଜ ସୃଷ୍ଟି କରିବ । ଏହା ବିଶେଷ ଭାବରେ ଯୋଗ ଭୂମି ଭାରତରେ ପ୍ରାସଙ୍ଗିକ ଏବଂ ଫଳପ୍ରଦ ।

ଗୋରଖଧାମ ମଠ ଦେଶରେ ଯୋଗ ଜ୍ଞାନର ଅନ୍ୟ ସମ୍ମାନଜନକ ଆସନ ମଧ୍ୟରୁ ଅନ୍ୟତମ । ମଠକୁ ପ୍ରତିନିଧିତ୍ୱ କରୁଥିବା ଯୋଗୀ ଗୋରଖନାଥ କାହିଁ କେତେ ଶତାବ୍ଦୀରୁ ଭାରତର ଯୋଗୀମାନଙ୍କ ମଧ୍ୟରେ ପ୍ରଭାବଶାଳୀ ରହି ଆସିଛନ୍ତି । ସେ ହଠ ଯୋଗ ଏବଂ ଏହାର ମନଭୌତିକ ଅଭ୍ୟାସ ଏବଂ ସିଦ୍ଧ ଯୋଗ ଏବଂ ଏହାର ଗଭୀର ଧ୍ୟାନ ଅଭ୍ୟାସଗୁଡ଼ିକର ଜଣେ ପ୍ରସିଦ୍ଧ ପ୍ରଦର୍ଶକ ଥିଲେ ।

ଗୋରଖଧାମ ମଠର ପ୍ରତିନିଧିତ୍ୱ କରୁଥିବାରୁ ଯୋଗୀ ଆଦିତ୍ୟନାଥ ନାଥ ଯୋଗର ଏହି ଆଦରଣୀୟ ପରମ୍ପରାକୁ ନିର୍ବାହ କରନ୍ତି ଯାହାକି ବହୁ ବର୍ଷ ପୂର୍ବରୁ ପୁରା ଦକ୍ଷିଣ ଏସିଆରେ ବିସ୍ତାର ଲାଭ କରିଥିଲା ଏବଂ ଯୋଗର ପ୍ରକାଶରେ ଏ ଅଞ୍ଚଳକୁ ଆଲୋକିତ କରିଥିଲା। ଜଣେ ନାଥ ଯୋଗୀ ଭାବରେ ଯୋଗୀ ଆଦିତ୍ୟନାଥଙ୍କ ନିକଟରେ ଏପରି ପ୍ରଶିକ୍ଷଣ ଏବଂ ଐତିହ୍ୟ ରହିଛି। ଯାହା ଆଜିର ରାଜନୈତିକ ବ୍ୟକ୍ତିବିଶେଷଙ୍କ ମଧ୍ୟରେ ଅଦ୍ୱିତୀୟ ଅଟେ।

ନାଥ ଯୋଗୀମାନେ ହିନ୍ଦୁ ଶୈବ ଅଟନ୍ତି, କିନ୍ତୁ ଶୈବ ଧର୍ମ ଏବଂ ସନାତନ ଧର୍ମର ସର୍ବଭାରତୀୟ ଦୃଷ୍ଟିକୋଣରେ ଧାର୍ମିକ ତଥା ସାଂସ୍କୃତିକ ପୃଷ୍ଠଭୂମି ନିର୍ବିଶେଷରେ ସମସ୍ତ ଲୋକଙ୍କ ସୁବିଧା ପାଇଁ ସେମାନଙ୍କର ଶିକ୍ଷା ବାଣ୍ଟନ୍ତି। ଉଭୟ ଆଧ୍ୟାତ୍ମିକ ଜାଗରଣ ଏବଂ ମାନବିକତାକୁ ସେବା ଯୋଗାଇବା ପାଇଁ ଲକ୍ଷ୍ୟ ରଖାଯାଇଥିବା କଠୋର ଶପଥ ଏବଂ ପ୍ରଥାକୁ ସେମାନେ ଅନୁସରଣ କରନ୍ତି। ଐତିହାସିକ ଭାବରେ ନାଥ ଯୋଗୀମାନେ ମନ୍ଦିର ଏବଂ ପବିତ୍ର ସ୍ଥାନଗୁଡିକର ସୁରକ୍ଷା ପାଇଁ ସେବା କରିଥିଲେ।

ଯଦିଓ ଯୋଗୀ ଆଦିତ୍ୟନାଥ ଭାରତରେ ମୁଖ୍ୟମନ୍ତ୍ରୀ ହୋଇଥିବା ପ୍ରଥମ ଯୋଗୀ, ଆମର ସ୍ମରଣ ରହିବା ଉଚିତ୍ ଯେ ଶ୍ରୀ ଅରବିନ୍ଦଙ୍କ ପରି ମହାନ ଯୋଗୀ ଭାରତର ସ୍ୱାଧୀନତା ଆନ୍ଦୋଳନରେ ଏକ ପ୍ରମୁଖ ଭୂମିକା ଗ୍ରହଣ କରିଥିଲେ। ଯୋଗେଶ୍ୱର ଶ୍ରୀକୃଷ୍ଣଙ୍କ ଭଗବଦ୍ ଗୀତା ସମଗ୍ର ରୂପରେ ଏହି ଆନ୍ଦୋଳନକୁ ପ୍ରେରିତ କରିଛି ଏବଂ ଭାରତର ସବୁଠୁ ବିଶିଷ୍ଟ ଏବଂ ବ୍ୟାପକ ରୂପରେ ପଢା ଯାଉଥିବା ପୁସ୍ତକ ହୋଇ ରହିଛି।

ଗୋରଖନାଥ ମଠର ଅଧ୍ୟକ୍ଷ ଏବଂ ପ୍ରତିଷ୍ଠିତ ଗୁରୁ ଦିଗ୍‌ବିଜୟନାଥଙ୍କ ଶିଷ୍ୟ ପ୍ରଣମ୍ୟ ମହନ୍ତ ଅଭେଦ୍ୟନାଥଙ୍କଠାରୁ ୧୯୯୪ ମସିହାରେ ଯୋଗୀ ଆଦିତ୍ୟନାଥ ଦୀକ୍ଷାଗ୍ରହଣ କରିଥିଲେ। ୨୦୧୪ରେ ଅଭେଦ୍ୟନାଥଙ୍କ ମହାପ୍ରୟାଣ ପରେ ଯୋଗୀ ଆଦିତ୍ୟନାଥ ନିଜେ ମଠର ମୁଖ୍ୟ ହେଲେ।

୧୯୯୮ରେ ମାତ୍ର ୨୬ ବର୍ଷ ବୟସରେ ଯୋଗୀ ଆଦିତ୍ୟନାଥ ଗୋରଖପୁର ଲୋକସଭା ନିର୍ବାଚନ ଆସନରୁ ନିର୍ବାଚନ ଲଢିଲେ ଓ ସର୍ବକନିଷ୍ଠ ସଭ୍ୟ ଭାବେ ସଂସଦରେ ପ୍ରବେଶ କଲେ ଏବଂ ଆଜି ଯାଏ ସେ ଗୋଟିଏ ହେଲେ ନିର୍ବାଚନ ହାରିନାହାନ୍ତି। ସେ ନିଜ ଗୁରୁ ମହନ୍ତ ଅଭେଦ୍ୟନାଥଙ୍କଠାରୁ ଏହି ଆସନ ଗ୍ରହଣ କରିଥିଲେ, ଯିଏ କି ସମାନ ମୂଲ୍ୟବୋଧ ଯୁକ୍ତ ଯୋଗ ଅନୁଯାୟୀ ଦେଶ ପାଇଁ ବହୁ ବର୍ଷ ଧରି କାର୍ଯ୍ୟ କରିଆସୁଥିଲେ। ତାଙ୍କ ମଠରେ ମହିଳା, ଯୁବକ ଏବଂ ଗରିବଙ୍କ ସମେତ ସମାଜର ସମସ୍ତ ବର୍ଗଙ୍କ ପାଇଁ ଅନେକ ଉନ୍ନତିମୂଳକ କାର୍ଯ୍ୟକ୍ରମ ରହିଛି। ବର୍ଷ ବର୍ଷ ଧରି ଲୋକସଭା କାର୍ଯ୍ୟ ଓ ସମିତିରେ

ସକ୍ରିୟ ଭୂମିକା ତୁଲାଇଥିବାରୁ ଯୋଗୀ ଆଦିତ୍ୟନାଥଙ୍କ ନିକଟରେ ଉତ୍ତରପ୍ରଦେଶ ପରି ରାଜ୍ୟ ଚଳାଇବାକୁ କେବଳ ଏକ ଆଧ୍ୟାତ୍ମିକ ଅନୁଭବ ନୁହେଁ, ବରଂ ଆବଶ୍ୟକ ବ୍ୟାପକ ସରକାରୀ ଅନୁଭବ ମଧ୍ୟ ଅଛି । ସାଧାରଣ ଲୋକଙ୍କ ସହ ସାକ୍ଷାତ କରିବା ଏବଂ ସେମାନଙ୍କ ସମସ୍ୟା ବିଷୟରେ ସବୁସ୍ତରରେ ଆଲୋଚନା କରିବା ପାଇଁ ସେ ନିୟମିତ ଜନତା ଦରବାର ପରିଚାଳନା କରନ୍ତି । ଯୋଗୀ ଆଦିତ୍ୟନାଥ ଯୋଗର ମନୋଭାବ ଏବଂ ମୂଲ୍ୟବୋଧକୁ ପ୍ରତିଫଳିତ କରି ଶିକ୍ଷାର ଉନ୍ନତି ପାଇଁ ଭିତ୍ତିଭୂମି ଏବଂ ଅପରାଧ ତଥା ଦୁର୍ନୀତିର ମୁକାବିଲା ପାଇଁ କାର୍ଯ୍ୟ କରିଛନ୍ତି ।

ଏମିତି ଅସାଧାରଣ ଉପଲବ୍ଧି ସହ ୪୪ ବର୍ଷୀୟ ନେତା ଯୋଗୀ ଆଦିତ୍ୟନାଥ ଏପରି ଜଣେ ନେତା ଯାହାଙ୍କ ନିୟତି ଆସୁଥିବା ଦଶନ୍ଧି ଦଶନ୍ଧି ଧରି ଭାରତୀୟ ରାଜନୀତିରେ ଏକ ପ୍ରମୁଖ ବ୍ୟକ୍ତି ହୋଇ ରହିବାର ସମ୍ଭାବନାକୁ ଦେଖାଏ । ଦୁଃଖର ବିଷୟ ଯେ, ପୂର୍ବ ପ୍ରଶାସନର ଅଧୀନରେ ବ୍ୟାପକ ଭ୍ରଷ୍ଟାଚାର ସମେତ ରାଜ୍ୟ ଦଶନ୍ଧି ଧରି ଦୁର୍ନୀତି ଏବଂ ବିକାଶ ଅଭାବରୁ ପୀଡିତ । ଯଦିଓ ଉତ୍ତରପ୍ରଦେଶ ଭାରତର ସାଂସ୍କୃତିକ ପ୍ରାଚୀନତମ କେନ୍ଦ୍ର, କୁଶାସନ ଏବଂ ବିଭ୍ରାନ୍ତିକର ଆତ୍ମୀୟତା ଏହାକୁ ଦେଶର ଅନ୍ୟତମ ପଛୁଆ ଅଞ୍ଚଳ ଭାବରେ ରଖିଛି । ଏହା ରାଜ୍ୟର ଉନ୍ନତି ପାଇଁ ଏକ କଠିନ ଆହ୍ୱାନ ଏବଂ ଯୋଗୀ ଆଦିତ୍ୟନାଥଙ୍କ ପରି ନିଷ୍ଠାବାନ ତଥା ଦୃଢ ସଂକଳ୍ପ ରଖୁଥିବା ନେତାଙ୍କ ଦ୍ୱାରା ଏହା ସମ୍ଭବ ହୋଇପାରିବ । ତାଙ୍କର ବିଶେଷ ପୃଷ୍ଠଭୂମି ଯୋଗୁଁ ଆଜି ଲୋକମାନେ ଆଦିତ୍ୟନାଥ କ'ଣ ପ୍ରତିନିଧିତ୍ୱ କରୁଛନ୍ତି ଏବଂ ତାଙ୍କ ବିଷୟରେ ଅଧିକ ଜାଣିବା ଜରୁରୀ ଅଟେ ।

ଶାନ୍ତନୁ ଗୁପ୍ତା ନିକଟରେ ପ୍ରଧାନମନ୍ତ୍ରୀଙ୍କ ମନ ବି ବାତ୍ ସଂକଳନ ଲେଖିଛନ୍ତି ଏବଂ ପ୍ରଧାନମନ୍ତ୍ରୀ ନରେନ୍ଦ୍ରମୋଦିଙ୍କ ମାସିକ ରେଡିଓ ବାର୍ତ୍ତାରୁ ମୋଦୀଙ୍କ ଚିନ୍ତାଧାରା ଏବଂ ମାର୍ଗଦର୍ଶନ ସ୍ପଷ୍ଟ କରିଛନ୍ତି । 'ଦି ମଙ୍କ ହୁ ବିକେମ ଚିଫ୍ ମିନିଷ୍ଟର' ବା ମହନ୍ତରୁ ମୁଖ୍ୟମନ୍ତ୍ରୀ ହୋଇଥିବା ବହିରେ ଶାନ୍ତନୁ ଯୋଗୀ ଆଦିତ୍ୟନାଥଙ୍କ ଜୀବନର ଏକ ବିସ୍ତୃତ ବିଶ୍ଳେଷଣ ପ୍ରଦାନ କରିଛନ୍ତି ଏବଂ ଏଥିରେ ଯୋଗୀଙ୍କ ବ୍ୟକ୍ତିଗତ ସାଧାରଣ ତଥା ଆଧ୍ୟାତ୍ମିକ ଦିଗର ବିଶେଷ ସୂଚନା ସହ ନିକଟତର ଘଟିଥିବା ନିର୍ବାଚନ ସମ୍ପର୍କିତ ସମ୍ପୂର୍ଣ୍ଣ ତଥ୍ୟ ପ୍ରଦାନ କରିଛନ୍ତି ।

ନୂତନ ଭାରତର ଏହି ଯୁବ ତଥା ପରିବର୍ତ୍ତନକାରୀ ନେତାଙ୍କ କାହାଣୀର ତଲ୍ଲୀନ ହେବା ତଥା ପାଠକମାନଙ୍କୁ ଆକର୍ଷିତ କରିବା, ଏହି ପୁସ୍ତକ ଯୋଗୀଙ୍କ ଚରିତ୍ରକୁ ଜୀବନ୍ତ କରିଛି ଏବଂ ଆମକୁ ତାଙ୍କର ପ୍ରମୁଖ ଧାରଣା ଏବଂ ବକ୍ତବ୍ୟ ବୁଝିବାକୁ ଅନୁମତି ଦେଇଛି ତଥା ତାଙ୍କର ଦୃଢ ଚରିତ୍ର ଏବଂ ନିଷ୍ଠାକୁ ପ୍ରଶଂସା କରିଛି ।

'ମହନ୍ତରୁ ମୁଖ୍ୟମନ୍ତ୍ରୀ' ହୋଇଥିବା ପୁସ୍ତକଟି ଭଲଭାବରେ ଅନୁସନ୍ଧାନ କରାଯାଇଥିବା ବିସ୍ତୃତ ତଥ୍ୟ ସମ୍ବଳିତ ଏବଂ ଆଲୋକିତ ମନ୍ତବ୍ୟ ପୂର୍ଣ୍ଣ ପୁସ୍ତକ ଅଟେ। ଏହି ପୁସ୍ତକର ଯୋଗୀଙ୍କ କାର୍ଯ୍ୟାବଳୀର ସମସ୍ତ ଦିଗ ସହ ତାଙ୍କ ଆଖପାଖରେ ଘଟିଥିବା ବିବାଦୀୟ ତଥ୍ୟ ମଧ୍ୟ ସାମିଲ ହୋଇଛି। ଏହା ଆଗାମୀ ବର୍ଷ ଗୁଡ଼ିକ ପାଇଁ ଏକ ପ୍ରାଧିକୃତ ଅଧ୍ୟୟନ ହେବାର ସମ୍ଭାବନା ରଖେ।

ଏହା ସତ୍ୟ ଯେ ଭାରତରେ ବାମପନ୍ଥୀମାନେ ଅନେକ ଦିନରୁ ମୋଦିଙ୍କୁ ବିରୋଧ କରିବା ପରି ଯୋଗୀ ଆଦିତ୍ୟନାଥ ଯାହା କଲେ ବି ତାକୁ ବିରୋଧ କରିବେ। ଭାରତ ବିଷୟରେ ନକରାତ୍ମକ ଔପନିବେଶିକ ବ୍ୟାଖ୍ୟାନ ସୃଷ୍ଟି କରୁଥିବା କିଛି ପାଶ୍ଚତ୍ୟ ପ୍ରକାଶନଙ୍କୁ ଏହି ବିରୋଧ ବିସ୍ତାର କରିଯାଇଛି। ଏହି ସଂଭାବିତ ବିକୃତିକୁ ଦୃଷ୍ଟିରେ ରଖି, ଏ ପୁସ୍ତକ ଯୋଗୀଙ୍କର ଏକ ସନ୍ତୁଳିତ ଦୃଶ୍ୟ ପ୍ରଦାନ କରିଥାଏ ଯାହାକି କୌଣସି ଭୁଲ ତଥ୍ୟକୁ ପ୍ରତିହତ କରିବାର କ୍ଷମତା ରଖେ।

ଆଜି ଉଚ୍ଚ ବୈଷୟିକ ଯୁଗରେ ଏକ ନୂତନ ଜଗତ ଆରମ୍ଭ ହେଉଛି ଏବଂ ଏହା ସହିତ ଏକ ନୂତନ ଭାରତର ମଧ୍ୟ ଉଦୟ ହେଉଛି, ଯାହାକୁ ନେହେରୁ ଏବଂ ମାର୍କ୍ସଙ୍କ ପରବର୍ତ୍ତୀ ଯୁଗ ବୋଲି କୁହାଯାଇପାରେ। ପ୍ରଧାନମନ୍ତ୍ରୀ ମୋଦୀଙ୍କ ନୂତନ ଦୃଷ୍ଟିକୋଣରେ ଭାରତ ବର୍ତ୍ତମାନ ବିଶ୍ୱର ଦ୍ରୁତ ବିକାଶଶୀଳ ଅର୍ଥନୀତି ଏବଂ ବିଶ୍ୱ କୂଟନୈତିକ ତଥା ଆନ୍ତର୍ଜାତୀୟ ସମ୍ପର୍କର ଅନ୍ୟତମ ପ୍ରଭାବଶାଳୀ ଦେଶ ଅଟେ। ସ୍ୱତନ୍ତ୍ର ଭାବରେ ଭାରତ ମାନବିକତାର ପୁରାତନ ଆଧ୍ୟାତ୍ମିକ ପରମ୍ପରାକୁ ସଂରକ୍ଷଣ କରିବା ସହିତ ନୂତନ ଜ୍ଞାନ ଏବଂ ବିଶେଷଜ୍ଞଙ୍କୁ ପ୍ରୋତ୍ସାହିତ କରେ ଓ ବିଜ୍ଞାନ ଏବଂ ସୂଚନା ପ୍ରଯୁକ୍ତିବିଦ୍ୟାର ଏକ ବିରଳ ମିଶ୍ରଣ ଯୋଗାଏ, ଯାହାକୁ ଯୋଗୀ ଆଦିତ୍ୟନାଥ ସମର୍ଥନ କରନ୍ତି।

ଯୋଗୀ ଆଦିତ୍ୟନାଥ ଭବିଷ୍ୟତ ପାଇଁ ଜଣେ ଜାତୀୟ ତଥା ବୈଶ୍ୱିକ ନେତୃତ୍ୱ। ସେ ଭାରତର ନୂତନ ଆକାଂକ୍ଷା ରଖୁଥିବା ପିଢ଼ିଙ୍କୁ ପ୍ରତିନିଧିତ୍ୱ କରନ୍ତି, ଯାହାର ଲକ୍ଷ୍ୟ ଭାରତର ପୁରାତନ ଓ ଗହନ ସଭ୍ୟତାକୁ ତ୍ୟାଗ ନ କରି ଦେଶର ବିକାଶ କରିବା ଆସନ୍ତୁ ଯତ୍ନର ସହ ତାଙ୍କ ଦ୍ୱାରା ଆସୁଥିବା ମାର୍ଗଦର୍ଶନକୁ ପାଳନ କରିବା। ସେ ଯୋଗ ମୂଲ୍ୟବୋଧ ନେତୃତ୍ୱର ଏକ ନୂତନ ପ୍ରଣାଳୀକୁ ବିଶ୍ୱକୁ ପ୍ରଦର୍ଶନ କରି ରାଜ୍ୟ ତଥା ତାଙ୍କ ଦେଶକୁ ଉନ୍ନତ କରି ନିଜ ସମାଲୋଚକମାନଙ୍କୁ ଆଶ୍ଚର୍ଯ୍ୟ କରିଦେଇପାରନ୍ତି।

ଡା. ଡେଭିଡ୍ ଫ୍ରଲେ (ବାମଦେବ ଶାସ୍ତ୍ରୀ)
ପଦ୍ମଭୂଷଣ ପ୍ରାପ୍ତ ଏବଂ ଆମେରିକାନ୍ ଷ୍ଟଡିଜ୍
ଅଫ୍ ବେଦିକ ସାଇନ୍ସ ଅନୁଷ୍ଠାନର ପ୍ରତିଷ୍ଠାତା

ଉପକ୍ରମଣିକା

୨୦୧୭ ମାର୍ଚ୍ଚ ୧୯ ତାରିଖରେ ଯୋଗୀ ଆଦିତ୍ୟନାଥ ଉତ୍ତରପ୍ରଦେଶର ଏକୋଇଶିତମ ମୁଖ୍ୟମନ୍ତ୍ରୀ ଭାବେ ଶପଥ ନେଲେ। ଆପଣମାନେ ହୁଏତ ଗଣମାଧ୍ୟମରୁ କିଛି ସତ୍ୟ ଓ କିଛି ମନଗଢା ଅତିରଞ୍ଜିତ କାହାଣୀରୁ ତାଙ୍କ ବିଷୟରେ କିଛି ଜାଣିଥିବେ। କିନ୍ତୁ ଯୋଗୀ ଆଦିତ୍ୟନାଥଙ୍କୁ ବାସ୍ତବରେ ବୁଝିବାକୁ ହେଲେ ଆହୁରି ବହୁତ କଥା ଜାଣିବାର ଅଛି।

ଏହି ଜୀବନୀ ଆପଣଙ୍କୁ ଯୋଗୀ ଆଦିତ୍ୟନାଥଙ୍କ ଜୀବନର ଚାରୋଟି ବିଭାଗ ପ୍ରତି ଦୃଷ୍ଟି ଆକର୍ଷଣ କରିବ। ୟୁପିର ମୁଖ୍ୟମନ୍ତ୍ରୀ ଭାବରେ ଯୋଗୀଙ୍କ ବର୍ତ୍ତମାନର ଅବତାର, ୨୦୧୭ ୟୁପି ବିଧାନସଭା ନିର୍ବାଚନର ନିର୍ବାଚନୀ ରାଜନୀତି, ଯୋଗୀଙ୍କୁ ୟୁପିର ମୁଖ୍ୟମନ୍ତ୍ରୀ ଭାବରେ ଚୟନ କରିବା ଏବଂ ପଞ୍ଚମ ତାଲ (ୟୁପିର ମୁଖ୍ୟମନ୍ତ୍ରୀ ନିବାସ)ରେ ଯୋଗୀଙ୍କ ପ୍ରାରମ୍ଭିକ ଦିନକୁ ଏହି ପୁସ୍ତକ ଆରମ୍ଭ ହୋଇଛି। ଏହି ଦ୍ୱିତୀୟ ଭାଗରେ ପାଞ୍ଚଥରର ସାଂସଦ ଭାବରେ ଯୋଗୀ ଆଦିତ୍ୟନାଥଙ୍କ ଜୀବନ ସମ୍ବନ୍ଧରେ ଆପଣମାନେ ଜାଣିବେ। ଯେଉଁଥିରେ ସଂସଦୀୟ କାର୍ଯ୍ୟରେ ଯୋଗୀଙ୍କ ସାବଧାନୀ ହସ୍ତକ୍ଷେପ, ତାଙ୍କର ତଥାକଥିତ ବିବାଦାସ୍ପଦ ଭାଷଣ ପଛରେ ଥିବା ସତ୍ୟତା, ପ୍ରେମ-ଜିହାଦ ବିଚାର ପଛରେ ଥିବା ତର୍କ, ପୁନଃ ଧର୍ମାନ୍ତରଣ, ହିନ୍ଦୁ ଯୁବା ବାହିନୀ ଏବଂ ବିଜେପି ସହ ତାଙ୍କ ସମ୍ପର୍କ ସମ୍ବନ୍ଧରେ ତଥ୍ୟ ରହିବ। ପୁସ୍ତକର ତୃତୀୟ ଭାଗରେ ମୁଁ ମୋ ପାଠକମାନଙ୍କୁ ଗୋରଖନାଥ ମଠର ମହନ୍ତ ଯୋଗୀ ଆଦିତ୍ୟନାଥଙ୍କ ଦୈନିକ କଠିନ ଯୋଗଚର୍ଯ୍ୟା, ନାଥପନ୍ଥର ଗୁରୁମାନଙ୍କ ସମ୍ବନ୍ଧରେ ଏବଂ ଦଶନ୍ଧି ଦଶନ୍ଧି ଧରି ମଠର ସାମାଜିକ ରାଜନୈତିକ କାର୍ଯ୍ୟାବଳୀ ସମ୍ବନ୍ଧରେ କହିବି। ଶେଷ ଭାଗରେ ମୁଁ ମୋ

ପାଠକଙ୍କୁ ଉତ୍ତରାଖଣ୍ଡର ଗ୍ରାମୀଣ ଅଞ୍ଚଳରେ, ଗାଈଗୋରୁ, କ୍ଷେତ, ପାହାଡ ଓ ନଦୀ ସହ ନିଜ ପିଲାବେଳ କାଟିଥିବା ଜଣେ ଯୁବ ବାଳକ ଅଜୟ ସିଂ ବିଷ୍ଟଙ୍କ ସମ୍ବନ୍ଧରେ କିଛି ରୋଚକ ତଥ୍ୟ ଦେବି ଯିଏକି ପରେ ଜଣେ ମହନ୍ତ, ଜଣେ ସାଂସଦ ଓ ମୁଖ୍ୟମନ୍ତ୍ରୀ ହୋଇଛନ୍ତି । ବ୍ୟାପକ ଅନୁସନ୍ଧାନ ମାଧ୍ୟମରେ ମୁଁ ଏହି ଜୀବନୀରେ ଯୋଗୀଙ୍କ ନିକଟତମ ଲୋକମାନଙ୍କ ସହ ପ୍ରଥମଥର ପାଇଁ ଅଶୁଣା ଦୃଶ୍ୟ ଏବଂ ଅଦେଖା ଛବି ସବୁ ସଂଗ୍ରହ କରିଛି । ଏହି ପୁସ୍ତକ ଆପଣମାନଙ୍କୁ ଉତ୍ତରାଖଣ୍ଡର ପାହାଡିଆ ଇଲାକାର ଜଣେ ଲାଜକୁଳା ଏବଂ ଅନ୍ତର୍ମୁଖୀ ବାଳକର ଯାତ୍ରା ସମ୍ବନ୍ଧରେ ଅବଗତ କରାଇବ ଯିଏ କି କୋଟଦ୍ୱାରରୁ ବିଜ୍ଞାନ ବିଭାଗର ଆଧୁନିକ ଶିକ୍ଷା ଲାଭ କରିଥିଲେ ଏବଂ ପରେ ସନ୍ନ୍ୟାସ ଗ୍ରହଣ କରି ବୈଦିକ ଶିକ୍ଷା କ୍ଷେତ୍ରରେ କଠୋର ତାଲିମ ନେଇଥିଲେ । ଦଳ ଭିତରେ ଏବଂ ବାହାରେ ଜଣେ ବିଦ୍ରୋହୀ ରାଜନେତା ଭାବେ ପରିଚିତ ଥିବା ଯୋଗୀ ବର୍ତ୍ତମାନ ସମସ୍ତଙ୍କ ସହମତିର ବ୍ୟକ୍ତି ହୋଇସାରିଛନ୍ତି । ଏ ପୁସ୍ତକରେ ଆପଣମାନେ ଦେଖିବେ ଯେ କିପରି ଜଣେ ଭିକ୍ଷୁ ନିଜ ଗୁରୁ ମହନ୍ତ ଅଭେଦ୍ୟନାଥଙ୍କଠୁ ରାଜନୀତିର ସୂକ୍ଷ୍ମକଳା ଶିଖିଲେ ଏବଂ ଉତ୍ତରପ୍ରଦେଶ ରାଜନୀତିର ସର୍ବୋଚ୍ଚ ସ୍ଥାନ ପ୍ରାପ୍ତ କରିବାକୁ ପ୍ରସ୍ତୁତ ହେଲେ । ୨୨ କୋଟି ଜନସଂଖ୍ୟା ଏବଂ ୮୦ଟି ଲୋକସଭା ଆସନ ଥିବା ଏହି ରାଜ୍ୟ ଭାରତର ନିର୍ବାଚନୀ ଗୋଲକଧନ୍ଦାରେ ଏକ ମହତ୍ତ୍ୱପୂର୍ଣ୍ଣ ଅଂଶ ଅଟେ । ଦେଶ ପାଇଁ ସର୍ବାଧିକ ପ୍ରଧାନମନ୍ତ୍ରୀ ଦେଇଥିବା ଇତିହାସ ସହ ଏହି ରାଜ୍ୟ ଯୋଗୀ ଆଦିତ୍ୟନାଥଙ୍କ ରୂପରେ ମୋଦୀଙ୍କ ପରବର୍ତ୍ତୀ ସମୟରେ ପ୍ରଧାନମନ୍ତ୍ରୀ କାର୍ଯ୍ୟାଳୟ ପାଇଁ ଆଉ ଏକ ସମ୍ଭାବନା ସୃଷ୍ଟି କରିଛି । ବର୍ତ୍ତମାନ ଆପଣଙ୍କ ହାତରେ ଭାରତର ସବୁଠାରୁ ଜନବହୁଳ ରାଜ୍ୟର ମୁଖ୍ୟମନ୍ତ୍ରୀ ହୋଇଥିବା ଜଣେ ସନ୍ନ୍ୟାସୀଙ୍କ ଏକ ନିର୍ଦ୍ଦିଷ୍ଟ ଆତ୍ମଜୀବନୀ ଅଛି ।

ଏହି ଜୀବନୀ ଲେଖିବା ସମୟରେ ମୁଁ ଗୋରଖନାଥ ମଠରେ ମହାଯୋଗୀ ଆଦିନାଥ ଭଗବାନ ଶିବଙ୍କଠାରୁ ଉତ୍ପନ୍ନ ହୋଇଥିବା ନାଥ ପନ୍ଥ ସମ୍ବନ୍ଧରେ ଶିକ୍ଷା ଲାଭ କରିବାରେ ସମୟ ବିତାଇଥିଲି । କିପରି ଗୁରୁ ମତ୍ସେନ୍ଦ୍ର୍ୟନାଥ ଓ ଗୁରୁ ଗୋରଖନାଥ ନାଥପନ୍ଥର ଶିକ୍ଷାର ସଂରଚନା କରିଥିଲେ, ସେ ବିଷୟରେ ଜାଣିଥିଲି । ନାଥପନ୍ଥର ବିଭିନ୍ନ ଅନୁଷ୍ଠାନ ଓ ପ୍ରତୀକ ସମ୍ବନ୍ଧରେ ଅନୁସନ୍ଧାନ କରିଥିଲି, ହଠ ଯୋଗର ଅଭ୍ୟାସକାରୀମାନଙ୍କ ବିଷୟରେ ବୁଝିଥିଲି ଏବଂ ଏମିତି ଏକ ପବିତ୍ର ସ୍ଥାନରେ ଠିଆ ହୋଇ ମୁଁ ଶିହରିତ ହୋଇଥିଲି । ଏହା ସେହି ସ୍ଥାନ ଯେଉଁଠାରେ ଗୁରୁ ଗୋରଖନାଥ ଯୋଗାଭ୍ୟାସ କରୁଥିଲେ ଏବଂ ଯୋଗ ଶିକ୍ଷା ଦେଉଥିଲେ । ଯେଉଁଠାରେ ବିଭିନ୍ନ ପବିତ୍ର ଅବସରରେ ଶହ ଶହ ନାଥପନ୍ଥୀ ଯୋଗୀ ଏକତ୍ରିତ ହେଉଥିଲେ, ଯେଉଁଠାରେ

ଆଧୁନିକ ରାମ ଜନ୍ମଭୂମି ଆନ୍ଦୋଳନ ପରିଚାଳନା ହେଉଥିଲା, ଯେଉଁ ମଠ ସାମାଜିକ ଓ ରାଜନୈତିକ ଭାବେ ସକ୍ରିୟ ଥିଲା ଓ ଏହାର ମହନ୍ତମାନେ ଉଭୟ ରାଜ୍ୟ ବିଧାନସଭା ଓ ଜାତୀୟ ସଂସଦରେ ଏ ଅଞ୍ଚଳର ପ୍ରତିନିଧିତ୍ୱ କରିଛନ୍ତି ଏବଂ ଏ ସେହି ମଠ ଯିଏ ଜଣେ ନାଥପନ୍ଥୀ ଯୋଗୀ, ଜଣେ କାନଫଟା ସାଧୁଙ୍କୁ ଉତ୍ତରପ୍ରଦେଶର ଏକୋଇଶିତମ ମୁଖ୍ୟମନ୍ତ୍ରୀ ଭାବେ ପ୍ରଦାନ କରିଛି। ମୁଁ ଅନୁଭବ କରୁଛି ୨୨ କୋଟି ଜନସଂଖ୍ୟା ଥିବା ଏହି ରାଜ୍ୟ ଆଦିନାଥ ଶିବଙ୍କ ବଂଶଜ ଓ ଶିଷ୍ୟ ଥିବା ଜଣେ ମୁଖ୍ୟମନ୍ତ୍ରୀଙ୍କୁ ରାଜ୍ୟର ସେବା କରିବାକୁ ଯାଇ ଧନ୍ୟ ହୋଇଛି ଏବଂ ମୁଁ ମଧ୍ୟ ଜଣେ ସନ୍ନ୍ୟାସୀଙ୍କ କାହାଣୀ ନିଜ ପାଠକମାନଙ୍କ ନିକଟରେ ଉପସ୍ଥାପିତ କରିଥିବାରୁ ନିଜକୁ ଧନ୍ୟ ମନେ କରୁଛି।

ଶାନ୍ତନୁ ଗୁପ୍ତା

ସ୍ୱୀକୃତି

ଯୋଗୀ ଆଦିତ୍ୟନାଥଙ୍କ କାହାଣୀ ମୋ ପାଠକମାନଙ୍କ ନିକଟକୁ ଆଣିବାରେ ମୋତେ ସାହାଯ୍ୟ କରିଥିବାରୁ ଅନେକ ଲୋକ ମୋର ଆନ୍ତରିକ ଧନ୍ୟବାଦ ପାଇବାକୁ ଯୋଗ୍ୟ ଅଟନ୍ତି। ଏ ପୁସ୍ତକ ପ୍ରସ୍ତୁତ ସମୟରେ ମୋ ସହ ସମ୍ପର୍କିତ ସମସ୍ତ ବ୍ୟକ୍ତିଙ୍କୁ ମୋର ହୃଦୟଭରା କୃତଜ୍ଞତା ଜଣାଇବାକୁ ଚାହେଁ। ଯେଉଁମାନଙ୍କ ସହଯୋଗ ବିନା ଏ ପୁସ୍ତକ ପ୍ରସ୍ତୁତି ସମ୍ଭବ ହୋଇନଥାନ୍ତ ତନ୍ମଧ୍ୟରୁ କିଛି ନାମ ମୁଁ ଏଠାରେ ଉଲ୍ଲେଖ କରିବି।

ଯୋଗୀଙ୍କ ପିଲାବେଳ ବିଷୟରେ ଘଣ୍ଟା ଘଣ୍ଟା ଧରି ବର୍ଣ୍ଣନା କରିଥିବା ଏବଂ ଆଜି ଆଦିତ୍ୟନାଥଙ୍କୁ ଆମେ ଯେପରି ପ୍ରଖ୍ୟାତ ନେତୃତ୍ୱ ଭାବେ ପାଇଛୁ, ତା ପଛରେ ଥିବା ଉପାଦାନ ଗୁଡିକ ସମ୍ବନ୍ଧରେ ଅର୍ନ୍ତଦୃଷ୍ଟି ଯୋଗାଇଥିବା ମା ସାବିତ୍ରୀ ଦେବୀ, ପିତା ଆନନ୍ଦ ସିଂ ବିଷ୍ଟ, ଦୀପକ ଚନ୍ଦ୍ରା, ଡଃ ଉମେଶ ତ୍ୟାଗୀ ଆଦି ବ୍ୟକ୍ତିତ୍ୱମାନଙ୍କୁ ମୁଁ ପ୍ରଥମେ ଧନ୍ୟବାଦ ଦେବାକୁ ଚାହିଁବି।

ଯୋଗୀଙ୍କ ଯୁବା ବେଳରେ କୋଟଦ୍ୱାର ଠାରେ ବିତିଥିବା ସମୟ ଏବଂ ଜଣେ ଯୁବକ କିପରି ଉଚ୍ଚତର କାର୍ଯ୍ୟ ପାଇଁ ନିର୍ଦ୍ଧାରିତ ହେଉଥିଲେ, ସେ ସମ୍ବନ୍ଧରେ ଦୃଷ୍ଟିପାତ କରାଇବାରେ ସହାୟକ ହୋଇଥିବା ପଦ୍ମେଶ ବୁଦଲକୋଟି, ଆକାଶ ରାୱତ, ନୀରଦ ଅଗ୍ରୱାଲ, ବବିତାରାଣୀ ଏବଂ ଅନୀଲ ବିଷ୍ଟ ଆଜି ମୋ ସହ ବହୁ ସମୟ ଧରି ଆଲୋଚନା କରିଥିବାରୁ ମୁଁ ସେମାନଙ୍କ ନିକଟରେ କୃତଜ୍ଞ।

ଯୋଗୀ ଆଦିତ୍ୟନାଥଙ୍କ ଋଷିକେଶଠାରେ କଟିଥିବା ଦିନଗୁଡିକ ସମ୍ବନ୍ଧରେ ବିଶଦଭାବେ ବର୍ଣ୍ଣନା କରିଥିବାରୁ ଭରତ ମନ୍ଦିର ମହାବିଦ୍ୟାଳୟ ଶିକ୍ଷକ ବଂଶୀଧର ପୋଖରିୟାଲ, ଡିପିଏସ୍ ରାୱାତ, ଦେବେନ୍ଦ୍ର କୁମାର ବାର୍ଷ୍ଣେ

ଏବଂ ଯୋଗୀଙ୍କ ସହପାଠୀ ଅଜୟ ବିଷ୍ଟ ଆଦି ବ୍ୟକ୍ତିତ୍ୱଙ୍କ ପ୍ରତି ମୋର ଗଭୀର କୃତଜ୍ଞତା। ଭରତ ମନ୍ଦିର ମହାବିଦ୍ୟାଳୟର ଶିକ୍ଷକ ମାନଙ୍କ ସହ ମତେ ଯୋଗାଯୋଗ କରାଇଥିବାରୁ ଶ୍ରୀ ରବି ପ୍ରକାଶଙ୍କୁ ବିଶେଷ କୃତଜ୍ଞତା ଜଣାଉଛି।

ସନ୍ନ୍ୟାସ ନେବା ପରେ ଯୋଗୀଙ୍କ ଜୀବନ ବିଷୟରେ ଜାଣିବାକୁ ମତେ ସହାୟତା କରିଥିବା ଗୋରଖନାଥ ମଠର ସାଧୁ ଗଣ, ଦ୍ୱାରକାନାଥ ତିୱାରୀ, ପ୍ରଦୀପ ରାଓ, ପି.କେ ମଲ ଏବଂ ଅରୁଣେଶ ଶାହୀ ଆଦି ସମସ୍ତଙ୍କ ନିକଟରେ ମୁଁ କୃତଜ୍ଞ। ଯୋଗୀ ଆଦିତ୍ୟନାଥଙ୍କ ନିକଟତମ ଏହି ବ୍ୟକ୍ତିମାନଙ୍କ ସହ ଯୋଗାଯୋଗ କରାଇଦେଇଥିବାରୁ ରାଜ ଭୂଷଣ ସିଂ ରାଓ୍ୱତଙ୍କୁ ମୁଁ ଧନ୍ୟବାଦ ଜଣାଉଛି। ଗୋରଖନାଥ ମଠର କମ୍ପ୍ୟୁଟର ପରିଚାଳକ ଶ୍ରୀ ବିନୟ କୁମାର ଗୌତମ ଆମକୁ ଯୋଗୀ ଆଦିତ୍ୟନାଥଙ୍କ ବିରଳ ଫଟୋ ଯୋଗାଇଥିବାରୁ ମୁଁ ତାଙ୍କ ନିକଟରେ କୃତଜ୍ଞ।

ଏହି ପୁସ୍ତକ ପାଇଁ ଇଣ୍ଟରନେଟ ଗବେଷଣାରେ ମତେ ସହାୟତା କରିଥିବାରୁ ଅକ୍ଷୟ କୁମାର ସିଂ ଏବଂ ପ୍ରଦୀପ ଶର୍ମାଙ୍କୁ ଧନ୍ୟବାଦ।

ଏ ପୁସ୍ତକର ସମ୍ପାଦନା କାର୍ଯ୍ୟରେ ସହାୟତା କରିଥିବାରୁ ସ୍ୱପ୍ନିକା ଡୁଗୁ ଓ ମେଘନା ମୁଖାର୍ଜୀଙ୍କୁ ମୁଁ ଧନ୍ୟବାଦ ଦେଉଛି। ପୁସ୍ତକ ପ୍ରସ୍ତୁତିର ପ୍ରତି ପଦକ୍ଷେପରେ ମତେ ସତ୍ୟ ମତ ଓ ଉପଦେଶ ଦେଇଥିବା ମୋର ବନ୍ଧୁ ସନ୍ଦୀପ ଦେଓ ଏବଂ ରାଜୀବ ତିୱାରୀଙ୍କ ନିକଟରେ ମୁଁ ଗଭୀର କୃତଜ୍ଞ। ଏହି ପୁସ୍ତକକୁ ପାଠକମାନଙ୍କ ନିକଟରେ ପହଞ୍ଚାଇବାରେ ମତେ ସହାୟତା କରିଥିବାରୁ ମୁଁ ବ୍ଲୁମସ୍‌ବରୀ ଇଣ୍ଡିଆର ପ୍ରକାଶକ ପ୍ରବୀଣ ତିୱାରୀଙ୍କ ନିକଟରେ କୃତଜ୍ଞ। ଏ ପୁସ୍ତକର ସୁନ୍ଦର ପ୍ରଚ୍ଛଦ ପାଇଁ ସୟେଦ ଦିଲସାଦ ଅଲ୍ଲୀ ଏବଂ ପୁସ୍ତକ ପାଇଁ ଗବେଷଣା ସମୟରେ ଚିତ୍ରୋତ୍ତଳନ ଓ ଭିଡିଓଗ୍ରାଫି କରିଥିବା ବୈଭବ ଗୁପ୍ତାଙ୍କୁ ମୁଁ ଧନ୍ୟବାଦ ଦେଉଛି। ଏ ଜୀବବନୀ ପାଇଁ ଗବେଷଣା କରିବା ସମୟରେ ସବୁ ତଥ୍ୟ ଓ ମତ ସଂଗ୍ରହ କରିବାରେ ସତେନ୍ଦ୍ର ସିଂ ଏବଂ ପୁଷ୍କର ଶର୍ମାଙ୍କ ଅକୁଣ୍ଠ ସହଯୋଗ ମୁଁ କେବେ ଭୁଲିବି ନାହିଁ। ମୋ ସହଧର୍ମିଣୀ ଶ୍ୱେତାରାଓ ଡୁଗୁ ଏବଂ ପୁଅ ଅଭିରାମ ମତେ ଏହି ପୁସ୍ତକ ଠିକ୍ ସମୟରେ ପ୍ରସ୍ତୁତ କରିବାକୁ ସମ୍ପୂର୍ଣ୍ଣ ସହାୟତା ଦେଇଛନ୍ତି ତଥା ମୋର ବିପର୍ଯ୍ୟସ୍ତ ଗସ୍ତ ଓ ଦିନଚର୍ଯ୍ୟାକୁ ବିନା ପ୍ରତିବାଦରେ ସହିଛନ୍ତି। ତେଣୁ ସେମାନଙ୍କୁ ମୁଁ ମୋର ବିଶେଷ ଧନ୍ୟବାଦ ଓ କୃତଜ୍ଞତା ଜଣାଉଛି। ପରିଶେଷରେ ମୋର ବନ୍ଧୁ ପରିଜନ ତଥା ପିତାମାତାଙ୍କ ପ୍ରାର୍ଥନା ଓ ଆଶିର୍ବାଦ ବ୍ୟତିରକେ ଏ ପୁସ୍ତକ ପ୍ରକାଶନ ସମ୍ଭବ ହୋଇ ପାରିନଥାନ୍ତା ବୋଲି ମୁଁ ମୁକ୍ତ କଣ୍ଠରେ ସ୍ୱୀକାର କରୁଛି ଏବଂ ସେମାନଙ୍କୁ ମୋର ଆନ୍ତରିକ ଧନ୍ୟବାଦ ଜଣାଉଛି।

ମୋ କଥା

୨୦୧୮ ଜୁନ୍ ମାସରେ ଭୁବନେଶ୍ୱରଠାରେ ଅନୁଷ୍ଠିତ 'କଳିଙ୍ଗ ଲିଟ୍‌ରେଚର ଫେଷ୍ଟିଭାଲ'ରେ ଶ୍ରୀମାନ ଶାନ୍ତନୁ ଗୁପ୍ତା ରଚିତ ପୁସ୍ତକ 'ଦି ମଙ୍କ ହୁ ବିକମ ଚିଫ୍ ମିନିଷ୍ଟର' ସମ୍ବନ୍ଧରେ ଏକ ଅଧିବେଶନ ଶୁଣିବାର ସୁଯୋଗ ମିଳିଲା। ଶ୍ରୀମାନ ଗୁପ୍ତା ତାଙ୍କ ପୁସ୍ତକ ସମ୍ବନ୍ଧରେ କହିଲା ବେଳେ ମୁଁ ଅଭିଭୂତ ହୋଇ ଶୁଣୁଥାଏ ପୁସ୍ତକ ପ୍ରସ୍ତୁତି ପାଇଁ ତାଙ୍କ ଯାତ୍ରା ଓ ଉତ୍ତରପ୍ରଦେଶର ଯଶସ୍ୱୀ ମୁଖ୍ୟମନ୍ତ୍ରୀ ଯୋଗୀ ଆଦିତ୍ୟନାଥଙ୍କ ବିଷୟରେ ତାଙ୍କର କାଚ ସଦୃଶ ପରିଷ୍କୃତ ଚିନ୍ତାଧାରା। ପୂର୍ବରୁ ଯୋଗୀ ଆଦିତ୍ୟନାଥଙ୍କୁ ମୁଁ ଜଣେ ମହନ୍ତ ଓ ରାଜନେତା ବୋଲି ଜାଣିଥିଲେ ମଧ୍ୟ ତାଙ୍କ ବିଷୟରେ ବିସ୍ତୃତ ଭାବେ ଜାଣିବାକୁ ଏ ପୁସ୍ତକଟି ସହାୟକ ହେବ ବୋଲି ଭାବି ସେହି ଉତ୍ସବସ୍ଥଳୀରେ ପ୍ରଦର୍ଶିତ ବହି ଖଣ୍ଡିଏ କିଣି ଆଣିଲି। କାହିଁକି କେଜାଣି ପଢିବାରେ ଟିକେ ବିଳମ୍ବ ହେଲା। ପ୍ରାୟ ୨୦୨୦ ମସିହା ପ୍ରାରମ୍ଭରେ ଏହି ପୁସ୍ତକ ମୁଁ ପଢିଲି। ସେତେବେଳକୁ ଶ୍ରୀମାନ ଶାନ୍ତନୁ ଗୁପ୍ତାଙ୍କ ରଚିତ ଭାରତୀୟ ଜନତା ପାର୍ଟିର ଗୌରବ ଗାଥା ସଦ୍ୟ ବଜାରକୁ ଆସିଥାଏ। ଦୁଇଟି ଯାକ ବହି ପଢିଲା ପରେ ମୋତେ ଲାଗିଲା ମୋ ଭାଷାରେ ମଧ୍ୟ ପୁସ୍ତକ ଦୁଇଟି ଅନୁସୃଜନ ହେବା ଆବଶ୍ୟକ। ତାପରେ ଶ୍ରୀମାନ ଗୁପ୍ତାଙ୍କୁ ଅନୁମତି ମାଗିଲି। ବିଶ୍ୱସ୍ତରୀୟ ପ୍ରକାଶନ ସଂସ୍ଥା 'ବ୍ଲାକ ଇଗଲ ବୁକ୍ସ'ର ନିର୍ଦ୍ଦେଶକ ଅଗ୍ରଜ ଶ୍ରୀ ସତ୍ୟ ପଟ୍ଟନାୟକ ବହୁ ଆଗ୍ରହ ପ୍ରକାଶ କଲେ ପୁସ୍ତକ ଦୁଇଟିକୁ ପ୍ରକାଶିତ କରିବାକୁ। ଇତ୍ୟବସରରେ 'ଭାରତୀୟ ଜନତା ପାର୍ଟିର ଗୌରବ ଗାଥା' ଓଡ଼ିଆରେ ପ୍ରକାଶିତ ହୋଇସାରିଛି ଏବଂ ପାଠକୀୟ ଆଦୃତି ପାଇଛି।

ଏ ପୁସ୍ତକଟି ଅନୁସୃଜନ କଲା ବେଳେ ମୋର ସମସ୍ତ ପରିବାର ଜନ ପାରିପାର୍ଶ୍ୱିକ ପରିସ୍ଥିତି ତଥା ସମସ୍ତ ପ୍ରକୃତି ମତେ କୌଣସି ନା କୌଣସି ବାଟରେ ସହଯୋଗ କରିଛନ୍ତି ଏବଂ ପ୍ରଭୁ ଶ୍ରୀ ବଳଦେବଜୀଉଙ୍କ ଆଶୀର୍ବାଦରୁ ଏହା ସମ୍ଭବ ହୋଇପାରିଛି। ଏଥିପାଇଁ ମୁଁ ସମସ୍ତଙ୍କୁ ମୋର ଧନ୍ୟବାଦ ଓ କୃତଜ୍ଞତା ଜଣାଉଛି। ପୁସ୍ତକଟି ପାଠକୀୟ ଆଦୃତି ଲାଭ କରିବ ବୋଲି ମୋର ଆଶା ଓ ବିଶ୍ୱାସ।

ନବଜ୍ୟୋତି ରାୟ

ସୂଚିପତ୍ର

ମୁଖବନ୍ଧ	୫
ଉପକ୍ରମଣିକା	୯
ସ୍ୱୀକୃତି	୧୩
ମୋ କଥା	୧୫

ପ୍ରଥମ ଭାଗ

ଯୋଗୀ ଆଦିତ୍ୟନାଥ ଉତ୍ତର ପ୍ରଦେଶର ମୁଖ୍ୟମନ୍ତ୍ରୀ ୧୯

ଦ୍ୱିତୀୟ ଭାଗ

ଯୋଗୀ ଆଦିତ୍ୟନାଥ ଗୋରଖପୁରରୁ ୫ ଥର ସାଂସଦ ୯୦

ତୃତୀୟ ଭାଗ

ଗୋରଖଧାମ ମଠର ମହନ୍ତ ରୂପେ ଯୋଗୀ ଆଦିତ୍ୟନାଥ ୧୩୮

ଚତୁର୍ଥ ଭାଗ

ଉତ୍ତରାଖଣ୍ଡର ଅଜୟ ବିଷ୍ଟ ଭାବେ ଯୋଗୀ ଆଦିତ୍ୟନାଥ ୧୬୦

ପ୍ରଥମ ଭାଗ

ଯୋଗୀ ଆଦିତ୍ୟନାଥ
ଉତ୍ତର ପ୍ରଦେଶର ମୁଖ୍ୟମନ୍ତ୍ରୀ

ଉତ୍ତର ପ୍ରଦେଶର ଏକୋଇଶିତମ ମୁଖ୍ୟମନ୍ତ୍ରୀ ଭାବେ ଯୋଗୀ ଆଦିତ୍ୟନାଥଙ୍କ ଶପଥ ଗ୍ରହଣ

ମୁଁ ଯୋଗୀ ଆଦିତ୍ୟନାଥ ଈଶ୍ୱରଙ୍କ ନାମରେ ଶପଥ କରୁଛି ଯେ ମୁଁ ବିଧି ଦ୍ୱାରା ସ୍ଥାପିତ ଭାରତ ସମ୍ବିଧାନ ପ୍ରତି ବିଶ୍ୱସ୍ତ ରହିବି ଏବଂ ଏହାର ଆଇନ ସବୁକୁ ପାଳନ କରିବି। ମୁଁ ଭାରତର ସାର୍ବଭୌମତ୍ୱ ଏବଂ ଅଖଣ୍ଡତାକୁ ସମର୍ଥନ କରିବି। ଉତ୍ତର ପ୍ରଦେଶର ରାଜ୍ୟର ମୁଖ୍ୟମନ୍ତ୍ରୀ ଭାବେ ମୁଁ ଅତ୍ୟନ୍ତ ବିଶ୍ୱସ୍ତ ଓ ବିବେକୋଚିତ ଭାବେ ମୋର କର୍ତ୍ତବ୍ୟ ପାଳନ କରିବି ଏବଂ ସମ୍ବିଧାନ ଅନୁଯାୟୀ ବିନା ଭୟ କିମ୍ବା ଅନୁଗ୍ରହରେ ତଥା ସ୍ନେହ କିମ୍ବା ବିନା ଦ୍ୱେଷରେ ମୁଁ ସମସ୍ତ ଜନସାଧାରଣଙ୍କ ପ୍ରତି ସମାନ ବ୍ୟବହାର କରିବି। ମୁଁ ଭଗବାନଙ୍କ ନାମରେ ଶପଥ କରୁଛି ତଥା ଏକଥା ଦୃଢ ନିଶ୍ଚିତ କରୁଛି ଯେ ଉତ୍ତର ପ୍ରଦେଶ ରାଜ୍ୟର ମୁଖ୍ୟମନ୍ତ୍ରୀ ଭାବେ ଯାହା ମୋ ବିଚାରକୁ ଅଣାଯିବ ସେ ସମ୍ବନ୍ଧରେ ମୁଁ କୌଣସି ବ୍ୟକ୍ତି ବା ବ୍ୟକ୍ତି ବିଶେଷଙ୍କ ସହ ପ୍ରତ୍ୟକ୍ଷ କିମ୍ବା ଅପ୍ରତ୍ୟକ୍ଷ ଭାବେ ଯୋଗାଯୋଗ କରିବି ନାହିଁ। କିନ୍ତୁ ସ୍ଥଳ ବିଶେଷରେ ମୁଖ୍ୟମନ୍ତ୍ରୀ ରୂପେ ଦାୟିତ୍ୱ ତୁଲାଇବାକୁ ଆବଶ୍ୟକ ପଡିଲେ ମୁଁ ଏ ବିଷୟରେ ବିଶେଷ ଦୃଷ୍ଟି ଦେବି। ଶପଥ ଗ୍ରହଣ ଉତ୍ସବରେ ଅବ୍ୟବହିତ ପୂର୍ବରୁ ଉତ୍ସବର ମୁଖ୍ୟ ଘୋଷଣା କଲେ ଯେ- "ଆମେ ଶପଥ ଗ୍ରହଣ ଉତ୍ସବ ପାଇଁ ଆନୁଷ୍ଠାନିକ ଭାବେ ମହାମହିମ ରାଜ୍ୟପାଳଙ୍କ ଅନୁମତି

ଚାହୁଁଛୁ। ମହାମହିମ ରାଜ୍ୟପାଳ ଯୋଗୀ ଆଦିତ୍ୟନାଥ ଜୀଙ୍କୁ ଉତ୍ତର ପ୍ରଦେଶର ମୁଖ୍ୟମନ୍ତ୍ରୀ ରୂପେ ନିଯୁକ୍ତ ନେଇଛନ୍ତି। ଏହି ଘୋଷଣା ସହ ଭିତରେ ଥିବା ଲୋକେ ଖୁସିରେ ଉଲ୍ଲସିତ ହୋଇ ଚିତ୍କାର କଲେ ଏବଂ ଯୋଗୀ ଆଦିତ୍ୟନାଥ ଛିଡା ହୋଇ ହାତଯୋଡି ସମସ୍ତ ବ୍ୟକ୍ତିଙ୍କୁ ଅଭିନନ୍ଦନ ଜଣାଇଲେ।"

ଶପଥ ଗ୍ରହଣ ପରେ ଦଳୀୟ କର୍ମୀଙ୍କ ଉଲ୍ଲାସ ମଧ୍ୟରେ ମୁଖ୍ୟମନ୍ତ୍ରୀ ଯୋଗୀ ଆଦିତ୍ୟନାଥ ପ୍ରଥମେ ରାଜ୍ୟପାଳ ତାପରେ ପ୍ରଧାନମନ୍ତ୍ରୀ ଶ୍ରୀ ନରେନ୍ଦ୍ର ମୋଦୀ, ଦଳୀୟ ଅଧ୍ୟକ୍ଷ ଶ୍ରୀ ଅମିତ ଶାହ, ବରିଷ୍ଠ ନେତା ରାଜନାଥ ସିଂ, ଲାଲକୃଷ୍ଣ ଆଡଭାନୀ, ମୁରଲୀ ମନୋହର ଯୋଶୀ, ଭେଙ୍କେୟା ନାଇଡୁ ଏବଂ ଜାତୀୟ ଗଣତାନ୍ତ୍ରିକ ସାମ୍ମୁଖ୍ୟର ଅନ୍ୟ ନେତୃବୃନ୍ଦ ତଥା ନିମନ୍ତ୍ରିତ ଅନ୍ୟ ରାଜ୍ୟର ମୁଖ୍ୟମନ୍ତ୍ରୀ ମାନଙ୍କୁ କ୍ରମାନ୍ୱୟରେ ଅଭିନନ୍ଦନ ଜଣାଇଲେ। ଯୋଗୀ ଯେତେବେଳେ ନମ୍ରତା ଏବଂ ଆତ୍ମବିଶ୍ୱାସର ସହ ଶପଥ ଗ୍ରହଣ ସମାରୋହ ମଞ୍ଚରେ ଚାଲୁଥିଲେ, ସେ ସମୟରେ ଦେଶ ଯୋଗୀଙ୍କ ରୂପରେ ଆଉ ଜଣେ ଜନନାୟକଙ୍କ ଆଗମନ ଦେଖୁଥିଲା। ସେତେବେଳକୁ ରାଜନୈତିକ ବିଶେଷଜ୍ଞ ମାନେ ତାଙ୍କ ଭିତରେ ଭାରତର ଭାବୀ ପ୍ରଧାନମନ୍ତ୍ରୀଙ୍କୁ ଦେଖିବା ଆରମ୍ଭ କରି ସାରିଥିଲେ ଏବଂ ଏ ସମ୍ବନ୍ଧରେ କହିବା, ଲେଖିବା ଏବଂ ଟୁଇଟ୍ କରିବା ଆରମ୍ଭ କରିଦେଇଥିଲେ।

ମୁଖ୍ୟମନ୍ତ୍ରୀ ପଦ ପାଇଁ ବିଜେପି କାହିଁକି ଯୋଗୀଙ୍କୁ ଚୟନ କଲା ?

୨୦୧୭ ନିର୍ବାଚନରେ ଏକ ସଂଘର୍ଷପୂର୍ଣ୍ଣ ଲଢେଇ ଏବଂ ଏକ ଅଭୂତପୂର୍ବ ବିଜୟ ପରେ ବିଜେପି ପାଇଁ ଏହି ନୂତନ ଭାବେ ଜିତିଥିବା ରାଜ୍ୟ ପାଇଁ ମୁଖ୍ୟଚୟନ କରିବା ସହଜ ନଥିଲା। ପ୍ରତି ଘଣ୍ଟାରେ ଗଣମାଧ୍ୟମ ଗୁଡିକ ନୂଆ ନୂଆ ନାମର ପ୍ରଚାର କରିଚାଲିଥିଲେ। ଏହି ନାମ ମାନଙ୍କ ମଧ୍ୟରେ ଅନ୍ତର୍ଭୁକ୍ତ ଥିଲେ ରାଜନାଥ ସିଂ, ଯୋଗୀ ଆଦିତ୍ୟନାଥ, ଉମା ଭାରତୀ, ମନୋଜ ସିହ୍ନା, ସ୍ୱତନ୍ତ୍ର ଦେବ ସିଂ, ଦୀନେଶ ଶର୍ମା, କେଶବ ପ୍ରସାଦ ମୋର୍ଯ୍ୟ, ବରୁଣ ଗାନ୍ଧୀ, ସତୀଶ ମହନା, ସୁରେଶ ଖନ୍ନା ଏବଂ ଆହୁରି ଅନେକ। ଦେଶର ସର୍ବାଧିକ ଜନସଂଖ୍ୟା ଥିବା ରାଜ୍ୟର ମୁଖ୍ୟ ପଦ ପାଇଁ ବିଜେପି କେମିତି ଯୋଗୀଙ୍କ ନାମ ଚୟନ କଲା। ସେ ବାବଦରେ ଭିନ୍ନ ଭିନ୍ନ ମତ ଚାରିଆଡେ ଘୂରି ବୁଲିଲା। ଏହି ସବୁ ସିଦ୍ଧାନ୍ତ ମୁଖ୍ୟତଃ ପାରମ୍ପରିକ, ଆଞ୍ଚଳିକ, ରାଜନୈତିକ ଏବଂ ଜାତି ଭିତ୍ତିକ ପରିସଂଖ୍ୟାନ ଉପରେ ପର୍ଯ୍ୟବେଶିତ ଥିଲା, ଯେପରିକି କେଉଁ ଜାତିର ଲୋକେ ବିଜେପିକୁ ଭୋଟ ଦେଇଛନ୍ତି। କିଏ ରାଷ୍ଟ୍ରୀୟ ସ୍ୱୟଂ ସେବକ ସଂଘର ଅଧିକ ନିକଟତର, କିଏ ଗୁଜୁରାଟ ମୋଦି ପ୍ରଧାନମନ୍ତ୍ରୀ ଓ ଦଳୀୟ ଅଧ୍ୟକ୍ଷଙ୍କ ବେଶି ନିକଟତର ଇତ୍ୟାଦି। ସତ କହିବାକୁ ଗଲେ ଉତ୍ତର ପ୍ରଦେଶରେ ମିଳିଥିବା

ଏତେ ଲୋକପ୍ରିୟ ଜନାଦେଶ ପାଇଁ ବିଜେପି ଜଣେ ଜନପ୍ରିୟ ନେତାଙ୍କୁ ରାଜ୍ୟର ମୁଖ୍ୟମନ୍ତ୍ରୀ ଭାବେ ଚୟନ କରିବାକୁ ଚାହୁଁଥିଲା। ୨୦୧୭ରେ ପାଞ୍ଚଟି ରାଜ୍ୟରେ ବିଧାନସଭା ନିର୍ବାଚନ ପରେ ଦଳର ରାଷ୍ଟ୍ରୀୟ ମୁଖ୍ୟାଳୟ ଠାରେ ପ୍ରଧାନମନ୍ତ୍ରୀ ଶ୍ରୀ ନରେନ୍ଦ୍ର ମୋଦୀ ଦଳୀୟ କର୍ମୀଙ୍କୁ ସମ୍ବୋଧନ କରି କହିଲେ ଯେ ଏହି ଜନାଦେଶ ନୂତନ ଭାରତ ପାଇଁ ମିଳିଛି। ରାଜନାଥ ସିଂ ଏବଂ ଉମା ଭାରତୀ ଏବେ ପୁରାତନ ମାର୍ଗଦର୍ଶକ। ବରୁଣ ଗାନ୍ଧୀ କେବେ ବି ଦଳୀୟ ନିୟମରେ ଯାତ୍ରା କରି ନାହାନ୍ତି ଏବଂ ଅତୀତରେ ତାଙ୍କ ଦ୍ୱାରା ଚଳାଯାଉଥିବା ସମାନ୍ତରାଳ ଅଭିଯାନ ଦଳର ବରିଷ୍ଠ ନେତୃବୃନ୍ଦଙ୍କୁ କ୍ଷୁବ୍ଧ କରିଛି। ତେଣୁ ପରିଶେଷରେ ଯୋଗୀ ଆଦିତ୍ୟ ନାଥଙ୍କ ପାଖରେ ହିଁ ନିଷ୍ପତ୍ତିର ମୋହର ଲାଗିଲା। ନିକଟ ଅତୀତରେ ହିନ୍ଦୀ ଚ୍ୟାନେଲ ଆଜତକ୍‌କୁ ସାକ୍ଷାତକାର ଦେଇ ଯୋଗୀ ଆଦିତ୍ୟ ନାଥ କହିଥିଲେ ଯେ ସେ ପ୍ରକୃତରେ ଏକ ଉଚ୍ଚସ୍ତରୀୟ ସଂସଦୀୟ କମିଟିର ବିଦେଶ ଯାତ୍ରା ପାଇଁ ପ୍ରଧାନମନ୍ତ୍ରୀଙ୍କ ନିକଟରେ ନିଜର ପାସପୋର୍ଟକୁ ଅନୁମୋଦନ ପାଇଁ ଦେଇଥିଲେ। ଆଗକୁ ଆସୁଥିବା ଉତ୍ତରପ୍ରଦେଶ ନିର୍ବାଚନ ଫଳାଫଳକୁ ଆଖିରେ ରଖି ପ୍ରଧାନମନ୍ତ୍ରୀଙ୍କ କାର୍ଯ୍ୟାଳୟ ଯୋଗୀଙ୍କୁ ବିଦେଶ ନ ଯିବା ପାଇଁ ଉପଦେଶ ଦେଇଥିଲେ। ସେ ସମୟରେ ପ୍ରଧାନମନ୍ତ୍ରୀ କାର୍ଯ୍ୟାଳୟର ଏ ନିର୍ଣ୍ଣୟକୁ ନେଇ ଯୋଗୀ ଆଦୌ ସୁଖୀ ନଥିଲେ, ମାତ୍ର ସେ ଆଦୌ ଜାଣିନଥିଲେ ଯେ ତାଙ୍କ ପାଇଁ ଆଉ କିଛି ବୃହତ୍ତର ସୁଯୋଗ ଅପେକ୍ଷା କରି ରହିଛି।

ସତରେ କ'ଣ ଅନ୍ୟ ପରିପକ୍ୱ ନେତାଙ୍କ ଉର୍ଦ୍ଧ୍ୱରେ ୪୪ ବର୍ଷୀୟ ଯୋଗୀ ପ୍ରଧାନମନ୍ତ୍ରୀଙ୍କ ଦ୍ୱାରା ସୃଷ୍ଟ, 'ମୁଁ ହେଉଛି ନୂତନ ଭାରତ' ଖଣ୍ଡବାକ୍ୟ ପାଇଁ ଯୋଗ୍ୟ ଥିଲେ ? ଗଣମାଧ୍ୟମ ଦ୍ୱାରା ଆମେ ଯାହା ଯୋଗୀଙ୍କ ବିଷୟରେ ଜାଣୁ ତାହା ହେଲା ସେ ଜଣେ ଚରମପନ୍ଥୀ ହିନ୍ଦୁ। ଜଣେ ହିନ୍ଦୁ ସନ୍ଥ ମୁଖ୍ୟମନ୍ତ୍ରୀ ହେଲେ, ଜଣେ ଆରଏସଏସ୍ ସମର୍ଥିତ ପ୍ରାର୍ଥୀ ମୁଖ୍ୟମନ୍ତ୍ରୀ ହେଲେ, 'ରାମ ମନ୍ଦିର ଲକ୍ଷ୍ୟ ପୂରଣ ପାଇଁ ମୁଖ୍ୟମନ୍ତ୍ରୀ ହେଲେ' ଇତ୍ୟାଦି ତଥାକଥିତ ପରମ୍ପରାଗତ ଶିରୋନାମାରେ ମୁଖ୍ୟ ସମ୍ବାଦପତ୍ର ଗୁଡିକ ଖବର ଛାପିଲେ। ଯେତେବେଳେ ଜଣେ ସାଂସଦ ହିସାବରେ ଯୋଗୀଙ୍କ କାର୍ଯ୍ୟକଳାପ ସଂସଦୀୟ ବିତର୍କରେ ଅଂଶଗ୍ରହଣ ତାଙ୍କ ପ୍ରଶ୍ନ ଉତ୍‌ଥାପନ ଏବଂ ଗୋରଖନାଥ ମଠ ଯୋଗୀଙ୍କ ଦ୍ୱାରା ପରିଚାଳିତ ଜନତା ଦରବାରରେ ଭାଗ ନେଉଥିବା ଲୋକମାନଙ୍କ ସହ ବାର୍ତ୍ତାଳାପ କରିବା ପରେ ଯୋଗୀଙ୍କର ଏକ ଭିନ୍ନ ଛବି ମୋ ସାମ୍ନାକୁ ଆସିଲା। ଗତ ଦୁଇ ଦଶନ୍ଧିରୁ ଅଧିକ ସମୟ ଧରି ତାଙ୍କ ନିର୍ବାଚନ ମଣ୍ଡଳୀ ଓ ସଂସଦରେ ଯୋଗୀ ଜଣେ ଶକ୍ତିଶାଳୀ ସାଂସଦ ଥିବା କଥା ମୁଁ ମୋ ଅନୁସନ୍ଧାନରୁ ଜାଣିଲି। ମହନ୍ତ ଅଭେଦ୍ୟନାଥଙ୍କ ସମୟରୁ ସ୍ଥାନୀୟ ପ୍ରଶାସନ ସହିତ ନାଗରିକ ସମସ୍ୟାର ସମାଧାନ

ପାଇଁ ଜନତା ଦରବାର ଆକାରରେ ଗୋରଖନାଥ ମଠ ଅଭିଯୋଗ ସମାଧାନ ବ୍ୟବସ୍ଥା ଯୋଗାଇ ଦେଇଆସୁଛି। ସ୍ଥାନୀୟ ଲୋକଙ୍କ କହିବା ଅନୁଯାୟୀ ଶାସନରେ ଯେକୌଣସି ଦଳ ଥିଲେ ମଧ୍ୟ ମଠରୁ ଗୋଟିଏ ପତ୍ର ହିଁ ସେମାନଙ୍କ ସମସ୍ୟାର ସମାଧାନ କ୍ଷମତା ରଖେ। ଗୋରଖନାଥ ମଠ ଦ୍ୱାରା ପରିଚାଳିତ ବିଭିନ୍ନ ଅନୁଷ୍ଠାନର ଦାୟିତ୍ୱ ନେଉଥିବା ତଥା ଯୋଗୀ ଆଦିତ୍ୟନାଥଙ୍କ ଘନିଷ୍ଠ ସହଯୋଗୀ ପ୍ରଦୀପ ରାଓ ଶ୍ରଦ୍ଧାର ସହ ମହନ୍ତ ଅଭେଦ୍ୟନାଥଙ୍କ କାର୍ଯ୍ୟାକଳାପ ସମ୍ବନ୍ଧରେ ମନେ ପକାଇ କହନ୍ତି ଯେ ମହନ୍ତଜୀ ସ୍ଥାନୀୟ ପ୍ରଶାସନ ଦ୍ୱାରା ଲୋକମାନଙ୍କ ସମସ୍ୟାର ସମାଧାନ କରାଇବାକୁ ଉଦ୍ୟମ କରୁଥିଲେ, ମାତ୍ର ଯେତେବେଳେ ସ୍ଥାନୀୟ ପ୍ରଶାସନ କୌଣସି କାର୍ଯ୍ୟରେ ନିଜର ଅସହାୟତା ପ୍ରକାଶ କରୁଥିଲେ, ସେତେବେଳେ ମହନ୍ତଜୀ ସେମାନଙ୍କ ଉପରେ ଆଦୌ ଚାପ ପକାଇନଥିଲେ। ଯୋଗୀ ଆଦିତ୍ୟନାଥଙ୍କ କଥା କିନ୍ତୁ ଭିନ୍ନ ବୋଲି ଶ୍ରୀ ରାଓ କହନ୍ତି। ଯେ କୌଣସି ସଠିକ ସମସ୍ୟା ପାଇଁ ଯୋଗୀଜୀ ପ୍ରଥମେ ସଂପୃକ୍ତ ଅଧିକାରୀଙ୍କୁ ଫୋନ କରନ୍ତି ଏବଂ ଚିଠି ଲେଖନ୍ତି ଏବଂ ଯଦି ତାହା କାର୍ଯ୍ୟକାରୀ ନହୁଏ ତେବେ ଏକ ଜନ ସମାବେଶ କରି ସଂପୃକ୍ତ ଅଧିକାରୀଙ୍କ କାର୍ଯ୍ୟାଳୟ କିମ୍ବା ଅସ୍ଥାୟୀ କାର୍ଯ୍ୟାଳୟ ସମ୍ମୁଖରେ ଅହିଂସା ଉପାୟରେ ପ୍ରତିବାଦ କରନ୍ତି। କାଳକ୍ରମେ ଅଧିକାରୀମାନେ ହୃଦୟଙ୍ଗମ କରିଛନ୍ତି ଯେ ଯୋଗୀଙ୍କ ସମର୍ଥକ ତଥା ଯୋଗୀବାହିନୀଙ୍କୁ ନିଜ କାର୍ଯ୍ୟାଳୟରେ ପଶି ଝଡ ସୃଷ୍ଟି କରିବାକୁ ଦେବା ଅପେକ୍ଷା ତାଙ୍କ ଫୋନ କଲ ଏବଂ ଚିଠି ଅନୁଯାୟୀ କାମ କରିଦେବା ଭଲ।

ଯୋଗୀ ଆଦିତ୍ୟନାଥଙ୍କର ଉତ୍ତରପ୍ରଦେଶର ମୁଖ୍ୟମନ୍ତ୍ରୀ ଭାବେ ଉତ୍‌ଥାନ ବିଜେପିର ସାମଗ୍ରିକ ରାଜନୀତି ପାଇଁ ମଧ୍ୟ ମହତ୍ୱପୂର୍ଣ୍ଣ। ଗତ ଚାରି ଦଶନ୍ଧି ଧରି ଲୋକପ୍ରିୟ ସ୍ଥାନୀୟ ନେତାମାନଙ୍କୁ ଆଗକୁ ବଢିବାକୁ ରାସ୍ତା ଦେବା ବିଜେପି ପାଇଁ ଶୁଭଙ୍କରୀ ହୋଇଛି। ଦଳର ପ୍ରବୃଦ୍ଧ ନେତା ମୁରଲୀ ମନୋହର ଯୋଗୀ, ଲାଲକୃଷ୍ଣ ଆଡଭାନୀ, ସଂସଦରର ଉଭୟ ଗୃହରେ ତତ୍‌କାଳୀନ ନେତା ଶ୍ରୀମତୀ ସୁଷମା ସ୍ୱରାଜ ଏବଂ ଅରୁଣ ଜେଟଲୀଙ୍କୁ ଅତିକ୍ରମ କରି ୨୦୧୪ରେ ମୋଦିଜୀଙ୍କର ପ୍ରଧାନମନ୍ତ୍ରୀ ପଦ ପାଇଁ ଚୟନ ସ୍ଥାନୀୟ ନେତାଙ୍କ ଉତ୍‌ଥାନର ଏକ ଜ୍ୱଳନ୍ତ ଉଦାହରଣ। ସୁଯୋଗ ଆସିବା କ୍ଷଣି ଶକ୍ତିଶାଳୀ ସ୍ଥାନୀୟ ନେତାମାନଙ୍କୁ କେନ୍ଦ୍ର ପର୍ଯ୍ୟାୟକୁ ଉନ୍ନୀତ କରିବାର ଧାରା ପାଇଁ ଜଣେ ବିଜେପି ଦଳ ଏବଂ ଏହାର ଅନ୍ତର୍ନିହିତ ଢାଞ୍ଚାକୁ ଶ୍ରେୟ ଦେବା ଉଚିତ। ଏହି ଧାରାକୁ କଂଗ୍ରେସ ଦଳ ସହିତ ତୁଳନା କଲେ ଏକ ସମ୍ପୂର୍ଣ୍ଣ ଭିନ୍ନ ଛବି ଦେଖିବାକୁ ମିଳେ। ଇନ୍ଦିରା ଗାନ୍ଧୀଙ୍କ ଦ୍ୱାରା ଗ୍ରହଣ କରାଯାଇଥିବା ଶକ୍ତିଶାଳୀ କେନ୍ଦ୍ର ଏବଂ ପ୍ରତିବନ୍ଧ ଅମଲାତନ୍ତ୍ର ସୂତ୍ର ପରେ କଂଗ୍ରେସରେ କେହି ଏହାକୁ ବଦଳାଇବାର ଦୃଢତା ଓ ସାହସ

କରିପାରିଲେ ନାହିଁ। କଂଗ୍ରେସ ଦ୍ୱାରା ଦୃଢ ସ୍ଥାନୀୟ ନେତୃତ୍ୱଙ୍କୁ ଅପମାନିତ ଏବଂ ଅଣଦେଖା କରିବାର ପରିଣାମରେ ଦଳରେ ବିଭାଜନ ହୋଇଛି ଏବଂ ଅନେକ ନେତା ଦଳ ଛାଡିଛନ୍ତି। ଦଳରେ ସେମାନଙ୍କ ଉପଯୁକ୍ତ ସ୍ଥାନ ଓ ପ୍ରାପ୍ୟ ନ ପାଇବାରୁ ଶରଦ ପାଓ୍ୱାର, ମମତା ବାନାର୍ଜୀ, ବିଜୁ ପଟ୍ଟନାୟକ, ଜଗନ ରେଡ୍ଡୀ ଏବଂ ଆହୁରି ଅନେକ ନେତା କଂଗ୍ରେସକୁ ପରିତ୍ୟାଗ କରିଛନ୍ତି।

ଅସଂଖ୍ୟ ସମର୍ଥନ ପୃଷ୍ଠା ଏବଂ ଡିଜିଟାଲ ମାଧ୍ୟମରେ ତାଙ୍କ ପାଇଁ ଚାଲିଥିବା ଅଭିଯାନରୁ ବିଜେପି ଭୋଟର ଏବଂ ଯୁବଶକ୍ତି ମାନଙ୍କ ମଧ୍ୟରେ ଯୋଗୀଙ୍କ ଅତ୍ୟଧିକ ଲୋକପ୍ରିୟତାର ପ୍ରମାଣ ମିଳେ। ଏତଦ୍ ବ୍ୟତୀତ ପାଞ୍ଚଥର ସାଂସଦ ଥିବା ଯୋଗୀଙ୍କର ସଂସଦର ତର୍କରେ ଭାଗ ନେବା, ପ୍ରଶ୍ନ ପଚାରିବା ଏବଂ ବେସରକାରୀ ସଦସ୍ୟ ବିଲ ଉପସ୍ଥାପନ କରିବାର ତାଙ୍କର ଯୋଗ୍ୟତା ସହଜରେ ଅନୁମାନ କରିହୁଏ। ଉଭୟ ଆଧୁନିକ ଓ ବୈଦିକ ପ୍ରଣାଳୀରେ ଶିକ୍ଷିତ ତଥା ଗୋରଖନାଥଙ୍କ ପରି ବିଶାଳ ଅନୁଷ୍ଠାନ ପରିଚାଳନା ଦକ୍ଷତା ପାଇଁ ବିଜେପି ତାଙ୍କୁ ଉତ୍ତର ପ୍ରଦେଶର ମୁଖ୍ୟମନ୍ତ୍ରୀ ଭାବେ ଚୟନ କରିବା ପ୍ରକ୍ରିୟାରୁ ବିଜେପିର ସ୍ଥାନୀୟ ଶକ୍ତିଶାଳୀ ନେତୃତ୍ୱକୁ ଉଚ୍ଚତମ ପଦରେ ପହଞ୍ଚାଇବାର ଅନ୍ତର୍ନିହିତ ଦର୍ଶନ ପ୍ରତିଫଳିତ।

ଜଣେ ଗେରୁଆ ବସ୍ତ୍ରଧାରୀ ନେତାଙ୍କର ଦେଶର ସର୍ବାଧିକ ଜନସଂଖ୍ୟାଥିବା ରାଜ୍ୟର ମୁଖ୍ୟମନ୍ତ୍ରୀ ହେବା କିନ୍ତୁ ଉଭୟ ଜାତୀୟ ଏବଂ ଆନ୍ତର୍ଜାତୀୟ ଗଣମାଧ୍ୟମ ଗୁଡିକର ପସନ୍ଦ ହେଲା ନାହିଁ। ଷଡଯନ୍ତ୍ର ତତ୍ତ୍ୱ ଗୁଡିକ ଶିଖରରେ ଥିଲେ। ଯୋଗୀଙ୍କୁ ମୋଦୀ ଏବଂ ଶାହାଙ୍କ ଇଚ୍ଛା ବିରୁଦ୍ଧରେ ଆରଏସ୍ଏସ୍ ଦ୍ୱାରା ମୁଖ୍ୟମନ୍ତ୍ରୀ ଚୟନ କରାଯାଇଛି ବୋଲି ବ୍ୟାଡ୍ ନିଉଜ୍ ଖବର ପ୍ରଚାର କଲାପରେ ମେ ୨୦୧୭ରେ ସେମାନେ ଏକ ତଥ୍ୟ ପରିବେଷଣ କଲେ ଯେ ଯୋଗୀ ଆଦିତ୍ୟନାଥ ଏବଂ ମୋଦିଜୀଙ୍କ ମଧ୍ୟରେ ମୁହାଁମୁହିଁ ହେବାର ଏକ ଗୁରୁତ୍ୱପୂର୍ଣ୍ଣ କାରଣ ହେଉଛି ଆରଏସ୍ଏସ୍ ମୁଖ୍ୟମନ୍ତ୍ରୀଙ୍କୁ ସମର୍ଥନ ଦେଉଛି। ସଂଘ ମଧ୍ୟରେ ଏକ ଭାବନା ଅଛି ଯେ ଉତ୍ତର ପ୍ରଦେଶ ମୁଖ୍ୟମନ୍ତ୍ରୀ ଭାବେ ଯୋଗୀଙ୍କ ଉପସ୍ଥିତ ସେମାନେ ଚାହୁଁଥିବା ପରି ବୈଚାରିକ ଏକୀକରଣରେ ସହାୟକ ହେବ। କିଛି ସମୀକ୍ଷକ ତ ଏମିତି ମଧ୍ୟ କହିଲେ ଯେ ଗୋରଖପୁର ମହନ୍ତଙ୍କୁ ଉତ୍ତର ପ୍ରଦେଶର ମୁଖ୍ୟମନ୍ତ୍ରୀ ଭାବେ ଚୟନ କରାଯିବ। ପରବର୍ତ୍ତୀ ପର୍ଯ୍ୟାୟରେ ନିଜର ରାଜନୈତିକ ବିସ୍ତାର ପାଇଁ ଖୋଲାଖୋଲି ଭାବରେ ପ୍ରମୁଖତାକୁ ସମର୍ଥନ କରିବାକୁ ଆରଏସ୍ଏସ୍ ଯୋଜନା ସହିତ ସମ୍ପୂର୍ଣ୍ଣ ଖାପ ଖାଉଛି। ମୋଦିଜୀଙ୍କ ଏବଂ ଅମିତ ଶାହଙ୍କ ଦୃଷ୍ଟିକୋଣରୁ ଯୋଗୀ ଆଦିତ୍ୟନାଥ ଏ ସବୁ ପଟ୍ଟକଥାରୁ ସମ୍ପୂର୍ଣ୍ଣ ଏବଂ ସ୍ୱଷ୍ଟ ବ୍ୟତିକ୍ରମ ଥିଲେ। ଏପର୍ଯ୍ୟନ୍ତ ସେମାନେ ନିଯୁକ୍ତ କରିଥିବା ମୁଖ୍ୟମନ୍ତ୍ରୀ

ମାନଙ୍କ ମଧ୍ୟରେ ହୁଏତ ବହୁ ନିମ୍ନସ୍ତରର ନେତା ଥିଲେ ଅଥବା ଦୃଢ ଆର୍‌ଏସ୍‌ଏସ୍ ସମର୍ଥକ ବ୍ୟକ୍ତିତ୍ୱ ଥିଲେ ଯେମିତିକି ମନୋହର ଲାଲ ଖଟ୍ଟର, ଝାଡଖଣ୍ଡ ଏକ ଆଦିବାସୀ ବହୁଳ ରାଜ୍ୟ ହେବା ସତ୍ତ୍ୱେ ଏକ ଅଣ ଆଦିବାସୀ ମୁଖ୍ୟମନ୍ତ୍ରୀ ରଘୁବର ଦାସ, ମରାଠି ଅଧ୍ୟୁଷିତ ମହାରାଷ୍ଟ୍ରରେ ଜଣେ ବ୍ରାହ୍ମଣ ମୁଖ୍ୟମନ୍ତ୍ରୀ ଦେବେନ୍ଦ୍ର ଫଂଡନାବିସ୍, ସଂଖ୍ୟାଲଘୁ ଆଦିବାସୀ ଶ୍ରେଣୀରେ ସର୍ବାନନ୍ଦ ସେନୱ୍ୱାଲ୍‌ଙ୍କୁ ଆସାମ ମୁଖ୍ୟମନ୍ତ୍ରୀ ତଥା ଜଣେ ଜୈନ ବିଜୟ ରୁପାନୀଙ୍କୁ ଗୁଜୁରାଟ ମୁଖ୍ୟମନ୍ତ୍ରୀ ରୂପେ ନିଯୁକ୍ତି ଦେବା ପୂର୍ବୋକ୍ତ କଥାର ସତ୍ୟତା ପ୍ରତିପାଦନ କରେ। ଆଦିତ୍ୟନାଥ ଉପରୋକ୍ତ ଦୁଇଟି ଯାକ ପ୍ରସଙ୍ଗରେ ବ୍ୟତିକ୍ରମ ଥିଲେ, ଯେହେତୁ ତାଙ୍କ ପଛରେ ଅନେକ ଜନ ସମର୍ଥନ ଥିଲା ଏବଂ ସେ ଶକ୍ତିଶାଳୀ ଠାକୁର ସମ୍ପ୍ରଦାୟର ଥିଲେ। ଏହି ସବୁ ପ୍ରସଙ୍ଗ ତଥା ଆର୍‌ଏସ୍‌ଏସ୍ ସମର୍ଥନ କଥା ବିଚାରକୁ ନେଲେ, ମୋଦିଜୀ ଏବଂ ଶାହାଙ୍କ ପାଇଁ ଆଦିତ୍ୟନାଥଙ୍କର ଏପରି ଶକ୍ତିକେନ୍ଦ୍ର ପାଲଟିବା ବରଂ ଚିନ୍ତାର କାରଣ ହେବା କଥା ଥିଲା।

ପରିସ୍ଥିତିର ବାସ୍ତବତା ବରଂ ଏପରି ଥିଲା ଯେ ମୋଦୀ ଏବଂ ଶାହା ଜଣେ ଲୋକପ୍ରିୟ ଏବଂ ଦୃଢ ନେତୃତ୍ୱର ସନ୍ଧାନରେ ଥିଲେ ଏବଂ ଯୋଗୀ ଆଦିତ୍ୟନାଥଙ୍କ ଏହିପରି ନେତୃତ୍ୱ ରୂପେ ପ୍ରତୀୟମାନ ହେଲେ। ଯୋଗୀ ଆଦିତ୍ୟନାଥଙ୍କ ଦୃଢ ନେତୃତ୍ୱ ଏବଂ ଜନ ସମର୍ଥନ ଦ୍ୱାରା ଅମିତ ଶାହା ବାସ୍ତବିକ ପ୍ରଭାବିତ ହୋଇଥିଲେ। ୨୦୧୩ରେ ଉତ୍ତରପ୍ରଦେଶରେ ୨୦୧୪ ଲୋକସଭା ପରିଚାଳନା କରିବା ପାଇଁ ଅମିତ ଶାହଙ୍କୁ ଦାୟିତ୍ୱ ଦିଆଯାଇ ପଠାଯାଇଥିଲା। ଶ୍ରୀ ଶାହା ଉତ୍ତରପ୍ରଦେଶର ଜନସଂଖ୍ୟା ତଥା ଭୂଗୋଳକୁ ବୁଝିବାକୁ ପ୍ରଦେଶରେ ବହୁଳ ମାତ୍ରା କରିଥିଲେ ଏବଂ ଗୋରଖପୁର ଦେଇ ଯାତ୍ରା କରୁଥିବା ସମୟରେ ସେ ସ୍ଥାନୀୟ ଲୋକଙ୍କ ହିଂସାତ୍ମକ ବିରୋଧର ସମ୍ମୁଖୀନ ହୋଇଥିଲେ। ସେହି ସମୟରେ ଶାହାଙ୍କ ସହ କୌଣସି ସୁରକ୍ଷା କର୍ମୀ ନଥିଲେ। ଶାହା ଯୋଗୀ ଆଦିତ୍ୟନାଥଙ୍କୁ ଫୋନ୍ କଲେ ଏବଂ ତୁରନ୍ତ ଯୋଗୀ ହିନ୍ଦୁ ଯୁବା ବାହିନୀର ଅନେକ ସ୍ୱେଚ୍ଛାସେବୀଙ୍କୁ ମୋଟର ବାଇକ୍‌ରେ ଧରି ପହଞ୍ଚିଥିଲେ ଏବଂ ଅମିତ ଶାହାଙ୍କ ପାଇଁ ରାସ୍ତା ଅବରୋଧ ହଟେଇଲେ।

ଗଣମାଧ୍ୟମର ଏକ ବିଭାଗ ମଧ୍ୟ ଅଭିଯୋଗ କଲେ ଯେ ଯୋଗୀ ଏବଂ ଗୋରଖନାଥ ମଠ ହିନ୍ଦୁ ଯୁବା ବାହିନି ପାଇଁ ଟିକେଟ ଦେବାକୁ ବିଜେପି ଉପରେ ଚାପ ପ୍ରୟୋଗ କରନ୍ତି। ଗୋରଖପୁରରେ ଏକ ସାଧାରଣ ଉପାଖ୍ୟାନ ପ୍ରଚଳିତ ଯେ ୨୦୦୨ରେ ହିନ୍ଦୁ ମହାସଭାର ସମର୍ଥିତ ପ୍ରାର୍ଥୀ ଡା. ରାଧାମୋହନ ଦାସ ଅଗ୍ରୱାଲଙ୍କୁ ଯୋଗୀ ସମର୍ଥନ କରିଥିଲେ ଏବଂ ବିଜେପି ଦଳରେ ଶିବ ପ୍ରସାଦ ଶୁକ୍ଲାଙ୍କ ବିରୁଦ୍ଧରେ ପ୍ରଚାର କରିଥିଲେ। ଯୋଗୀଙ୍କ ପ୍ରଚାର ଅଭିଯାନରେ ଡା. ଅଗ୍ରୱାଲ ନିର୍ବାଚନ ଜିତିଲେ

ଏବଂ ପରେ ଯୋଗୀ ଡା. ଅଗ୍ରୱାଲଙ୍କୁ ବିଜେପି ଦଳରେ ସାମିଲ କରାଇଲେ ଏବଂ ୨୦୦୭, ୨୦୧୨ ଏବଂ ୨୦୧୭ରେ ଡା. ଅଗ୍ରୱାଲ ବିଜେପି ଦଳରୁ ନିର୍ବାଚନ ଲଢି ଜିତିଲେ ଏବଂ ଗୋରଖପୁରର ନିର୍ବାଚନ ରଣାଙ୍ଗନରୁ ଶିବ ପ୍ରସାଦ ଶୁକ୍ଲା ଏକ ପ୍ରକାର ନିର୍ବାସନ ନେଲେ।

ଉତ୍ତର ପ୍ରଦେଶର ପୂର୍ବରୁ ହୋଇଥିବା ତିନୋଟି ବିଧାନସଭା ନିର୍ବାଚନ ଅପେକ୍ଷା ୨୦୧୭ରେ ବିଜେପି ବହୁ ଅଧିକ ସୁସଙ୍ଗଠିତ ଏବଂ ସମନ୍ୱିତ ଥିଲା। ୨୦୧୭ରେ ବିଜେପିର ସବୁ ଶକ୍ତି ଏକାଠି ହେଲା ଏବଂ ଯୋଗୀ ଦଳର ତାରକା ପ୍ରଚାରକ ନିଯୁକ୍ତି ହେଲେ। ପ୍ରାଥମିକ ଅନିଚ୍ଛା ପରେ ଯୋଗୀ ଦଳ ସହ ସହଯୋଗ କଲେ ଏବଂ ବିଶୃଙ୍ଖଳିତ ଆଚରଣ ପାଇଁ ହିନ୍ଦୁ ଯୁବା ବାହିନୀର ସାଧାରଣ ସମ୍ପାଦକ ରାମଲକ୍ଷ୍ମଣ ଏବଂ ରାଜ୍ୟ ମୁଖ୍ୟ ସୁନୀଲ ସିଂଙ୍କୁ ବହିଷ୍କାର କଲେ।

୨୦୧୭ ଉତ୍ତରପ୍ରଦେଶ ଏକ ତୀବ୍ର ତ୍ରିକୋଣୀୟ ନିର୍ବାଚନ ଥିଲା, ଯେଉଁଠାରେ ବିଜେପିର କ୍ୟାଡର ଏବଂ ସମାନ ସାଂସ୍କୃତିକ ଭାବନା ରଖୁଥିବା ଗୋଷ୍ଠୀ ମାନେ ମିଶି ଦୀର୍ଘ ଦେଢ ଦଶନ୍ଧି ଧରି ଚାଲିଥିବା ଆଞ୍ଚଳିକ ଦଳର ଶାସନକୁ ମୂଳୋତ୍ପାଟନ କରିଥିଲେ।

୨୦୧୭ ଉତ୍ତର ପ୍ରଦେଶ ବିଧାନ ସଭା ନିର୍ବାଚନ

ବିଜେପି ଦଳ ଭଲ ଭାବେ ଅନୁଭବ କରିଥିଲା ଯେ ପୂର୍ବ ତିନୋଟି ବିଧାନସଭା ନିର୍ବାଚନରେ ଦଳ ଉତ୍ତରପ୍ରଦେଶରେ ଭଲ ପ୍ରଦର୍ଶନ କରିନଥିଲା। ୨୦୧୪ର ଚମତ୍କାର ବିଜୟ ପରେ ଦଳ ଉଲ୍ଲସିତ ହୋଇ ଚୁପଚାପ୍ ବସିନଥିଲା। ଉତ୍ତର ପ୍ରଦେଶରେ ବିଜେପିର ସାଂଗଠନିକ ପୁନରୁଦ୍ଧାର ପାଇଁ ଅମିତ ଶାହା ତାଙ୍କ ଦୃଷ୍ଟିରେ ସର୍ବୋତ୍ତମ ବ୍ୟକ୍ତି ସୁନୀଲ ବନଶଲଙ୍କୁ ଦାୟିତ୍ୱ ଦେଲେ। ଅଖିଳ ଭାରତୀୟ ବିଦ୍ୟାର୍ଥୀ ପରିଷଦରେ ଥିବା ସମୟରୁ ସୁନୀଲ ବନଶଲଙ୍କର ଦୃଢ ସାଙ୍ଗଠନିକ ଦକ୍ଷତା ଥିଲା ଏବଂ ତାଙ୍କ ସହିତ ଆଇଆଇଟି ପ୍ରଶିକ୍ଷିତ ଦୃଢ ବୈଷୟିକ ଜ୍ଞାନ ଥିବା ସୂଚନା କୌଶଳୀ ବ୍ୟକ୍ତିମାନେ ମଧ୍ୟ ଥିଲେ। ବନସଲ ଦଳର ସଦସ୍ୟ ସଂଗ୍ରହ, ସମ୍ପର୍କ ଅଭିଯାନ, ପ୍ରଶିକ୍ଷଣ ଯେଜନା, ଦଳୀୟ ଚିହ୍ନ ଧରି ର୍‍ୟାଲି, ପରିବର୍ତ୍ତନ ଯାତ୍ରା ପଦ୍ମ ମେଳା ଏବଂ ଏହିପରି ଆହୁରି ଅନେକ ସୁସଂଗଠିତ ଯୋଜନା ସହ ଦଳକୁ ଶକ୍ତିଶାଳୀ କରିବାକୁ ସବୁ ପ୍ରକାର ଯୋଜନା କାର୍ଯ୍ୟକାରୀ କଲେ। ବନସଲ ଏବଂ ତାଙ୍କ ସହ କାର୍ଯ୍ୟ କରୁଥିବା ଗୋଷ୍ଠୀ, ବୁଥ୍, ମଣ୍ଡଳ, ଜିଲ୍ଲା ଏବଂ ରାଜ୍ୟ ସ୍ତରରେ ଦଳର ବିଭିନ୍ନ ପଦବୀରେ ଥିବା ବ୍ୟକ୍ତିମାନଙ୍କ ସହ ପରିଚିତ ହେଲେ। ଏହି ସବୁ ଉଦ୍ୟମ ଓ ଯୋଜନା ମାଧ୍ୟମରେ ବିଜେପି ଉତ୍ତର

ପ୍ରଦେଶରେ ସାଧାରଣ ଜନତାଙ୍କୁ ବହୁଜନ ସମାଜପାର୍ଟି ଏବଂ ସମାଜବାଦୀ ପାର୍ଟି ଶାସନର ଅପାରଗତା ଏବଂ ଦୁର୍ନିତୀକୁ ଦର୍ଶାଇବାକୁ ସକ୍ଷମ ହୋଇଥିଲା। ଏ ସବୁ ଉଦ୍ୟମ ସହିତ ଆରଏସ୍ଏସ୍‌ର ସାଂଗଠନିକ ସମର୍ଥନ, ରାଜ୍ୟ ସଂଯୋଜକ ଓମ୍ ମାଥୁରଙ୍କର ଦୀର୍ଘ ରାଜନୈତିକ ଅନୁଭବ, ରାଜ୍ୟ ସାଧାରଣ ସମ୍ପାଦକ ସ୍ୱତନ୍ତ୍ର ଦେବସିଂଙ୍କ ଦ୍ୱାରା ସୁଚାରୁରୂପେ ପ୍ରଧାନମନ୍ତ୍ରୀଙ୍କ ବିଶାଳ ଜନସମାବେଶର ଆୟୋଜନ ଏବଂ ପଛୁଆ ବର୍ଗର ନେତା କେଶବ ପ୍ରସାଦ ମୌର୍ଯ୍ୟଙ୍କ ଉତ୍ତମ ଛବି ମିଳିତ ଭାବେ ଦଳ ସପକ୍ଷରେ କାର୍ଯ୍ୟ କଲା।୨୨ କୋଟିର ବିଶାଳ ଜନସଂଖ୍ୟା ଥିବା ଉତ୍ତର ପ୍ରଦେଶ ସହ ବିଶ୍ୱର ମାତ୍ର ୫ଟି ଦେଶର ଜନସଂଖ୍ୟା ସମାନ ହୋଇପାରିବ। ୮୦ ଲୋକସଭା ଆସନ ଏବଂ ଦେଶକୁ ସବୁଠାରୁ ଅଧିକ ସଂଖ୍ୟାର ପ୍ରଧାନମନ୍ତ୍ରୀ ଦେଇ ଇତିହାସ ରଚିଥିବା ଉତ୍ତର ପ୍ରଦେଶର ନିର୍ବାଚନ ଉପାଖ୍ୟାନ ସମୟରେ ରାଜନେତା ଏବଂ ରାଜନୀତିକ ପଣ୍ଡିତ ମାନଙ୍କ ପାଇଁ ଆନନ୍ଦ ଉତ୍ସବର ସୁଯୋଗ ପରିବେଷଣ କରିଥାଏ। ଘୋର ଲଢେଇ ହୋଇଥିଭା ୨୦୧୭ ବିଧାନସଭା ନିର୍ବାଚନର ଫଳ ୧୧ ମାର୍ଚ୍ଚରେ ଘୋଷିତ ହେଲା ପାଖାପାଖି ୪୨ ଶତକଡା ଭୋଟ ସହ ରାଜ୍ୟ ବିଧାନସଭାରେ ଥିବା ୪୦୨ ଆସନ ମଧ୍ୟରୁ ବିଜେପି ଏବଂ ତାର ସହଯୋଗୀ ଦଳ ମାନେ ୩୨୫ଟି ପାଇ ନିର୍ବାଚନ ବିଜୟକୁ ସମ୍ପୂର୍ଣ୍ଣ ଏକପାଖିଆ କରିଦେଲେ।

ଚାଣକ୍ୟ ବ୍ୟତୀତ ଅନ୍ୟକୌଣସି ଏକ୍‌ଜିଟ୍ ପୋଲ୍ ଏହି ଜନାଦେଶର ପାଖାପାଖି ମଧ୍ୟ ପୂର୍ବାନୁମାନ କରିନଥିଲେ। ଅନେକ ରାଜନୈତିକ ପଣ୍ଡିତ ଏବଂ ନିର୍ବାଚନୀ ବିଶେଷଜ୍ଞ ମାନେ ମଧ୍ୟ ଏହି ବିଜୟ ବାବଦରେ କିଛି ବୁଝିହେଲା ପରି ତଥ୍ୟ ପ୍ରଦାନ କରିବାରେ ଅକ୍ଷମ ହେଲେ। ସେମାନେ ପ୍ରାୟ ସମସ୍ତେ ନିର୍ବାଚନ ଅଭିଯାନ ସମ୍ବନ୍ଧରେ ପ୍ରଶିକ୍ଷିତ ଥିଲେ ଏବଂ ବିଜୟକୁ ଜାତି, ଧର୍ମ, ବୟସ, ଲିଙ୍ଗ ଏବଂ ଆଞ୍ଚଳିକ ଭିତ୍ତିରେ ହିଁ ଆକଳନ କରୁଥିଲେ। ଏହିଥର କିନ୍ତୁ ଭୋଟ ଶୈଳୀ ସବୁ ପ୍ରକାର ପରମ୍ପରାଗତ ପଦ୍ଧତି ଏବଂ ତର୍କକୁ ଭୁଲ୍ ପ୍ରମାଣିତ କରିଥିଲା। ଇସଲାମିକ ସ୍କୁଲ ଦାରୁଲ ଉଲମ୍ ପାଇଁ ଖ୍ୟାତ ଦେଓବନ୍ଦରୁ ବିଜେପିର ବ୍ରିଜେଶ ସିଂ ଜିତିଥିଲେ। କଂଗ୍ରେସର ଆଧିପତ୍ୟ ଥିବା ଆମେଠିରୁ ବିଜେପିର ଗାରିମା ସିଂ ଜିତିଥିଲେ। ଏହି ଅପରିଭାଷିତ ଲହରୀ ଦୀର୍ଘ ସମୟ ଧରି ନେହେରୁ ଗାନ୍ଧୀ ପରିବାରର ଗଡ ଆମେଠି ଏବଂ ରାୟବରେଲୀରେ ସଫଳତା ପୂର୍ବକ ଝଡତୋଫାନ ନେଇ ଆସିଲା। ଯାଦବ ପରିବାରର ବୋହୂ ଅପର୍ଣ୍ଣା ଯାଦବ ଲକ୍ଷ୍ନୌ ଆସନରୁ ହାରିଲେ। ସାଧାରଣତଃ ସମାଜବାଦୀ ଏବଂ ବହୁଜନ ସମାଜ ପାର୍ଟି ଅକ୍ତିଆରରେ ରହୁଥିବା ବୁନ୍ଦେଲଖଣ୍ଡ ଅଞ୍ଚଳ ବିଜେପି ହାତକୁ ଆସିଯାଇଥିଲା। ହରିୟାଣାରେ ହେଇଥିବା ସଂରକ୍ଷଣ ପ୍ରସଙ୍ଗକୁ ନେଇ ପଶ୍ଚିମ ଉତ୍ତର ପ୍ରଦେଶର ଜାଠ ମାନେ ବିଜେପି

ଉପରେ ଅସନ୍ତୁଷ୍ଟ ଥିଲେ ବୋଲି ରାଜନୈତିକ ପଣ୍ଡିତମାନେ ମତ ଦେଇଥିଲେ, କିନ୍ତୁ ଦେଖାଗଲା ଯେ ଏହି ଅଞ୍ଚଳରେ ମଧ୍ୟ ବିଜେପି ଅଧିକ ଭୋଟ ପାଇଛି ।

ବିଧାନସଭାରେ ୧୯ଟି ଆସନ ସହ ବହୁଜନ ସମାଜପାର୍ଟି ଗୋଟିଏ ମାତ୍ର ରାଜ୍ୟସଭା ଆସନ ପାଇଁ ସଂଘର୍ଷ କରିବାର ଥିଲା । ନିଜ ମୂଳଦୁଆ ଦୋହଲିବା ଦେଖି ମାୟାବତୀ ବିରକ୍ତ ହୋଇ ସବୁ ଯାକ ଦୋଷ ଇଭିଏମ୍ ଉପରେ ଲଦି ଦେଲେ । କଂଗ୍ରେସର ପି. ଚିଦାମ୍ବରମ୍ ଏବଂ ନେସନାଲ କନଫରେନ୍ସର ଓମାର ଅବଦୁଲ୍ଲା ମୋଦୀ ଲହରକୁ ସ୍ୱୀକାର କଲେ । କିଛି ଲୋକ ଏହି ବିଜୟ ପାଇଁ ହିନ୍ଦୁ ଏକୀକରଣ ଦାୟୀ ବୋଲି କହିଲେ, କିଛି କହିଲେ ଯେ ବିମୁଦ୍ରୀକରଣ ପାଇଁ ମାୟାବତୀ ବହୁ ପରିମାଣରେ ଆର୍ଥିକ କ୍ଷତି ସହିଥିବାରୁ ଠିକ୍ ଭାବେ ନିର୍ବାଚନ ଅଭିଯାନ କରିପାରିଲେ ନାହିଁ ଏବଂ ସମାଜବାଦୀ ପାର୍ଟି ଭିତରେ ଏହି ଲଜ୍ଜାଜନକ ପରାଜୟ ପାଇଂ କଂଗ୍ରେସ ସହ ମେଣ୍ଟ ଦାୟୀ ବୋଲି ଗୁଞ୍ଜରଣ ହେଲା । ସମସ୍ତ ରାଜନୈତିକ ପଣ୍ଡିତ ନିର୍ବାଚନୀ ବିଶେଷଜ୍ଞ, ବିଶ୍ଳେଷକ, ସର୍ବେକ୍ଷଣ, ସାମାଜିକ ବୈଜ୍ଞାନିକ ଓ ରାଜନୈତିକ ବୈଜ୍ଞାନିକ ମାନଙ୍କୁ ମୋର କହିବାର କଥା ଯେ ଜାତି, ଧର୍ମ, ଲିଙ୍ଗ ଏବଂ ଆଞ୍ଚଳିକ ଆଧାରିତ ପାରମ୍ପରିକ ପୁରୁଣା କାଳିଆ ପରାଶ୍ରୟୀ ବିଶ୍ଳେଷଣକୁ ବନ୍ଦ କରନ୍ତୁ, ନୂଆ ଭାରତର ଜାଗରଣକୁ ଦେଖନ୍ତୁ ଏବଂ ଦେଖନ୍ତୁ ଆଜିକାର ଭାରତ କେମିତି ଆସ୍ପୃହା, ଉନ୍ନତିର ପଥରେ ଥିବା ଏକ ଶକ୍ତିଶାଳୀ ଭାରତ ପାଇଁ ମତଦାନ କରୁଛି ।

ହୁଏତ ଅନେକ ଦୃଷ୍ଟି ଦେଇନଥିବେ ଯେ ଏହି ନିର୍ବାଚନୀ ଆଲୋଚନା ୨୦୧୪ ମସିହାରୁ ଆରମ୍ଭ ହୋଇ ସାରିଥିଲା । ୨୦୧୪ ଲୋକସଭା ନିର୍ବାଚନ ଅନେକ ଦୃଷ୍ଟିରୁ ଏବଂ ଅନେକ ଦିଗରୁ ଭିନ୍ନ ଥିଲା । ବିଜେପି ନେତୃତ୍ୱ ମେଣ୍ଟ ପାଇଁ ଏକ ଐତିହାସିକ ନିର୍ଣ୍ଣାୟକ ଆଦେଶ ବ୍ୟତୀତ, ବିକାଶ ଏବଂ ଶାସନ ଉପରେ ଧ୍ୟାନ ଦେଇ ନରେନ୍ଦ୍ର ମୋଦୀଙ୍କ ସକରାତ୍ମକ ଅଭିଯାନ ଭାରତରେ ରାଜନୈତିକ ଅଭିଯାନର ବ୍ୟାକରଣକୁ ସବୁଦିନ ପାଇଁ ବଦଳାଇ ଦେଲା । ଏହା ସହ ଆନ୍ନା ହଜାରେ ଏବଂ ବାବା ରାମଦେବଙ୍କ ଆନ୍ଦୋଳନ ଦେଶରେ ଚାଲିଥିବା ଭ୍ରଷ୍ଟାଚାର ବିରୋଧୀ ଆନ୍ଦୋଳନକୁ ଅଧିକ ଧାରୁଆ ଓ ତୀକ୍ଷଣ କରିଥିଲା । ସେ ଯାଏ ନିର୍ବାଚନୀ ବାର୍ତ୍ତାର ଧାରା ପୀଡିତର ଭାଷା ବଦଳରେ ଆକାଂକ୍ଷାର ଭାଷା ଦ୍ୱାରା ଜନସାଧାରଣଙ୍କ ସହ ଯୋଗାଯୋଗ କରିବାକୁ ପ୍ରଥମଥର କେହି ଏପରି ସାହସ କଲା । ମୋଦୀଙ୍କ ଦ୍ୱାରା କୁହାଯାଉଥିବା ନୂଆ ସିଦ୍ଧାନ୍ତ, ଯେପରିକି "ସର୍ବନିମ୍ନ ସରକାର ସର୍ବାଧିକ ଶାସନ", "ପ୍ରତି ବିନ୍ଦୁ ଜଳ ପାଇଁ ଅଧିକ ଶସ୍ୟ ଆମଦାନୀ" ବ୍ୟବସାୟରେ ସରକାରଙ୍କ କିଛି ବ୍ୟବସାୟ ନାହିଁ, 'ପର୍ଯ୍ୟଟନ ଯୋଡେ ଏବଂ ଆତଙ୍କବାଦ ଭାଙ୍ଗେ' ଓ ଏହିପରି ୧୪ଟି ବିଷୟ 'ମୋଦିତ୍ୱ' ନାଁରେ ପରିଚିତ

ହେଲା ଏବଂ ଦଳର ନିର୍ବାଚନୀ ଇସ୍ତାହାର ଅପେକ୍ଷା ଲୋକେ 'ମୋଦିତ୍ୱ' ଉପରେ ବେଶି ଆଲୋଚନା କଲେ।

ଉପରୋକ୍ତ ବିଷୟ ଉତ୍ତରପ୍ରଦେଶ ବିଧାନସଭା କୁରୁକ୍ଷେତ୍ରରେ ଲଢୁଥିବା ସବୁ ରାଜନୈତିକ ଦଳକୁ ନିଜ ରାଜନୈତିକ ପାଠ୍ୟକ୍ରମରେ ଉନ୍ନତି ଏବଂ ଆକାଂକ୍ଷାକୁ ବିଷୟ ରୂପେ ଅନ୍ତର୍ଭୁକ୍ତ କରିବାକୁ ଏକ ରକମ ବାଧ୍ୟ କରିଥିଲା। 'ଲୋକ କଲ୍ୟାଣ ସମ୍ପର୍କ ପରି ଜନସାଧାରଣଙ୍କ ପାଇଁ ଏକ ଉତ୍ତମ ଯୋଜନା ସହ ବିଧାନସଭା ମୋଦୀଙ୍କ ନେତୃତ୍ୱରେ ବିଜେପି ଦଳ ଉତ୍ତରପ୍ରଦେଶ ବିଧାନସଭା ନିର୍ବାଚନ ପାଇଁ ଏବଂ ସୁସଂଗଠିତ ରଣନୀତି ସ୍ଥିର କରି ନିର୍ବାଚନ ମତଦାନରେ ପ୍ରବେଶ କରିଥିଲା। ବିଜେପିର ଏହି ଲୋକ ସଂକଳ୍ପ ପତ୍ରରେ ଅନ୍ତର୍ଭୁକ୍ତ ଥିବା ବେନିୟମ କଂସେଇଖାନା ବନ୍ଦ ଏବଂ 'ଆଣ୍ଟି ରୋମିଓ ସ୍କ୍ୱାର୍ଡ' ଆଦି ଯୋଜନା ଅନେକ ବର୍ଷ ଧରି ଯୋଗୀ ଆଦିତ୍ୟନାଥଙ୍କର ବ୍ୟାଖାନରେ ଥିଲା। ଯୋଗୀଜୀ ମଧ୍ୟ ରାଜ୍ୟ ସାରା ନିର୍ବାଚନ ଅଭିଯାନରେ ଖୁବ୍ ଗଭୀର ଭାବେ ଅଂଶଗ୍ରହଣ କରିଥିଲେ। ନିଜର ଏକ ପାରିବାରିକ ସମସ୍ୟା ସୃଷ୍ଟି କରି ସମାଜବାଦୀ ପାର୍ଟି ଅଖିଳେଶ ଯାଦବକୁ ଅଳ୍ପ କଥା କହୁଥିବା ଜଣେ ଭଲ ନେତା ଭାବେ ଉପସ୍ଥାପିତ କଲା। କଂଗ୍ରେସ ମଧ୍ୟ ପୂର୍ବ ସରକାର ଗୁଡିକର ବିଫଳତା ଦର୍ଶାଇବାକୁ ଏକ ଆପ୍ତବାକ୍ୟ 'ସତେଇଶ ସାଲ ୟୁପି ବେହାଲ୍' ଅର୍ଥାତ୍ ସତେଇଶ ବର୍ଷ ଧରି ୟୁପି ଦୁରାବସ୍ଥା ଦେଇ ଗତି କରୁଛି ବୋଲି କହିବା ଆରମ୍ଭ କଲା। ଜାନୁଆରୀ ୨୦୧୭ ଯାଏ ପରସ୍ପରକୁ ବିରୋଧ କରୁଥିବା କଂଗ୍ରେସ ଓ ସମାଜବାଦୀ ପାର୍ଟି ବିଧାନସଭା ନିର୍ବାଚନ ଓ ନିଜର ରାଜନୈତିକ ସୁବିଧାବାଦ ପାଇଁ ମେଣ୍ଟ କଲେ। ରାହୁଲ ଗାନ୍ଧୀ ଏବଂ ଅଖିଳେଶ ଯାଦବଙ୍କ ଯୁଗ୍ମ ରୋଡ ସୋ ରେ ସେମାନଙ୍କର ବିଦ୍ୟୁତ ଘର ମଧ୍ୟରେ ଛନ୍ଦି ହୋଇ ଅଳ୍ପ କଥା କୁହନ୍ତି ମନ୍ତ୍ର ଜପୁଥିବା ଛବିକୁ ଦେଖି ବିଡମ୍ବନା ମଧ୍ୟ ଜୋରରେ ହସୁଥିଲା। ଏସବୁ ବ୍ୟାଖାନରୁ ଦୂରରେ ଥାଇ ମାୟାବତୀ ନିଜର ପୁରୁଣା ସାମାଜିକ ବୈଷୟିକ ରଣନୀତି ଯଥା ଜାତି ଗଣିତ ଏବଂ ଦଳିତ ବ୍ରାହ୍ମଣ ଏବଂ ଦଳିତ ମୁସଲିମ ସମୀକରଣ ନେଇ ବ୍ୟସ୍ତ ରହୁଥିଲେ। ଜନସାଧାରଣଙ୍କୁ ତାଙ୍କ ଦ୍ୱାରା ପ୍ରଣିତ ଉତ୍ତମ ଆଇନ ଶୃଙ୍ଖଳା ବ୍ୟବସ୍ଥା ମନେ ପକାଇ ଦେବା ବ୍ୟତୀତ ମାୟାବତୀଙ୍କ ନିକଟରେ ଆଉ ବେଶି କିଛି କହିବାର ନଥିଲା।

ଏଥିରୁ ସ୍ପଷ୍ଟ ହେଉଛି ଯେ ବର୍ତ୍ତମାନର ଯଶସ୍ୱୀ ପ୍ରଧାନମନ୍ତ୍ରୀ ନିର୍ବାଚନୀ ଯୁଦ୍ଧର ସବୁ ନିୟମ ବଦଳାଇ ଦେଉଛନ୍ତି। ନିଜର ତିନିଥର ଗୁଜୁରାଟ ମୁଖ୍ୟମନ୍ତ୍ରୀ ରୂପେ କାର୍ଯ୍ୟକାଳରେ ଦୀର୍ଘ ପ୍ରଶାସନିକ ଅଭିଜ୍ଞତା ଏବଂ ତାଙ୍କ ସମୟରେ ଗୁଜୁରାଟରେ ଆସିଥିବା ପ୍ରକୃତ ପରିବର୍ତ୍ତନ ବିଶେଷତଃ ନିରନ୍ତର ବିଦ୍ୟୁତ ଯୋଗାଣ, ବ୍ୟବସାୟ

କରିବାରେ ସହାୟତା ଏବଂ ବିଶ୍ୱସ୍ତରୀୟ ସାଧାରଣ ଯାତାୟତ ବ୍ୟବସ୍ଥା ଶ୍ରୀ ନରେନ୍ଦ୍ର ମୋଦୀଙ୍କୁ ଦୃଢ ବିଶ୍ୱାସୀ କରାଇଥିଲା। କେନ୍ଦ୍ରରେ ଶ୍ରୀ ମୋଦୀଙ୍କ ଅଢେଇ ବର୍ଷର କାର୍ଯ୍ୟକାଳ ମଧ୍ୟ ଜନସାଧାରଣଙ୍କ ଦ୍ୱାରା ବହୁତ ଆଦୃତ ହୋଇଥିଲା। ଦୀର୍ଘ ସମୟ ପରେ ଲୋକେ ଏମିତି ଜଣେ ପ୍ରଧାନମନ୍ତ୍ରୀଙ୍କୁ ଦେଖିଲେ। ଯିଏ ଲୋକଙ୍କ ସହ ଯୋଗାଯୋଗ କରିବାରେ ଏବଂ ଭାରତକୁ ସ୍ୱଚ୍ଛ ରଖିବାକୁ ବୁଝାଇବାରେ ସକ୍ଷମ ହେଲେ। ଲୋକଙ୍କୁ ସବସିଡି ତ୍ୟାଗ କରିବାକୁ ମନାଇବାରେ ସକ୍ଷମ ଏବଂ ହିସାବ ମିଳୁନଥିବା ଟଙ୍କାର ବିପଦକୁ ଧ୍ୱଂସ କରିବାକୁ ଘଣ୍ଟା ଘଣ୍ଟା ଧରି ଲୋକଙ୍କୁ ଧାଡିରେ ଠିଆ କରିବାକୁ ସକ୍ଷମ ହେଲେ। ଉତ୍ତର ପ୍ରଦେଶର ଜନସାଧାରଣଙ୍କ ପାଇଁ କିନ୍ତୁ ଉନ୍ନତିର ଶବ୍ଦକୋଷ ଏବଂ ନୂଆ କଥା ଥିଲା। ଅଖିଳେଶ, ମାୟାବତୀ ଏବଂ ରାହୁଲ ଏହି ନୂଆ ଶବ୍ଦକୋଷକୁ କାମରେ ଲଗାଇବାକୁ ଉଦ୍ୟମ କରିଥିଲେ କିନ୍ତୁ ନିଜର ଭ୍ରମାତ୍ମକ କାର୍ଯ୍ୟକଳାପ ଯୋଗୁ ବିଫଳ ହେଲେ।

ମୋ ପୂର୍ବ ପୁସ୍ତକ 'ଉତ୍ତରପ୍ରଦେଶ- ବିକାଶ କି ପ୍ରତୀକ୍ଷା ମେ' (ଉତ୍ତର ପ୍ରଦେଶ- ବିକାଶର ଅପେକ୍ଷାରେ)[୨] ମୁଁ ଉତ୍ତର ପ୍ରଦେଶର ଗତ ୧୫ ବର୍ଷର ସରକାର ଦେଇଥିବା ଉନ୍ନତି ମୂଳକ ପ୍ରତିଶ୍ରୁତି ଗୁଡିକୁ ପୁଙ୍ଖାନୁପୁଙ୍ଖ ଭାବେ ଯାଞ୍ଚ କରିଥିଲି। ଏହି ପୁସ୍ତକ ଉତ୍ତରପ୍ରଦେଶର ଐତିହାସିକ, ସାଂସ୍କୃତିକ ଏବଂ ସାମାଜିକ ପୃଷ୍ଠଭୂମି ଉପରେ ସ୍ପର୍ଶ କରିଥିଲା ଏବଂ ୟୁପିରେ ଉଭୟ ସାମ୍ପ୍ରତିକ ତଥା ଅତୀତର ରାଜନୈତିକ ଦୃଶ୍ୟକୁ ଅନୁସନ୍ଧାନ କରିଥିଲା। ମୁଁ ଏଇ କଥା ଉପରେ ଅଧିକ ଜୋର ଦେଇଥିଲି ଯେ ଯଦିଓ ରାଜନୈତିକ ଦୃଷ୍ଟିରୁ ୟୁପି ଗୁରୁତ୍ୱପୂର୍ଣ୍ଣ ଥିଲା ରାଜ୍ୟ କିନ୍ତୁ ବିକାଶରୁ ବଞ୍ଚିତ ଥିଲା। ଆଜି ବି ରାଜ୍ୟ ବିଦ୍ୟୁ ଯୋଗାଣ, ନିମ୍ନମାନର ରାସ୍ତାଘାଟ, ବ୍ୟବସାୟ କରିବାରେ ଅବ୍ୟବସ୍ଥା, ବାଜେ ଆଇନ ଶୃଙ୍ଖଳା ପରିସ୍ଥିତି ଦ୍ୱାରା ପୀଡିତ ଏବଂ ଏ ସବୁ କାରଣ ପାଇଁ ଯୁବଶକ୍ତିର ନିଯୁକ୍ତି ସୁଯୋଗ ମଧ୍ୟ ନଗଣ୍ୟ। ଏଠି ମୁଁ ଉତ୍ତରପ୍ରଦେଶ ସମ୍ବନ୍ଧରେ ଲେଖିଥିବା ପୂର୍ବ ବହି ପାଇଁ ଗବେଷଣା ସମ୍ବନ୍ଧରେ କହିବି, ଯାହା ଆମକୁ ୨୦୧୭ ୟୁପି ନିର୍ବାଚନ ଫଳ ବିଷୟରେ ବୁଝିବାରେ ସାହାଯ୍ୟ କରିବ ଏବଂ ଯାହା ଦ୍ୱାରା ଆମେ ଯୋଗୀଜୀଙ୍କୁ ୟୁପିର ମୁଖ୍ୟମନ୍ତ୍ରୀ ରୂପେ ପାଇଲୁ।

ଭାରତର ଜନସଂଖ୍ୟାର ୧୬.୫ ଶତାଂଶ ଜନସଂଖ୍ୟା ଥିବା ରାଜ୍ୟର ଦେଶର ଜିଡିପିରେ ଯୋଗଦାନ ମାତ୍ର ୮.୫ ପ୍ରତିଶତ। ଯଦି ଆମେ ଏହି ତଥ୍ୟକୁ ଗୁଜୁରାଟ ସହ ତୁଳନା କରିବା ତେବେ ଭାରତର ଜନସଂଖ୍ୟାର ୫ ଶତାଂଶ ଥିବା ଏହି ରାଜ୍ୟ ଦେଶର ଜିନିଷକୁ ୭.୫ ପ୍ରତିଶତ ଯୋଗଦାନ ଦିଏ। ଏହା ସ୍ପଷ୍ଟ ଭାବେ ଦର୍ଶାଉଛି ଭାରତର ସମ୍ବଳକୁ ଯୋଗଦାନ ଦେବା ପରିବର୍ତ୍ତେ ୟୁପି କିପରି ଏହାର ସମ୍ବଳକୁ ଆତ୍ମସାତ କରୁଛି।

ପ୍ରାଥମିକ ଶିକ୍ଷା କ୍ଷେତ୍ରରେ ଅବସ୍ଥା ଆହୁରି ଶୋଚନୀୟ। ପ୍ରଥମ ଦ୍ୱାରା କରାଯାଇଥିବା ଏଏସଇଆର ସର୍ଭେ ଅନୁଯାୟୀ ୟୁପିରେ ପଞ୍ଚମ ଶ୍ରେଣୀରେ ପଢୁଥିବା ୫୦ ଶତାଂଶ ପିଲା ଦ୍ୱିତୀୟ ଶ୍ରେଣୀର ହିନ୍ଦୀ ପାଠ ମଧ୍ୟ ପଢିପାରନ୍ତି ନାହିଁ। ୟୁପି ବୈଷୟିକ ବିଶ୍ୱବିଦ୍ୟାଳୟ ଦ୍ୱାରା କୌଣସି ଉପଯୁକ୍ତ ନିଯୁକ୍ତି ସୁଯୋଗ, ଅନୁସନ୍ଧାନ ସୁଯୋଗ ଏବଂ ଉଦ୍ୟୋଗୀ ହେବା ପାଇଁ ପ୍ରକୃଷ୍ଟ ସାଧନ ମିଳୁନଥିବାରୁ ଉଚ୍ଚଶିକ୍ଷା କ୍ଷେତ୍ରରେ ଇଞ୍ଜିନିୟରିଂ ପାଠ୍ୟକ୍ରମ ୫୦ ଶତାଂଶ ସିଟ୍ ଖାଲି ରହୁଛି। କେବଳ ମାନନୀୟ କଲାମ ସାହାବଙ୍କ ଉତ୍ତରାଧିକାରକୁ ହାତେଇବା ପାଇଁ ଉତ୍ତରପ୍ରଦେଶ ବୈଷୟିକ ବିଶ୍ୱବିଦ୍ୟାଳୟ କଲାମଙ୍କ ନାମରେ ନାମିତ କରିବାର ଯୋଜନା ଅଖିଲେଶ ସରକାରଙ୍କ ଦ୍ୱାରା ନିଆଯାଇଥିଲା। ଯେତେବେଳେ ରାଜ୍ୟମାନେ ନିଜର ମାନବ ସମ୍ବଳର ପ୍ରଦର୍ଶନ କରି ନିଜ ରାଜ୍ୟକୁ ନିବେଶକ ଏବଂ ଶିକ୍ଷାନୁଷ୍ଠାନ ଗୁଡିକ ଆମନ୍ତ୍ରଣ ଦେଉଛନ୍ତି ସେହି ସମୟରେ କପି ବିରୋଧୀ ଆଇନ ପ୍ରଣୟନ କରିଥିବା ରାଜନାଥ ସିଂଙ୍କର ଶକ୍ତ ବିରୋଧୀ ମୁଲାୟମ ସିଂ ଯାଦବ ଉତ୍ତରପ୍ରଦେଶର ଶ୍ରେଣୀ ଗୃହରେ ଝରକା ପାଖରେ କପି ଯୋଗାଇବାକୁ ମାଫିଆ ମାନଙ୍କୁ ଠିଆ କରାଇ ସନ୍ତୁଷ୍ଟ ହେଲା ପରି ଲାଗୁଥିଲେ। ଉତ୍ତରପ୍ରଦେଶରେ ବିଦ୍ୟୁତ ଯୋଗାଣର ଅବସ୍ଥା ଅତ୍ୟନ୍ତ ଶୋଚନୀୟ ଥିଲା। ରାଜ୍ୟର ଆବଶ୍ୟକତା ୨୫୦୦୦ମେଗାୱାଟ ଥିବା ବେଳେ ରାଜ୍ୟର ବିଦ୍ୟୁତ ଉତ୍ପାଦନ ମାତ୍ର ୨୫୦୦ ମେଗାୱାଟ ଥିଲା। ରାଜ୍ୟ ବାହାର ରାଜ୍ୟରୁ ବିଦ୍ୟୁତ କ୍ରୟ କରୁଥିଲା। ମାତ୍ର ତଥାପି ୫ ରୁ ୯ ହଜାର ମେଗାୱାଟ ବିଦ୍ୟୁତ ଶକ୍ତି ନିଅଣ୍ଟ ହେଉଥିଲା। ବିଡମ୍ବନା ହେଲା ରାଜ୍ୟ କେବେ ନିଜ ନିଅଣ୍ଟିଆ ବିଦ୍ୟୁତ ଶକ୍ତିର ଭରଣା କରିବାକୁ ନିଜେ ବିଦ୍ୟୁତ ଉତ୍ପାଦନ କରିବା କଥା ଚିନ୍ତା କରୁନଥିଲା, ବରଂ କେବଳ କିସ୍ତିରେ ବିଦ୍ୟୁତ ଆବଣ୍ଟନ ଓ ବିଦ୍ୟୁତ ଯୋଗାଣ ବନ୍ଦ ବିଷୟରେ ଚିନ୍ତା କରିଥିଲା। ଅଧିକନ୍ତୁ ଏହି ବିଦ୍ୟୁତ ଯୋଗାଣ ବନ୍ଦ ମଧ୍ୟ ଭୋଟରମାନଙ୍କ ଶାସକ ଦଳ ପ୍ରତି ବିଶ୍ୱସନୀୟତାର ଆଞ୍ଚଳିକ ଭିତ୍ତିରେ ହେଉଥିଲା।

ମାୟାବତୀଙ୍କ କାର୍ଯ୍ୟକାଳ ସମୟରୁ ରାଜ୍ୟର ସ୍ୱାସ୍ଥ୍ୟ ଭିତ୍ତିଭୂମି ବିପର୍ଯ୍ୟସ୍ତ ହୋଇଯାଇଥିଲା ଏବଂ ଜାତୀୟ ଗ୍ରାମୀଣ ସ୍ୱାସ୍ଥ୍ୟ ମିଶନ ଘୋଟାଲା ଘଟିଥିଲା। ସବୁଠୁ ଦୁଃଖର କଥା ଥିଲା ଏହି ସମୟରେ ମୁଖ୍ୟ ଚିକିତ୍ସା ଅଧିକାରୀମାନଙ୍କର ହତ୍ୟା ହୋଇଥିଲା ଏବଂ ଅପରାଧୀ ମାନଙ୍କୁ ଆଇନ ଦ୍ୱାରା ଦଣ୍ଡ ଦିଆଯାଇନଥିଲା। ପୋଲିସ ନିଯୁକ୍ତି ଘୋଟାଲା, ଜନନୀ ସୁରକ୍ଷା ଯୋଜନା ଘୋଟାଲା ପରି କୁମ୍ଭ ମେଳା ଘୋଟାଲା ଏବଂ ମାୟାବତୀଙ୍କ ପ୍ରତିମୂର୍ତ୍ତି ଘୋଟାଲା କେତେକ ଉପାଖ୍ୟାନ ରାଜ୍ୟ ପାଇଁ ଗର୍ବ କରିବା ପରି ଘଟଣା ଥିଲା। ବାସ୍ତବରେ ମାୟାବତୀଙ୍କ କାର୍ଯ୍ୟକାଳ ସମୟରେ ନିୟନ୍ତ୍ରକ ଓ

ମହାଲେଖାଗାରଙ୍କ ଦ୍ୱାରା କରାଯାଇଥିବା ସର୍ଭେରେ ଦେଖାଯାଇଥିଲା ଯେ ଜଣେ ସୁରକ୍ଷା ଯୋଜନାରେ ପ୍ରକୃତ ହିତାଧିକାରୀ କୌଣସି ଗର୍ଭବତୀ ବା ସ୍ତନ୍ୟପାନ କରାଉଥିବା ମହିଳାଙ୍କ ପାଖକୁ ଟଙ୍କାଟିଏ ମଧ୍ୟ ଯାଇନଥିଲା ଏବଂ ସରକାରୀ ଅଧିଖାରୀମାନେ କେବଳ ମିଥ୍ୟା ଦସ୍ତାବିଜ ଦେଇ ଟଙ୍କା ଉଠାଇ ନେଇଥିଲେ। ଜିଲ୍ଲା ମାଜିଷ୍ଟ୍ରେଟଙ୍କ ସରକାରୀ ଗାଡିକୁ ବେସରକାରୀ ଗାଡି କହି ଟଙ୍କା ନିଆ ଯାଇଥିଲା। ଏବଂ ଏମିତିକି ଜଣେ ଜଣେ ମହିଳାଙ୍କୁ ବର୍ଷକ ମଧ୍ୟରେ ତିନି ତିନିଥର ଗର୍ଭବତୀ ବୋଲି ଦର୍ଶାଯାଇଥିଲା।

ରାଜ୍ୟର ଆଇନଶୃଙ୍ଖଳା ପରିସ୍ଥିତି ଏକ ବିରାଟ ମରାମତି ଅପେକ୍ଷାରେ କ୍ରନ୍ଦନରତ ଥିଲା। ପୂର୍ବତନ ସରକାରମାନଙ୍କ ଚାପ ଯୋଗୁ ପୋଲିସ ଦ୍ୱାରା ଅପରାଧ ଗୁଡିକର ଖୁବ୍ କମ୍ ରିପୋର୍ଟ ହେଉନଥିଲେ ମଧ୍ୟ ଜାତୀୟ ଅପରାଧିକ ରେକର୍ଡ ବ୍ୟୁରେ (NCRB) ଦ୍ୱାରା ଉତ୍ତରପ୍ରଦେଶକୁ ସର୍ବାଧିକ ଅପରାଧ ଘଟିତ ହେବା ରାଜ୍ୟର ମାନ୍ୟତା ମିଳିଥିଲା। ବଦାୟୁଁ, ବରେଲି ଏବଂ ବୁଲନ୍ଦସହରରେ ମହିଳାମାନଙ୍କ ଉପରେ ଅକଥନୀୟ ଅତ୍ୟାଚାର କାହାଣୀ ଏବଂ ମୁଜାଫରନଗର, ଶାହରଣପୁରର ଦଙ୍ଗା ସ୍ପଷ୍ଟ ଭାବେ କହୁଥିଲା ଯେ ରାଜ୍ୟ ଚଳାଇବା ପାଇଁ ପୂର୍ବବର୍ତ୍ତୀ ସମାଜବାଦୀ ପାର୍ଟି ସରକାରର ନା ଆଗ୍ରହ ଥିଲା, ନା ଥିଲା ସଳଖ ମେରୁଦଣ୍ଡ।

ଯାଦବ ସିଂ ଘୋଟାଲା ଉଭୟ ସମାଜବାଦୀ ଓ ବହୁଜନ ସମାଜବାଦୀ ପାର୍ଟି ସହ ସମ୍ପର୍କିତ ଥିବା ପରି ପ୍ରତୀୟମାନ ହେଉଥିଲା। ଉଭୟ ମାୟାବତୀ ଏବଂ ଯାଦବ ପରିବାରର ପ୍ରିୟ ଅମଲାତନ୍ତ୍ର ଅଧିକାରୀ ଡ. ରମାରମଣଙ୍କ ଦ୍ୱାରା ମୁଖ୍ୟମନ୍ତ୍ରୀମାନେ ନୋଇଡା ଅଞ୍ଚଳରେ ଜମିଜମା କାରବାର କରିବା ପାଇଁ ଉଦ୍ଦେଶ୍ୟମୂଳକ ଭାବେ ନୋଇଡା ମ୍ୟୁନିସିପାଲ କର୍ପୋରେସନକୁ ଉଚିତ ବ୍ୟକ୍ତିଙ୍କ ନିର୍ବାଚିତ ହେବା ପ୍ରକ୍ରିୟାକୁ ଯୋଜନା ବଦ୍ଧ ଭାବେ ରୋକିବା ପ୍ରୟାସ ଯାଦବ ଘୋଟାଲାର ଅନ୍ତର୍ଭୁକ୍ତ ଥିଲ। ଏ ହେଉଛନ୍ତି ସେହି ରମାରମଣ ଯାହାଙ୍କୁ ଯୋଗୀ ସରକାରଙ୍କ ପ୍ରଥମ ଟ୍ରାନ୍ସଫର ଓ ପୋଷ୍ଟିଂ ଆଦେଶରେ ଏକ ରକମରର ବିତାଡିତ କରାଯାଇଥିଲା।

ନିଜ ନିର୍ବାଚନୀ ରାଲିରେ ଅଖିଳେଶ ଯାଦବ ଦାବୀ କରିଥିଲେ ଯେ ତାଙ୍କ ସରକାର ଉତ୍ତରପ୍ରଦେଶର ଛାତ୍ରଛାତ୍ରୀଙ୍କୁ ୧୫ ରୁ ୧୮ ଲକ୍ଷ ଲାପଟପ ବିତରଣ କରିଛି। ମୋ ପୂର୍ବ ବହିର ଅନୁସନ୍ଧାନ କିନ୍ତୁ ସମ୍ପୂର୍ଣ୍ଣ ଭିନ୍ନ କଥା କହେ। ପ୍ରଥମେ ଭୋଟରଙ୍କ ବିଶ୍ୱସ୍ତତା ଆଧାରରେ ଲାପଟପ ଗୁଡିକ ବଣ୍ଟନ କରାଯାଇଥିଲା। ୟୁପି ସରକାରଙ୍କ ସୂଚନା ଅଧିକାରର ତଥ୍ୟ ଅନୁଯାୟୀ ଛାତ୍ରଛାତ୍ରୀଙ୍କୁ ଦିଆଯିବାକୁ ଲକ୍ଷ୍ନୌରୁ ବାହାରିଥିବା ଲାପଟପ ଗୁଡିକ ସେମାନଙ୍କ ପାଖରେ ପହଞ୍ଚିପାରିନଥିଲା। ପ୍ରତ୍ୟେକ ଜିଲ୍ଲାରେ ପହଞ୍ଚିଥିବା

ଓ ଛାତ୍ରମାନଙ୍କ ମଧ୍ୟରେ ବିତରିତ ହୋଇଥିବା ଲାପଟପର ସଂଖ୍ୟା ମଧ୍ୟରେ ୫୦୦୦ ରୁ ୫୦,୦୦୦ ଯାଏ ବ୍ୟବଧାନ ଥିଲା। ଉଦାହରଣ ସ୍ୱରୂପ ଆହ୍ଲାବାଦ ଜିଲ୍ଲାରେ ୬୯,୩୯୫ଟି ଲାପଟପ ପହଞ୍ଚିଥିବା ବେଳେ ମାତ୍ର ୨୦,୩୪୧ଟି ବିତରିତ ହୋଇଥିଲା। ଆମେଠି ଜିଲ୍ଲାରେ ୧୩,୧୬୫ଟି ଲାପଟପ ପହଞ୍ଚିଥିଲା କିନ୍ତୁ ବିତରିତ ହୋଇଥିବା ୩,୮୨୦। ଆଜମଗଡଠାରେ ପହଞ୍ଚିଥିଲା ୪୩,୦୧୧ଟି କିନ୍ତୁ ବିତରିତ ହେଲା ୧୦,୦୯୯ଟି। ମୁଁ ଯେବେ ଅଧିକାରୀ ମାନଙ୍କ ନିକଟରେ ଏ ସମ୍ବନ୍ଧରେ ଅନୁସନ୍ଧାନ କଲି ଉପର ଠାଉରିଆ ଉତ୍ତର ମିଳିଲା ଯେ ସେମାନେ ସିଷ୍ଟମରେ ଠିକ୍ ତଥ୍ୟ ରଖିବାକୁ ଭୁଲିଯାଇଥିଲେ। ଆମେ ପ୍ରକୃତ ଅନୁସନ୍ଧାନରୁ ଜାଣିପାରିଲୁ ଯେ ଏହି ଲାପଟପ ଗୁଡିକ ୟୁପିର ପ୍ରତ୍ୟେକ ଜିଲ୍ଲାରେ ୭ ରୁ ୮ ହଜାର ଟଙ୍କାରେ ବିକ୍ରି ହୋଇଥିଲା। ଉପରେ ମୁଲାୟମ ସିଂ ଓ ଅଖିଳେଶଙ୍କର ଯୁଗ୍ମ ଛବି ଏବଂ ଭିତରେ ସମାନ ପ୍ରକାର ୱାଲପେପର ଥିବା ଏହି ଲାପଟପ ଗୁଡିକ ସମାଜବାଦୀ ଦଳର ଜନ ସମ୍ପର୍କ ଅଭିଯାନ ବ୍ୟତିତ ଆଉ କିଛି କାର୍ଯ୍ୟ କରିନଥିଲା।

ତିନିଶହ କି.ମି ବ୍ୟାପି ଆଗ୍ରା ଲକ୍ଷ୍ନୌ ରାଜପଥକୁ ସର୍ବଦା ଅଖିଳେଶ ସରକାରଙ୍କ ତାରକା ଯୋଜନା ବୋଲି କୁହାଯାଏ। ୨୦୧୭ ନିର୍ବାଚନ ଯାଏ କିନ୍ତୁ ଏହି ରାସ୍ତା କାମ ସମ୍ପୂର୍ଣ୍ଣ ହୋଇପାରିନଥିଲା। ଏହି ରାସ୍ତାରେ ଗଲା ବେଳେ ଜଣକୁ ବାରମ୍ବାର ପାର୍ଶ୍ୱରେ ଥିବା ରାସ୍ତା ଓ ଅନେକ ପ୍ରତିବନ୍ଧକ ଦେଇ ଯିବାକୁ ହେଉଥିଲା। ବାସ୍ତବରେ ନିଜର ନିର୍ବାଚନୀ ଭାଷଣ, ବ୍ୟାନର ଏବଂ ପ୍ରଚାର ପତ୍ରରେ ଆଗ୍ରା ଲକ୍ଷ୍ନୌ ରାଜପଥ ଏବଂ ଲକ୍ଷ୍ନୌ ମେଟ୍ରୋ ଯୋଜନାକୁ ପ୍ରଦର୍ଶିତ କରିଥିବାରୁ ଆହ୍ଲାବାଦ ଉଚ୍ଚ ନ୍ୟାୟାଳୟ ସମାଜବାଦୀ ପାର୍ଟିକୁ ଭର୍ତ୍ସନା କରିଥିଲେ। ଅଧିକନ୍ତୁ ଆମେ ଯଦି ନୀତିନ ଗଡକରୀଙ୍କ ମନ୍ତ୍ରାଳୟ ଦ୍ୱାରା ଦିନକୁ ୨୦ କି.ମି. ରାଜମାର୍ଗ ନିର୍ମାଣ ସହ ଏହାକୁ ତୁଳନା କରିବା ତେବେ ଆମେ ଦେଖିବା ଯେ ମାତ୍ର ୧୫ ଦିନରେ ୩୦୦ କି.ମି .ରାଜମାର୍ଗ ନିର୍ମାଣ ହେଉଥିଲା। କିନ୍ତୁ ଉତ୍ତରପ୍ରଦେଶ ରାଜ୍ୟରେ ଗତ ୧୫ ବର୍ଷ ଭିତରେ ଜନସାଧାରଣଙ୍କ ଆଶା ଓ ଆକାଂକ୍ଷା, ଜାତିଆଣ, ଆଞ୍ଚଳିକ ଓ ବନ୍ଧୁ ରାଜନୀତି ଦ୍ୱାରା ଭୟଙ୍କର ଭାବେ କ୍ଷତିଗ୍ରସ୍ତ ହୋଇଥିଲା ଏବଂ ଅତ୍ୟନ୍ତ ନିମ୍ନସ୍ତରକୁ ଯାଇ ସରକାର ମଧ୍ୟ ନିଜ ଅତି ନଗଣ୍ୟ ଯୋଜନାକୁ ଉନ୍ନତମାନର ଯୋଜନା ରୂପେ ପ୍ରଚାର କରି ଲୋକଙ୍କୁ ଭଣ୍ଡାଉଥିଲେ।

ବିହାର, ମଧ୍ୟପ୍ରଦେଶ, ରାଜସ୍ଥାନ ଏବଂ ଉତ୍ତରପ୍ରଦେଶ ପରି ଚାରୋଟି ରାଜ୍ୟର ଅବକ୍ଷୟମୁଖୀ ସାମାଜିକ ଓ ଅର୍ଥନୀତିକ ସୂଚକାଙ୍କକୁ ଦେଖି ଅଶୀ ଦଶକରେ ଆଶିଷ ବୋଷ 'ବିମାରୁ' ଶବ୍ଦର ପ୍ରଚଳନ କରିଥିଲେ। ସେବେଠାରୁ ରାଜସ୍ଥାନ ଓ ମଧ୍ୟପ୍ରଦେଶ

ନିଜର 'ବିମାରୁ' ବା ରୁଗଣ୍ ସ୍ଥିତିକୁ ବଦଳାଇ ଭଲ ଅବସ୍ଥାରେ ପହଞ୍ଚିଛନ୍ତି। ବିହାର ମଧ୍ୟ ଉଚିତ ପଥକୁ ଆସିବା ପରି ଦିଶୁଥିଲା ମାତ୍ର ଲାଲୁ ଯାଦବଙ୍କ ରାଜ୍ୟ ରାଜନୀତିରେ ପୁନଃପ୍ରବେଶ ପରେ ଅପହରଣ, ବନ୍ଧୁ ତୋଷଣ ଏବଂ ବିଶୃଙ୍ଖଳିତ ଆଇନ ବ୍ୟବସ୍ଥାର ଚକ୍ରବ୍ୟୁହରେ ରାଜ୍ୟ ପୁଣି ଛନ୍ଦି ହୋଇଗଲା। ଉତ୍ତରପ୍ରଦେଶ ଏବେ ମଧ୍ୟ ଉନ୍ନତି ପାଇଁ ବିକଳ ହେଉଥିଲା। ମାତ୍ର ବିଗତ ୧୫ ବର୍ଷରେ ସମାଜବାଦୀ ଓ ବହୁଜନ ସମାଜବାଦୀ ପାର୍ଟି ଜନାଦେଶ ପାଇବା ସତ୍ତ୍ୱେ ରାଜ୍ୟକୁ ଉନ୍ନତି ପଥରେ ନେବା ଦିଗରେ ଭୟଙ୍କର ଭାବେ ବିଫଳ ହୋଇଥିଲେ।

ଏପରିକି ଏହି ସବୁ ବଡ ତଥ୍ୟ ସହ ଅପରିଚିତ ଥିଲେ ମଧ୍ୟ ଉତ୍ତରପ୍ରଦେଶ ରାଜ୍ୟବାସୀ ନିଜ ରାଜ୍ୟର ଦୂରାବସ୍ଥାକୁ ପ୍ରତ୍ୟହ ପ୍ରତ୍ୟକ୍ଷ କରୁଥିଲେ। ସେମାନେ ଅଖିଳେଶ ଯାଦବଙ୍କ ରାଲିରେ 'କାମ କଥା କୁହେ' ପରି ଆପ୍ତବାକ୍ୟ ଶୁଣୁଥିଲେ ମାତ୍ର ଘରକୁ ଫେରିବା ବେଳେ ଖରାପ ରାସ୍ତା, ଅବ୍ୟବସ୍ଥିତ ଟ୍ରାଫିକ, ଆଇନ ଶୃଙ୍ଖଳା ବିହୀନ, ନିଜ ଘରେ ବିଦ୍ୟୁତ ଶକ୍ତିର ଅଭାବ ଏବଂ ନିଯୁକ୍ତି ପାଇଁ ଭ୍ରଷ୍ଟାଚାର ଦ୍ୱାରା ନିଜ ପିଲାଙ୍କ ପାଇଁ କିଛି ଭବିଷ୍ୟତ ନଥିବାର ଦେଖୁଥିଲେ।

ଏଥିରୁ ସ୍ପଷ୍ଟ ଥିଲା ଯେ ଯେତେବେଳେ ରାଜ୍ୟର ଲୋକେ ବିଜେପିକୁ ଭୋଟ ଦେଇଥିଲେ ସେତେବେଳେ ସେମାନେ ନିଜ ପିଲାଙ୍କ ପାଇଁ ଏକ ଉତ୍ତମ ଭବିଷ୍ୟତ ଏବଂ ଏକ ଉନ୍ନତ ଉତ୍ତରପ୍ରଦେଶର ଆକାଂକ୍ଷା ମନରେ ରଖିଥିଲେ। ନୂଆ ମୁଖ୍ୟମନ୍ତ୍ରୀ ଯୋଗୀଙ୍କ ପାଇଁ ବହୁତ ବଡ ଆକାଂକ୍ଷା ପୂର୍ତ୍ତି ଅପେକ୍ଷାରେ ଥିଲା।

ମୁଖ୍ୟମନ୍ତ୍ରୀ ଭାବେ ଯୋଗୀଙ୍କ ପ୍ରଥମ ବକ୍ତବ୍ୟ

ବିଗତ କିଛି ବର୍ଷ ଧରି ଗଣମାଧ୍ୟମ ଗୁଡିକ ଯୋଗୀଜୀଙ୍କ ଅଗ୍ନିବର୍ଷୀ ନିର୍ବାଚନ ଭାଷଣ ଉପରେ ଧ୍ୟାନ କେନ୍ଦ୍ରିତ କରିଥିଲେ କିନ୍ତୁ ୧୯ ମାର୍ଚ୍ଚ ୨୦୧୭ରେ ଗେରୁଆ ବସ୍ତ୍ର ପରିହିତ ନୂତନ ଯୁବ ମୁଖ୍ୟମନ୍ତ୍ରୀଙ୍କର ରାଜ୍ୟ ପାଇଁ ମୁଖ୍ୟପ୍ରସଙ୍ଗ କଣ ରହିବ ସେ ସମ୍ବନ୍ଧରେ ଶୁଣିବାକୁ ଉତ୍କଣ୍ଠାର ସହ ଅପେକ୍ଷାରତ ଥିଲେ।

ଏକ ସୁନ୍ଦର ଏବଂ ଦୃଢ ଅଙ୍ଗଭଙ୍ଗୀ ସହ ଗଣମାଧ୍ୟମର କାର୍ଯ୍ୟକର୍ତ୍ତାମାନଙ୍କୁ ସମ୍ବୋଧନ କରି ଯୋଗୀ ଆଦିତ୍ୟନାଥ ତାଙ୍କ ଭାଷଣ ଆରମ୍ଭ କଲେ "ମୁଁ ମୋ ସହକର୍ମୀ କେଶବ ପ୍ରସାଦ ମୌର୍ଯ୍ୟ ଏବଂ ଦିନେଶ ଶର୍ମାଜୀଙ୍କ ସହ ଗଣମାଧ୍ୟମରେ ବନ୍ଧୁମାନଙ୍କୁ ପ୍ରଥମ ସାମ୍ବାଦିକ ସମ୍ମିଳନୀକୁ ସ୍ୱାଗତ କରୁଛି।" [୩] ଉତ୍ତର ପ୍ରଦେଶ ରାଜ୍ୟ ପାଇଁ ଆଜି ଏକ ଐତିହାସିକ ଦିନ। ୨୦୧୭ର ବିଧାନସଭା ନିର୍ବାଚନରେ ଭାରତୀୟ ଜନତାପାର୍ଟି ଅଭୂତପୂର୍ବ ଜନାଦେଶ ପାଇଛି। ନୂତନ ସରକାରର ଆନୁଷ୍ଠାନିକ ଶପଥ ଗ୍ରହଣ ଉତ୍ସବ

ଏବେ ସମାପ୍ତ ହୋଇଛି । ଉନ୍ନତି ଏବଂ ସୁଶାସନ ପାଇବା ଆଶାରେ ବିଜେପିଙ୍କୁ ଏତେ ବିପୁଳ ଜନାଦେଶ ଦେଇଥିବାରୁ ଆମେ ଉତ୍ତରପ୍ରଦେଶର ଜନସାଧାରଣଙ୍କୁ କୃତଜ୍ଞତା ଜ୍ଞାପନ କରୁଛୁ । ଉତ୍ତରପ୍ରଦେଶ ହେଉଛି ଏକାତ୍ମ ମାନବବାଦର ଜନକ ପଣ୍ଡିତ ଦୀନଦୟାଲ ଉପାଧ୍ୟାୟଙ୍କର ଜନ୍ମଭୂମି ତଥା କର୍ମଭୂମି । ପଣ୍ଡିତ ଦୀନଦୟାଲ ଉପାଧ୍ୟାୟଙ୍କ ଦ୍ୱାରା ପରାମର୍ଶ ଦିଆଯାଇଥିବା ଅନ୍ତୋଦୟ (ସର୍ବାଧିକ ନିଷ୍ପେଷିତ ଉତ୍‌ଥାନ) ଯୋଜନାକୁ କାର୍ଯ୍ୟକାରୀ କରିବାକୁ ମୋ ସରକାର ପ୍ରତିଶ୍ରୁତିବଦ୍ଧ । ଏହି ଅବସରରେ ଆପଣମାନଙ୍କ ମାଧ୍ୟମରେ ମୁଁ ରାଜ୍ୟର ଜନସାଧାରଣମାନଙ୍କୁ ଏହା କହିବାକୁ ଚାହେଁ ଯେ ରାଜ୍ୟର ଉନ୍ନତି ଓ ପ୍ରଗତି ପାଇଁ ମୋ ସରକାର ସବୁ ପ୍ରକାର ଉଦ୍ୟମ କରିବ । ଆମ ଦଳର ଇସ୍ତାହାର 'ଲୋକ କଲ୍ୟାଣ ସଂକଳ୍ପ ପତ୍ର-୨୦୧୭'ରେ ଦିଆଯାଇଥିବା ସମସ୍ତ ପ୍ରତିଶ୍ରୁତିକୁ ପୂରଣ କରିବାକୁ ମୋ ସରକାର ଅଙ୍ଗୀକାରବଦ୍ଧ । ଆମର ଯଶସ୍ୱୀ ପ୍ରଧାନମନ୍ତ୍ରୀ ଶ୍ରୀ ନରେନ୍ଦ୍ର ମୋଦୀଙ୍କ ନେତୃତ୍ୱରେ କେନ୍ଦ୍ର ସରକାର 'ସବ୍‌କା ସାଥ ସବ୍‌କା ବିଶ୍ୱାସ' (ସମସ୍ତଙ୍କ ସହ ସମସ୍ତଙ୍କ ବିଶ୍ୱାସ ସହ) ବାକ୍ୟ ସହ ଉନ୍ନତି ଏବଂ ସୁଶାସନର ଆଲୋକ ପ୍ରଜ୍ୱଳନ କରିଛନ୍ତି । ଏହି ସମାନ ଧାରାରେ ରାଜ୍ୟ ସରକାର ମଧ୍ୟ ଜନସାଧାରଣଙ୍କ ସେବା କରିବ । ଆପଣମାନେ ସମସ୍ତେ ଜାଣନ୍ତି ଗତ ୧୫ ବର୍ଷରେ ଉତ୍ତରପ୍ରଦେଶ ଉନ୍ନତି ପଥର ମାଇଲ ମାଇଲ ଦୂରରେ ଅଛି ।

ଏହି ବିଗତ ବର୍ଷ ଗୁଡିକରେ କ୍ଷମତାସୀନ ସରକାର ଭ୍ରଷ୍ଟାଚାର, ପ୍ରିୟାପ୍ରୀତି ତୋଷଣ ଏବଂ ବାଜେ ଆଇନ ଶୃଙ୍ଖଳା ବ୍ୟବସ୍ଥା ଦ୍ୱାରା ରାଜ୍ୟର ଜନସାଧାରଣଙ୍କୁ ବହୁତ କଷ୍ଟ ଦେଇଛନ୍ତି । ଆମ ସରକାର ବିଳମ୍ବ ନ କରି ଲୋକମାନଙ୍କ ହିତାର୍ଥେ କାର୍ଯ୍ୟ ଆରମ୍ଭ କରିବ । ମୋ ସରକାର ଲୋକ ମଙ୍ଗଳ ନିମନ୍ତେ ଦାୟବଦ୍ଧ ଏବଂ କୌଣସି ବାଛ ବିଚାର ନରଖି ସମାଜରେ ସବୁ ଶ୍ରେଣୀର ଲୋକଙ୍କ ପାଇଁ କାର୍ଯ୍ୟ କରିବ । ଏଥିପାଇଁ ଆମେ ସରକାରଙ୍କୁ ଜନସାଧାରଣଙ୍କ ନିକଟରେ ଉତ୍ତରଦାୟୀ କରେଇବୁ ।

ଖାଦ୍ୟ, ବାସଗୃହ, ରାସ୍ତା, ଶୌଚାଳୟ ପରି ଜନସାଧାରଣଙ୍କ ମୌଳିକ ଆବଶ୍ୟକତା ପୂରଣ କରିବା ପାଇଁ ସରକାର ଅବିରାମ ଉଦ୍ୟମ କରିବ ଏବଂ ରାଜ୍ୟର ଆଇନ ଶୃଙ୍ଖଳା ବ୍ୟବସ୍ଥାରେ ଉନ୍ନତି ଆଣିବାକୁ ସରକାର ଅଧିକ ପ୍ରଚେଷ୍ଟା କରିବେ । ରାଜ୍ୟର ସାଧାରଣ ଲୋକଙ୍କ ପାଇଁ ଉଚ୍ଚମାନର ଶିକ୍ଷା, ଯୁବଶକ୍ତିର ନିଯୁକ୍ତି, ଉତ୍ତମ ମାନର ସ୍ୱାସ୍ଥ୍ୟ ଏବଂ ଯାତାୟତ ସୁବିଧା ଯୋଗାଇବାକୁ ବିଜେପି ସରକାର ନିଜର ସର୍ବୋତ୍ତମ ପ୍ରୟାସ କରିବ । ଦରିଦ୍ର, ନିଷ୍ପେସିତ ଏବଂ ପଛୁଆ ଶ୍ରେଣୀର ଜନସାଧାରଣଙ୍କ ଉନ୍ନତି ନିମନ୍ତେ ବିଶେଷ ପଦକ୍ଷେପ ନିଆଯିବ । ରାଜ୍ୟ ଜନସଂଖ୍ୟାର ବହୁଳାଂଶ ଗ୍ରାମୀଣ

ଅଂଚଳରେ ବାସ କରନ୍ତି ଏବଂ କୃଷି କର୍ମ ଦ୍ୱାରା ଜୀବିକା ଅର୍ଜନ କରନ୍ତି। ଏହି କଥାକୁ ଆଖିରେ ରଖି ରାଜ୍ୟ ସରକାର ଏମିତି ପଦକ୍ଷେପ ନେବେ ଯେପରିକି କୃଷି ହିଁ ରାଜ୍ୟର ପ୍ରଗତିର ମୂଳ ଉପାଦାନ ହେବ। କୃଷି, କୃଷକ ଏବଂ କୃଷି ଶ୍ରମିକଙ୍କ ଉନ୍ନତି ନିମନ୍ତେ ରାଜ୍ୟ ସରକାର ସବୁ ସମ୍ଭାବ୍ୟ ପଦକ୍ଷେପ ନେବେ। ମହିଳା ସଶକ୍ତିକରଣ, ସେମାନଙ୍କ ନିରାପତ୍ତା ଏବଂ ସେମାନଙ୍କୁ ସମାନ ଅଧିକାର ଦେବା ନିମନ୍ତେ ରାଜ୍ୟ ସରକାରର ସବୁ ପ୍ରକାର ପଦକ୍ଷେପ ନେବେ। ପୂର୍ବ ସରକାର ମାନଙ୍କର କୁଶାସନର କୁପ୍ରଭାବ ରାଜ୍ୟର ଯୁବଶକ୍ତି ଉପରେ ପଡିଛି। ଉନ୍ନତ ଶିକ୍ଷା ତଥା ଦକ୍ଷତା ବିକାଶର ସୁଯୋଗ ଯୋଗାଇ ରାଜ୍ୟର ଯୁବପିଢିଙ୍କ ପାଇଁ ନିଯୁକ୍ତି ସୁଯୋଗ ବଢାଇବା ପାଇଁ ରାଜ୍ୟ ସରକାର ସକ୍ରିୟ ଭାବେ କାର୍ଯ୍ୟ କରିବେ। ସରକାରୀ ଚାକିରିରେ ନିଯୁକ୍ତି ପ୍ରକ୍ରିୟା ଦୁର୍ନୀତି ମୁକ୍ତ ଏବଂ ସ୍ୱଚ୍ଛ ହେବ। ଆମେ ରାଜ୍ୟର ସ୍ଥାୟୀ ଶିଳ୍ପ ବିକାଶ କରିବୁ ଏବଂ ରାଜ୍ୟରେ ପୁଞ୍ଜି ବିନିଯୋଗକୁ ଆକର୍ଷିତ କରିବା ପାଇଁ ପରିବେଶ ସୃଷ୍ଟି କରିବୁ। ଏହି କାରଣରୁ ଏକ ପକ୍ଷରେ ରାଜ୍ୟ ଅର୍ଥନୈତିକ ଅଭିବୃଦ୍ଧି ଉପରେ ନଜର ରଖିବା ଏବଂ ଅନ୍ୟ ପଟେ ଆମର ଯୁବକମାନେ ରାଜ୍ୟ ମଧ୍ୟରେ ନିଯୁକ୍ତି ପାଇବେ।

ପରିଶେଷରେ ମୁଁ ପୁଣିଥରେ ଦୋହରାଇବାକୁ ଚାହେଁ ଯେ ଉତ୍ତରପ୍ରଦେଶର ଲୋକଙ୍କ ଦ୍ୱାରା ଦିଆଯାଇଥିବା ବିଶାଳ ଆଦେଶକୁ ବିଜେପି ସମ୍ମାନ କରେ ଏବଂ ଆମେ ଆପଣଙ୍କୁ ହତାଶ କରିବୁ ନାହିଁ। ଖୁବ୍ ଶୀଘ୍ର ଆପଣ ସମସ୍ତେ ନୂତନ ସରକାରଙ୍କ ସକରାତ୍ମକ ପ୍ରଭାବ ଦେଖିବେ। ଆଜି ଆପଣମାନେ ସମସ୍ତେ ନୂତନ ସରକାରର ଶପଥ ଗ୍ରହଣ ଉତ୍ସବର ସାକ୍ଷୀ ଅଛନ୍ତି। ଆମେ ମାନେ ସବୁବେଳେ 'ସବ୍‌କା ସାଥ୍, ସବ୍‌କା ବିଶ୍ୱାସ' (ସମସ୍ତଙ୍କ ସହ ସମସ୍ତଙ୍କ ବିଶ୍ୱାସ ସହ) କହିଆସିଛୁ ଏବଂ ଆଜି ଶପଥ ଗ୍ରହଣ ଉତ୍ସବ ଏବଂ ମୋର ମନ୍ତ୍ରୀ ମଣ୍ଡଳ ଚୟନରେ ଆପଣମାନେ ଏକଥା ଅନୁଭବ କରିଥିବେ। ଆସନ୍ତୁ ସମସ୍ତେ ମିଶି ରାଜ୍ୟର ପ୍ରଗତି ନିମନ୍ତେ କାର୍ଯ୍ୟ କରିବା ସମସ୍ତଙ୍କୁ ମୋର ଧନ୍ୟବାଦ।

ଉତ୍ତରପ୍ରଦେଶର ପୂର୍ବାଞ୍ଚଳରେ ପ୍ରାଥମିକ ଶିକ୍ଷା, ସ୍ୱାସ୍ଥ୍ୟ ଆଦି ବିଷୟରେ କି ଯୋଜନା ଅଛି ପ୍ରଶ୍ନର ଉତ୍ତରରେ ଯୋଗୀ କହିଲେ ଯେ ବିଜେପି ନିଜ ନିର୍ବାଚନୀ ଇସ୍ତାହାର ଲୋକ କଲ୍ୟାଣ ସଂକଳ୍ପ ପତ୍ର ନିର୍ବାଚନ ପୂର୍ବରୁ ଲୋକଙ୍କ ସମ୍ମୁଖରେ ରଖିସାରିଛି ଏବଂ ଲୋକଙ୍କୁ ଦିଆଯାଇଥିବା ପ୍ରତିଶ୍ରୁତି ରାଜ୍ୟ ସରକାର ବାସ୍ତବରେ ପରିଣତ କରିବେ। ଯୋଗୀ ଆହୁରି ମଧ୍ୟ କହିଲେ ଯେ ଭବିଷ୍ୟତରେ ତାଙ୍କର ବରିଷ୍ଠ ସହକର୍ମୀ ଶ୍ରୀ ସିଦ୍ଧାର୍ଥ ନାଥ ସିଂ ଏବଂ ଶ୍ରୀ ଶ୍ରୀକାନ୍ତ ଶର୍ମା ଆନୁଷ୍ଠାନିକ ଭାବେ କ୍ୟାବିନେଟ ବୈଠକ ନିଷ୍ପତ୍ତି ଏବଂ ରାଜ୍ୟ ସରକାରଙ୍କ ବିଭିନ୍ନ ବିକାଶ ଯୋଜନା

ସମ୍ପର୍କରେ ଗଣମାଧ୍ୟମକୁ ଅବଗତ କରାଇବେ। ଗଣମାଧ୍ୟମ ଦ୍ୱାରା ଆହୁରି ଅଧିକ ପ୍ରଶ୍ନ ଉପରେ ଏକ ଦୃଢ ସ୍ମିତ ହସ ସହ ଯୋଗୀ କହିଲେ "ଆଜି ପାଇଁ ଏତିକି ଯଥେଷ୍ଟ ମୋ ଉପରେ ବିଶ୍ୱାସ ରଖନ୍ତୁ, ଆମେ ଆଗକୁ ଆହୁରି କଥା ହେବା।" ଯୋଗୀଙ୍କୁ ଏ ଭିନ୍ନ ରୂପରେ ଦେଖି ଗଣମାଧ୍ୟମ ଖୁବ୍ ସନ୍ତୁଷ୍ଟ ଥିଲା। ପଣ୍ଡିତ ଦୀନଦୟାଲଙ୍କ ଉତ୍ତରାଧିକାର ଏବଂ ପ୍ରଧାନମନ୍ତ୍ରୀ ନରେନ୍ଦ୍ର ମୋଦୀଙ୍କ ଦୃଷ୍ଟି ଓ ଦର୍ଶନ ବିଷୟରେ କହି ଯୋଗୀ ବିଜେପିର ଜଣେ ସିଦ୍ଧ ଚମ୍ପିୟନ ପରି ଉକ୍ତି ରଖିଥିଲେ। ସେ ଶାନ୍ତ ସମାହିତ ଢଙ୍ଗରେ କଠିନ ମୌଳିକ ବିକାଶର ଆହ୍ୱାନ ସମ୍ବନ୍ଧରେ କହିଥିଲେ। ସାମ୍ବାଦିକ ସମ୍ମିଳନୀ ପରେ ବାରଣ୍ଡାରେ ହୋଇଥିବା କଥାବାର୍ତ୍ତା ସମୟରେ କେହି କେହି କହିଥିଲେ ଯେ ବିଜେପି ଦଳ ଯୋଗୀଙ୍କୁ ମୁଖ୍ୟମନ୍ତ୍ରୀ ପଦ ପାଇଁ ପ୍ରଶିକ୍ଷିତ କରାଇଛି। କେହି କହିଲେ ଯେ କଠୋରପନ୍ଥୀ ଯୋଗୀ ଆଗକୁ ଯାଇ ମୋଦୀଙ୍କ ପରି ବିକାଶପନ୍ଥୀ ହେବାକୁ ଚାହୁଁଛନ୍ତି କେହି କହିଲେ ଯେ ଗତ ଦୁଇ ଦଶନ୍ଧି ଧରି ଯୋଗୀଙ୍କ ସଂସଦୀୟ କାର୍ଯ୍ୟକଳାପ କେହି ଠିକ୍ ରୂପେ ଅନୁଧ୍ୟାନ କରିନଥିଲେ, ଯାହା କିଛି ନିର୍ବାଚନୀ ଭାଷଣକୁ ଛାଡିଦେଲେ ମୁଖ୍ୟତଃ ବିକାଶ ଉପରେ କେନ୍ଦ୍ରୀଭୂତ ଥିଲା।

ଆରଏସ୍ଏସ୍‌ର ମୁଖପତ୍ର ପଞ୍ଚଜନ୍ୟକୁ ମୁଖ୍ୟମନ୍ତ୍ରୀ ଯୋଗୀଙ୍କ ପ୍ରଥମ ସାକ୍ଷାତକାର

ସମସ୍ତଙ୍କୁ ଆଶ୍ଚର୍ଯ୍ୟଚକିତ କରି ଯୋଗୀ ନିଜ ପ୍ରଥମ ଔପଚାରିକ ମୁଦ୍ରଣ ସାକ୍ଷାତକାର ଆରଏସ୍ଏସ୍‌ର ପ୍ରମୁଖ ହିନ୍ଦୀ ପତ୍ରିକା। 'ପଞ୍ଚଜନ୍ୟ'କୁ ଦେଲେ ଯାହା ୩ ଏପ୍ରିଲ୍ ୨୦୧୭ରେ ପ୍ରକାଶିତ ହୋଇଥିଲା ଏବଂ ଏହାର ଶୀର୍ଷକ ଥିଲା 'ଗୃହକାର୍ଯ୍ୟ ସମାପ୍ତ, ଏବେ ନିଷ୍ପତ୍ତି ନେବାର ବେଳ' ସମ୍ପାଦକ ହିତେଶ ଶଙ୍କର ଏବଂ ସାମ୍ବାଦିକ ଅଶ୍ୱିନୀ ମିଶ୍ର ଯୋଗୀ ଆଦିତ୍ୟନାଥଙ୍କ ସହ ଏହି ସାକ୍ଷାତକାର ଆଲୋଚନାର ନେତୃତ୍ୱ ନେଇଥିଲେ।[୪]

ସରକାର ଗଠନ ହେବାର ମାତ୍ର ଦୁଇ ସପ୍ତାହ ମଧ୍ୟରେ ଏହି ସାକ୍ଷାତକାର ହୋଇଥିଲା କିନ୍ତୁ ଯୋଗୀ ରାଜ୍ୟର ସମସ୍ୟାମାନ ଅନୁଶୀଳନ କରିଥିଲେ। ଯୋଗୀ ପ୍ରଥମେ ନିର୍ବାଚନ ସମୟରେ ଉତ୍ତରପ୍ରଦେଶର ଭୂମିସ୍ତରରୁ ପ୍ରକୃତ ପରିସ୍ଥିତି ଉପରେ ନିର୍ଭୀକ ରିପୋର୍ଟ ଦେଇଥିବାରୁ ପଞ୍ଚଜନ୍ୟ ପରିବାରକୁ ଅଭିନନ୍ଦ ଜଣାଇଥିଲେ। ଏହାପରେ ଯୋଗୀ ପ୍ରଧାନମନ୍ତ୍ରୀ ନରେନ୍ଦ୍ରମୋଦୀଙ୍କ ନେତୃତ୍ୱରେ ଶ୍ରୀ ଅମିତ ଶାହଙ୍କ ସାଂଗଠନିକ ଦକ୍ଷତାକୁ ଉତ୍ତରପ୍ରଦେଶରେ ଦଳର ବିଜୟ ପାଇଁ ପୂର୍ଣ୍ଣ ଶ୍ରେୟ ଦେଲେ।

ନକରାତ୍ମକ ରିପୋର୍ଟ ଏବଂ ରାଜ୍ୟରେ ମୁଖ୍ୟମନ୍ତ୍ରୀ ପଦବୀକୁ ଉନ୍ନୀତ ହେବା ପରେ ପ୍ରତି ମିନିଟରେ କ୍ରମାଗତ ଜାତୀୟ ତଥା ଆନ୍ତର୍ଜାତୀୟ ଗଣମାଧ୍ୟମ ନୀରିକ୍ଷଣରେ

ରହିବା ପ୍ରଶ୍ନ ଉପରେ ଯୋଗୀ ଉତ୍ତର ଦେଲେ ଯେ ଯେଉଁମାନେ ଭାରତ ପ୍ରତି ଈର୍ଷା ଭାବ ରଖନ୍ତି, ଯେଉଁମାନେ ଭାରତର ବିକାଶ ଏବଂ ସମୃଦ୍ଧତା ହଜମ କରିପାରନ୍ତି ନାହିଁ, ଦେଶ ପାଇଁ ଭଲ ଥିବା ସମସ୍ତ ବିଷୟ ଉପରେ ସେମାନଙ୍କର ନିଶ୍ଚିତ ନକରାତ୍ମକ ମନୋଭାବ ରହିବ। କିଛି ଲୋକ ଗେରୁଆ ରଙ୍ଗ ଉପରେ ପୂର୍ବାଗ୍ରହ ରଖନ୍ତି ଏବଂ ତାଙ୍କୁ ବର୍ତ୍ତମାନ ସ୍ୱୀକାର କରିବା କାଠିକର ହେବ। ସେ କହିଲେ ଯେ ଯେଉଁମାନେ ଧର୍ମନିରପେକ୍ଷତା ନାମରେ ତୁଷ୍ଟୀକରଣ ରାଜନୀତି ପାଇଁ ଭାରତର ରାଷ୍ଟ୍ରୀୟ ସୁରକ୍ଷା ସହ ଖେଳୁଛନ୍ତି ସେମାନେ ବର୍ତ୍ତମାନ ଅସ୍ତିତ୍ୱ ସଂକଟର ସମ୍ମୁଖୀନ ହେଉଛନ୍ତି। ସେ ଆହୁରି କହିଲେ ଯେ ଉତ୍ତରପ୍ରଦେଶରେ ସେମାନେ ଏକ ବିପୁଳ ଜନାଦେଶ ପାଇଛନ୍ତି ଏବଂ ପ୍ରଧାନମନ୍ତ୍ରୀ ନରେନ୍ଦ୍ରମୋଦୀଙ୍କ ଦ୍ୱାରା ଆରମ୍ଭ ହୋଇଥିବା ଜନହିତକାରୀ ଯୋଜନା ମାଧ୍ୟମରେ ସେ ରାସ୍ତାର ସବାଶେଷ ଲୋକଟି ପାଖରେ ପହଞ୍ଚିବେ।

ବୁନ୍ଦେଲଖଣ୍ଡ ଅଞ୍ଚଳରେ ଜଳସଂକଟ ଏବଂ ବିପୁଳ ଜନସ୍ଥାନାନ୍ତରଣ ସମସ୍ୟା ଉପରେ ପଚରାଯିବାରୁ ଯୋଗୀ କହିଲେ ଯେ ପୂର୍ବାଞ୍ଚଳ ବିଶେଷ ସହାୟତା ଆବଶ୍ୟକ କରେ। ଆମେ ଏହି ଅଞ୍ଚଳର ସମସ୍ୟାକୁ ସମାଧାନ କରିବାକୁ ବୁନ୍ଦେଲଖଣ୍ଡ ବିକାଶ ବୋର୍ଡ ଏବଂ ପୂର୍ବାଞ୍ଚଳ ବିକାଶ ବୋର୍ଡ ଗଠନ କରିଛୁ। ଗୋଟିଏ ଦଳ ଏହି ଅଞ୍ଚଳକୁ ପରିଦର୍ଶନ କରିସାରିଛି ଏବଂ ଅନ୍ୟ ଏକ ବିଶେଷଜ୍ଞ ଦଳ ଖୁବ୍ ଶୀଘ୍ର ଏ ଅଞ୍ଚଳ ପରିଦର୍ଶନରେ ଯିବେ। ବୁନ୍ଦେଲଖଣ୍ଡର ଅଡୁଆ ସମସ୍ୟାକୁ ସମାଧାନ କରିବାକୁ ଆମେ ପ୍ରତିଶ୍ରୁତିବଦ୍ଧ। ମୁଁ ନିଜେ ମୋର କ୍ଷେତ୍ର ଯାଞ୍ଚ ପରିଦର୍ଶନ ବୁନ୍ଦେଲଖଣ୍ଡଠାରୁ ଆରମ୍ଭ କରିବି। ଉତ୍ତରପ୍ରଦେଶର ପୂର୍ବାଞ୍ଚଳ ପାଇଁ ଆମେ ବନ୍ୟା ସମସ୍ୟା, ମସ୍ତିଷ୍କ ପ୍ରଦାହ ପରି ରୋଗ ଏବଂ ଚିନି କଳ ବନ୍ଦ ସମସ୍ୟାର ସବୁରି ସମାଧାନ ପାଇଁ ଯୋଜନା କରୁଛୁ।

ଶିଳ୍ପ ଅଭିବୃଦ୍ଧି ସମସ୍ୟାକୁ ନେଇ ଯୋଗୀ କହିଲେ 'ଉତ୍ତରପ୍ରଦେଶରୁ କର୍ମସଂସ୍ଥାନ ଉଦ୍ଦେଶ୍ୟରେ ପ୍ରବାସ ଯାତ୍ରା ରୋକିବାକୁ ଆମ୍ଭେ ନୂଆ ଶିଳ୍ପନୀତି ଯୋଜନା କରୁଛୁ।' ଆମେ ଉତ୍ତର ପ୍ରଦେଶରେ ନିବେଶ କରିବାକୁ ନିବେଶକମାନଙ୍କୁ ଉପଯୁକ୍ତ ପରିବେଶ ଯୋଗାଇଦେବୁ। ଆମେ ନିରାପତ୍ତା ଯୋଗାଇଦେବୁ। ଆମେ ରାଜ୍ୟରେ ଶିଳ୍ପ ପ୍ରକଳ୍ପ ଗୁଡିକୁ ସ୍ୱଚ୍ଛନ୍ଦରେ କାମ କରିବାକୁ ଏକ ଏକକ ଗବାକ୍ଷ ପଦ୍ଧତି ପ୍ରଣୟନ କରିବାକୁ ଯାଉଛୁ। ନିଯୁକ୍ତି ପ୍ରକ୍ରିୟାରେ ସ୍ଥାନୀୟ ଶିଳ୍ପ ପ୍ରତିଷ୍ଠାନ ଗୁଡିକରେ ଲୋକଙ୍କ ଭାଗ ନବେ ପ୍ରତିଶତ ରହିବା ହିଁ ଆମର ଏକମାତ୍ର ସର୍ତ୍ତ ରହିବ। ବାସ୍ତବରେ ନିବେଶକମାନଙ୍କଠୁ ଫୋନ୍ ଆସିବା ଆରମ୍ଭ ହେଲାଣି ଏବଂ ଏକଥାରେ ଆମେ ଖୁସି ଅଛୁ। ଆମର ଦୁଇ ତରଫା ରଣନୀତି ରହିବ। ଏକ ପକ୍ଷରେ ଆମେ ନୂଆ ସ୍ଥାନରେ ନୂଆ ଶିଳ୍ପ ପ୍ରତିଷ୍ଠା

ପାଇଁ ନୂତନ ନିବେଶକଙ୍କୁ ଆହ୍ୱାନ କରିବୁ ଏବଂ ଅନ୍ୟପକ୍ଷରେ ଆମେ ମୋରାଦାବାଦର ପିତଳ ଶିଳ୍ପ, ଆଲିଗଡର ତାଲା ଶିଳ୍ପ, ଫିରୋଜାବାଦର ଚୁଡି ଶିଳ୍ପ ଏବଂ ଭଦୋଲିର ଗାଲିଚା ଶିଳ୍ପ ପରି ସ୍ଥାନୀୟ ପାରମ୍ପରିକ ଶିଳ୍ପକୁ ମଧ୍ୟ ଦୃଢ଼ କରିବୁ।

ଚିନି କଳ ସମ୍ବନ୍ଧୀୟ ପ୍ରଶ୍ନ ଉପରେ ଉତ୍ତର ଦେଇ ଯୋଗୀ କହିଲେ ସେମାନେ ଆଗାମୀ ଛଅ ମାସ ମଧ୍ୟରେ ୫ ରୁ ୬ଟି ଚିନି କଳ ଉଦ୍‌ଘାଟନ କରିବାକୁ ଯାଉଛନ୍ତି। ଏହା ହେଉଛି ଆଖୁ ଚାଷୀମାନଙ୍କର ଋତୁ ଏବଂ ସେମାନେ ଏକଥା ନିଶ୍ଚିତ କରିବାକୁ ଚାହାଁନ୍ତି ଯେପରି ପ୍ରତ୍ୟେକ ଆଖୁ ଚାଷୀ ସେମାନଙ୍କର ଉପଯୁକ୍ତ ପ୍ରାପ୍ୟ ଉପଯୁକ୍ତ ସମୟରେ ପାଇବେ। ବିଜେପି ଏବଂ ସହଯୋଗୀ ଦଳମାନଙ୍କର ବିଧାୟକ ସଂଖ୍ୟା ଅଧିକ ଥିବାରୁ ବିରୋଧୀ ନ ରହିବା ପ୍ରଶ୍ନ ଉତ୍ତରରେ ଯୋଗୀଜୀ କହିଲେ ଯେ 'ଆମେ ବିଧାନସଭାକୁ ଏକ ଏପରି ସ୍ଥାନ ରୂପେ ଦେଖୁ ଯେଉଁଠାରେ ସାରା ରାଜ୍ୟରୁ ଆସିଥିବା ବିଧାୟକମାନେ ବିଭିନ୍ନ ସମସ୍ୟା ଉପରେ ଆଲୋଚନା କରି ସମାଧାନ କୋଜି ପାଆନ୍ତି। ସମସ୍ତ ବିଧାୟକମାନଙ୍କ ପାଇଁ ଏକ ଦୁଇ ଦିନିଆ ପ୍ରଶିକ୍ଷଣ ଯୋଜନା ଆୟୋଜନ କରିଛୁ ଯେଉଁଠାରେ ସେମାନେ ନିଜର ବୈଧାନିକ କାର୍ଯ୍ୟ ଓ ନୀତିନିୟମ ବିଷୟରେ ନିଜ ଜ୍ଞାନ ପରିବର୍ଦ୍ଧିତ କରିପାରିବେ।'

ପୂର୍ବ ସରକାର ଏକ ନିର୍ଦ୍ଦିଷ୍ଟ ସମ୍ପ୍ରଦାୟକୁ କର୍ମସଂସ୍ଥାନ ଏବଂ ବୃତ୍ତି ପ୍ରଦାନ କରିବାରେ ପ୍ରାଧାନ୍ୟ ଦେଉଥିବା ପ୍ରଶ୍ନ ଉପରେ ଯୋଗୀଜୀ ଉତ୍ତର ଦେଲେ ଯେ ସେ ଏ ବିଷୟରେ ସଚେତନ ଅଛନ୍ତି। ଏପରିକି ଭାରତର ନିର୍ବାଚନ କମିଶନଙ୍କ ଦ୍ୱାରା ଆଦର୍ଶ ଆଚରଣ ବିଧି ଲାଗୁ ପରେ ମଧ୍ୟ ପୂର୍ବ ସରକାର ନିଜର ଭୋଟ ବ୍ୟାଙ୍କ ରାଜନୀତି ପାଇଁ ଏକ ନିର୍ଦ୍ଦିଷ୍ଟ ସମ୍ପ୍ରଦାୟ ପକ୍ଷରେ ନିଯୁକ୍ତି ପ୍ରକ୍ରିୟା ଜାରି ରଖିଥିଲେ। ଏବେ ସମ୍ପୂର୍ଣ୍ଣ ନିଯୁକ୍ତି ପ୍ରକ୍ରିୟାକୁ ଯାଞ୍ଚ କରାଯାଉଛି ବୋଲି ଯୋଗୀଜୀ କହିଲେ। ସରକାରୀ ହସ୍ତକ୍ଷେପ ଏଡାଇବା ପାଇଁ ବିଜେପି ସରକାର ତୃତୀୟ ଓ ଚତୁର୍ଥ ଶ୍ରେଣୀ କର୍ମଚାରୀ ନିଯୁକ୍ତିରେ ସାକ୍ଷାତକାର କାର୍ଯ୍ୟକ୍ରମକୁ ସମାପ୍ତ କରିବି। ପୂର୍ବ ସରକାରର ଲାପଟପ ବିତରଣ କିନ୍ତୁ ଲାପଟପ ଚଳାଇବା ପାଇଁ ବିଦ୍ୟୁତ ଶକ୍ତି ନ ଦେବା ପ୍ରଶ୍ନ ଉପରେ ଯୋଗୀଜୀ କହିଲେ ଯେ "ପ୍ରଥମ ବୈଠକରେ ହିଁ ଜିଲ୍ଲା ମୁଖ୍ୟାଳୟ ଗୁଡିକୁ ଚବିଶ ଘଣ୍ଟା, ତହସିଲ ଗୁଡିକୁ ୨୦ ଘଣ୍ଟା ଏବଂ ଗ୍ରାମାଞ୍ଚଳରେ ୧୮ ଘଣ୍ଟା ବିଦ୍ୟୁତ ଶକ୍ତି ଉପଲବ୍ଧ କରାଇବା ପାଇଁ ନିଷ୍ପତ୍ତି ନିଆଯାଇଛି। ୨୦୧୯ ସୁଦ୍ଧ ଆମେ ସାରା ରାଜ୍ୟରେ ୨୪ ଘଣ୍ଟିଆ ବିଦ୍ୟୁତ ଯୋଗାଣ କରିବାରେ ସକ୍ଷମ ହେବୁ ବୋଲି ଯୋଗୀ କହିଲେ। ୪୮ ଘଣ୍ଟା ମଧ୍ୟରେ ଜିଲ୍ଲା ମୁଖ୍ୟାଳୟରେ ଏବଂ ୭୨ ଘଣ୍ଟା ମଧ୍ୟରେ ଗ୍ରାମାଞ୍ଚଳରେ ଟ୍ରାନ୍ସଫରମର ଗୁଡିକ ମରାମତି ହେବ। ଏହି ବିଷୟରେ ଅନେକ ଦିଗ ଉପରେ ପୂର୍ବେ ପ୍ରସ୍ତୁତି ହୋଇସାରିଛି। ଆମେ କେବଳ ଏହାକୁ ପୂର୍ଣ୍ଣାଙ୍ଗ ରୂପ ଦେଇ ଶେଷ ନିଷ୍ପତ୍ତି ସହ ଆଗକୁ ବଢିବା କାର୍ଯ୍ୟ ବାକି ଅଛି।"

ରାମ ମନ୍ଦିର ପ୍ରସଙ୍ଗରେ ଯୋଗୀ କହିଲେ ଏହି ମାମଲାକୁ ତ୍ୱରାନ୍ୱିତ କରିବା ପାଇଁ ମାନ୍ୟବର ସର୍ବୋଚ୍ଚ ଅଦାଲତଙ୍କ ନିରୀକ୍ଷଣଙ୍କୁ ସେ ସ୍ୱାଗତ କରୁଛନ୍ତି । ଯେହେତୁ ସରକାର ଏହି ମାମଲାର ଏକ ପକ୍ଷ ନୁହନ୍ତି, ଏହି ମାମଲାରରେ ଜଡିତ ଥିବା ଉଭୟପକ୍ଷ ଆପୋଷ ଆଲୋଚନା ମାଧ୍ୟମରେ ଏହାକୁ ସମାଧାନ କରିବା ଉଚିତ । ଯଦି ସରକାରଙ୍କ ସମର୍ଥନରେ କୌଣସି ଆବଶ୍ୟକତା ହୁଏ, ତେବେ ତାଙ୍କ ସରକାର ତାହା କରିବାକୁ ପ୍ରସ୍ତୁତ ଅଛି । ଏ ସମ୍ବନ୍ଧରେ ମାନ୍ୟବର ଉଚ୍ଚ ନ୍ୟାୟାଳୟ ଏକ ସ୍ପଷ୍ଟ ରାୟ ଦେଇଛନ୍ତି ବୋଲି ଯୋଗୀ କହିଲେ, ବର୍ତ୍ତମାନ ଉଭୟ ପକ୍ଷ ଏହାକୁ ଉଚିତ ଉପାୟରେ ସମାଧାନ କରିବା ଆବଶ୍ୟକ ।

ଏହି ସାକ୍ଷାତକାରରେ ଯୋଗୀ ନିଜ ସରକାରର କୃଷକମାନଙ୍କ ନିମନ୍ତେ ଯୋଜନା ବିଷୟରେ ଏବଂ ପ୍ରବାସୀ ଭାରତୀୟ ମାନଙ୍କୁ ରାଜ୍ୟର ବିକାଶ ଯୋଜନାରେ ନିୟୋଜିତ କରିବା ସମ୍ବନ୍ଧରେ କହିଲେ । ପରିବେଶ ସମସ୍ୟା ଆଧାରରେ ବେଆଇନ କଂସେଇଖାନା ଗୁଡିକୁ ବନ୍ଦ କରିବା ଉପରେ ନିଷ୍ପତ୍ତି ନେଇଥିବା ନିଜ ସରକାରର କାର୍ଯ୍ୟକୁ ପ୍ରଂଶସା କଲେ ଏବଂ ଭବିଷ୍ୟତରେ ନିର୍ବାଚନ ପାଇଁ ବିରୋଧୀ ଦଳ ମାନଙ୍କର କୌଣସି ବଡ ଗଠବନ୍ଧନର ସମ୍ଭାବନାକୁ ପ୍ରତ୍ୟାଖ୍ୟାନ କଲେ ।

ସାକ୍ଷାତକାର ସରି ଆସିଲା ବେଳକୁ 'ପଞ୍ଚଜନ୍ୟ'ର ସାକ୍ଷାତକାର ନେଉଥିବା ଦଳ ପ୍ରଶାସନ ପାଇଁ କଣ 'ଯୋଗୀ ମନ' ଅଛି ବୋଲି ପ୍ରଶ୍ନ ପଚାରିଲେ । ଏହି ପ୍ରଶ୍ନର ଉତ୍ତରରେ ଯୋଗୀ କହିଲେ ଯେ ତାଙ୍କ ସରକାରକୁ ଉତ୍ତମ ପ୍ରଶାସନ ଫେରାଇ ଆଣିବାକୁ ହେବ । ଭ୍ରଷ୍ଟାଚାର ମୁକ୍ତ ପ୍ରଶାସନିକ ପଦ୍ଧତି ଏବଂ ଅପରାଧମୁକ୍ତ ସମାଜ ସବୁବେଳେ ସେମାନଙ୍କର ଅଗ୍ରାଧିକାର ରହିବ ଏବଂ ଏ ସମ୍ବନ୍ଧ କେନ୍ଦ୍ରର ପ୍ରଧାନମନ୍ତ୍ରୀ ମୋଦିଜୀଙ୍କ ନେତୃତ୍ୱରେ ଥିବା ସରକାରଠାରୁ ସେମାନେ ଉଚିତ୍ ଦିଗଦର୍ଶନ ପାଉଛନ୍ତି ବୋଲି ଯୋଗୀ କହିଲେ ।

ଯୋଗୀଙ୍କ ପ୍ରଶାସନିକ ପ୍ରାଥମିକତା ସମ୍ବନ୍ଧରେ ଅର୍ନ୍ତଦୃଷ୍ଟି ପାଇଁ 'ପଞ୍ଚଜନ୍ୟ'ରେ ଛପା ଯାଇଥିବା ଏଇ ପ୍ରଥମ ସାକ୍ଷାତକାର ଯଥେଷ୍ଟ ଥିଲା । ମୁଖ୍ୟମନ୍ତ୍ରୀ ଯୋଗୀ ପ୍ରଶାସନ ସମ୍ବନ୍ଧରେ ଉଚିତ କଥା କହିଥିବାରୁ ତଥା ଜନସାଧାରଣଙ୍କ ନିକଟରେ ପ୍ରଥମକରି ଏ ବାର୍ତ୍ତା ପହଞ୍ଚାଇଥିବାରୁ ପଞ୍ଚଜନ୍ୟର ଏ ସାକ୍ଷାତକାର ଅତ୍ୟନ୍ତ ଗୁରୁତ୍ୱପୂର୍ଣ୍ଣ ଥିଲା ।

"ଉତ୍ତରପ୍ରଦେଶର ମୁଖ୍ୟମନ୍ତ୍ରୀ ଭାବେ ଯୋଗୀଙ୍କର ପ୍ରାଥମିକ ସମୟ"

୧୯୯୪ରେ ଗୋରଖଧାମ ମଠରେ ପ୍ରବେଶ ଦିନଠାରୁ ଯୋଗୀ ଆଦିତ୍ୟନାଥ ଜଣେ ସନ୍ୟାସୀର ଜୀବନ ବଞ୍ଚୁଥିଲେ । ସେ ନିଜେ ଦିନକୁ ୧୮ ରୁ ୨୦ ଘଣ୍ଟା

ପରିଶ୍ରମ କରୁଥିଲେ ଏବଂ ନିଜ ଗୋଷ୍ଠୀଠାରୁ ମଧ୍ୟ ତାହା ହିଁ ଚାହୁଁଥିଲେ। ଏକ ବିଭାଗୀୟ ସଭାରେ ଯୋଗୀ କହିଥିଲେ ଯେ ଯେଉଁ ଅଧିକାରୀମାନେ ୧୮ ରୁ ୨୦ ଘଣ୍ଟା କାମ କରିବାରେ ଅକ୍ଷମ ସେମାନଙ୍କୁ ନିଜ ସ୍ଥାନ ଛାଡିବାକୁ ସମ୍ପୂର୍ଣ୍ଣ ସ୍ୱାଧୀନତା ଦିଆଗଲା। ବିଭିନ୍ନ ମନ୍ତ୍ରୀମାନଙ୍କ ଅଚାନକ ପରିଦର୍ଶନ ଯୋଗୁଁ ରାଜ୍ୟ ସରକାରଙ୍କ କର୍ମଚାରୀମାନେ ସକାଳ ୯ରୁ ସନ୍ଧ୍ୟା ୬ ଯାଏ କର୍ମ ନିର୍ଘଣ୍ଟକୁ କଡାକଡି ଭାବେ ମାନିବାକୁ ଆରମ୍ଭ କଲେ। କ୍ଷେତ୍ର ପରିଦର୍ଶନ, କାର୍ଯ୍ୟାଳୟ ପରିଦର୍ଶନ, ନୋଟିସ୍ ପଠାଇବା ଏବଂ ଜନସାଧାରଣଙ୍କୁ ଭେଟିବା ପରି କାର୍ଯ୍ୟରେ ପ୍ରଥମ ଦିନରୁ ହିଁ ଯୋଗୀ ଏବଂ ତାଙ୍କ ମନ୍ତ୍ରୀମାନେ ଲାଗିପଡିଲେ। ମୁଁ ବର୍ତ୍ତମାନ ମୋ ପାଠକମାନଙ୍କୁ ଯୋଗୀ ସରକାରଙ୍କ ପ୍ରାଥମିକ ସମୟ ପାଖକୁ ନେଇଯିବି।

ବିଳମ୍ବିତ ରାତିରେ ବିଭାଗୀୟ ଉପସ୍ଥାପନା

ଯୋଗୀ ସରକାର ଉପରେ କୌଣସି ରାୟ ଦେବା ଏକ ଶୀଘ୍ରତା ବା ତୁରୁତୁରିଆ କାର୍ଯ୍ୟ ହେବ। କିନ୍ତୁ ଏହି ସରକାରର ପ୍ରାଥମିକ ମାସ ଗୁଡିକର କାର୍ଯ୍ୟକଳାପ ଅତ୍ୟନ୍ତ ଆଶାବାଦୀ ଓ ଉତ୍ସାହଜନକ ଦିଶୁଛି। ଯୋଗୀ ପ୍ରଶାସନିକ ଦକ୍ଷତା, କେନ୍ଦ୍ରୀଭୂତ ପଦକ୍ଷେପ ଏବଂ ଶାସନରେ ପରିଶ୍ରମ ଦେଖି ଗରମ ବିରୋଧୀମାନେ ମଧ୍ୟ ସୁଖଦ ଆଶ୍ଚର୍ଯ୍ୟ ଲଭିଛନ୍ତି। ଶାସନର ପ୍ରଥମ ମାସରେ ହିଁ ନିଷ୍ଠାବାନ ଅଧ୍ୟୟନକାରୀ ଛାତ୍ରମାନଙ୍କ ପରି ଯୋଗୀ ସରକାରଙ୍କ ମନ୍ତ୍ରୀମାନେ ପରସ୍ପର ବିଭାଗ ସମ୍ବନ୍ଧରେ ସବିଶେଷ ଶିକ୍ଷା ଲାଭ କରିବାକୁ ଆରମ୍ଭ କଲେ ଏବଂ ମୁଖ୍ୟମନ୍ତ୍ରୀ ଯୋଗୀ ସବୁ ବିଭାଗୀୟ ଉପସ୍ଥାପନାରେ ଉପସ୍ଥିତ ରହୁଥିଲେ। ଏକ ଟିଭି ଚ୍ୟାନେଲକୁ ସାକ୍ଷାତକାର ଦେଇ ଉପମୁଖ୍ୟମନ୍ତ୍ରୀ ଦିନେଶ ଶର୍ମା କହିଲେ ଯେ ଏହି ସବୁ ବିଭାଗୀୟ ଉପସ୍ଥାପନା ପାଇଁ ପ୍ରାରମ୍ଭ ସମୟ ସନ୍ଧ୍ୟା ୬ରେ ସ୍ଥିର ହେଉଥିଲା, ମାତ୍ର ସମାପ୍ତିର କୌଣସି ନିର୍ଦ୍ଧାରଣ କରାଯାଉନଥିଲା। ବେଳେବେଳେ ଏହା ରାତି ୧୧ଟା ଯାଏ ଚାଲୁଥିଲା ଏବଂ କେବେ କେବେ ପରଦିନ ଯାଏ ମଧ୍ୟ ପରିବର୍ଦ୍ଧିତ ହେଉଥିଲା। ରାଜ୍ୟ ସରକାର ଏବଂ ମୁଖ୍ୟମନ୍ତ୍ରୀଙ୍କ କାର୍ଯ୍ୟାଳୟରେ ବରିଷ୍ଠ ଅଧିକାରୀମାନେ ଏହି ଉପସ୍ଥାପନା ସମୟରେ ଉପସ୍ଥିତ ରୁହନ୍ତି ଏବଂ ପ୍ରତ୍ୟେକ ମନ୍ତ୍ରୀ ନିଜ ଦଳ ସହ ନିଜ ବିଭାଗର ସଫଳତା ଆହ୍ୱାନ ଏବଂ ଆଗାମୀ ୧୦୦ ଦିନ ପାଇଁ ଥିବା ଯୋଜନା ଉପସ୍ଥାପନା କରିବାରେ ନିଜର ସର୍ବୋତ୍କୃଷ୍ଟ ପ୍ରଚେଷ୍ଟା ଦିଅନ୍ତି। ଜଣେ ଅଧିକାରୀ ନିଜ ନାମ ଗୋପନ ରଖି ପ୍ରକାଶ କରିଥିଲେ ଯେ ଏହି ସବୁ ଉପସ୍ଥାପନା ଗୁଡିକରେ ମନ୍ତ୍ରୀମାନେ ହସ୍ତକ୍ଷେପ କରନ୍ତି, ପ୍ରତିପ୍ରଶ୍ନ ପଚାରନ୍ତି, ଆଲୋଚନା ଓ ଯୁକ୍ତି କରନ୍ତି। କ୍ଷେତ୍ରୀୟ

ବାସ୍ତବତା ଗୁଡିକୁ କୁହନ୍ତି ଏବଂ ନିଜର ମତାମତ ମଧ୍ୟ ଦିଅନ୍ତି। ଏଇ କଠୋର ଉପସ୍ଥାପନାର ଅଧ୍ୟାୟସକୁ ପ୍ରତ୍ୟେକ ବିଭାଗୀୟ ମନ୍ତ୍ରୀଙ୍କୁ ପରସ୍ପରର ବିଭାଗକୁ ବୁଝିବାରେ ଏବଂ ସେମାନଙ୍କ ନେତା ଯୋଗୀ ଆଦିତ୍ୟନାଥଙ୍କ ପ୍ରାଥମିକତାକୁ ବୁଝିବାରେ ବେଶ୍ ଫଳପ୍ରଦ ପ୍ରମାଣିତ ହୋଇଛି। ଏହି ସବୁ ଉପସ୍ଥାପନ ସମୟରେ ମୁଖ୍ୟମନ୍ତ୍ରୀ ଯୋଗୀ ନିଜର ଅସାଧାରଣ ପ୍ରଶାସନିକ ଜ୍ଞାନ, ବଜେଟ ପଦ୍ଧତିର ଗଭୀର ଅବବୋଧ ତଥା ସରକାରୀ କାର୍ଯ୍ୟପଦ୍ଧତିର ବୋଧଶକ୍ତି ଜଣାଇ ସମସ୍ତଙ୍କୁ ଆଶ୍ଚର୍ଯ୍ୟାନ୍ୱିତ କରିଛନ୍ତି। ଯୋଗୀଙ୍କର ଦୀର୍ଘ କୋଡିଏ ବର୍ଷରେ ସଂସଦୀୟ କାର୍ଯ୍ୟରେ ଆକ୍ଳାନ୍ତ ପରିଶ୍ରମ। ନିଜ ନିର୍ବାଚନ ମଣ୍ଡଳୀରେ କ୍ଷେତ୍ରୀୟ କାର୍ଯ୍ୟାବଳୀ ଏବଂ ପୁରାତନ ଗୋରଖନାଥ ମଠ ଦ୍ୱାରା ପରିଚାଳିତ ବିସ୍ତୃତ ଅନୁଷ୍ଠାନଗୁଡିକର ପରିଚାଳନାରୁ ମିଳିଥିବା ବ୍ୟାପକ ଅନୁଭୂତି ହିଁ ଯୋଗୀଙ୍କୁ ଜଣେ ସ୍ୱାଭାବିକ ନେତା ଏବଂ ସକ୍ଷମ ପ୍ରଶାସକ କରିପାରିଛି ବୋଲି ଯୋଗୀଙ୍କ ସହଯୋଗୀ ଓ ସରକାରୀ ଅଧିକାରୀମାନେ ଅନୁଭବ କରନ୍ତି।

ପୂର୍ବରୁ ସମାଜବାଦୀ ପାର୍ଟି ଏବଂ ବହୁଜନ ସମାଜପାର୍ଟିରେ ଅନେକ ବର୍ଷ ବିତାଇ ସାରିଥିବା ଯୋଗୀଙ୍କ କ୍ୟାବିନେଟର ବରିଷ୍ଠ ମନ୍ତ୍ରୀ ଏସ୍.ପି. ସିଂ ବାଘେଲଙ୍କୁ ଆଜତକ୍ ପଞ୍ଚାୟତରେ ସାକ୍ଷାତକାରରେ ଯେତେବେଳେ ପ୍ରଶ୍ନ କରାଗଲା ଯେ ସେ ପୂର୍ବ ସରକାର ଏବଂ ଯୋଗୀ ସରକାରଙ୍କ ପ୍ରଶାସନିକ ଶୈଳୀରେ କ'ଣ ଫରକ ଦେଖୁଛନ୍ତି। ସେ ଉତ୍ତର ଦେଲେ ଯେ ମାୟାବତୀଙ୍କ ସମୟରେ କ୍ୟାବିନେଟ୍ ୩.୫ ରୁ ୭ ମିନିଟ୍ ପାଇଁ ବସୁଥିଲା, ମୁଲାୟମଙ୍କ ସମୟରେ କ୍ୟାବିନେଟ ୧୫ ମିନିଟ୍ ପାଇଁ ବସୁଥିଲା ଏବଂ ବର୍ତ୍ତମାନ କେବଳ କ୍ୟାବିନେଟ୍ ବୈଠକ ନୁହେଁ ବରଂ ବିଭାଗୀୟ ଉପସ୍ଥାପନା ପାଇଁ ମଧ୍ୟ ସମସ୍ତ ମନ୍ତ୍ରୀ ଓ ବରିଷ୍ଠ ଅଧିକାରୀମାନେ ବିଳମ୍ବିତ ରାତ୍ରି ପର୍ଯ୍ୟନ୍ତ ଉପସ୍ଥିତ ରହୁଛନ୍ତି। କଥାଟିକୁ ହାଲକା ଢଙ୍ଗରେ କହିବାକୁ ଯାଇ ଶ୍ରୀ ବାଘେଲ କହିଥିଲେ ଯେ, ସେମାନଙ୍କ ମଧ୍ୟରୁ ଖୁବ୍ କମ ଲୋକେ ଏକକାଳୀନ ସଂଧ୍ୟା ଛଅ ଓ ରାତି ୯ର ସଫଳ ସିନେମା ସୋ ଦେଖିଥିବେ। ବର୍ତ୍ତମାନ କିନ୍ତୁ ସମସ୍ତେ ସରକାର ସମ୍ବନ୍ଧରେ ବୁଝିବାକୁ ଏବଂ ପରସ୍ପରର ବିଭାଗ ସମ୍ବନ୍ଧରେ ଜାଣିବାକୁ ସଂଧ୍ୟା ଛଅରୁ ରାତି ବାର ଯାଏ ବସୁଛନ୍ତି। ଶ୍ରୀଯୁକ୍ତ ବାଘେଲ କହିଲେ ଯେ ମାୟାବତୀଙ୍କ ସମୟରେ ନିଜ ଦଳୀୟ ବିଧାୟକ ମଧ୍ୟ ମୁଖ୍ୟମନ୍ତ୍ରୀଙ୍କ ସାକ୍ଷାତ ପାଉନଥିଲେ ମାୟାବତୀ ନିଜ ଦଳୀୟ ବିଧାୟକଙ୍କୁ ସମନ ଦାନ କରୁଥିଲେ ଏବଂ କୌଣସି ଅପ୍ରତ୍ୟାଶିତ ଫଳାଫଳର ଆଶଙ୍କାରେ ଏହା ବିଧାୟକଙ୍କ ହୃଦସ୍ପନ୍ଦନ ବଢାଉଥିଲା। ବର୍ତ୍ତମାନ କିନ୍ତୁ ମୁଖ୍ୟମନ୍ତ୍ରୀ ଯୋଗୀ ରାଜ୍ୟର ବିଧାୟକ ଓ ସାଂସଦ ମାନଙ୍କୁ ଭେଟିବାକୁ ଦିନ ଓ ସମୟ ନିର୍ଘଣ୍ଟ ସ୍ଥିର କରୁଛନ୍ତି।

ଜନତା ଦରବାର

ଜନସାଧାରଣଙ୍କ ସମସ୍ୟା ଶୁଣିବା ଏବଂ ତାହାର ସମାଧାନ କରିବା ଯୋଗୀ ଆଦିତ୍ୟନାଥଙ୍କ ପାଇଁ କିଛି ନୂଆ ନୁହେଁ। ଦୀର୍ଘ ଦୁଇ ଦଶନ୍ଧି ଧରି ନିଜ ନିର୍ବାଚନ ମଣ୍ଡଳୀର ସାଂସଦ ଭାବେ ଯୋଗୀ ନିୟମିତ ରୂପେ ଜନତା ଦରବାର [୬] ଆୟୋଜନ କରିବା ଅଭ୍ୟାସ କରିସାରିଥିଲେ, ନିକଟରେ ରଜତ ଶର୍ମାଙ୍କ[୭] ସହ ଏକ ଦୂରଦର୍ଶନ ସାକ୍ଷାତକାରରେ ଯୋଗୀ କହିଥିଲେ ଯେ ଜନତା ଦରବାର ତାଙ୍କୁ ଜନସାଧାରଣଙ୍କ ନାଡିର ଗତି ଧରିବାରେ ଏବଂ ସରକାରୀ କାର୍ଯ୍ୟାଳୟ ଏବଂ ଅଧିକାରୀମାନଙ୍କ କାର୍ଯ୍ୟଦକ୍ଷତା ଜାଣିବାରେ ସହାୟକ ହୋଇପାରିଛି। ନିକଟରେ ଜଣେ କର୍କଟ ରୋଗୀ ଲକ୍ଷ୍ନୌର ଜନତା ଦରବାରରେ ପହଞ୍ଚି ସାହାଯ୍ୟ ପାଇଁ ନିବେଦନ କରିଥିଲେ ବୋଲି ଯୋଗୀଜୀ ବର୍ଣ୍ଣନା କରିଥିଲେ। ସେହି ରୋଗୀଙ୍କୁ ପୂର୍ବତନ ଅଖିଲେଶ ସରକାର ଦ୍ୱାରା ଉଦ୍‌ଘାଟିତ ନୂଆ କର୍କଟ ଚିକିତ୍ସାଳୟକୁ ପଠାଇବାକୁ ଚିନ୍ତା କଲେ। ଯୋଗୀ ବିଭାଗୀୟ ମନ୍ତ୍ରୀଙ୍କୁ ସେ ଚିକିତ୍ସାଳୟକୁ ଯାଇ ସେଠିକାର ବ୍ୟବସ୍ଥା ତଦାରଖ କରିବାକୁ କହିଲେ। ଯେତେବେଳେ ମନ୍ତ୍ରୀ ଫେରିଆସି କହିଲେ ଯେ କେବଳ ଚିକିତ୍ସାଳୟର କୋଠା ନିର୍ମାଣ ହୋଇଛି, ଯୋଗୀ ବିଲ୍‌କୁଲ ହତବମ୍ଭ ହୋଇଗଲେ। ଚିକିତ୍ସାଳୟରେ ନା ଥିଲେ ଡାକ୍ତର, ନା କୌଣସି ଅନ୍ୟ କର୍ମଚାରୀ, ନା ଥିଲା କେମୋଥେରାପି ଓ ରେଡିଓ ଥେରାପି ପାଇଁ କୌଣସି ଯନ୍ତ୍ରପାତି କି ବ୍ୟବସ୍ଥା! ଉଦ୍‌ଘାଟନ ଦିନ କେଜିଏମୟୁ ଚିକିତ୍ସାଳୟକୁ କିଛି ଶଯ୍ୟା ଅଣାଯାଇଥିଲା ଏବଂ ପରେ ଫେରାଇ ଦିଆଯାଇଥିଲା।

ସେହି ସାକ୍ଷାତକାରରେ ହିଁ ଯୋଗୀଜୀ କହିଥିଲେ ଯେ ସେ ପ୍ରତିଦିନ ଜନତା ଦରବାରରେ ନିଜ ବାପା, ମା, ଭାଇ କିମ୍ବା ପରିଜନଙ୍କ ସହ ଆସିଥିବା ୨୫ ରୁ ୩୦ ଜଣ ମୁସଲମାନ ମହିଳାଙ୍କୁ ଭେଟନ୍ତି। ସେଇ ମହିଳାମାନଙ୍କର ସମସ୍ୟା ପ୍ରାୟ ସମାନ। ନିଜ ନିଜର ପତି ମାନେ କିପରି ଫୋନ ଦ୍ୱାରା କିମ୍ବା ଏବଂ କାଗଜ ଟୁକୁଡାରେ ଲେଖି ସେମାନଙ୍କୁ ତଲାକ ଦେଇଥାଆନ୍ତି ସେହି ବିଷୟରେ ସେମାନେ ବର୍ଣ୍ଣନା କରନ୍ତି।

ମୁଖ୍ୟମନ୍ତ୍ରୀଙ୍କୁ ଅନୁସରଣ କରି ଅନ୍ୟ ମନ୍ତ୍ରୀମାନେ ମଧ୍ୟ ନିଜ କାର୍ଯ୍ୟାଳୟରେ ଜନସାଧାରଣଙ୍କୁ ଭେଟନ୍ତି ଏବଂ ବିଜେପିର ରାଜ୍ୟ କାର୍ଯ୍ୟାଳୟରେ ମଧ୍ୟ ଭିନ୍ନ ଭିନ୍ନ ସମୟରେ ସାଧାରଣ ଲୋକଙ୍କୁ ଭେଟି ସେମାନଙ୍କ ସମସ୍ୟା ସମ୍ବନ୍ଧରେ ଶୁଣନ୍ତି।

ଯୋଗୀ ଏବଂ ଉତ୍ତରପ୍ରଦେଶର ଅମଲାତନ୍ତ୍ର

ସାଧାରଣତଃ ନୂଆ ମୁଖ୍ୟମନ୍ତ୍ରୀମାନେ ଅମଲାତନ୍ତ୍ର ଉପରେ ବଳ ପ୍ରୟୋଗ କରି ନିଜର କାର୍ଯ୍ୟକାଳ ଆରମ୍ଭ କରନ୍ତି। କିନ୍ତୁ ଆଦିତ୍ୟନାଥ ନିଜ କାର୍ଯ୍ୟାଳୟରେ ଯୋଗ

ଦେବା ପରେ ତତ୍‌କ୍ଷଣାତ ଅମଲାତନ୍ତ୍ରରେ କୌଣସି ପରିବର୍ତ୍ତନ କଲେ ନାହିଁ। ସେ ପୂର୍ବ ମୁଖ୍ୟମନ୍ତ୍ରୀ ଅଖିଳେଶଙ୍କ ଦ୍ୱାରା ଗଢାଯାଇଥିବା ଅମଲାତନ୍ତ୍ର ବ୍ୟବସ୍ଥାକୁ ବଜାୟ ରଖିଲେ, କିନ୍ତୁ ଅଧିକାରୀମାନଙ୍କୁ କାର୍ଯ୍ୟଖିଲାପ ବାବଦରେ ସତର୍କ କରାଇଲେ। ମୁଖ୍ୟମନ୍ତ୍ରୀ ରୂପେ କାର୍ଯ୍ୟଭାର ନେବାର ତିନି ସପ୍ତାହ ପରେ ଏପ୍ରିଲ ଦ୍ୱିତୀୟ ସପ୍ତାହରେ ଯୋଗୀ କୋଡିଏ ଜଣ ବରିଷ୍ଠ ଭାରତୀୟ ପ୍ରଶାସନିକ ଅଧିକାରୀଙ୍କୁ ବଦଳାଇଲେ ଏବଂ ସେମାନଙ୍କ ମଧ୍ୟରୁ ଆଠ ଜଣଙ୍କୁ ଅପେକ୍ଷା ଧାରାରେ ରଖିଲେ। ଅପେକ୍ଷା ଧାରାରେ ଥିବା ଦୁଇ ଜଣ ଅଧିକାରୀଙ୍କ ନାମ ଏଠାରେ ରଖିବା ଆବଶ୍ୟକ। ସେ ଦୁହେଁ ହେଲେ ପୂର୍ବତନ ସରକାରଙ୍କ ଦ୍ୱାରା ବିଶେଷ ଭାବେ ଅନୁଗ୍ରହୀତ ନୋଇଡା ଅଥରିଟି ଖ୍ୟାତ ଡ. ରମାରମଣ ଏବଂ ନବନୀତ ସେହଗଲ। ଏମାନେ ହେଲେ ସେହି ଦୁଇ ଅଧିକାରୀ ଯାହାଙ୍କ ବିଷୟରେ ରଜତ ଶର୍ମାଙ୍କ ଆଜ୍‌ତକ ଅଦାଲତରେ ଅମର ସିଂ ଉଚ୍ଚସ୍ୱରରେ ଭୟଙ୍କର ଭ୍ରଷ୍ଟାଚାରୀ ବୋଲି କହିଥିଲେ।[୮] ଅନେକ ବିଜେପି ସମର୍ଥକ ମାନଙ୍କୁ ଏହି ଅଧିକାରୀମାନଙ୍କ କେବଳ ଅପେକ୍ଷା ଧାରାରେ ରଖିବା ପସନ୍ଦ କରିନଥିଲେ ଏବଂ ଏପରି ଭ୍ରଷ୍ଟାଚାରୀ ଏବଂ କ୍ଷମତାର ଅପବ୍ୟବହାରକାରୀଙ୍କୁ କଡା ଦଣ୍ଡ ମିଳିବା ଉଚିତ୍ ବୋଲି କହିଥିଲେ।

ଉତ୍ତରପ୍ରଦେଶର ଆଇନ ଶୃଙ୍ଖଳା ବ୍ୟବସ୍ଥାକୁ କଡାକଡି କରିବାକୁ ଯୋଗୀ ୧୯୮୦ ବ୍ୟାଚର ବରିଷ୍ଠ ପୋଲିସ ଅଧିଖାରୀ ସୁଲଖାନ ସିଂଙ୍କୁ ପୋଲିସ ମହାନିର୍ଦ୍ଦେଶକ ରୂପେ ଦାୟିତ୍ୱ ଦେଲେ ଏବଂ ପୂର୍ବରୁ ଥିବା ୧୯୮୪ ବ୍ୟାଚ୍‌ର କନିଷ୍ଠ ପୋଲିସ ଅଧିକାରୀ ଜାଭେଦ ଅହମଦଙ୍କୁ ମହାନିର୍ଦ୍ଦେଶକ ପଦରୁ ଅପସାରିତ କଲେ। ନିକଟରେ ଘଟିଥିବା ଉତ୍ତରପ୍ରଦେଶ ବିଧାନସଭା ନିର୍ବାଚନରେ ତତ୍‌କାଳୀନ ସମାଜବାଦୀ ସରକାରଙ୍କ ସପକ୍ଷରେ କାର୍ଯ୍ୟ କରୁଥିବା ଜାଭେଦ ଅହମଦଙ୍କୁ ପଦରୁ ଅବ୍ୟାହତ ଦେବାକୁ ନିର୍ବାଚନ କମିଶନଙ୍କ ନିକଟରେ ବିଜେପି ଅଭିଯୋଗ କରିଥିଲେ। ସୁଲଖାନ ସିଂ କିନ୍ତୁ ନିଜ ସାଧୁତା ଓ ନିଷ୍ଠା ପାଇଁ ପରିଚିତ ଥିଲେ। ବଣ୍ଡାଠାରେ ଥିବା ଗ୍ରାମୀଣ ଇଲାକାରେ ଏକ ଖପରୁଲି ଘର ହିଁ ତାଙ୍କର ପୈତୃକ ସମ୍ପତ୍ତି ଥିଲା। ଲକ୍ଷ୍ନୌ ଉନ୍ନୟନ ନିଗମଠାରୁ କିଣିଥିବା ଏକ ଘର ହିଁ ତାଙ୍କର ବଡ ସମ୍ପତ୍ତି ଥିଲା ଏବଂ ସେ ଗୃହ ଋଣ ଏ ଯାଏ ଶୁଝୁଥିଲେ। ସୁଲଖାନ ସିଂ କୌଣସି ରାଜନୈତିକ ଚାପ ଆଗରେ ମୁଣ୍ଡ ନୁଆଁଉଁ ନଥିଲେ ଏବଂ ଆଇନ ଅନୁଯାୟୀ କାର୍ଯ୍ୟ କରୁଥିଲେ। ବିଡମ୍ବନା ହେଲା ସୁଲଖାନ ସିଂଙ୍କ ସାଧୁତା ତାଙ୍କ ପଦୋନ୍ନତି ପାଇଁ ବାଧକ ସାଜିଥିଲା। ମୁଲାୟମ ସିଂଙ୍କ ସମୟରେ ହୋଇଥିବା ପୋଲିସ ନିଯୁକ୍ତି ଘୋଟାଲାର ପର୍ଦ୍ଦାଫାସ ନ କରିଥିଲେ ବହୁ ପୂର୍ବରୁ ସୁଲଖାନ ସିଂ ପୋଲିସ ମହାନିର୍ଦ୍ଦେଶକ ହୋଇଥାଆନ୍ତେ।[୯] ଏପରି ଜଣେ ସଚ୍ଚୋଟ

ବ୍ୟକ୍ତିଙ୍କୁ ପୋଲିସ ବିଭାଗର ସର୍ବୋଚ୍ଚ ପଦରେ ରଖି ଯୋଗୀ ନିଜ ଉଦ୍ଦେଶ୍ୟ ଜନତାଙ୍କୁ ପରିଷ୍କାର ଭାବେ ଜଣାଇଲେ। ୧୯୮୯ ବ୍ୟାଚ୍‌ର ଭାରତୀୟ ପ୍ରଶାସନିକ ସେବାରେ ଶୀର୍ଷସ୍ଥାନ ଅଧିକାର କରିଥିବା ଏବଂ ନିକଟରେ କେନ୍ଦ୍ରୀୟ ଅବସ୍ଥାନରୁ ଫେରିଥିବା ବରିଷ୍ଠ ଅଧିକାରୀ ଶ୍ରୀ ଶଶୀପ୍ରକାଶ ଗୋଏଲଙ୍କୁ ମୁଖ୍ୟମନ୍ତ୍ରୀ ଯୋଗୀଙ୍କ ପ୍ରଧାନ ସଚିବ ଭାବେ ନିଯୁକ୍ତି ଦିଆଗଲା। ଗୋଏଲଙ୍କୁ ବେସାମରିକ ବିମାନ ଉଡାଣ, ଇଷ୍ଟେଟ ଓ ପ୍ରୋଟୋକଲର ପ୍ରଧାନ ସଚିବ ଭାବେ ମଧ୍ୟ ଅତିରିକ୍ତ ଦାୟିତ୍ୱ ଦିଆଗଲା।

ସରକାରଙ୍କ ଅତ୍ୟନ୍ତ ଗୁରୁତ୍ୱପୂର୍ଣ୍ଣ ସୂଚନା ବିଭାଗର ମୁଖ୍ୟ ସଚିବ ଭାବେ ୧୯୮୭ ବ୍ୟାଚର ଅବନୀଶ ଅବସ୍ତିଙ୍କୁ ଯୋଗୀ ଚୟନ କଲେ। ଶ୍ରୀଯୁକ୍ତ ଅବସ୍ତି ଭାରତୀୟ ବୈଷୟିକ ଅନୁଷ୍ଠାନର ଛାତ୍ର ଏବଂ ପୂର୍ବରୁ ଗୋରଖପୁରର ଜିଲ୍ଲାପାଳ ଭାବେ କାର୍ଯ୍ୟ କରିସାରିଥିଲେ।

୧୯୯୫ ବ୍ୟାଚର ଯୁବ ଏବଂ ଦାୟିତ୍ୱବାନ ଭାରତୀୟ ପ୍ରଶାସନିକ ଅଧିକାରୀ ମୃତ୍ୟୁଞ୍ଜୟ କୁମାରଙ୍କୁ ମୁଖ୍ୟମନ୍ତ୍ରୀଙ୍କ ସଚିବ ଭାବେ ନିଯୁକ୍ତ କରାଗଲା। ଇଞ୍ଜିନିୟରିଂ ସ୍ନାତକ ଓ ଲଣ୍ଡନର କିଙ୍ଗସ୍ କଲେଜରୁ ପବ୍ଲିକ ପଲିସି ଓ ଆଡମିନିଷ୍ଟ୍ରେସନରେ ସ୍ନାତକୋତ୍ତର ଡିଗ୍ରି ପ୍ରାପ୍ତ ମୃତ୍ୟୁଞ୍ଜୟ ଜଣେ ସଫଳ ପ୍ରଶାସନିକ ଅଧିକାରୀ। ମୃତ୍ୟୁଞ୍ଜୟଙ୍କର ବୈଷୟକ ଜ୍ଞାନ କୌଶଳରେ ଅଦ୍ଭୁତ ଦକ୍ଷତା ଥିଲା ଏବଂ ଇ-ଗର୍ଭର୍ଣ୍ଣାନସ ପାଇଁ ନେଇଥିବା ଅଭିନବ ପଦକ୍ଷେପ ପାଇଁ ସେ ଡିଜିଟାଲ ଇଣ୍ଡିଆ ଆୱାର୍ଡ-୨୦୧୬ ଅଧିନରରେ ସର୍ବୋଚ୍ଚ ପୁରସ୍କାର 'ପ୍ଲାଟିନମ୍' ପୁରସ୍କାର ପାଇଥିଲେ।

ଲକ୍ଷ୍ନୌରେ ଆଞ୍ଚଳିକ ପାସପୋର୍ଟ ଅଧିକାରୀ ଭାବେ ଅବସ୍ଥାପିତ ଭାରତୀୟ ରେଳସେବା ଅଧିକାରୀ ଅମିତ ସିଂଙ୍କୁ ମଧ୍ୟ ମୁଖ୍ୟମନ୍ତ୍ରୀ କାର୍ଯ୍ୟାଳୟକୁ ଅଣାଗଲା। ବରିଷ୍ଠ ପ୍ରଶାସନିକ ଅଧିକାରୀ ନୀତିଶ କୁମାରଙ୍କୁ ମୁଖ୍ୟମନ୍ତ୍ରୀଙ୍କ ବିଶେଷ ସଚିବ ଭାବେ ନିଯୁକ୍ତି ମିଳିଲା। ଏହି ନିଯୁକ୍ତି ପୂର୍ବରୁ ନୀତିଶ କୁମାର ସମବାୟ ସଂସ୍ଥାର ଅତିରିକ୍ତ ରେଜିଷ୍ଟାର ଭାବେ କାମ କରୁଥିଲେ।

ମୁଖ୍ୟମନ୍ତ୍ରୀ କାର୍ଯ୍ୟାଳୟରେ ଉତ୍ତର ପ୍ରଦେଶ ମୁଖ୍ୟମନ୍ତ୍ରୀଙ୍କ ବିଶେଷ ସଚିବ ଭାବେ ରିଗଜିନ୍ ସାମ୍ଫେଲଙ୍କୁ ସର୍ବପ୍ରଥମ ନିଯୁକ୍ତି ମିଳିଥିଲା।

ଯୋଗୀଙ୍କ ମହାବିଦ୍ୟାଳୟ ସହପାଠୀ ଏବଂ ନିକଟତମ ବନ୍ଧୁ ରାଜଭୂଷଣ ସିଂ ରାୱତ ମଧ୍ୟ ତାଙ୍କୁ ସହଯୋଗ କରିବାକୁ ଲକ୍ଷ୍ନୌ ଚାଲିଆସିଲେ।

କାର୍ଯ୍ୟାଳୟ ପରିସର, ସମୟାନୁବର୍ତ୍ତିତା ଏବଂ ଆର୍ଥିକ ସ୍ୱାସ୍ଥ୍ୟ

ମୁଖ୍ୟମନ୍ତ୍ରୀ ରୂପେ କାର୍ଯ୍ୟଭାର ସମ୍ଭାଳିବାର ଏକ ମାସ ମଧ୍ୟରେ ସରକାରୀ

ଅଫିସରେ ପାନ, ଗୁଟଖା ବନ୍ଦ କରିବାଠାରୁ ଆରମ୍ଭ କରି ବିଳମ୍ବରେ ଆସୁଥିବା କର୍ମଚାରୀମାନଙ୍କ ପାଇଁ କଡା କାର୍ଯ୍ୟ ସମୟ ସ୍ଥିର କରି ଆଦିତ୍ୟନାଥ ନିଜ ପଦକ୍ଷେପ ପାଇଁ ଏକ ଜ୍ୱଳନ୍ତ ଗତି ସ୍ଥିର କରିପାରିଲେ ବୋଲି 'ହିନ୍ଦୁସ୍ତାନ ଟାଇମସ୍'ର ପଙ୍କଜ ଜୟସ୍ୱାଲ ଲେଖିଥିଲେ। [୧୦] ଯୋଗୀ କାର୍ଯ୍ୟଭାର ନେବାର ପ୍ରାଥମିକ ଦିନ ଗୁଡିକରେ ଅନେକ ନୂଆ ନିଷ୍ପତ୍ତି ନିଆଯାଇଥିଲା। ମାର୍ଚ୍ଚ ୧୯ରେ ମୁଖ୍ୟମନ୍ତ୍ରୀ ଭାବେ ଶପଥ ନେବାର ମାତ୍ର ଏକ ଘଣ୍ଟା ମଧ୍ୟରେ ମୁଖ୍ୟମନ୍ତ୍ରୀ ଯୋଗୀ ନିଜ ମନ୍ତ୍ରୀମଣ୍ଡଳର ସମସ୍ତ ମନ୍ତ୍ରୀମାନଙ୍କୁ ୧୫ ଦିନ ମଧ୍ୟରେ ସେମାନଙ୍କର ଆୟ ସମସ୍ତ ସ୍ଥାବର ଅସ୍ଥାବର ସମ୍ପତ୍ତିର ତାଲିକା ଦେବାକୁ ନିର୍ଦ୍ଦେଶ ଦେଲେ। ସମସ୍ତଙ୍କୁ ଏହି ତାଲିକା ମୁଖ୍ୟମନ୍ତ୍ରୀଙ୍କ ସଚିବାଳୟରେ ଦେବାକୁ କୁହାଗଲା। ତାଙ୍କ ସରକାର ଭ୍ରଷ୍ଟାଚାରକୁ ଆଦୌ ସହ୍ୟ କରିବ ନାହିଁ ବୋଲି ଯୋଗୀ ପରିଷ୍କାର କରିଦେଲେ। ଆଦିତ୍ୟନାଥ ନିଜ ମନ୍ତ୍ରୀମାନଙ୍କୁ ସାଧୁତା ଓ ସଚ୍ଚୋଟତାର ମନ୍ତ୍ର ଶପଥ କରାଇଲେ। ନିଜ ନିଜର କାର୍ଯ୍ୟାଳୟକୁ ପରିଷ୍କାର ରଖିବା ପାଇଁ ଶୁକ୍ରବାର ଦିନକୁ ଯୋଗୀ ସ୍ଥିର କଲେ। ସେ ସମସ୍ତ ଅଧିକାରୀ ଓ ମନ୍ତ୍ରୀମାନଙ୍କୁ ସପ୍ତାହରେ ଦୁଇ ଘଣ୍ଟା ପରିଷ୍କାର ପରିଚ୍ଛନତା ପାଇଁ ରଖିବାକୁ କହିଲେ। ୨୦୧୭ର ନିର୍ବାଚନୀ ଇସ୍ତାହାରକୁ ପଢି ନିଜ ବିଭାଗରେ ବଜେଟ ବ୍ୟବସ୍ଥା କରିବା ସହିତ କିପରି ତାହା କାର୍ଯ୍ୟକାରୀ କରାଯାଇପାରିବ ତାହା ଦେଖିବାକୁ ଯୋଗୀ ମନ୍ତ୍ରୀମାନଙ୍କୁ ନିର୍ଦ୍ଦେଶ ଦେଲେ।

ନିକଟରେ ଏକ ଟିଭି ସାକ୍ଷାତକାରରେ ଯୋଗୀଜୀ କହିଥିଲେ ତାଙ୍କ ପୂର୍ବରୁ ଥିବା ସରକାରରେ ମନ୍ତ୍ରୀ ତଥା ମୁଖ୍ୟମନ୍ତ୍ରୀ କ୍ୱଚିତ କାର୍ଯ୍ୟାଳୟକୁ ଆସୁଥିଲେ, ସେମାନେ ନିଜ ଘରୁ ଫୁରସତରେ ସବୁ କାର୍ଯ୍ୟ ପରିଚାଳନା କରୁଥିଲେ। [୧୧] ଏ ବିଷୟରେ ନିଜ ମତକୁ, ଦୃଢ ଭାବେ କହିବାକୁ ଯାଇ ଯୋଗୀ ଏକ ଘଟଣା ବର୍ଣ୍ଣନା କଲେ। ପୂର୍ବ ସରକାରଙ୍କ ସମୟରେ ଥରେ ଗୋରଖପୁର ରେଳ ଷ୍ଟେସନରେ ଯୋଗୀଜୀ ତତ୍‌କାଳୀନ କୃଷି ମନ୍ତ୍ରୀ, କୃଷି ସଚିବ ଏବଂ କୃଷି କମିଶନରଙ୍କୁ ଏକାଠି ଭେଟିଲେ ଏବଂ ଏକଥା ଦେଖି ଆଶ୍ଚର୍ଯ୍ୟ ହେଲେ ଯେ ଛଅ ମାସ ଧରି କାମ କରିବା ସତ୍ତ୍ୱେ ସେମାନେ ପରସ୍ପରକୁ ଚିହ୍ନିନଥିଲେ। ଯୋଗୀ ହିଁ ସେମାନଙ୍କୁ ପରସ୍ପର ସହିତ ପରିଚିତ କରାଇଲେ। ଯୋଗୀ କହିଲେ ଯେ ଏବେ ଏସବୁ ବନ୍ଦ ହୋଇଯାଇଛି ଏବଂ ସେମାନେ ସାରା ରାଜ୍ୟରେ କ୍ୟାମ୍ପ ଅଫିସ ସଂସ୍କୃତି ଲୋପ କରିଦେଇଛନ୍ତି। ସରକାରୀ ନଥିପତ୍ର ଗୁଡିକର ସହଜଯାତ୍ରା ପାଇଁ ଯୋଗୀ ସରକାର ଏକ ନାଗରିକ ସଂହିତା ଆଣିଲେ। ଏ ସଂହିତା ଅନୁଯାୟୀ କୌଣସି ଫାଇଲ ଦୁଇ ତିନିଦିନଠୁ ଅଧିକା ଟେବୁଲ ଉପରେ ରହିବ ନାହିଁ। ଏପରିକି ବିଭାଗୀୟ ମୁଖ୍ୟ ମଧ୍ୟ ଫାଇଲ କାମ ସପ୍ତାହକ ମଧ୍ୟରେ ସାରିବାକୁ ବାଧ୍ୟ ହେଉଥିଲେ।

ମାର୍ଚ୍ଚ ୨୧ ତାରିଖରେ ଯୋଗୀଜୀ ପ୍ରଧାନମନ୍ତ୍ରୀ ମୋଦିଙ୍କ ସହ ନିଜ ମନ୍ତ୍ରୀମଣ୍ଡଳର ବିଭାଗ ବଂଟନ ବିଷୟରେ ଆଲୋଚନା କରିବାକୁ ଦିଲ୍ଲୀଗଲେ। ସାଂସଦମାନେ ଅଧିକାରୀମାନଙ୍କର ବଦଳି, ପୋଷ୍ଟିଂ ପାଇଁ ଲବି କରୁଛନ୍ତି ବୋଲି ପ୍ରଧାନମନ୍ତ୍ରୀଙ୍କୁ ସୂଚନା ଦେଲେ। ମାର୍ଚ୍ଚ ୨୩ରେ ମୋଦିଜୀ ସାଂସଦମାନଙ୍କୁ ଅଧିକାରୀମାନଙ୍କ ବଦଳି ଓ ପୋଷ୍ଟିଂ ବିଷୟରେ ମୁଣ୍ଡ ନପୂରେଇବାକୁ ନିର୍ଦ୍ଦେଶ ଦେଲେ।

ଯେତେବେଳେ ବିରୋଧୀ ଦଳମାନେ ନିଜକୁ ପ୍ରାସଙ୍ଗିକ ରଖିବାକୁ ଯୋଗୀ ସରକାରଙ୍କୁ ସମାଲୋଚନା କରିବାରେ ବ୍ୟସ୍ତ ଥିଲେ, ଯୋଗୀ ଏ ସବୁ ସମାଲୋଚନାକୁ ଧ୍ୟାନ ନଦେଇ ନିଜ ଶାସନ ବ୍ୟବସ୍ଥା ଉପରେ ଧ୍ୟାନ କେନ୍ଦ୍ରୀଭୂତ କରିଥିଲେ। ନିର୍ବାଚନ ସମୟରେ ଦିଆଯାଇଥିବା ପ୍ରତିଶ୍ରୁତି ପୂରଣ କରିବାକୁ ଏବଂ ବିଭିନ୍ନ ମନ୍ତ୍ରାଳୟ ପାଇଁ ଏକ ୧୦୦ ଦିନିଆ ନିର୍ଦ୍ଦିଷ୍ଟ ଲକ୍ଷ୍ୟ ଦିଗରେ କାମ କରିବାକୁ ନିଷ୍ପତ୍ତି ନିଆଗଲା।

ବେଆଇନ କଂସେଇଖାନା ଉପରେ ପ୍ରତିବନ୍ଧକ ୨୦୧୭ର ବିଜେପି ନିର୍ବାଚନ ଇସ୍ତାହାରର ବହୁ ଚର୍ଚ୍ଚିତ କଥା ଥିଲା ବେଆଇନ କଂସେଇଖାନା ବନ୍ଦ କରିବା ଦାୟିତ୍ୱ ଗ୍ରହଣ କରିବାର ପ୍ରଥମ ମାସରେ ହିଁ ମୁଖ୍ୟମନ୍ତ୍ରୀ ଯୋଗୀ ଆଦିତ୍ୟନାଥ ବେଆଇନ କଂସେଇ ଖାନା, ମାଂସ ଦୋକାନୀ ଏବଂ ଗୋରୁ ଚୋରାଚାଲାଣ ଉପରେ ପ୍ରତିବନ୍ଧକ ଲଗାଇବାକୁ ନିର୍ଦ୍ଦେଶ ଦେଲେ। ଏହି ନିଷ୍ପତ୍ତିଟି ବହୁ ପ୍ରତିକୂଳ ପରିସ୍ଥିତିର ସମ୍ମୁଖୀନ ହୋଇଛି। କେବଳ ବେଆଇନ କଂସେଇଖାନା ଗୁଡିକ ଉପରେ କାର୍ଯ୍ୟାନୁଷ୍ଠାନ ନିଆଯୀବ ବୋଲି ସରକାର କିନ୍ତୁ ସ୍ପଷ୍ଟ କରିଥିଲେ। ସମ୍ବିଧାନର ଧାରା ୪୮ରେ ଥିବା ଡାଇରେକଟିଭ ପ୍ରିନସିପୁଲ ଅଫ୍ ଷ୍ଟେଟ ପଲିସି ଅନୁସାରେ ଗୋରକ୍ଷା କରିବା ଏକ ନିୟମ। ତଥାପି ଏପରି ଏକ ନିଷେଧ ରାଜ୍ୟର ବିଷୟ ଅଟେ, ସ୍ଥାନୀୟ ରୀତିନୀତି ଏବଂ ଖାଦ୍ୟ ପସନ୍ଦ ଅନୁଯାୟୀ ବିଭିନ୍ନ ରାଜ୍ୟ ଗୋହତ୍ୟାକୁ ନିଷିଦ୍ଧ କରିବାକୁ ନିର୍ଣ୍ଣୟ ନେଇଛନ୍ତି। ୧୯୫୫ରୁ ଅନେକ ରାଜ୍ୟ ପରି ଉତ୍ତରପ୍ରଦେଶରେ ମଧ୍ୟ ଗୋହତ୍ୟା ବେନିୟମ ବୋଲି ଅନେକ ଲୋକ ଜାଣିନଥିଲେ। ଉତ୍ତରପ୍ରଦେଶ ଗୋହତ୍ୟା ନିରୋଧ ଆଇନ ୧୯୫୫ [୧୨] ରାଜ୍ୟରେ ଗୋହତ୍ୟ ନିୟମକୁ ନିମନ୍ତ୍ରଣ କରେ। ଏହି ନିୟମ ଅନୁଯାୟୀ ରାଜ୍ୟରେ ଗାଇ ବାଛୁରୀ ଆଦି ହତ୍ୟା ନିଷେଧ କରାଯାଇଛି। ହତ୍ୟା ପାଇଁ ବାହାର ରାଜ୍ୟକୁ ଗୋଚାଲାଣ ମଧ୍ୟ ନିଷେଧ କରାଯାଇଛି।

ଫାଷ୍ଟପୋଷ୍ଟର [୧୩] ଏକ ରିପୋର୍ଟ ଅନୁଯାୟୀ ସାଧାରଣତଃ କଂସେଇଖାନା ଗୁଡିକ ସ୍ଥାନୀୟ ପ୍ରଶାସନ ଓ ରାଜନେତା ମାନଙ୍କ ସହ ମଧ୍ୟ ବେଆଇନ ଭାବେ ପରିବେଶ ନିୟମର ଖୋଲାଖୋଲି ଉଲଂଘନ କରାଯାଇ ନିର୍ମାଣ ହୋଇଥିଲା। ଯଦିଓ ହିନ୍ଦୁ ଧର୍ମର ଧାର୍ମିକ ଦିଗରୁ ଗୋମାତାକୁ ପୂଜ୍ୟ ଭାବେ ଦେଖାଯାଉଥିବାରୁ

କଂସେଇଖାନାଗୁଡିକ ଉପରେ ବିରୋଧ କରାଯାଉଥିବାର ଚର୍ଚ୍ଚା ହେଉଥିଲା, ପରିବେଶ ଦିଗ ଉପରେ ଖୁବ୍ କମ ଆଲୋଚନା ହେଉଥିଲା। ବାସ୍ତବରେ କଂସେଇଖାନା ଗୁଡିକ ଅତ୍ୟଧିକ ପ୍ରଦୁଷକ ନିର୍ଗମନ କରୁଥିବା ଶିଳ୍ପ ପରି 'ଲାଲ' ବର୍ଗରେ ଶ୍ରେଣୀଭୁକ୍ତ ଏବଂ ଏଗୁଡିକର ନିର୍ମାଣ ଅନୁମତି କେନ୍ଦ୍ରୀୟ ଯୋଜନା ଅନ୍ତର୍ଭୁକ୍ତ। ଏଥିରୁ ସ୍ପଷ୍ଟ ଜଣାଯାଉଛି ଯେ କଂସେଇଖାନା ଗୁଡିକ ଅତ୍ୟନ୍ତ ପ୍ରଦୂଷକ ଶିଳ୍ପ ବର୍ଗରେ ଅନ୍ତର୍ଭୁକ୍ତ ଏବଂ ନିୟନ୍ତ୍ରିତ ନ ହେଲେ ଏହା ଜନସ୍ୱାସ୍ଥ୍ୟ ପାଇଁ ମହାବିପଦ ସୃଷ୍ଟି କରିପାରିବେ। ୨୦୧୫ରେ ଉତ୍ତର ପ୍ରଦେଶ ପ୍ରଦୂଷଣ ନିୟନ୍ତ୍ରଣ ବୋର୍ଡର ତଥ୍ୟ ଅନୁଯାୟୀ ପରିବେଶ ପାଇଁ ଅତ୍ୟନ୍ତ ବିପଦଜନକ ଥିବା ୧୨୯ଟି ଶିଳ୍ପ ମଧ୍ୟରେ ୪୪ଟି କଂସେଇଖାନା ଅର୍ନ୍ତଭୁକ୍ତ ଥିଲା।

ଏହି ପୁସ୍ତକ ପ୍ରସ୍ତୁତି ସମୟରେ ତଥ୍ୟ ସଂଗ୍ରହ କରିବାକୁ ଏକଦା ଲେଖକ ଗୋରଖପୁରରେ ଥିବା ଗୋରଖଧାମକୁ ଯାଇ ଦେଖିଥିଲେ ଯେ ମଠରେ ଥିବା ଗୋଶାଳାରେ ଗାଇମାନଙ୍କ ସହ ସମୟ ବିତେଇବା ଯୋଗୀ ଆଦିତ୍ୟନାଥଙ୍କ ଦୈନିକ କାର୍ଯ୍ୟାବଳୀର ଏକ ଅନ୍ତରଙ୍ଗ ଅଂଶ ଥିଲା। ତେଣୁ କଂସେଇଖାନା ଗୁଡିକୁ ବନ୍ଦ କରିବାରେ ଯୋଗୀଙ୍କ ବ୍ୟକ୍ତିଗତ ଆଗ୍ରହ ସ୍ୱାଭାବିକ ଥିଲା। ତେଣୁ ଭବିଷ୍ୟତରେ ଯୋଗୀଙ୍କ ନେତୃତ୍ୱାଧୀନ ଉତ୍ତରପ୍ରଦେଶ ସରକାରରେ 'ଉତ୍ତରପ୍ରଦେଶ ଗୋହତ୍ୟା ନିରୋଧ ଆଇନ- ୧୯୫୩' ଅଧିକ କଠୋର ହେବା ଦେଖିଲେ ଆଶ୍ଚର୍ଯ୍ୟ ହେବାର କିଛି ନାହିଁ।

ବେଆଇନ କଂସେଇଖାନା ନିର୍ମାଣ ପଛର ସତ୍ୟ

ଭାରତରେ କଂସେଇଖାନା ନିର୍ମାଣ କରିବାକୁ ହେଲେ ଆବେଦନକାରୀକୁ ଏହି ବାବଦରେ ବ୍ୟବହାର କରିବାକୁ ଥିବା ଜମି ପାଇଁ ଅନୁମତି ଆଣିବାକୁ ହେଇଥାଏ। ଏହି ପଦକ୍ଷେପ ପରେ ଏ ପ୍ରକାର ନିର୍ମାଣ ପାଇଁ ଆହୁରି ଅନେକ ସ୍ତର ଅତିକ୍ରମ କରିବାକୁ ହୁଏ। ଉତ୍ତରପ୍ରଦେଶର ଭିତ୍ତିଭୂମି ଏବଂ ଶିଳ୍ପ ଉନ୍ନୟନ ବିଭାଗ ଅନୁଯାୟୀ ଏପରି ନିର୍ମାନ ପାଇଁ ଉତ୍ତରପ୍ରଦେଶ ପ୍ରଦୂଷଣ ନିୟନ୍ତ୍ରଣ ବିଭାଗ ଠାରୁ "କୌଣସି ଆପତ୍ତି ନଥିବା" ପ୍ରମାଣପତ୍ର ଆଣିବାକୁ ହୁଏ ଏବଂ ନିୟମ ଅନୁଯାୟୀ ନିର୍ମାଣ ହେଉଛି କି ନାହିଁ ଦେଖିବାକୁ ମଧ୍ୟ ଉପରୋକ୍ତ ସଂସ୍ଥା ବାରମ୍ବାର ତଦାରଖ କରେ।

ଉତ୍ତରପ୍ରଦେଶ ପ୍ରଦୁଷଣ ନିୟନ୍ତ୍ରଣ ବିଭାଗ ପରିବେଶ ମଞ୍ଜୁରୀ ଦେଲାପରେ ଶିଳ୍ପ ମାଲିକଙ୍କୁ କେନ୍ଦ୍ର ସରକାରଙ୍କ ଅଧୀନରେ ଥିବା କୃଷି ଓ

ଖାଦ୍ୟ ପ୍ରକ୍ରିୟାକରଣ ଏବଂ ରପ୍ତାନୀ ଉନ୍ନୟନ ବିଭାଗକୁ ଅନୁମତି ମାଗିବାକୁ ହୁଏ। ଗୋ ମାଂସ ରପ୍ତାନୀ ଅନୁମତି ଦେବା ପୂର୍ବରୁ କେନ୍ଦ୍ର ସରକାରଙ୍କ ଏହି କୃଷି ଓ ଖାଦ୍ୟ ପ୍ରକ୍ରିୟାକରଣ ତଥା ରପ୍ତାନୀ ବିଭାଗ ନିଜେ ଏ ସମ୍ବନ୍ଧରେ ପୁଙ୍ଖାନୁପୁଙ୍ଖ ତଦନ୍ତ କରେ ଏବଂ ତା ପରେ ଯାଇ କିଛି ପ୍ରତିବନ୍ଧ ନାହିଁ ବୋଲି ପ୍ରମାଣପତ୍ର ମିଳେ।

ଏତଦ ବ୍ୟତିତ କଂସେଇଖାନାଗୁଡିକ ପ୍ରାଣୀମାନଙ୍କ ନିଷ୍ଠୁରତା ବିରୋଧୀ ଅଧିନିୟମ-୨୦୦୧ ଅନୁଯାୟୀ ଚଳିବାକୁ ହୁଏ ଏବଂ ଏହି ନିୟମ କଂସେଇଖାନାରେ ବଳି ପଡିଯାଉଥିବା ଗୋରୁମାନଙ୍କର ସ୍ୱାସ୍ଥ୍ୟ ସମ୍ବନ୍ଧରେ ଖବର ରଖେ। ଅନ୍ୟ ନିୟମ ବ୍ୟତୀତ ବଧ ହେବା ପୂର୍ବରୁ ଗୋରୁମାନଙ୍କ ପାଇଁ ପ୍ରଶସ୍ତ ତଥା ଉତ୍ତମ ବାୟୁ ଚଳାଚଳ ଥିବା ବିଶ୍ରମ କକ୍ଷ ତଥା ୨୪ ଘଣ୍ଟା ପୂର୍ବରୁ ପଶୁ ଚିକିତ୍ସକଙ୍କ ଦ୍ୱାରା ସ୍ୱାସ୍ଥ୍ୟ ଯାଞ୍ଚ ବାଧ୍ୟତାମୂଳକ ଅଟେ।

ଅଧିକନ୍ତୁ କଂସେଇଖାନା ଗୁଡିକୁ ଭାରତୀୟ ଖାଦ୍ୟ ସୁରକ୍ଷା ଏବଂ ମାନକ ପ୍ରାଧିକରଣ ଠାରୁ ଖାଦ୍ୟ ସୁରକ୍ଷା ନିୟମ ୨୦୧୧ ଠାରୁ ଲାଇସେନ୍ସ ନେବାକୁ ହୁଏ।

ଏତଦ୍ ବ୍ୟତୀତ କଂସେଇଖାନାଗୁଡିକୁ ଏହି ସମସ୍ତ ମଞ୍ଜୁରୀ ପାଇବା ପରେ ମଧ୍ୟ ସେମାନଙ୍କୁ ପରିବେଶ ସ୍ୱଚ୍ଛତା ଏବଂ ପରିମଳ ଅନୁଯାୟୀ କାର୍ଯ୍ୟ କରିବା ଏବଂ ସେମାନଙ୍କ ଦୈନନ୍ଦିନ କାର୍ଯ୍ୟରେ ପଶୁମାନଙ୍କ ପ୍ରତି ନିର୍ଦ୍ଦୟତା ରୋକିବା ଆବଶ୍ୟକ ହୁଏ।

୨୦୧୫ ମେ ରେ ଜଣେ ପରିବେଶ ସୁରକ୍ଷାକର୍ମୀଙ୍କ ଅପିଲ ଉପରେ ଶୁଣାଣି କରି ନେସନାଲ ଗ୍ରୀନ୍ ଟ୍ରିବୁନାଲ କହିଥିଲେ ଯେ ସ୍ଥାନୀୟ ପ୍ରଶାସନର ବିନାନୁମତି, ବିଶେଷ କରି ଉତ୍ତରପ୍ରଦେଶ ପ୍ରଦୂଷଣ ବୋର୍ଡର ବିନାନୁମତିରେ ନିର୍ମାଣ ହୋଇଥିବା କୌଣସି କଂସେଇଖାନା ଚାଲିବପାରିବ ନାହିଁ। ଦି ଇଣ୍ଡିଆନ ଏକ୍ସପ୍ରେସ ଅନୁଯାୟୀ ଉତ୍ତରପ୍ରଦେଶ ସରକାର କଂସେଇଖାନା ଗୁଡିକୁ ବନ୍ଦ କରିବା ପାଇଁ ବାରମ୍ବାର ଉପରୋକ୍ତ ଆଦେଶରେ ଅବତାରଣା କରୁଥିଲେ। ତ୍ରୈମାସିକ ଆଧାରରେ ଛୋଟ ଛୋଟ ଦୋକାନ କରିବାକୁ ଉତ୍ତରପ୍ରଦେଶ ପ୍ରମାଣପତ୍ର ଦେବାକୁ ପ୍ରଦୂଷଣ ବୋର୍ଡକୁ ଏକ କମିଟି ଗଠନ କରିବାକୁ ନେସନାଲ ଗ୍ରୀନ୍ ଟ୍ରିବୁନାଲ ନିର୍ଦ୍ଦେଶ ଦେଇଥିଲେ।

ୱାନ ଇଣ୍ଡିଆରେ ପ୍ରକାଶିତ ପ୍ରେସ ଟ୍ରଷ୍ଟ ଅଫ ଇଣ୍ଡିଆର ଏକ ରିପୋର୍ଟ ଅନୁଯାୟୀ କଂସେଇଖାନାଗୁଡିକ ପଶୁ ହତ୍ୟାର ବର୍ଜ୍ୟବସ୍ତୁ ଗୁଡିକ ବିଶୁଦ୍ଧିକରଣ ବିନା ଖୋଲାନାଳରେ ଛାଡିଦେଉଥିଲେ ଏବଂ ଏ ସବୁ ଯାଇ ଗଙ୍ଗା ଓ ଯମୁନାର ଶାଖାନଦୀଗୁଡିକରେ ମିଶି ସେସବୁକୁ ପ୍ରଦୁଷିତ କରୁଥିଲେ ଏବଂ ଏତଦ୍‌ଦ୍ୱାରରା ବ୍ୟଥିତ ହୋଇ ଏକ ଅଭିଯୋଗର ଶୁଣାଣି କରି ନେସନାଲ ଗ୍ରୀନ୍ ଟ୍ରିବୁନାଲ ଉପରୋକ୍ତ ଆଦେଶ ଦେଇଥିଲେ।

ସରକାରୀ ତଥ୍ୟ ଅନୁଯାୟୀ ଉତ୍ତରପ୍ରଦେଶରେ ପଞ୍ଜୀକୃତ ୧୧୫ଟି କଂସେଇଖାନାରେ ବର୍ଷକୁ ୮.୫ ଲକ୍ଷରୁ ଅଧିକ ପଶୁ ହତ୍ୟା ହେଉଥିଲା। କିନ୍ତୁ ଆବେଦନକାରୀଙ୍କ ଅନୁସାରେ ସରକାରୀ ତଥ୍ୟଠାରୁ କାହିଁ କେତେ ଗୁଣରେ ଅଧିକ ମାଂସ ବାର୍ଷିକ ରପ୍ତାନୀ ହେଉଥିଲା।

ସରକାରୀ ନଥିପତ୍ରରେ କୌଣସି ବେନିୟମ କଂସେଇଖାନା ନଥିଲା। ବାସ୍ତବରେ କିନ୍ତୁ ପାଖାପାଖି ୧୪୦ କଂସେଇଖାନା, ୫୦,୦୦୦ରୁ ଅଧିକ ମାଂସକଟା ଦୋକାନ ବିନାନୁମତିରେ ଚାଲିଥିଲା ସାମ୍ପ୍ରତିକ କଟକଣା ଅନୁଯାୟୀ ସରକାର ୨୦ଟି ବେଆଇନ କଂସେଇଖାନା ଏବଂ ଅନେକ ମାଂସ ଦୋକାନ ବନ୍ଦ କରିଦେଇଛନ୍ତି।

ଏ ସବୁ ତଥ୍ୟଙ୍କୁ ଅଣଦେଖା କରି ଲୋକପ୍ରିୟ ଗଣମାଧ୍ୟମ ଏବଂ ବିରୋଧୀ ଯୋଗୀ ଆଦିତ୍ୟନାଥଙ୍କୁ ଅଳ୍ପ ସଂଖ୍ୟକ ବିରୋଧୀ କହିବାରେ ବ୍ୟସ୍ତ ଅଛନ୍ତି।

ଆଣ୍ଟି ରୋମିଓ ସ୍କ୍ୱାର୍ଡ

ମହିଳାମାନଙ୍କ ନିରାପତ୍ତାକୁ ଆଖି ଆଗରେ ରଖି ଉତ୍ତରପ୍ରଦେଶ ନିର୍ବାଚନ ସମୟରେ ଲୋକ ସଂକଳ୍ପ ପତ୍ର ଓ ରାଜ୍ୟରେ 'ଆଣ୍ଟି ରୋମିଓ ସ୍କ୍ୱାର୍ଡ' ଗଠନ ଉପରେ କୁହାଯାଇଥିଲା। ଜାତୀୟ ମହିଳା କମିଶନ ଅନୁଯାୟୀ ଉତ୍ତରପ୍ରଦେଶରେ ମହିଳା ସମ୍ବନ୍ଧୀୟ ଅପରାଧ ସବୁଠୁ ଅଧିକ ଥିଲା। ଜାତୀୟ ମହିଳା କମିଶନ ସଦସ୍ୟା ରେଖା ଶର୍ମା [୧୪] ଏକ ସାମ୍ବାଦିକ ସମ୍ମିଳନୀରେ କହିଥିଲେ ଯେ କମିଶନଙ୍କ ନିକଟକୁ ଆସୁଥିବା ଅଭିଯୋଗ ମଧ୍ୟରୁ ୬୦ ଶତକଡା କେବଳ ୟୁପିରୁ ହିଁ ଆସୁଥିଲା ଏବଂ ପ୍ରତି ମାସ ପ୍ରାୟ ୫୦ଟି ଅଭିଯୋଗ ଆସୁଥିଲା। ନେସନାଲ କ୍ରାଇମ ରେକର୍ଡ ବ୍ୟୁରୋ ଅନୁଯାୟୀ ମଧ୍ୟ ମହିଳାମାନଙ୍କ ପ୍ରତି ହେଉଥିବା ଅପରାଧ ମାମଲାରେ ଉତ୍ତରପ୍ରଦେଶ ସର୍ବାଗ୍ରେ

ଥିଲା। ନେସନାଲ କ୍ରାଇମ ବ୍ୟୁରୋ ଅନୁସାରେ ୨୦୧୫ ମସିହାରେ ଉତ୍ତରପ୍ରଦେଶ ମହିଳାମାନଙ୍କ ପ୍ରତି ହୋଇଥିବ ୩୫,୫୨୭ଟି ଅପରାଧ ପଞ୍ଜୀକୃତ କରିଥିଲା ଏବଂ ଏହା ସାରା ଭାରତରେ ଘଟିଥିବା ଅପରାଧର ୧୦.୯% ଥିଲା ଏବଂ ଅନ୍ୟ ଯେକୌଣସି ରାଜ୍ୟ ଅପେକ୍ଷା ଅଧିକ ଥିଲା। ମୁଖ୍ୟମନ୍ତ୍ରୀ ଭାବେ ଶପଥ ନେବାର ସପ୍ତାହକ ମଧ୍ୟରେ ହିଁ ଯୋଗୀ ଆଦିତ୍ୟନାଥ ସାରା ରାଜ୍ୟରେ ମହିଳା ନିର୍ଯ୍ୟାତନା ରୋକିବାକୁ ଅଛି ରୋମିଓ ସ୍କ୍ୱାର୍ଡ ଗଠନ କରିବାକୁ ଆଦେଶ ଦେଲେ।

କିଛି ଘଟଣାରେ ପୋଲିସର ଭିନ୍ନ ପ୍ରତିକ୍ରିୟା ଯୋଗୁ ଆଣ୍ଟି ରୋମିଓ ସ୍କ୍ୱାର୍ଡ ସମ୍ବନ୍ଧରେ ଦ୍ୱନ୍ଦ ସୃଷ୍ଟି ହେଲା ଏହାକୁ ଦେଖି ୨୫ ମାର୍ଚ୍ଚରେ ଯୋଗୀ ଆଦିତ୍ୟନାଥ ଏ ସମ୍ବନ୍ଧରେ ମାର୍ଗଦର୍ଶିକା ଗଢିବାକୁ କହିଲେ ଏବଂ ଯୁକ୍ତିଯୁକ୍ତ ଢଙ୍ଗରେ ଏ ନିୟମ ଲାଗୁ କରିବାକୁ ପୋଲିସକୁ କହିଲେ। ଆଣ୍ଟିରୋମିଓ ସ୍କ୍ୱାର୍ଡରେ ଜଣେ ପୁରୁଷ ଓ ଜଣେ ମହିଳା ପୋଲିସ ରହୁଥିଲେ। ଗୋଟିଏ ପୋଲିସ ଥାନା ଅଧିନରେ ଦୁଇ ତିନୋଟି ଦଳ ନିଯୁକ୍ତ ହେଲେ। ନିର୍ଦ୍ଦିଷ୍ଟ ଅଞ୍ଚଳରେ ସ୍କୁଲ କଲେଜ ସଂଖ୍ୟା ଦେଖି ଆଣ୍ଟି ରୋମିଓ ସ୍କ୍ୱାର୍ଡ ଦଳ ନିର୍ଦ୍ଧାରଣ କରାଯାଉଥିଲା। ସ୍କୁଲ କଲେଜରେ ଅଧିକ ସଂଖ୍ୟକ ମହିଳା ଥିବାରୁ ସ୍କ୍ୱାର୍ଡ ସେହି ସବୁ ଯାଗାରେ ମୁତୟନ ହେଉଥିଲେ। ଭିଡ ଭିତରୁ ମହିଳା ମାନଙ୍କୁ ଅସୁବିଧାରେ ପକାଉଥିବା ଲୋକମାନଙ୍କୁ ବାହାର କରିବା ଆଣ୍ଟି ରୋମିଓ ସ୍କ୍ୱାର୍ଡର କାମ ଥିଲା। ପୋଲିସମାନେ ବେଳେବେଳେ ପୋଲିସ ପୋଷାକରେ ଏବଂ ବେଳେବେଳେ ସାଧା ପୋହାକରେ ଥିଲେ। ଏହି ଦଳରେ କନେଷ୍ଟବଳ, ମୁଖ୍ୟ କନେଷ୍ଟବଳ ଏଏସ୍‌ଆଇ ଓ ସବ୍‌ଇନସପେକ୍ଟର ସ୍ତରରେ ପୋଲିସମାନେ ରହୁଥିଲେ ଏବଂ ଏମାନେ ଗଣ୍ଡଗୋଳ କରୁଥିବା ଅପରାଧୀମାନଙ୍କୁ ସତର୍କ କରାଉଥିଲେ, ସେମାନଙ୍କ ପିତାମାତାଙ୍କୁ ଜଣାଇବେ ବୋଲି କହୁଥିଲେ କିମ୍ବା ସେମାନଙ୍କ ଅପରାଧର ପରିଣାମ ଅନୁଯାୟୀ ଅପରାଧିକ ମାମଲାରେ କାର୍ଯ୍ୟାନୁଷ୍ଠାନ କରାଯିବ ବୋଲି ସଚେତନ କରାଉଥିଲେ।

"ରାଜ୍ୟରେ ଆଇନ ଶୃଙ୍ଖଳା ବ୍ୟବସ୍ଥା କଡାକଡି"

ରାଜ୍ୟରେ ଆଇନ ଶୃଙ୍ଖଳା ବ୍ୟବସ୍ଥା କଡାକଡି ଭାବେ ଲାଗୁ କରିବାକୁ ଯୋଗୀ ସରକାର ସର୍ବାଧିକ ଧ୍ୟାନ ଦେଇଛନ୍ତି। ଏହି କାର୍ଯ୍ୟପୂରଣ ପାଇଁ ସୁଲଖାନ ସିଂଙ୍କୁ ସର୍ବୋଚ୍ଚ ଅଧିକାରୀ ଭାବେ ନିଯୁକ୍ତ ଦେଇ ଯୋଗୀ ନିଜର ଦୃଢ ଆଗ୍ରହ ଦେଖାଇଲେ। କ୍ୟାମ୍ପ ଅଫିସ ସଂସ୍କୃତିକୁ ବନ୍ଦ କରିବା ପାଇଁ ଜିଲ୍ଲାପାଳ ଏବଂ ଆରକ୍ଷୀ ଅଧିକ୍ଷକମାନଙ୍କୁ ପ୍ରତିଦିନ ଦିନ ୯ଟାରୁ ୧୧ ଯାଏ ସାଧାରଣ ଲୋକଙ୍କୁ ସାକ୍ଷାତ କରିବାକୁ କୁହାଗଲା। ନିକଟରେ ଇଣ୍ଡିଆ ଟିଭି ଏକ ସାକ୍ଷାତକାର ଦେଇ ଯୋଗୀ କହିଲେ ଯେ ନିଜର

ନାଗରିକମାନଙ୍କୁ ସୁରକ୍ଷା ଦେଇନପାରିବା ଯେକୌଣସି ସରକାର ପାଇଁ ଅତ୍ୟନ୍ତ ଲଜ୍ଜାର ବିଷୟ। ନିକଟରେ ଘଟିଥିବା ବିଭିନ୍ନ ଅପରାଧିକ କାର୍ଯ୍ୟକଳାପ ସମ୍ବନ୍ଧରେ ଯୋଗୀଜୀଙ୍କୁ ପଚରାଯିବାରୁ ସେ କହିଲେ ଯେ, ପୋଲିସ ଦ୍ୱାରା ଏ ସମ୍ବନ୍ଧରେ ଦୃଢ କାର୍ଯ୍ୟାନୁଷ୍ଠାନ ନିଆଯାଉଛି ଏବଂ ଅପରାଧୀମାନଙ୍କର ଏହା ଶେଷ ପ୍ରଚେଷ୍ଟା ହେବ। ବର୍ତ୍ତମାନ ଅପରାଧୀମାନେ ପୋଲିସ ଠାରୁ ନିରାପତ୍ତା ନୁହେଁ ବରଂ ପୋଲିସ ଗୁଳିର ସାମନା କରୁଛନ୍ତି ବୋଲି ଯୋଗୀ ଗୁରୁତ୍ୱ ଦେଲେ।

ପୂର୍ବ ସରକାରଙ୍କ ବୀପରିତରେ ଆମେ ମାନେ ଯେ କୌଣସି ଅପରାଧିକ ମାମଲା ଶୀଘ୍ର ତୁଲେଇବାକୁ ଚାହୁଁ। ମଥୁରାର ଅଳଙ୍କାର ବ୍ୟବସାୟୀ ହତ୍ୟା ମାମଲାରେ ଅପରାଧୀମାନେ ପାଞ୍ଚ ଦିନ ମଧ୍ୟରେ ଧରାପଡିଲେ। ଫିରୋଜାବାଦରୁ ଅପହୃତ ହୋଇଥିବା ଜଣେ ବ୍ୟବସାୟୀ କିଛି ଘଣ୍ଟା ମଧ୍ୟରେ ମୁକ୍ତ ହେଲେ। ଲକ୍ଷ୍ନୌ ଆଗ୍ରା ରାଜପଥର ଇଟାୱା ନିକଟରୁ ଅପହରଣ ହୋଇଥିବା ଏକ ଇନୋଭା କାର ମଧ୍ୟ ୪ ଘଣ୍ଟା ମଧ୍ୟରେ ଉଦ୍ଧାର ହେଲା ଏବଂ ଅପରାଧୀ ମାନେ ବନ୍ଧା ହେଲେ। ଯୋଗୀ ସରକାର ଏବଂ ପୋଲିସ ମହାନିର୍ଦ୍ଦେଶକ ସୁଲଖାନ ସିଂଙ୍କ ଅମଳରେ ପୋଲିସ ବାହିନୀ ଅଧିକ ସକ୍ରିୟ ଓ ସଜାଗ ଅଛି।

ଗର୍ତ୍ତମୁକ୍ତ ରାସ୍ତା

କୃଷକମାନଙ୍କୁ ନିଜର ଉତ୍ପାଦ ମଣ୍ଡିରେ ପହଞ୍ଚେଇବାକୁ, ଛାତ୍ରଛାତ୍ରୀମାନଙ୍କୁ ଠିକ୍ ସମୟରେ ବିଦ୍ୟାଳୟ, ମହାବିଦ୍ୟାଳୟ ଯିବାକୁ, ରୋଗୀମାନଙ୍କୁ ସୁରୁଖୁରୁରେ ଡାକ୍ତରଖାନା ଯିବାକୁ ଏବଂ ସରକାରୀ କର୍ମଚାରୀମାନଙ୍କୁ ଠିକ୍ ସମୟରେ କାର୍ଯ୍ୟାଳୟରେ ପହଞ୍ଚିବାକୁ ଗର୍ତ୍ତମୁକ୍ତ ରାସ୍ତା ସଂଯୋଗ ଏକ ବରଦାନ ସଦୃଶ ଅଟେ। ଗତ ଦୁଇ ଦଶନ୍ଧି ଧରି ରାସ୍ତାରେ ବୁଲି ଲୋକଙ୍କ ସମସ୍ୟା ଶୁଣିବା ଏବଂ ସମାଧାନ କରିବା ଅଭ୍ୟାସ ଥିବାରୁ ରାସ୍ତା ସମସ୍ୟା ବାବଦରେ ମୁଖ୍ୟମନ୍ତ୍ରୀ ଯୋଗୀ ଆଦିତ୍ୟନାଥଙ୍କ ଅପେକ୍ଷା ଆଉ କେହି ଅଧିକା ବୁଝିପାରିନଥାନ୍ତେ। ରାଜ୍ୟର ଉପମୁଖ୍ୟମନ୍ତ୍ରୀ କେଶବ ପ୍ରସାଦ ମୌର୍ଯ୍ୟ ଏବଂ ପବ୍ଲିକ ୱାର୍କ୍ସ ବିଭାଗର ମନ୍ତ୍ରୀଙ୍କୁ ଯୋଗୀଜୀ ଦେଇଥିବା ଦାୟିତ୍ୱ ମଧ୍ୟରୁ ଗର୍ତ୍ତମୁକ୍ତ ରାସ୍ତାର ଦାୟିତ୍ୱ ବଡ ଆହ୍ୱାନପୂର୍ଣ୍ଣ ଥିଲା। ୨୦୧୭ ଜୁନ୍ ୧୫ ସୁଦ୍ଧା ଉତ୍ତରପ୍ରଦେଶର ସବୁ ରାସ୍ତା ଗର୍ତ୍ତମୁକ୍ତ ହେବା ଉଚିତ ବୋଲି ଯୋଗୀଜୀ ୨୫ ମାର୍ଚ୍ଚରେ ସମୟସୀମା ନିର୍ଦ୍ଧାରଣ କଲେ।

ରାସ୍ତାରେ ଯେମିତି ଗୋଟେ ବି ଗର୍ତ୍ତ ନରହିବ ସେଥିପାଇଁ ଆଜତକ ପଞ୍ଚାୟତ କାର୍ଯ୍ୟକ୍ରମରେ ରାହୁଲ କନୱାଲଙ୍କ ସହ ଏକ ଆଲୋଚନାରେ ଯୋଗୀଜୀ ରାହୁଲଙ୍କୁ

ନିଜ ପ୍ରତିନିଧିମାନଙ୍କୁ ଉତ୍ତରପ୍ରଦେଶ ଯାଇ ରାସ୍ତାରେ ଥିବା ଗର୍ତ୍ତର ଚିତ୍ରୋଳନ କରି ଯୋଗୀଙ୍କ କାର୍ଯ୍ୟାଳୟକୁ ପଠାଇବାକୁ କହିଲେ। (୧୫)

କୃଷକମାନଙ୍କ ଋଣ ଛାଡ

୨୦୧୭ ବିଧାନସଭା ନିର୍ବାଚନ ଅଭିଯାନ ସମୟରେ ବିଜେପି ଦଳ ପାଇଁ ପୂର୍ବ ଉତ୍ତରପ୍ରଦେଶ ଅତ୍ୟନ୍ତ ଗୁରୁତ୍ୱପୂର୍ଣ୍ଣ ଥିଲା। ନିର୍ବାଚନର ଷଷ୍ଠ ଚରଣରେ ମତଦାନ ହେବାକୁ ଥିବା ଜିଲ୍ଲା ଗୁଡିକ ମଧ୍ୟରେ ଥିଲେ ମଉ, ମହାରାଜଗଞ୍ଜ, କୁଶୀନଗର, ଗୋରଖପୁର, ଦେଓରିଆ, ଆଜମଗଡ ଏବଂ ବଲିଆ। କେବଳ ଆଜମଗଡରେ ଥିବା ୧୦ଟି ନିର୍ବାଚନ ମଣ୍ଡଳୀରୁ ୨୦୧୨ରେ ସମାଜବାଦୀ ଦଳ ୯ଟି ଜିତିଥିଲା। ଏଥର କିନ୍ତୁ ମୁଲାୟମ ସିଂ ନିଜ ସଂସଦୀୟ କ୍ଷେତ୍ରରେ ଗୋଟିଏ ହେଲେ ସଭା କରିନଥିଲେ। ଷଷ୍ଠ ଅଧ୍ୟାୟରେ ନିର୍ବାଚନ ହେବାକୁ ଥିବା ୪୯ଟି ବିଧାନସଭା ଆସନ ପାଇଁ ପ୍ରଚାର କଲାବେଳେ ୧ ମାର୍ଚ୍ଚରେ ପ୍ରଧାନମନ୍ତ୍ରୀ ଋଣଛାଡ ବ୍ୟତୀତ ସରକାର ସାରା ରାଜ୍ୟରେ ୫୦୦୦ ଗହମ କ୍ରୟ କେନ୍ଦ୍ର ପ୍ରତିଷ୍ଠା କରି ପ୍ରାୟ ଅଶୀ ଲକ୍ଷ ମେଟ୍ରିକ ଟନ୍ ଗ୍ରହମ କିଣିବାରେ ଲକ୍ଷ୍ୟ ଧାର୍ଯ୍ୟ କରିଥିଲା। ଏହା ବ୍ୟତୀତ ନରେନ୍ଦ୍ର ମୋଦୀ ଉତ୍ତରପ୍ରଦେଶର ଦେଓରିଆଠାରେ ଏକ ସଭାକୁ ସମ୍ବୋଧିତ କରିଥିଲେ। ପ୍ରଧାନମନ୍ତ୍ରୀ ମୋଦୀ ଭଲଭାବେ ଜାଣିଥିଲେ ଯେ ଏହି ଗୁରୁତ୍ୱପୂର୍ଣ୍ଣ ଅଞ୍ଚଳରେ ଅଧିକାଂଶ ନିବାସୀ ହେଉଛନ୍ତି କୃଷକ। ଯଦି ବିଜେପି କ୍ଷମତାକୁ ଆସେ ତେବେ ପ୍ରଥମ କ୍ୟାବିନେଟ ବୈଠକର ୧୨୦ ଦିନ ମଧ୍ୟରେ ହିଁ ଆଖୁ ଚାଷୀମାନଙ୍କର ସମସ୍ତ ବାକି ପଇସା ପୈଠ ହେବ ଏବଂ କୃଷକମାନଙ୍କ ଋଣ ଛାଡ ହେବ ବୋଲି ପ୍ରଧାନମନ୍ତ୍ରୀ ଦୃଢତାର ସହ ଘୋଷଣା କଲେ। କୃଷିକର୍ମ ଉପରେ ନିର୍ଭର କରୁଥିବା ବୃହତ୍ତର ଗୋଷ୍ଠୀ ପାଇଁ ଏ ଦୁଇଟି ଅତ୍ୟନ୍ତ ଗୁରୁତ୍ୱପୂର୍ଣ୍ଣ ପ୍ରତିଶ୍ରୁତି ଥିଲା ଏବଂ କଥା ରକ୍ଷା କରି ଉତ୍ତରପ୍ରଦେଶ ସରକାର ୪ ଏପ୍ରିଲରେ ହୋଇଥିବା ପ୍ରଥମ ବୈଠକରେ ହିଁ ୩୬,୩୫୯ କୋଟିର କୃଷିଋଣ ଛାଡ କରିଥିଲେ। ଏ ନିଷ୍ପତ୍ତି ରାଜ୍ୟର ୨.୨ କୋଟି କ୍ଷୁଦ୍ର ଓ ନାମମାତ୍ର ଚାଷୀମାନଙ୍କ ପାଇଁ ଲାଭଜନକ ହୋଇଥିଲା। ବର୍ତ୍ତମାନ ଅନ୍ୟ ରାଜ୍ୟ ସରକାର ଗୁଡିକ ମଧ୍ୟ କୃଷିଋଣ ଛାଡ ପାଇଁ ଚାପରେ ଥିଲେ। ମହାରାଷ୍ଟ୍ରର ତତ୍କାଳୀନ ବିଜେପି- ଶିବସେନା ମେଣ୍ଟ ସରକାରର ଶିବସେନା ମୁଖ୍ୟ ଉଦ୍ଧବ ଥାକରେ ନିର୍ବାଚନ ପ୍ରତିଶ୍ରୁତି ରକ୍ଷା କରିଥିବାରୁ ଯୋଗୀ ଆଦିତ୍ୟନାଥଙ୍କୁ ଖୁବ୍ ଶୀଘ୍ର ଶୁଭେଚ୍ଛା ଜଣାଇଥିଲେ। 'ଦି ଲାଇଭ ମିଂଟ'ର ଜ୍ଞାନ ବର୍ମା ଏବଂ ଅନୁଜାଙ୍କ ଅନୁଯାୟୀ ଉଦ୍ଧବ ଥାକ୍ରେ ମହାରାଷ୍ଟ୍ର ମୁଖ୍ୟମନ୍ତ୍ରୀ ଦେବେନ୍ଦ୍ର ଫଡନାବିସ୍‌ଙ୍କୁ କୃଷିଋଣ ଛାଡ କରିବାକୁ ଅନୁରୋଧ କଲେ। (୧୬)

ଋଣଛାଡ ବ୍ୟତିତ ସରକାର ସାରା ରାଜ୍ୟରେ ୫୦୦୦ ଗହମ କ୍ରୟ କେନ୍ଦ୍ର ପ୍ରତିଷ୍ଠା କରି ପ୍ରାୟ ଅଶୀଲକ୍ଷ ମେଟ୍ରିକ ଟନ୍ ଗହମ କିଣିବାରେ ଯୋଜନା ଲକ୍ଷ୍ୟ ଧାର୍ଯ୍ୟ କରିଥିଲେ। ଏତଦ୍‌ବ୍ୟତୀତ ସରକାର ଆଳୁଚାଷୀମାନଙ୍କ ଠାରୁ କ୍ୱିଣ୍ଟାଲ ପ୍ରତି ୪୮୭ ଟଙ୍କାରେ ଆଳୁ କିଣିବାକୁ ଘୋଷଣା କରିଥିଲେ।

କୃଷି ଋଣ ଛାଡ ନିଷ୍ପତ୍ତି ଉପରେ ମିଶ୍ରିତ ପ୍ରତିକ୍ରିୟା ମିଳିଲା। ଅତୀତରେ ଋଣଛାଡ ଏବଂ ସବ୍‌ସିଡି ଆଦି ସମର୍ଥନ ଦେଉଥିବା ଜୱାହାରଲାଲ ବିଶ୍ୱବିଦ୍ୟାଳୟର ତଥାକଥିତ ବାମପନ୍ଥୀ ବୁଦ୍ଧିଜୀବିମାନେ ଜଣେ ଗେରୁଆ ବସନଧାରୀ ମୁଖ୍ୟମନ୍ତ୍ରୀଙ୍କ ଏ ପ୍ରକାର ପଦକ୍ଷେପ ହଜମ ହେଲାନାହିଁ ଏବଂ ସେମାନେ ନିଜର ସ୍ୱର ବଦଳାଇଲେ, ଜେଏନ୍‌ୟୁରେ ସହଯୋଗୀ ପ୍ରାଧ୍ୟାପକ ଥିବା ହିମାଂଶୁ 'ଦି ପ୍ରିଣ୍ଟ'ର ସମ୍ବାଦଦାତା ମାନଙ୍କୁ କହିଲେ ଯେ କୃଷକ ମାନଙ୍କର ସହାୟତା ଲୋଡା ଏବଂ ଏ ସମୟରେ ଋଣ ଛାଡର ଆବଶ୍ୟକତା ଥିଲା। କିନ୍ତୁ ନିମ୍ନ ଆୟକାରୀ ଚାଷୀମାନଙ୍କ ପାଇଁ ସରକାର ଏକ ଦୀର୍ଘସୂତ୍ରୀ ସମାଧନ ଯୋଜନା ଆଣିବା ଉଚିତ। ମୌଳିକ ପ୍ରଶ୍ନଟି ହେଲା କୃଷକମାନେ ଏତେ ଶୀଘ୍ର ଋଣଯନ୍ତାରେ ପଡୁଛନ୍ତି କାହିଁକି ଏବଂ ଯଦି ସରକାର ଏହାକୁ ଧ୍ୟାନ ନଦିଅନ୍ତି। କୌଣସି ଆଖିଦୃଶିଆ ଆସ୍ୱସ୍ତି ମିଳିବ ନାହିଁ। ବାରମ୍ବାର ଋଣଛାଡ ଏକ ନୈତିକ ବିପର୍ଯ୍ୟୟ ସୃଷ୍ଟି କରିବ ଏବଂ ମହାରାଷ୍ଟ୍ର, ତାମିଲନାଡୁ, କର୍ଣ୍ଣାଟକ ଏବଂ ଆନ୍ଧ୍ରପ୍ରଦେଶ ପରି ରାଜ୍ୟର ଦୁର୍ଦ୍ଦଶାଗ୍ରସ୍ତ ଚାଷୀମାନେ ମଧ୍ୟ ସମାନ ଦାବୀ କରିପାରନ୍ତି।

ଅନ୍ୟ ପକ୍ଷରେ ଉତ୍ତରପ୍ରଦେଶ ସରକାର ନିଜ ପ୍ରଥମ କ୍ୟାବିନେଟ୍ ବୈଠକରେ ଚାଷୀମାନଙ୍କ ଆଶା ଆକାଂକ୍ଷାକୁ ଧୂଳିସାତ୍ କରିଛନ୍ତି ବୋଲି କଂଗ୍ରେସ ମୁଖପାତ୍ର ରଣଦୀପ ସୁରଜୱାଲା କହିଲେ, ମାତ୍ର ୩୬୦୦୦ କୋଟି ଟଙ୍କା ଋଣ ଛାଡ କରି ଯୋଗୀ ସରକାର ଚାଷୀମାନଙ୍କୁ ସମ୍ପୂର୍ଣ୍ଣ ଋଣମୁକ୍ତ କଲେ ନାହିଁ କିମ୍ବା ସେମାନଙ୍କୁ ଯଥେଷ୍ଟ ଆଶ୍ୱାସନା ମିଳିଲା ନାହିଁ ବୋଲି ସୁରଜୱାଲା କହିଲେ।

ଆଖୁଚାଷୀଙ୍କୁ ଦେୟ ପ୍ରଦାନ

ପ୍ରଧାନମନ୍ତ୍ରୀ ମୋଦି ଆଖୁଚାଷୀମାନଙ୍କୁ ଦେଇଥିବା ନିର୍ବାଚନୀ ପ୍ରତିଶ୍ରୁତି ପୂରଣ ପାଇଁ ମଧ୍ୟ ଅନୁରୂପ ତତ୍ପରତା ଦେଖାଦେଲା। ଚାଷୀମାନଙ୍କୁ ବକେୟା ପରିଶୋଧ କରିବାକୁ ଚିନିକଳ ମାଲିକଙ୍କୁ ଏକ ନିର୍ଦ୍ଦିଷ୍ଟ ସମୟସୀମା ଦିଆଗଲା ଏବଂ ଏହାପରେ ଇତିହାସ ସୃଷ୍ଟି ହେଲା। କିଛି ସପ୍ତାହ ମଧ୍ୟରେ ହିଁ ମିଲ ମାଲିକମାନେ ଆଖୁଚାଷୀମାନଙ୍କୁ ୫୦୦୦ କୋଟିରୁ ଅଧିକ ବକେୟା ପରିଶୋଧ କଲେ। ଆଖୁଚାଷୀ ଉନ୍ନୟନ ମନ୍ତ୍ରୀ

ସୁରେଶ ରାଣା [୧୭] ଗର୍ବର ସହ ଟୁଇଟ୍ କଲେ ଯେ ପ୍ରାୟ ୫୬ଟି ଚିନି କଳ ମାଲିକ ଆଖୁଚାଷୀମାନଙ୍କୁ ୫୦୮୦ କୋଟି ଟଙ୍କା ବକେୟା ପରିଶୋଧ କରିଛନ୍ତି। ଯେଉଁ ଚିନିକଳ ମାଲିକମାନେ ସମୟସୀମା ଭିତରେ କାର୍ଯ୍ୟସମାପ୍ତ କଲେ ନାହିଁ, ସେମାନେ ଫଳାଫଳ ଭୋଗିଲେ। ମୁଜାଫରନଗର ଜିଲ୍ଲାରେ ବଜାଜ ହିନ୍ଦୁସ୍ଥାନ ମାଲିକାନାରେ ଥିବା ଏକ ଚିନିକଳ ବିରୋଧରେ ଏତଲା ଦାୟର ହେଲା। ଅତ୍ୟାବଶ୍ୟକ ସାମଗ୍ରୀ ଆଇନ ଅନୁଯାୟୀ ଆଖୁଚାଷୀମାନଙ୍କ ବକେୟା ଧନରାଶିକୁ ଅନ୍ୟବାଗରେ ଖର୍ଚ୍ଚ କରିଥିବାର ଅଭିଯୋଗ ହୋଇ କେଶ୍ ଦାୟର ହେଲା। ଏହି ଚିନିକଳକୁ ସମର୍ଥନ ଦେଇଥିବା ଅକ୍ତିୟାର କରିଥିବା ଲୋକଙ୍କ ବିରୁଦ୍ଧରେ କେସ୍ ଦାୟର ହୋଲ ବୋଲି 'ବିଜିନେସ୍ ଷ୍ଟାଣ୍ଡାର୍ଡ'ର ସମ୍ବାଦଦାତା ବୀରେନ୍ଦ୍ର ସିଂ ରାଓ୍ୱତ କହିଲେ। [୧୮]

ସମସ୍ତଙ୍କ ପାଇଁ ବିଜୁଳି ଯୋଗାଣ

କାର୍ଯ୍ୟଭାର ଗ୍ରହଣ କରିବାର ମାସକ ମଧ୍ୟରେ ଯୋଗୀ ସରକାର ପ୍ରତି ଜିଲ୍ଲା ମୁଖ୍ୟାଳୟରେ ୨୪ ଘଣ୍ଟା ବିଦ୍ୟୁତ ଯୋଗାଣ ତହସିଲ ଓ ବୁନ୍ଦେଲଖଣ୍ଡ ଅଞ୍ଚଳରେ ୨୦ ଘଣ୍ଟା ବିଦ୍ୟୁତ ଯୋଗାଣ ଏବଂ ଗ୍ରାମୀଣ ଅଞ୍ଚଳରେ ୧୮ ଘଣ୍ଟା ବିଦ୍ୟୁତ ଯୋଗାଣ ପାଇଁ କେନ୍ଦ୍ର ସରକାରଙ୍କ ସହ ଏକ ଚୁକ୍ତି ସ୍ୱାକ୍ଷର କଲେ। ୨୦୧୮ ନଭେମ୍ବର ସୁଦ୍ଧା ରାଜ୍ୟର ସବୁ ଘରକୁ ବିଜୁଳି ଯୋଗାଣ ଦେବାକୁ ସରକାର ଘୋଷଣା କଲେ। ଉତ୍ତରପ୍ରଦେଶ ରାଜ୍ୟବାସୀଙ୍କ ପାଇଁ ବିଶେଷ କରି ଖରାଦିନ ପାଇଁ ଏ ଘୋଷଣା ବଡ ଆଶ୍ୱସ୍ତିର ବିଷୟ ଥିଲା। ନିକଟରେ ଇଣ୍ଡିଆ ଟିଭିକୁ [୧୯] ଦେଇଥିବା ଏକ ସାକ୍ଷାତକାରରେ ଯୋଗୀଜୀ କହିଥିଲେ ଯେ ଘୋଷଣା କରାଯାଇଥିବା ପରି ବିଦ୍ୟୁତ ଯୋଗାଣ ପାଇଁ ସରକାର ଯଥେଷ୍ଟ ବିଦ୍ୟୁତ ଶକ୍ତି କ୍ରୟ କରିବାକୁ ସକ୍ଷମ ହୋଇଛନ୍ତି। ବିଦ୍ୟୁତ ଶକ୍ତି ଅପବ୍ୟୟକୁ ରୋକିବା ପାଇଁ ମଧ୍ୟ ସରକାର ପଦକ୍ଷେପ ନେଉଛନ୍ତି ବୋଲି ଯୋଗୀଜୀ କହିଲେ। ପୂର୍ବ ସରକାର ବିଦ୍ୟୁତ ଚୋରୀରେ ଅଭ୍ୟସ୍ତ ଥିଲେ ଏବଂ ସାଧାରଣ ଜନତା ମଧ୍ୟ ସରକାରଙ୍କୁ ଅନୁସରଣ କରୁଥିଲେ ବୋଲି ଯୋଗୀଜୀ କହିଲେ। ଅଖିଲେଶ ସରକାର ସମୟରେ ରାମପୁର, ଆଜମଗଡ, ବଦାୟୁଁ,କନୌଜ ଏବଂ ଇଟାଓ୍ୱା ଆଦି ଜିଲ୍ଲାରେ ପ୍ରାୟ ୮୦ ରୁ ୯୦ ଶତକଡା ବିଦ୍ୟତ ଶକ୍ତି ଚୋରି ହେଉଥିଲା। ବର୍ତ୍ତମାନ ଏ ସବୁ ବନ୍ଦ ହେବ ଏବଂ ୨୦୧୮ ସୁଦ୍ଧା ସମସ୍ତଙ୍କ ପାଇଁ ବିଦ୍ୟୁତ ଯୋଗାଣ ଲକ୍ଷ୍ୟରେ ସେମାନେ ବିଶ୍ୱାସର ସସହ ଆଗେଇ ପାରିବେ ବୋଲି ଯୋଗୀଜୀ କହିଲେ।

ଭ୍ରଷ୍ଟାଚାର ଘଟଣାଗୁଡ଼ିକର ଅନୁସନ୍ଧାନ

ବିଭାଗୀୟ ଉପସ୍ଥାପନା ସମୟରେ ଯୋଗୀ ଏବଂ ତାଙ୍କ ଦଳ ପୂର୍ବତନ ସରକାର ଦ୍ୱାରା ଆରମ୍ଭ ହୋଇଥିବା ଯୋଜନା ଗୁଡ଼ିକରେ କିଛି ଅନିୟମିତତା ଦେଖିଲେ ଏବଂ ମୁଖ୍ୟମନ୍ତ୍ରୀ ତନ୍ମଧ୍ୟରୁ କିଛି ଯୋଜନାର ଅନୁସନ୍ଧାନ ଆଦେଶ ଦେଲେ। ଆଖୁ ଓ ଚିନି ଶିଳ୍ପ ଉନ୍ନୟନ ବିଭାଗର ବିଭାଗୀୟ ସମୀକ୍ଷା ସମୟରେ ସମୀକ୍ଷକମାନେ ଦେଖିବାକୁ ପାଇଲେ ଯେ ପୂର୍ବତନ ମୁଖ୍ୟମନ୍ତ୍ରୀ ମାୟାବତୀଙ୍କ ସମୟରେ ୨୧ଟି ଚିନିକଳ ଶାଗମାଛ ଦରରେ ବିକ୍ରି ହୋଇଛି। ଏ ଘଟଣାରେ ମୁଖ୍ୟମନ୍ତ୍ରୀ ଯୋଗୀ କ୍ରୋଧିତ ହେଲେ ଏବଂ ମିଟିଙ୍ଗ୍‌ରେ କହିଲେ ଯେ ଜନସାଧାରଣଙ୍କ ସମ୍ପତ୍ତିକୁ ଏପରି ଶାଗମାଛ ଦରରେ ବିକ୍ରୟ କରିବାକୁ କାହାକୁ ବି ଅନୁମତି ମିଳିବା କଥା ନୁହେଁ। ସେ ଏହି ଘଟଣାର ସିବିଆଇ ତଦନ୍ତ କରାଇବାକୁ ଆଦୌ ପଛଘୁଞ୍ଚା ଦେବେ ନାହିଁ ଏବଂ ଭାରତର କମ୍ପଟ୍ରୋଲର ଏବଂ ଅଡିଟର ଜେନେରାଲ ମଧ୍ୟ ଏ ଭୀଷଣ ଅନିୟମିତତା ଦିଗରେ ଆଙ୍ଗୁଳି ନିର୍ଦ୍ଦେଶ କରିସାରିଛନ୍ତି। ପୂର୍ବତନ ମୁଖ୍ୟମନ୍ତ୍ରୀ ମାୟାବତୀଙ୍କ ଉପରେ ୧୧୮୦ କୋଟି ଟଙ୍କାର ଘୋଟାଲା ଅଭିଯୋଗ ଆଇଏଏନଏସ୍ [୨୦] ଦ୍ୱାରା କରାଯାଇଥିଲେ ଅଖିଲେଶ ଯାଦବଙ୍କ ନେତୃତ୍ୱାଧୀନ ସମାଜବାଦୀ ସରକାର ଏ ତଦନ୍ତକୁ ଶୀତଳଭଣ୍ଡାରରେ ରଖିଦେଇଥିଲେ। ଅନୁସନ୍ଧାନରେ ଗୁରୁତର ତ୍ରୁଟି ସାମନାକୁ ଆସିବା ସତ୍ତ୍ୱେ ସମାଜବାଦୀ ଦଳ ସରକାର ନିଜ ରାଜନୈତିକ ପ୍ରତିଦ୍ୱନ୍ଦ୍ୱୀ ବହୁଜନ ସମାଜ ପାର୍ଟିର ମୁଖ୍ୟ ପୂର୍ବତନ ମୁଖ୍ୟମନ୍ତ୍ରୀ ମାୟାବତୀଙ୍କର ଚିନିକଳକୁ ଶାଗମାଛ ଦରରେ ବିକ୍ରିକରିବା କାର୍ଯ୍ୟ ବିରୋଧରେ କୌଣସି କାର୍ଯ୍ୟାନୁଷ୍ଠାନ ଗ୍ରହଣ କରିନଥିଲେ। ଚିନିକଳ ଗୁଡ଼ିକ ଉତ୍ତରପ୍ରଦେ ରାଜ୍ୟ ଚିନି ଓ ଆଖୁ ଉନ୍ନୟନ ବିଭାଗ ଅଧୀନରେ ଥିଲା। ତତ୍‌କାଳୀନ ବହୁଜନ ସମାଜ ପାର୍ଟି ସରକାରରେ ଥିବା 'କ୍ଷମତାଶାଳୀ' ମାନଙ୍କୁ ଚିନିକଳ ବିକ୍ରୀ ପାଇଁ ବ୍ୟାପକ ଲାଞ୍ଚ ଦିଆଯାଇଥିଲା ବୋଲି ଅଭିଯୋଗ ହୋଇ ମାମଲା ଦାୟର ହେଲା। ପୂର୍ବତନ ମୁଖ୍ୟମନ୍ତ୍ରୀ ଅଖିଲେଶ ଯାଦବ ଚିନିକଳ ବିକ୍ରିରେ ହୋଇଥିବା ଅନିୟମିତତାକୁ ଅନିୟମିତତା ଅଭିଯୋଗର ତଦନ୍ତ ୨୦୧୨ ନଭେମ୍ବରରେ ଲୋକାୟୁକ୍ତଙ୍କୁ ଦେଇଥିଲେ, କିନ୍ତୁ ଦୀର୍ଘ ଏକବର୍ଷର ତଦନ୍ତ ପରେ ମଧ୍ୟ ନ୍ୟାୟାଧୀଶ ଏନ୍.କେ ମେହେରୋତ୍ରା ଏ ପ୍ରକାର ବେନିୟମ ପାଇଁ କାହାକୁ ଦୋଷୀ ସାବ୍ୟସ୍ତ କରିନଥିଲେ।

ପୂର୍ବରୁ ଅଖିଲେଶ ଯାଦବଙ୍କ ଗୋମତୀ ନଦୀ ପ୍ରକଳ୍ପର ମନ୍ଥର ଗତିକୁ ନେଇ ଯୋଗୀ ଆଦିତ୍ୟନାଥ ନିଜର ଅସନ୍ତୋଷ ବ୍ୟକ୍ତ କରିଥିଲେ। ଇଣ୍ଡିଆ ଟୁଡେର ଦୁଇ ସାମ୍ବାଦିକ ଗଣେଶ କୁମାର [୨୧]ଏବଂ ରାଧା ଉଦୟକୁମାରଙ୍କ ରିପୋର୍ଟ ଅନୁଯାୟୀ ନଦୀରେ ଏକ କାନ୍ଥ ଓ ଭୂନିର୍ମାଣ ଦ୍ୱାରା ନଦୀର ଦୁଇ କୂଳରେ ଅବରୋଧକ

କେନାଲରେ ନିର୍ମାଣ କରି ନଦୀ ଜଳକୁ ବ୍ୟବହାର କରିବାକୁ ଏହି ଯୋଜନା ଆରମ୍ଭ କଲାଯାଇଥିଲା । ରଜତ ଶର୍ମାଙ୍କ [୨୨] ସହ ନିକଟରେ ହୋଇଥିବା ଏକ ସାକ୍ଷାତକାରରେ ଯୋଗୀଜୀ କହିଥିଲେ ଯେ ପ୍ରାଥମିକ ଯୋଜନା ଖର୍ଚ୍ଚ ୧୫୦ କୋଟି ଟଙ୍କା ଥିଲା ବେଳେ ସମ୍ପୂର୍ଣ୍ଣ ଯୋଜନା ଖର୍ଚ୍ଚ ୬୦୦ କୋଟି ଟଙ୍କା ନିର୍ଦ୍ଧାରଣ କରାଯାଇଥିଲା । ମାତ୍ର ଦୁଇବର୍ଷ ବିତିଲା ପରେ ୧୪୨୭ କୋଟି ଟଙ୍କା ବ୍ୟୟରେ ମାତ୍ର ୬୦ ପ୍ରତିଶତ କାମ ସରିଛି । ପ୍ରାରମ୍ଭିକ ଭାବେ ୨୦୧୭ ମେ ସୁଦ୍ଧା ଶେଷ ହେବାକୁ ଥିବା ଏହି ପ୍ରକଳ୍ପ ପାଇଁ ଆହୁରି ୧୫୦୦ କୋଟି ଟଙ୍କା ବ୍ୟୟ ଦାବୀ କରାଯାଇଛି । ଅଧିକନ୍ତୁ ପ୍ରକଳ୍ପର ଉଦ୍ଦେଶ୍ୟ ଦଳ ସଫା କରିବା ଏବଂ ନଦୀରେ ବର୍ଜ୍ୟବସ୍ତୁ ନିଷ୍କାସନ କରୁଥିବା ନାଳଗୁଡିକୁ ଅବରୋଧ କରିବା ଉଚିତ ଥିଲା, ମାତ୍ର ତାହା ହୋଇପାରିଲା ନାହିଁ । ପ୍ରକଳ୍ପର ଅର୍ଥ ମୁଖ୍ୟ ଉଦ୍ଦେଶ୍ୟ ସାଧନ ଦିଗରେ ଖର୍ଚ୍ଚ ହୋଇ ଅଯଥା କୃତ୍ରିମ ଝରଣା ଏବଂ ସାଜସଜ୍ଜା କରିବାରେ ଖର୍ଚ୍ଚ ହୋଇଛି ବୋଲି ଯୋଗୀଜୀ କହିଲେ ।

ଛଅ ସପ୍ତାହ ମୁଖ୍ୟମନ୍ତ୍ରୀ ରୂପେ ଦାୟିତ୍ୱ ନେବା ପରେ ମୁଖ୍ୟମନ୍ତ୍ରୀ ଯୋଗୀଙ୍କ ପ୍ରଥମ ଟିଭି ସାକ୍ଷାତକାର

୬ ମେ ୨୦୧୭ରେ ଆଜତକ୍ ପଞ୍ଚାୟତର ରାହୁଲ କନୱାଲଙ୍କ ଦ୍ୱାରା କରାଯାଇଥିବା ଏକ ଟିଭି ସାକ୍ଷାତକାରରେ ମୁଖ୍ୟମନ୍ତ୍ରୀ ଯୋଗୀ ନିଜ ସରକାରର ଛଅ ସପ୍ତାହର ଅନୁଭୂତି ତଥା ଭବିଷ୍ୟତରେ ହେବାକୁ ଥିବା କାର୍ଯ୍ୟ ଉପରେ ଏକ ସବିଶେଷ ବିବରଣୀ ଦେଲେ ।[୨୩] ଯୋଗୀ ଆଦିତ୍ୟନାଥ ନିଜ କାର୍ଯ୍ୟାଳୟରେ ଛଅ ସପ୍ତାହ କାମ କରିବା ପରେ ଏହି ସାକ୍ଷାତକାର ହୋଇଥିବାରୁ ଏହା ଅତ୍ୟନ୍ତ ଗୁରୁତ୍ୱପୂର୍ଣ୍ଣ ସାକ୍ଷାତକାର ଥିଲା । ଏହି ସାକ୍ଷାତକାର ଯୋଗୀ ସରକାରଙ୍କ କାର୍ଯ୍ୟ ଶୈଳୀ, ଗତି, ଦିଗ, ଦୂରଦୃଷ୍ଟି ଏବଂ ପ୍ରାଥମିକତା ଉପରେ ଏକ ସ୍ପଷ୍ଟ ଧାରଣା ଦେଇଥିଲା । ମୁଁ ମୋ ପାଠକମାନଙ୍କ ପାଇଁ ସାକ୍ଷାତକାରରୁ କିଛି ଗୁରୁତ୍ୱପୂର୍ଣ୍ଣ ଉଦ୍ଧୃତି ଉପସ୍ଥାପନା କରୁଛି ।

ରାହୁଲ କନୱାଲ: ସମଗ୍ର ଦେଶର କୌଣସି ମୁଖ୍ୟମନ୍ତ୍ରୀଙ୍କ ପାଇଁ ଏପରି ଆଗ୍ରହ ନାହିଁ । ମୁଖ୍ୟମନ୍ତ୍ରୀ ହେବା ପରେ ଯୋଗୀ ଆଦିତ୍ୟନାଥ ପ୍ରଥମଥର ପାଇଁ ଏକ ବୃହତ ସାର୍ବଜନିକ ମଞ୍ଚରେ ପ୍ରଶ୍ନର ଉତ୍ତର ଦେବାକୁ ଯାଉଛନ୍ତି । ବାସ୍ତବରେ ଅନେକ ଗୁଡିଏ ପ୍ରଶ୍ନ ଥିଲା । ଯୋଗୀଙ୍କ ମନରେ କ'ଣ ଅଛି ? ଉତ୍ତରପ୍ରଦେଶ କେମିତି ଉତ୍ତମ ପ୍ରଦେଶ ହୋଇପାରିବ ? ଯୋଗୀ ମହାଶୟ ! ଆପଣଙ୍କୁ ଇଣ୍ଡିଆ ଟୁଡେର ୟୁପି ପଞ୍ଚାୟତକୁ ହୃଦୟର ସହ ସ୍ୱାଗତ । ଆପଣଙ୍କ ପୂର୍ବରୁ ଅନେକ ମୁଖ୍ୟମନ୍ତ୍ରୀ ଆସିଛନ୍ତି ଏବଂ ଯାଇଛନ୍ତି ଏବଂ ସମସ୍ତେ ଉତ୍ତରପ୍ରଦେଶକୁ ଉତ୍ତମପ୍ରଦେଶରେ ପରିଣତ କରିବାକୁ ପ୍ରତିଶ୍ରୁତି

ଦେଇଛନ୍ତି। ସମସ୍ତେ ନିଜ ନିଜର ସର୍ବୋତ୍ତମ ପ୍ରଚେଷ୍ଟା ମଧ୍ୟ କରିଛନ୍ତି, କିନ୍ତୁ କେହି ଉତ୍ତମପ୍ରଦେଶ କରିବାରେ ସକ୍ଷମ ହୋଇନାହାନ୍ତି। ଆପଣଙ୍କ ଶାସନ ସମୟରେ ବା ଯୋଗୀଙ୍କ ରାଜତ୍ୱ ବେଳେ ଉତ୍ତରପ୍ରଦେଶ ସତରେ ଉତ୍ତମ ପ୍ରଦେଶ ହୋଇପାରିବ ଏବଂ ଏହା ବିମାରୁ ରାଜ୍ୟର ବଦନାମୀରୁ ବାହାରି ପାରିବ ବୋଲି ଆପଣଙ୍କର କେତେ ବିଶ୍ୱାସ ଅଛି ? (୨୪)

ଯୋଗୀ ଆଦିତ୍ୟନାଥ: ମୋର ପ୍ରିୟ ଭାଇ ଓ ଭଉଣୀମାନେ। ଆମେ ସମସ୍ତେ ଏଠାରେ ଇଣ୍ଡିଆ ଟୁଡେ ଦ୍ୱାରା ଆୟୋଜିତ ପଞ୍ଚାୟତରେ ଉପସ୍ଥିତ ଅଛନ୍ତି। ଆମର ଯଶସ୍ୱୀ ପ୍ରଧାନମନ୍ତ୍ରୀ ଶ୍ରୀ ନରେନ୍ଦ୍ର ମୋଦିଙ୍କ ନେତୃତ୍ୱରେ ଉତ୍ତରପ୍ରଦେଶର ୨୨ କୋଟି ଜନତା ଭାରତୀୟ ଜନତା ପାର୍ଟିକୁ ପ୍ରବଳ ଜନମତ ଦେଇଛନ୍ତି ଏବଂ ଏହି ବିଶାଳକାୟ ଜନମତ ପରେ ପ୍ରଧାନମନ୍ତ୍ରୀ ଶ୍ରୀ ମୋଦି ଏବଂ ବିଜେପିର ରାଷ୍ଟ୍ରୀୟ ଅଧ୍ୟକ୍ଷ ଶ୍ରୀ ଅମିତ ଶାହା ମୋ ଉପରେ ବିଶ୍ୱାସ କରିଛନ୍ତି। ବର୍ତ୍ତମାନ ମୁଁ ଏବଂ ମୋର ସହଯୋଗୀମାନେ କଠିନ ପରିଶ୍ରମ କରି ରାଜ୍ୟର ୨୨ କୋଟି ଲୋକଙ୍କ ବିଶ୍ୱାସକୁ ଠିକ୍ ପ୍ରମାଣିତ କରିବାକୁ ଚେଷ୍ଟା କରିବୁ ଏବଂ ମୁଁ ବିଶ୍ୱାସ କରୁଛି ଗତ ଦେଢମାସ ମଧ୍ୟରେ କିଛି ଫରକ ଦେଖିବାକୁ ମିଳିଛି।

ଆପଣମାନେ ସମସ୍ତେ ଦେଖିଛନ୍ତି ଯେ ଆଗରୁ ଯେତେବେଳେ ନୂଆ ମୁଖ୍ୟମନ୍ତ୍ରୀ ଆସନ୍ତି, ସେମାନେ କିପରି ସମ୍ପୂର୍ଣ୍ଣ ବ୍ୟବସ୍ଥାକୁ ତାସ ଘର ଭୁଷୁଡିଲା ପରି ଭାଙ୍ଗିଦିଅନ୍ତି। ଆମେ କିନ୍ତୁ ଅମଲାତନ୍ତ୍ରରେ ବିଶେଷ କିଛି ପରିବର୍ତ୍ତନ ନ କରି ବିଦ୍ୟମାନ ବ୍ୟବସ୍ଥାରୁ ଯଥା ସମ୍ଭବ କାମ ହାସଲ କରିଛୁ। ଯେଉଁମାନେ ଆମ ଶୃଙ୍ଖଳିତ ବ୍ୟବସ୍ଥା ସହ ନିଜକୁ ଖାପଖୁଆଇ ଚଳିବାକୁ ଅମଙ୍ଗ ହେଲେ ବା ନିଜକୁ ବଦଳେଇବାକୁ ଚେଷ୍ଟା କଲେ ନାହିଁ ଆମେ କେବଳ ସେଇମାନଙ୍କୁ ହିଁ ବ୍ୟବସ୍ଥାରୁ ବାହାର କରିଛୁ। ଆମ ପ୍ରଧାନମନ୍ତ୍ରୀଙ୍କ ମନ୍ତ୍ର ସବ୍‌କା ସାଥ ସବ୍‌କା ବିଶ୍ୱାସ ଦ୍ୱାରା ଆମେ ପରିଚାଳିତ ହେଉଛୁ। ମୁଁ ବିଶ୍ୱାସ କରୁଛି ଯେ ଉତ୍ତରପ୍ରଦେଶରେ ଜଙ୍ଗଲରାଜ ଖୁବ୍ ଶୀଘ୍ର ଶେଷ ହେବ ଏବଂ ଆମେ ଏ ଲକ୍ଷ୍ୟ ହାସଲ ଦିଗରେ ଅଗ୍ରସର ହେବା ଆରମ୍ଭ କରିସାରିଛୁ। କିଛି ଦୁର୍ଭାଗ୍ୟଜନକ ଘଟଣା ଏବେ ମଧ୍ୟ ଘଟୁଛି ବୋଲି ମୁଁ ଜାଣେ, ମାତ୍ର ଏହି ସରକାରର ୧୦୦ ଦିନ ପୂର୍ତ୍ତି ପରେ ମୁଁ ଯେବେ ଗଣମାଧ୍ୟମ ସମ୍ମୁଖକୁ ଆସିବି, ସେତେବେଳେ ଉତ୍ତରପ୍ରଦେଶ ରାସ୍ତାରେ ସମସ୍ତ ମା ଭଉଣୀ, ବ୍ୟବସାୟୀ ଓ ଯୁବକ ଯୁବତୀ ନିଜକୁ ନିରାପଦ ମଣୁଥିବେ।

ଉତ୍ତରପ୍ରଦେଶ ଏବେ ଏକ ଅଭାବୀ ଓ ରୋଗଗ୍ରସ୍ତ ରାଜ୍ୟ ଅଛି। ଉତ୍ତରପ୍ରଦେଶକୁ ଏ ଅବସ୍ଥାରୁ ବାହାର କରିବାକୁ ଆମ ପାଇଁ ଏକ ବଡ ଆହ୍ୱାନ ଏବଂ ଆମେ ଏ ଦିଗରେ କାର୍ଯ୍ୟ କରିବୁ। ଉତ୍ତରପ୍ରଦେଶ ପରି ରାଜ୍ୟରେ ଆଇନଶୃଙ୍ଖଳାକୁ ସଶକ୍ତ କରିବା

ସର୍ବାଧିକ ପ୍ରାଥମିକତା ପାଇବା ଉଚିତ ବୋଲି ମୁଁ ବିଶ୍ୱାସ କରେ ଏବଂ ଏ ଦିଗରେ ଯୋଜନା ପ୍ରସ୍ତୁତ କରୁଛୁ।

ବିଗତ ୧୫ ବର୍ଷ ଧରି ସ୍ଥାନାନ୍ତରଣ ଏବଂ ପୋଷ୍ଟିଂ ଉତ୍ତରପ୍ରଦେଶରେ ଏକ ଶିଳ୍ପର ମାନ୍ୟତା ପାଇଛି। ବର୍ତ୍ତମାନ ଆମ ସରକାର ଦ୍ୱାରା ନିଆଯାଇଥିବା ନୂଆ ସ୍ଥାନାନ୍ତରଣ ଏବଂ ପୋଷ୍ଟିଂ ନୀତି ଦ୍ୱାରା ଆଉ କେହି ଏହାକୁ ଆୟର ମାଧ୍ୟମ କରିପାରିବେ ନାହିଁ। ବର୍ତ୍ତମାନ କୌଣସି ଅଧିକାରୀଙ୍କ ସ୍ଥାନାନ୍ତରଣ ହେଲେ ସଂପୃକ୍ତ ବିଭାଗୀୟ ମନ୍ତ୍ରୀ ତାର କାରଣ ଜାଣିବେ ଏବଂ ମୁଖ୍ୟମନ୍ତ୍ରୀଙ୍କୁ ମଧ୍ୟ ଜଣାଇବେ। କୌଣସି ସ୍ଥାନାନ୍ତରଣ ନିର୍ଦ୍ଦେଶ ପୂର୍ବରୁ ଏହାର କାରଣ ଏବଂ ଲାଭ ବିଷୟରେ ଦୃଷ୍ଟି ଦିଆଯିବ। କଠିନ ପରିଶ୍ରମୀ ବ୍ୟକ୍ତିଙ୍କୁ ମୁଁ ସର୍ବଦା ମୋ ସହଯୋଗୀ ଭାବେ ସ୍ୱାଗତ କରିବି ଏବଂ କାମ କରୁନଥିବା ଲୋକଙ୍କୁ ସେମାନଙ୍କ ଘରେ ଖୁସିରେ ଛାଡି ଆସିବି।

ଉତ୍ତରପ୍ରଦେଶ ପରି ରାଜ୍ୟ ପାଇଁ ଆମକୁ ଆମ ପ୍ରାଥମିକତା ସ୍ଥିର କରିବାକୁ ହେବ। ଆମେ କୃଷକମାନଙ୍କ ପାଇଁ ଯୁବଶକ୍ତି ପାଇଁ, ସାଧାରଣ ଲୋକଙ୍କ ଉନ୍ନତି ଏବଂ ସମସ୍ୟା ସସମାଧାନ ପାଇଁ ଏବଂ ବଡଲୋକୀ ସଂସ୍କୃତି ପାଇଁ କାମ କରିବୁ। ସୁରକ୍ଷା ପ୍ରବନ୍ଧ କାହାରି ସ୍ଥିତିର ପ୍ରତୀକ ହେବା ଉଚିତ ନୁହେଁ ଏବଂ ଅପରାଧୀମାନେ ପ୍ରଶାସନଠାରୁ ଆଦୌ ସୁରକ୍ଷା ପାଇବା ଉଚିତ ନୁହେଁ। ସରକାର କୌଣସି ଅପରାଧୀଙ୍କୁ ସୁରକ୍ଷା ଦେବ ନାହିଁ ଏବଂ କାହାକୁ ଆଇନ ଶୃଙ୍ଖଳା ହାତକୁ ନେବାକୁ ଦିଆଯିବ ନାହିଁ। ମୁଁ ପୁନରାବୃତ୍ତି କରୁଛି ଯେ, ଆମ ସରକାର ଅଧୀନରେ ଥିବା ପୋଲିସ ଜାତି, ଧର୍ମ କିମ୍ବା ଲିଙ୍ଗ ଆଧାରରେ କୌଣସି ପକ୍ଷପାତିତା ଦେଖାଇବ ନାହିଁ।

ଅପାର ପ୍ରାକୃତିକ ସମ୍ପଦ ଏବଂ ଉର୍ବର ଜମି ସତ୍ତ୍ୱେ ଉତ୍ତରପ୍ରଦେଶର କୃଷକମାନେ ବରବାଦ ହୋଇଯାଉଛନ୍ତି। ନିଜର କୃଷି ସମ୍ପଦକୁ ଠିକ୍ ଭାବେ ବିନିଯୋଗ କରିବାକୁ ଉତ୍ତରପ୍ରଦେଶ ବିଫଳ ହୋଇଛି। ବିଷମ ପରିସ୍ଥିତିରେ ଦୁର୍ଭାଗ୍ୟବଶତଃ ଆତ୍ମହତ୍ୟାକୁ ଏକମାତ୍ର ବିକଳ୍ପ ଭାବେ କୃଷକମାନେ ଦେଖୁଛନ୍ତି। ଗତ ପାଞ୍ଚ ବର୍ଷ ମଧ୍ୟରେ ଉତ୍ତରପ୍ରଦେଶ ବିଭିନ୍ନ ସ୍ଥାନରେ କୃଷକମାନେ ଆତ୍ମହତ୍ୟା କରିଛନ୍ତି। କୃଷକମାନଙ୍କୁ ତାତ୍କାଳିକ ଲାଭ ଦେବାକୁ ଆମେ କୃଷି ଋଣ ଛାଡ ପରି ବଡ ପଦକ୍ଷେପ ନେଇଛୁ। ସରକାରଙ୍କ କାର୍ଯ୍ୟ ପ୍ରଚାର ପାଇଁ ନୁହେଁ ଜନସାଧାରଣଙ୍କ ହିତ ପାଇଁ ହେବା ଉଚିତ ବୋଲି ପ୍ରଧାନମନ୍ତ୍ରୀ ନରେନ୍ଦ୍ର ମୋଦି କୁହନ୍ତି। ସେମାନଙ୍କୁ ଫସଲ ପାଇଁ ଉପଯୁକ୍ତ ମୂଲ୍ୟ ପ୍ରଧାନ କରିବାକୁ ନିଷ୍ପତ୍ତି ନେଇ ଆମେ କୃଷକମାନଙ୍କ ସମସ୍ୟାର ଦୀର୍ଘସୂତ୍ରୀ ସମାଧାନ କଥା ଚିନ୍ତା କରିଛୁ। ୨୦୨୨ ସୁଦ୍ଧା କୃଷକମାନଙ୍କ ଆୟ ଦୁଇଗୁଣ କରିବାକୁ ଆମେ ବିଭିନ୍ନ ପଦକ୍ଷେପ ନେଉଛୁ। କୃଷକମାନଙ୍କଠୁ ସିଧାସଳଖ ଶସ୍ୟ କିଣିବାକୁ

ଆମେ ଗତ ଛଅ ସପ୍ତାହ ମଧ୍ୟରେ ୫୦୦୦ ଗହମ କ୍ରୟ କେନ୍ଦ୍ର ପ୍ରତିଷ୍ଠା କରିଛୁ। ଆଜି ଯାଏ କୃଷକମାନେ ସେମାନଙ୍କ ଉତ୍ପାଦିତ ଶସ୍ୟକୁ ପ୍ରତିନିଧିମାନଙ୍କ ମାଧ୍ୟମରେ ବିକ୍ରୟ କରିଥିଲେ ଏବଂ ନିଜ ଉତ୍ପାଦ୍ୟ ଉଚିତ୍ ମୂଲ୍ୟ ପାଉନଥିଲେ। ଯଦି ସେମାନଙ୍କ ଉଚିତ୍ ପ୍ରାପ୍ୟ ୧୪୦୦ ଟଙ୍କା ହେଉଥିଲା, ତେବେ ସେମାନଙ୍କୁ ୧୧୦୦ କିମ୍ବା ୧୨୦୦ ଟଙ୍କା ମିଳୁଥିଲା। ଆମେ ଏବେ କୃଷକମାନଙ୍କ ପ୍ରାପ୍ୟ ସିଧାସଳଖ ସେମାନଙ୍କ ବ୍ୟାଙ୍କ ଖାତାକୁ ପଠେଇବାକୁ ବ୍ୟବସ୍ଥା କରିଛୁ। ଯଦି ଗହମର କ୍ୱିଣ୍ଟାଲ ପ୍ରତି ମୂଲ୍ୟ ୧୬୨୫ ହୁଏ, ତେବେ ସେମାନେ ୧୬୨୫ରୁ କମ୍ ଟଙ୍କା ପାଇବା ଉଚିତ ନୁହେଁ। କୃଷକମାନଙ୍କୁ ଗହମ ଧୋଇବା ପାଇଁ କ୍ୱିଣ୍ଟାଲ ପ୍ରତି ଅଧିକ ଦେବାକୁ ସରକାର ନିର୍ଣ୍ଣୟ ନେଇଛନ୍ତି। ଗତ ବର୍ଷ ପର୍ଯ୍ୟନ୍ତ ସବୁ କ୍ରୟ ସେମାନଙ୍କ ଦ୍ୱାରା ହୋଇଥିଲା କହି ଅନେକ ପ୍ରତିନିଧି ଆମକୁ ଦେଖାକରି କହିଛନ୍ତି। ଆମେ କିନ୍ତୁ ଏ ସବୁକୁ ପ୍ରତ୍ୟାଖ୍ୟାନ କରି କୃଷକମାନଙ୍କୁ ନିଜ ଉତ୍ପାଦକୁ ସିଧାସଳଖ ବିକ୍ରି କରିବାକୁ ୫୦୦୦ କ୍ରୟ କେନ୍ଦ୍ର ଖୋଲିଛୁ ଏବଂ ଏ କାର୍ଯ୍ୟରେ ସଫଳ ହୋଇଛୁ।

ସମୟ ସମୟରେ ଖୋଲା ବଜାର ସରକାରଙ୍କ ଠୁ ଅଧିକ ମୂଲ୍ୟ ଦେଇଥାଏ। ଆମେ କୃଷକମାନଙ୍କ ପାଇଁ ଉଭୟ ସୁବିଧା ପ୍ରଦାନ କରିଛୁ। ଯଦି ମୋନେ ଖୋଲା ବଜାରରେ ଭଲ ଦାମ୍ ପାଉଛନ୍ତି ତେବେ ସେମାନେ ସେଠାରେ ନିଜ ଜିନିଷ ବିକ୍ରି କରିପାରିବେ ଏବଂ ଯଦି ସେମାନଙ୍କ ଜିନିଷ କେହି କିଣୁନାହାନ୍ତି, ତେବେ ସରକାର ସେ ସବୁ କିଣିନେବେ। ପ୍ରଥମଥର ପାଇଁ ଏତେ ବଡ ପରିମାଣରେ ଏପରି ପଦକ୍ଷେପ ନିଆଯାଇଛି ଏବଂ ରାଜ୍ୟରେ ଥିବା ବିଭିନ୍ନ ସରକାରୀ ସ୍ୱୀକୃତିପ୍ରାପ୍ତ କେନ୍ଦ୍ର ମାଧ୍ୟମରେ ଆମେ ଚାରିଗୁଣା ଅଧିକ ଗହମ କ୍ରୟ କରିଛୁ।

ଆମେ ରାଜ୍ୟର ଆଖୁଚାଷୀମାନଙ୍କ ବକେୟା ପ୍ରାପ୍ତିକୁ ସୁଗମ କରିବାକୁ ଏକ ରଣନୀତି କରିଛୁ। ଆମେ ଆଖୁଚାଷୀମାନଙ୍କ ବାକିଥିବା ପ୍ରାୟ ୬୦୦୦ କୋଟି ଟଙ୍କା ପାଉଣା ଦେଇ ସାରିଛୁ। ତଥାପି ଆହୁରି ୪୦୦୦ କୋଟି ପାଉଣା ବାକି ଅଛି। ଆମେ ସଂପୃକ୍ତ ଚିନିକଳ ମାଲିକ ମାନଙ୍କ ସହ କଥାବାର୍ତ୍ତା ଜାରି ରଖିଛୁ ଏବଂ ଆପୋଷ ଆଲୋଚନା ମାଧ୍ୟମରେ ସମସ୍ୟାର ସମାଧାନ କରିବାକୁ ଚେଷ୍ଟା କରୁଛୁ ଏବଂ ଏହା ପରେ ଖିଲାପକାରୀ ଚିନିକଳ ମାଲିକମାନଙ୍କ ବିରୋଧରେ ସରକାର ଦୃଢ କାର୍ଯ୍ୟାନୁଷ୍ଠାନ ଗ୍ରହଣ କରିବେ।

ଉତ୍ତରପ୍ରଦେଶ ରାଜ୍ୟର ଇତିହାସରେ ପ୍ରଥମଥର ପାଇଁ ଆଳୁର ଉଚିତ୍ ମୂଲ୍ୟ ନିର୍ଦ୍ଧାରଣ କରାଯାଇଛି ଏବଂ ଆଜି ଆଳୁଚାଷୀମାନେ ସରକାରୀ ମୂଲ୍ୟଠାରୁ ବେଶୀ ମୂଲ୍ୟରେ ଆଳୁ ବିକ୍ରି କରୁଥିବା ଦେଖୁ ମୁଁ ବହୁତ ଖୁସି ଅଛି। ଆମେ ବନ୍ୟା ଦାଉରୁ

କୃଷକମାନଙ୍କୁ ରକ୍ଷା କରିବାକୁ ରଣନୀତି ସ୍ଥିର କରିଛୁ। ଏସବୁ ଯୋଜନା ବିଷୟରେ ଗତ ୧୫ ବର୍ଷ ଧରି ଉତ୍ତରପ୍ରଦେଶରେ ଆଲୋଚନା ମଧ୍ୟ ହୋଇନଥିଲା।

ବିଦ୍ୟୁତ ଯୋଗାଣରେ ନାହିଁନଥିବା ଅବ୍ୟବସ୍ଥା ରାସ୍ତାଘାଟର ଦୂରାବସ୍ଥା ଏବଂ ବିପର୍ଯ୍ୟସ୍ତ ଆଇନଶୃଙ୍ଖଳା ବ୍ୟବସ୍ଥା ଯୋଗୁ ଉତ୍ତରପ୍ରଦେଶରେ କେହି ନିବେଶ କରିବାକୁ ପ୍ରସ୍ତୁତ ନଥିଲେ। ବିଦ୍ୟୁତ ଯୋଗାଣ ପାଇଁ ଆମେ ତୁରନ୍ତ ପଦକ୍ଷେପ ନେଇଛୁ। ରାଜ୍ୟରେ ୭୫ଟି ଜିଲ୍ଲା ଅଛି ଏବଂ ବିନା ପକ୍ଷପାତରେ ସବୁ ଜିଲ୍ଲାରେ ସମାନ ଭାବେ ବଣ୍ଟନ କରାଯିବ।ବାବାସାହେବ ଭୀମରାଓ ଆମ୍ବେଦକରଙ୍କ ଜୟନ୍ତୀ ଅବସରରେ ଆମେ ପ୍ରତି ଜିଲ୍ଲା ମୁଖ୍ୟାଳୟ ୨୪ ଘଣ୍ଟା ତହସିଲ ଏବଂ ବୁନ୍ଦେଲଖଣ୍ଡ ଅଞ୍ଚଳରେ ୨୦ ଘଣ୍ଟା ଏବଂ ଗ୍ରାମୀଣ ଇଲାକାରେ ୧୮ ଘଣ୍ଟା ନିରବଚ୍ଛିନ୍ନ ବିଦ୍ୟୁତ ଯୋଗାଣର ବ୍ୟବସ୍ଥା କରିଛୁ। ଯଦି ସେମାନଙ୍କ ଅଞ୍ଚଳରେ ବିଦ୍ୟୁତ ଲାଇନ କ୍ଷୟକ୍ଷତିରେ ହ୍ରାସ ଘଟେ ତେବେ ଲୋକଙ୍କ ଅଂଶଗ୍ରହଣ ବଢାଇବାକୁ ଆମେ ସେ ଅଞ୍ଚଳକୁ ୨୪ ଘଣ୍ଟା ବିଦ୍ୟୁତ ଯୋଗାଇ ଉତ୍ସାହିତ କରିବୁ।

ଏକାସାଙ୍ଗରେ ଆମର କିଛି ସଂସ୍ଥା ସଡକ ଭିତ୍ତିଭୂମିରେ ଉନ୍ନତି ଆଣିବା ।ପଇଁ ନିରନ୍ତର କାର୍ଯ୍ୟ କରୁଛନ୍ତି। ଆମେ ନିବେଶକ ମାନଙ୍କ ପାଇଁ ସମ୍ପୂର୍ଣ୍ଣ ନୂଆ ପରିବେଶ ସୃଷ୍ଟି କରୁଛୁ। ନୂଆ ଶିକ୍ଷନୀତି ଉପରେ ମନ୍ତ୍ରୀମାନଙ୍କର ଏକ ଗୋଷ୍ଠୀ କାମ କରୁଛି। ଆଗାମୀ ପାଞ୍ଚ ବର୍ଷ ମଧ୍ୟରେ ଏହି ନିବେଶକମାନେ ରାଜ୍ୟରେ ୭୦ ଲକ୍ଷ କର୍ମନିଯୁକ୍ତିର ସୁଯୋଗ ଗଢିବେ।

ମୁଁ ଆଶ୍ଚର୍ଯ୍ୟ ହେଉଛି ଯେ ପୂର୍ବତନ ଖଣିମନ୍ତ୍ରୀଙ୍କ ସମ୍ପତ୍ତି ରାଜ୍ୟର ଖଣି ବଜେଟ ଠାରୁ ଅଧିକ ଥିଲା। କିନ୍ତୁ ଆମେ ଏ ସବୁ ବର୍ତ୍ତମାନ ବନ୍ଦ କରିଛୁ। ସବୁ ମନ୍ତ୍ରଣାଳୟରେ ଆମେ ଇ-ଟେଣ୍ଡରିଙ୍ଗ ବ୍ୟବସ୍ଥା କରିବାରେ ସକ୍ଷମ ହେଇଛୁ। ଏକ ଲକ୍ଷରୁ ଅଧିକ ସମସ୍ତ ଟେଣ୍ଡର ୧- ଟେଣ୍ଡର ମାଧ୍ୟମରେ କାର୍ଯ୍ୟକାରୀ ହେବା ଜରୁରୀ। ଏଇଠି କହି ରଖେ ଯେ ରାଜ୍ୟରେ ଖନନ ପ୍ରକ୍ରିୟା ସମ୍ଭାବନା ଥିବା ଜିଲ୍ଲାଗୁଡିକ ଦରିଦ୍ର ଅଟନ୍ତି। ତେଣୁ ଏହି ଜିଲ୍ଲା ଗୁଡିକରେ ଉନ୍ନୟନ କାର୍ଯ୍ୟକୁ ତ୍ୱରାନ୍ୱିତ କରିବାକୁ ଆମେ ମାନେ ଜିଲ୍ଲା ଖଣିଜ ପାଣ୍ଠି ଆରମ୍ଭ କରିଛୁ।

ଗତକାଲି ପ୍ରକାଶିତ ସମ୍ବାଦରେ ଆପଣମାନେ ସମସ୍ତେ ଦେଖିଥିବେ ଯେ ଦେଶର ୧୦୦ଟି ସ୍ୱଚ୍ଛ ସହର ମଧ୍ୟରେ ଉତ୍ତରପ୍ରଦେଶର ବାରଣାସୀ ସହର ହିଁ ସ୍ଥାନ ପାଇବାକୁ ସକ୍ଷମ ହୋଇଛି। ଅନ୍ୟପକ୍ଷରେ ଦେଶର ସବୁଠୁ ଅପରିଷ୍କାର ୧୦୦ଟି ସହର ତାଲିକାରେ ଉତ୍ତରପ୍ରଦେଶର ୫୨ଟି ସହର ସ୍ଥାନ ପାଇଛି। ବିସ୍ତୃତ ଆଲୋଚନା ପରେ ମୋ ଦଳ ଏହା ଉପରେ ଏକ ବିସ୍ତୃତ ଯୋଜନା ପ୍ରସ୍ତୁତ କରିଛି। ଆମେ ଜିଲ୍ଲାମାନଙ୍କ ଦାୟିତ୍ୱରେ

ଥିବା ମନ୍ତ୍ରୀଙ୍କୁ ସଂପୃକ୍ତ ଜିଲ୍ଲାମାନଙ୍କ ସ୍ୱଚ୍ଛତାର ବାର୍ତ୍ତା ଦେଇ ଉତ୍ତରପ୍ରଦେଶ ରାଜ୍ୟକୁ ଏବଂ ସ୍ୱଚ୍ଛ ରାଜ୍ୟରେ ପରିଣତ କରିବାକୁ ନିର୍ଦ୍ଦେଶ ଦେଇଛୁ। ମୁଁ ନିଜେ ଲକ୍ଷ୍ନୌର ଚାରୋଟି ସ୍ଥାନ ସଫା କରି ଆସନ୍ତାକାଲିଠାରୁ ଏହି ବିଶାଳ ଅଭିଯାନରେ ଆରମ୍ଭ କରିବି। ଆମେ ୩୧ ଡିସେମ୍ବର ୨୦୧୭ ସୁଦ୍ଧା ରାଜ୍ୟର ୩୦ଟି ଜିଲ୍ଲାକୁ 'ମୁକ୍ତାକାଶ ମଳତ୍ୟାଗ ମୁକ୍ତ' କରିବାକୁ ପ୍ରତିଜ୍ଞାବଦ୍ଧ ହୋଇଛି ଏବଂ ୨୦୧୮ ଅକ୍ଟୋବର ୨ ସୁଦ୍ଧା ଉତ୍ତରପ୍ରଦେଶର ପ୍ରତ୍ୟେକ ଜିଲ୍ଲାକୁ ସର୍ବସାଧାରଣ ଶୌଚାଳୟ ଯୋଗାଇ ଦେବାର ଯୋଜନା ରଖିଛୁ। ମୋର ଦୃଢ ବିଶ୍ୱାସ ଅଛି ଯେ ଆସନ୍ତା ବର୍ଷ ସୁଦ୍ଧା ଦେଶର ୧୦୦ଟି ସ୍ୱଚ୍ଛ ସହର ଭିତରେ ଉତ୍ତରପ୍ରଦେଶର ୫୦ଟି ସହର ତାଲିକାଭୁକ୍ତ ହେଇସାରିଥିବ। ଆମର ଯୋଜନା ଗୁଡିକୁ କାର୍ଯ୍ୟକାରୀ ହେବା ପାଇଁ ଆମ ମନରେ ସକରାତ୍ମକତା ଅଛି ଏବଂ ଏଠାରେ ନକରାତ୍ମକତାର କୌଣସି ସ୍ଥାନ ନାହିଁ। ମୁଁ ମାନନୀୟ ପ୍ରଧାନମନ୍ତ୍ରୀଙ୍କ ସ୍ୱଚ୍ଛ ଭାରତ ଅଭିଯାନରେ ଉତ୍ତରପ୍ରଦେଶକୁ ଶୀର୍ଷ ସ୍ଥାନରେ ରଖିବା ପାଇଁ ବରିଷ୍ଠ ନାଗରିକ ତଥା ବିଭିନ୍ନ ବିଭାଗରେ ସମର୍ଥ ବ୍ୟକ୍ତିମାନଙ୍କ ସାହାଯ୍ୟ ମାଗୁଛି ଏବଂ ବିଶେଷକରି ଗଣମାଧ୍ୟମର ବନ୍ଧୁମାନଙ୍କ ସହଯୋଗ ଚାହୁଁଛି। ଆମେ ଏହି ଆନ୍ଦୋଳନକୁ ପୂର୍ଣ୍ଣ ଉତ୍ସାହରେ ଆଗେଇ ନେବା। କେନ୍ଦ୍ରୀୟ ନଗର ଉନ୍ନୟନ ମନ୍ତ୍ରୀଙ୍କ ମାର୍ଗଦର୍ଶନରେ ଖୁବ୍ ଶୀଘ୍ର ଆମ ପ୍ରତିନିଧିମାନେ ଗୋଆ, ନାଗପୁର ଓ ବେଙ୍ଗାଲୁରୁ ପରିଦର୍ଶନରେ ଯାଇ ସେ ସବୁ ସ୍ଥାନରେ ଥିବା କଠିନ ବର୍ଜ୍ୟବସ୍ତୁ ପରିଚାଳନାର ଦୃଢନୀତିକୁ ଅନୁଧ୍ୟାନ କରିବେ। ଆମେ ବର୍ଜ୍ୟବସ୍ତୁ ସଂଗ୍ରହ କରିବାରେ ସକ୍ଷମ ହେଇଛୁ। ମାତ୍ର ଏହାର ପରିଚାଳନା ସମ୍ବନ୍ଧରେ ଆମର କିଛି ଧାରଣା ନାହିଁ। ଦ୍ୱାର ଦ୍ୱାର ବୁଲି ସଂଗ୍ରହ କରାଯାଇଥିବା ବର୍ଜ୍ୟବସ୍ତୁକୁ କମ୍ପୋଷ୍ଟରେ ପରିଣତ କରିହେବ ଏବଂ ତହିଁରୁ ବିଦ୍ୟୁତ ଶକ୍ତି ମଧ୍ୟ ଉତ୍ପାଦନ କରାଯାଇପାରିବ।

ଦିନେ ମୁଁ ଗୋମତୀ ନଦୀ ସମ୍ମୁଖକୁ ଦେଖିବାକୁ ଯାଇଥିଲି। ଗୋମତୀ ନଦୀ ସଫା ଯୋଜନା ପାଇଁ ୬୦୦ କୋଟି ଟଙ୍କାର ବଜେଟ ଅଟକଳ ହୋଇଥିଲା ଏବଂ ୧୪୦୦ କୋଟି ଟଙ୍କା ଖର୍ଚ୍ଚ ପରେ ମଧ୍ୟ ଏ କାର୍ଯ୍ୟ ସମ୍ପୂର୍ଣ୍ଣ ହୋଇନଥିବା ଦେଖି ମୁଁ ଆଶ୍ଚର୍ଯ୍ୟ ହୋଇଥିଲି। ଯେତେବେ ସଂପୃକ୍ତ ଅଧିକାରୀ ମାନଙ୍କଠାରୁ ମୁଁ ଲକ୍ଷ୍ନୌର ନର୍ଦ୍ଦମା ଏବଂ ଜଳ ନିଷ୍କାସନ ଯୋଜନା ବାବଦରେ ଅନୁସନ୍ଧାନ କଲି, ସେବେ ଦେଖିଲି ଯେ ଅଧିକାରୀମାନେ ଯୋଜନାର ରଣନୀତି ବାବଦରେ କିଛି ଜାଣିନଥିଲେ। ସବୁ ନାଳ ପାଣି ସିଧା ଗୋମତୀ ନଦୀକୁ ଛଡାଯାଉଥିଲା। ମୁଁ ସେମାନଙ୍କୁ କହିଲି ଯେ ଗୋମତୀ ହେଉଛି ଗଙ୍ଗାନଦୀର ଉପନଦୀ ଏବଂ ଜୋନ୍‌ପୁରଠାରେ ଗଙ୍ଗା ସହ ମିଶିଛି ଏବଂ ଏ ନର୍ଦ୍ଦମା ପାଣି ମଧ୍ୟ ଗଙ୍ଗାରେ ମିଶୁଛି। ଏମିତିରେ 'ନମାମି ଗଙ୍ଗା ଯୋଜନା' କିପରି ଫଳବତୀ ହେବ? ସେମାନେ ଏ ପ୍ରଶ୍ନରେ ନିରୁତ୍ତର ରହିଲେ।

ଆମେ ଗୋମତୀ ନଦୀ ପାଇଁ ଏକ ଦୃଢ ଯୋଜନା କରିବାକୁ ଯାଉଛୁ। ଆମେ ବର୍ଜ୍ୟବସ୍ତୁର ଉତ୍ସ ପାଖରେ ଜଳ ନିଷ୍କାସନ ପରିଷ୍କାର ଯୋଜନା ପ୍ରତିଷ୍ଠା କରିବାକୁ ଯାଉଛୁ। ଏହି ଯୋଜନାର ପରିଚାଳନା କରିବା କାଠିକର ହେବ। ଅନେକ ସ୍ଥାନରେ ଏ ଯୋଜନା ତିଆରି ହୋଇଛି। କିନ୍ତୁ ସେମାନେ କାର୍ଯ୍ୟକ୍ଷମ ନୁହଁନ୍ତି। ସେଗୁଡିକ କେବଳ ଲୋକ ଦେଖାଣିଆ ଭାବେ ନିର୍ମାଣ କରାଯାଇଛି। ଏହି ଜଳନିଷ୍କାସନ ପରିଷ୍କାର ଯୋଜନାର ପରିଚାଳନା ପାଇଁ ଆମେ ଏହାର ବୈଷୟିକ ରଣନୀତି ତିଆରି କରି ବର୍ଜ୍ୟବସ୍ତୁରୁ ଶକ୍ତି ଉତ୍ପାଦନ କରିବାକୁ ସ୍ଥିର କରିଛୁ। ୧୫ଟି ଜିଲ୍ଲାର ପ୍ରାୟ ୧୬୮୫ ଗାଁ ଗଙ୍ଗା କୂଳରେ ଅବସ୍ଥିତ। ୨୦୧୭ ମେ ୧୫ ପୂର୍ବରୁ ଏହି ୧୬୮୫ ଗାଁକୁ ଶୌଚାଳୟ ଯୋଗାଇଦେବାକୁ ଆମେ ପ୍ରତିଶ୍ରୁତିବଦ୍ଧ।

ଉତ୍ତରପ୍ରଦେଶକୁ ଏକ ସକ୍ଷମ ଏବଂ ସ୍ୱଚ୍ଛ ଉତ୍ତରପ୍ରଦେଶ ଭାବେ ଗଢିବାକୁ ବିଭିନ୍ନ ଯୋଜନା ଆରମ୍ଭ ହୋଇଛି। ମୁଁ ଏଠାରେ ଆପଣମାନଙ୍କ ସହଯୋଗ ପାଇଁ ଉପସ୍ଥିତ ହେଇଛି ଏବଂ ମୋର ଦୃଢ ବିଶ୍ୱାସ ଅଛି ଯେ ମୋ ସରକାର ଆପଣମାନଙ୍କ ସମସ୍ତ ସହଯୋଗ ପାଇବ। ଧନ୍ୟବାଦ।

ରାହୁଲ: ଯୋଗୀ ଜୀ! ଶୁଣିବାକୁ ମିଳେ ଯେ ମୁଖ୍ୟମନ୍ତ୍ରୀ ହେବା ପରେ ଆପଣ ଭୋର ୩ଟାରୁ ଉଠନ୍ତି ଏବଂ ସକାଳ ୭ଟା ସୁଦ୍ଧା ସଭା ଆରମ୍ଭ କରନ୍ତି। କିଛି ପ୍ରଶାସନିକ ଅଧିକାରୀ ଅଭିଯୋଗ କରନ୍ତି ଯେ ଆପଣ ସକାଳୁ ଖୁବ୍ ଶୀଘ୍ର ସଭା ଆରମ୍ଭ କରନ୍ତି ଏବଂ ରାତି ୧୨ଟା କି ୧ଟା ପର୍ଯ୍ୟନ୍ତ ସଭା ଚାଲେ। ଏହା କେବଳ ନୂଆ ମୁଖ୍ୟମନ୍ତ୍ରୀ ଦାୟିତ୍ୱ ନେବା ପରେ ନୂଆ ଉତ୍ସାହ ନା ଆପଣଙ୍କ ୫ ବର୍ଷର କାର୍ଯ୍ୟକାଳ ସରିବା ଯାଏ ଆପଣ ଏ ଉତ୍ସାହ ଜାରି ରଖିବେ?

ଯୋଗୀ ଆଦିତ୍ୟନାଥ: ଦେଖନ୍ତୁ! ଏହା ମୋର କାର୍ଯ୍ୟଶୈଳୀର ଅଭିନ୍ନ ଅଙ୍ଗ। ମୋ କାମ ଖୁବ୍ ସକାଳୁ ଆରମ୍ଭ ହୁଏ। ଗୋରଖପୁର ଠାରେ ମୋର ଗୋଶାଳା ଏବଂ କୃଷିକ୍ଷେତ୍ର ଅଛି ଏବଂ ମୋତେ ଏ କାର୍ଯ୍ୟରେ ସମୟ ଦେବାକୁ ହୁଏ। ମାତ୍ର ଲକ୍ଷ୍ନୌରେ ମୋର ଏ ସବୁ ନାହିଁ। ଏଠାରେ ମୋର କୌଣସି ମନ୍ଦିର ନାହିଁ। ପୁରା ରାଜ୍ୟକୁ ଏକ ମନ୍ଦିର ପରି ଗଢିବାକୁ ମୋ ପାର୍ଟି ମତେ ଦାୟିତ୍ୱ ଦେଇଛି ଏବଂ ମୁଁ ଏବଂ ମୋର ସହଯୋଗୀମାନେ ନିଜ ନିଜର ସମସ୍ତ ଶକ୍ତି ସାମର୍ଥ୍ୟ ଦେଇ ଏ କାର୍ଯ୍ୟ କରିବୁ।

ରାହୁଲ: ଆପଣ କହିଲେ ଯେ ୧୫ ମେ ପୂର୍ବରୁ ଗଙ୍ଗା କୂଳରେ ଥିବା ସବୁ ଗାଁକୁ ଖୋଲା ମଳତ୍ୟାଗ ମୁକ୍ତ ଅଞ୍ଚଳରେ ପରିବର୍ତ୍ତିତ କରିବେ। ୧୫ ଜୁନ୍ ସୁଦ୍ଧା ସମଗ୍ର ଉତ୍ତରପ୍ରଦେଶ ରାଜ୍ୟର ରାସ୍ତାକୁ ଗର୍ତ୍ତମୁକ୍ତ କରିବାକୁ ମଧ୍ୟ ଆପଣ କହୁଛନ୍ତି। ଉତ୍ତରପ୍ରଦେଶ ନିର୍ବାଚନ ସମୟରେ ଆମେ ସାରା ରାଜ୍ୟରେ ବହୁ ଭ୍ରମଣ କରି ରାସ୍ତା

ସବୁ ଗର୍ତ୍ତମୟ ଦେଖୁଛୁ। ଆପଣ କ'ଣ ଦେଢମାସ ମଧ୍ୟରେ ଏ ସବୁ କରିପାରିବେ?

ଯୋଗୀ ଆଦିତ୍ୟନାଥ: ନିଶ୍ଚିତ ଭାବରେ କରିବି।

ରାହୁଲ: ଆପଣ କେମିତି କରିପାରିବେ?

ଯୋଗୀ ଆଦିତ୍ୟନାଥ: ଆପଣ କେବଳ ଦେଖନ୍ତୁ (ମୁହଁରେ ବିଶ୍ୱାସର ସ୍ମିତ ହାସ୍ୟ ଥିଲା)

ରାହୁଲ: ଯଦି ଗର୍ତ୍ତ ସବୁ ବନ୍ଦ ନହୁଏ ତେବେ ଆଜତକ୍ ଦଳ କ୍ୟାମେରା ଧରି ଯାଞ୍ଚ କରିବାକୁ ଯିବେ ବୋଲି ଆପଣ ମନେରଖନ୍ତୁ।

ଯୋଗୀ ଆଦିତ୍ୟନାଥ: ଆପଣ ନିଶ୍ଚୟ ଯିବା ଉଚିତ। ମୁଁ ଚାହୁଁଛି ଯେତେ ଶୀଘ୍ର ଆପଣ କ୍ୟାମେରା ଅଭିଯାନ ଆରମ୍ଭ କରିବେ, ସେତେ ଗଣ ସଚେତନତା ବଢ଼ିବ। ଆମେ ଚାହୁଁଛୁ ଜନସାଧାରଣ ଓ ଗଣ ମାଧ୍ୟମ ଆଗେଇ ଆସି ଉତ୍ତରପ୍ରଦେଶ ଉନ୍ନୟନରେ ଭାଗିଦାରୀ ରୁହନ୍ତୁ। ମୁଁ ନିଜେ ସବୁଆଡେ ଯାଇପାରିବି ନାହିଁ। ମୋର ଦୁଇ ଉପମୁଖ୍ୟମନ୍ତ୍ରୀ, ମନ୍ତ୍ରୀ ଓ ବିଧାୟକ ମତେ ମଧ୍ୟ ସବୁ ରାସ୍ତାର ଯାଞ୍ଚ କରିପାରିବେ ନାହିଁ। ମୁଁ ପ୍ରତିଦିନ ବିଭିନ୍ନ ମାଧ୍ୟମରୁ ଖବର ସଂଗ୍ରହ କରେ ଏବଂ ସଂଧ୍ୟାରେ ସଂପୃକ୍ତ ବିଭାଗଗୁଡିକରୁ ତାଜା ଖବର ପଚାରି ବୁଝେ। ଗଣମାଧ୍ୟମ ଦ୍ୱାରା ପରିବେଷିତ କୌଣସି ଗମ୍ଭୀର ବିଷୟ ଉପରେ ଆମେ ତତ୍‌କ୍ଷଣାତ କାମ ଆରମ୍ଭ କରୁ। କୌଣସି ସ୍ଥାନରେ କାମରେ ଖିଲାପ ବା ଯେକୌଣସି ଅବହେଳା ବାବଦରେ ଗଣମାଧ୍ୟମରୁ ସମ୍ବାଦ ପାଇଲେ ମୁଁ ଖୁସି ହେବି ଏବଂ ତତ୍‌କ୍ଷଣାତ ସେ କାର୍ଯ୍ୟ ପୂରଣ କରିବାକୁ ଚାହିଁବି।

ରାହୁଲ: ଯୋଗୀଜୀ! ଆପଣଙ୍କ ନିଜ ଘର ଅଞ୍ଚଳ ଗୋରଖପୁରରେ ଲୋକମାନେ ଆପଣଙ୍କୁ ଖୁବ୍ ଶ୍ରଦ୍ଧା କରୁଥିବାରୁ ଶତପ୍ରତିଶତ ନମ୍ବର ଦେଉଛନ୍ତି। ଏବେ କିନ୍ତୁ ଆଣ୍ଟି ରୋମିଓ ସ୍କ୍ୱାଡ ପରି ଅନେକ ଭିନ୍ନ ପ୍ରସଙ୍ଗ ଆସିଯାଉଛି। ଯଦିଓ ମୁଁ ବୁଝୁଛି ଆଣ୍ଟି ରୋମିଓ ସ୍କ୍ୱାର୍ଡ ନାଁରେ ପତି-ପତ୍ନୀ, ପ୍ରେମିକ- ପ୍ରେମିକା ଏବଂ ଭାଇ-ଭଉଣୀଙ୍କୁ ଏକାଠି ଦେଖି ମଧ୍ୟ ଦଣ୍ଡ ଦେଉଛି। ତେଣୁ ଆପଣ ଏହାକୁ କିପରି ବନ୍ଦ କରିବେ।

ଯୋଗୀ ଆଦିତ୍ୟନାଥ: ଦେଖନ୍ତୁ! ଉତ୍ତରପ୍ରଦେଶ ପରି ରାଜ୍ୟରେ ଆଣ୍ଟି ରୋମିଓ ସ୍କ୍ୱାର୍ଡର ଆବଶ୍ୟକତା ଅଛି ଏବଂ ଭବିଷ୍ୟତରେ ମଧ୍ୟ ଏହା ବଜାୟ ରହିବ। ଆମେ ସ୍ପଷ୍ଟ ମାର୍ଗଦର୍ଶିକା ଅନୁସାରେ ଆଣ୍ଟିରୋମିଓ ସ୍କ୍ୱାର୍ଡ ଗଢ଼ିଛୁ। ମୁଁ ସ୍ପଷ୍ଟ ନିର୍ଦ୍ଦେଶ ଦେଇଛି ଯେ ଆଣ୍ଟି ରୋମିଓ ସ୍କ୍ୱାର୍ଡ କେବଳ ରାସ୍ତା କଡ ରୋମିଓଙ୍କ ଉପରେ କାର୍ଯ୍ୟାନୁଷ୍ଠାନ ନେବ ଏବଂ ସହମତିରେ ଚାଲୁଥିବା ବା ବସିଥିବା ବନ୍ଧୁମାନଙ୍କୁ ଆଦୌ ବିଚଳିତ କରିବ ନାହିଁ।

ରୋମିଓ ସ୍କ୍ୱାର୍ଡର କାର୍ଯ୍ୟ କରିବା ଶୈଳୀ ନିମ୍ନ ମତେ ଅଟେ। ଆମର ମହିଳା

ପୋଲିସ ମହିଳା କଲେଜ ଏବଂ ଅନ୍ୟାନ୍ୟ ସର୍ବସାଧାରଣ ସ୍ଥାନ ନିକଟରେ ପରିସ୍ଥିତି ଅନୁଧ୍ୟାନ କରିବେ ଏବଂ ପାଖାପାଖି ଅନ୍ୟ ପୋଲିସ ମଧ୍ୟ ଉପଲବ୍ଧ ଥିବେ। ଯଦି କୌଣସି ପୁଅ କୌଣସି ଝିଅକୁ ବିଚଳିତ କିମ୍ବା ହଇରାଣ ହରକତ କରନ୍ତି ତେବେ ଆଣ୍ଟି ରୋମିଓ ସ୍କ୍ୱାର୍ଡ କାର୍ଯ୍ୟାନୁଷ୍ଠାନ ନେବ। ଦେଖନ୍ତୁ, ଆମେ ପୂରା ଉତ୍ତରପ୍ରଦେଶରେ ଏପରି ୧୫୦୦୦ ଘଟଣା ଦେଖିଛୁ ଏବଂ ଏଥିମଧ୍ୟରୁ ୧୪୦୦୦ ପିଲାଙ୍କୁ ସେମାନଙ୍କ ଗାର୍ଜିନମାନଙ୍କୁ ହସ୍ତାନ୍ତର କରାଯାଇଛି। ୫୦୦ ପିଲାଙ୍କୁ ସତର୍କ କରି ଛାଡି ଦିଆଯାଇଛି ଏବଂ କେବଳ ୫୦୦ ଜଣଙ୍କ ଉପରେ କଡା କାର୍ଯ୍ୟାନୁଷ୍ଠାନ ନିଆଯାଇଛି।

ନିର୍ବାଚନ ପ୍ରଚାର ଅଭିଯାନ ସମୟରେ ଆମେ ଏ ପ୍ରସଙ୍ଗରେ ଗୁରୁତ୍ୱ ଅନୁଭବ କରିଥିଲୁ। ଆମେ ଯେତେବେଳେ ବିଭିନ୍ନ ସ୍ଥାନକୁ ଯାଇ ଲୋକମାନଙ୍କୁ ଭେଟୁଥିଲୁ। ଝିଅମାନେ ସ୍କୁଲ, କଲେଜ ଯିବା ବାଟରେ ପୁରୁଷମାନଙ୍କ ଦ୍ୱାରା ହଇରାଣ ହରକତ ହେଉଥିବା ବିପଦ ବାବଦରେ ଅଭିଯୋଗ କରୁଥିଲେ। ସେଇଠୁ ହିଁ ଆଣ୍ଟି ରୋମିଓ ସ୍କ୍ୱାର୍ଡର ଧାରଣା ଘାରିଲା। ପୋଲିସ ହୁଏତ ଅଳ୍ପ କିଛି ଭୁଲ୍ କରିଥିବ ଏବଂ ଆଣ୍ଟିରୋମିଓ ସ୍କ୍ୱାର୍ଡର ନିୟମ ବାହାରକୁ ଯାଇ ମାତ୍ରାଧିକ କାର୍ଯ୍ୟାନୁଷ୍ଠାନ ନେଇଥିବା ପୋଲିସଙ୍କ ବିରୋଧରେ ସେମାନଙ୍କ ବରିଷ୍ଠ ଅଧିକାରୀ ମଧ୍ୟ କଡା ପଦକ୍ଷେପ ନେଇଛନ୍ତି।

ରାହୁଲ: ଅନେକ ଲୋକ ଫେସବୁକ୍ ଓ ଟୁଇଟର ମାଧ୍ୟମରେ ଆପଣଙ୍କୁ ପ୍ରଶ୍ନ ପଚାରିଛନ୍ତି। ଶବା ମୁସ୍ତାଫା ପଚାରିଛନ୍ତି ଯେ ଉତ୍ତରପ୍ରରଦେଶରେ ବିଶେଷ କରି ଏନ୍‌ସିଆର ଅଞ୍ଚଳରେ ବିଲ୍ଡରମାନେ ସାଧାରଣ ଲୋକଙ୍କୁ ଲକ୍ଷ ଲକ୍ଷ ଟଙ୍କା ନେଇଛନ୍ତି ଏବଂ ପ୍ରତିବଦଳରେ ସେମାନଙ୍କ ପ୍ରତିଶ୍ରୁତି ରକ୍ଷା କରୁନାହାଁନ୍ତି। ଯୋଗୀ ଆଦିତ୍ୟନାଥ ଏମାନଙ୍କ ବିରୋଧରେ କି କାର୍ଯ୍ୟାନୁଷ୍ଠାନ ନେବେ ?

ଯୋଗୀ ଆଦିତ୍ୟନାଥ: ଉତ୍ତରପ୍ରଦେଶରେ ରିଅଲ ଇଷ୍ଟେଟ୍ ଅଧିନିୟମ ପ୍ରଣୟନ ହୋଇସାରିଛି ଏବଂ ୧ ମେ ଠାରୁ ଏହା କାର୍ଯ୍ୟକାରୀ ହେବ। ଆମେ ଏଥିପାଇଁ ଜଣେ ଅଧିକାରୀଙ୍କୁ ନିଯୁକ୍ତ କରିଛୁ ଏବଂ ଖୁବ୍ ଶୀଘ୍ର ଆମେ ନିୟମାବଳୀ ଘୋଷଣା କରିବୁ। ନୋଇଡା ଏବଂ ଗ୍ରେଟର ନୋଇଡାର କ୍ରେତାମାନେ ମୋତେ ଆସି ଭେଟି ନିଜ ସମସ୍ୟା ବାବଦରେ କହିଛନ୍ତି ଏବଂ ମୁଁ ମୋ ଅଧିକାରୀମାନଙ୍କୁ ଏ ସମ୍ବନ୍ଧରେ ରିଅଲ ଇଷ୍ଟେଟ କମ୍ପାନୀ ଗୁଡିକ ସହ ଆଲୋଚନା କରିବାକୁ କହିଛି। କମ୍ପାନୀ ଗୁଡିକ ଚୁକ୍ତିନାମା ଏବଂ ପ୍ରତିଜ୍ଞା କରିଥିବା ତାରିଖଗୁଡିକ ଅନୁଯାୟୀ କାମ କରିବା ଉଚିତ୍ ଏବଂ ଯଦି କମ୍ପାନୀଗୁଡିକର କୌଣସି ପ୍ରଶାସନିକ ସମସ୍ୟା ଥାଏ, ସେମାନେ ସରକାରଙ୍କ ସହ କଥା ହୋଇପାରିବେ। ଯଦି ସେମାନେ ଏକଥା ପାଳନ ନ କରିବେ, ତେବେ ସରକାର ସେମାନଙ୍କ ବିରୋଧରେ କାର୍ଯ୍ୟାନୁଷ୍ଠାନ ନେବେ।

ରାହୁଲ: (ଏକ କ୍ଷେତ୍ରୀୟ ପ୍ରଶ୍ନ ଆଧାରରେ) ଏହା ଏକ ପ୍ରସାଙ୍ଗିକ ପ୍ରଶ୍ନ- ଆପଣ ପୋଲିସ ଫୋର୍ସକୁ ଭ୍ରଷ୍ଟାଚାର ବନ୍ଦ କରି ସମୟ ସୀମାରେ କାର୍ଯ୍ୟ କରିବାକୁ କହୁଛନ୍ତି। ମାତ୍ର ଭ୍ରଷ୍ଟାଚାରୀ ଓ ପ୍ରଭାବହୀନ ଭାବେ ସେମାନଙ୍କର ଦୀର୍ଘଦିନର ସୁନାମ ରହିଛି। ଆପଣ କ'ଣ ଭାବୁଛନ୍ତି ଯେ ଆପଣ ଏ ସବୁ ବନ୍ଦ କରିବାକୁ କହିଦେଲେ ବୋଲି ସେମାନେ ଏହା ବନ୍ଦ କରିଦେବେ ?

ଯୋଗୀ ଆଦିତ୍ୟନାଥ: ପରିବର୍ତ୍ତନ ହେବ ଏବଂ ମୁଁ ଦୃଢ଼ ନିଶ୍ଚିତ ଯେ ବାସ୍ତବରେ ପରିବର୍ତ୍ତନ ଦେଖାଦେଲାଣି। ମୁଁ ଭାବୁଛି ଯେ ପରିବର୍ତ୍ତନକୁ ଦେଖିବା ପରିବର୍ତ୍ତେ ଜଣେ ଏହାକୁ ଅନୁଭବ କରିବା ଉଚିତ। ଏତଦ୍ ବ୍ୟତିତ ଉତ୍ତରପ୍ରଦେଶ ପୋଲିସରେ ବହୁ ଅଧିକ ପୋଲିସ କର୍ମୀ ନିଯୁକ୍ତିର ଆବଶ୍ୟକତା ଅଛି। ମାନ୍ୟବର ସର୍ବୋଚ୍ଚ ନ୍ୟାୟାଳୟ ଏ ଚୟନ ପ୍ରକ୍ରିୟାକୁ ସ୍ଥଗିତ ରଖିଛନ୍ତି। ଆମେ ସର୍ବୋଚ୍ଚ ନ୍ୟାୟାଳୟରେ ଏକ ନୂଆ ଅର୍ଜି ଦେଇଛୁ ଏବଂ ମାନ୍ୟବର ନ୍ୟାୟାଳୟ ଏ ମାମଲାରେ ଆଦେଶ ଦେଲା ପରେ ଆମେ ସମ୍ପୂର୍ଣ୍ଣ ସ୍ୱଚ୍ଛ ପ୍ରକ୍ରିୟାରେ ଉତ୍ତରପ୍ରଦେଶରେ ୧୩୦,୦୦୦ ପୋଲିସ କର୍ମୀଙ୍କୁ ନିଯୁକ୍ତି ଦେବୁ। ଏହି ନୂଆ ପୋଲିସ ଅଧିକାରୀମାନେ ଖୁବ୍ ଶୀଘ୍ର କାର୍ଯ୍ୟରେ ଯୋଗ ଦେବେ ଏବଂ ରାଜ୍ୟର ଆଇନ ଶୃଙ୍ଖଳା ପରିସ୍ଥିତି ଦୃଢ଼ କରିବାରେ ସହାୟକ ହେବେ। ଏ ପ୍ରକ୍ରିୟାକୁ ଆଗେଇ ନେବାକୁ ମାନ୍ୟବର ନ୍ୟାୟପାଳିକା ଆମକୁ ସହାୟତା ଦେଉଥିବାରୁ ମୁଁ ବହୁତ ଖୁସି ଅଛି। ପୂର୍ବତନ ସରକାରଙ୍କ କାର୍ଯ୍ୟଶୈଳୀ ଉପରେ ସନ୍ଦେହ ଥିବାରୁ ସର୍ବୋଚ୍ଚ ନ୍ୟାୟାଳୟ ନିଯୁକ୍ତି ପ୍ରକ୍ରିୟାକୁ ପୁନଃ ପ୍ରଚଳନ କରିବାର ସ୍ୱୀକୃତି ଦେଇନଥିଲେ। ବର୍ତ୍ତମାନ କିନ୍ତୁ ନ୍ୟାୟାଳୟ ରାଜି ହେଲେଣି। ପ୍ରାଥମିକ ସ୍ତରରେ ଆମେ ୩୦,୦୦୦ ପୋଲିସ କନେଷ୍ଟବଲ ଏବଂ ସବ୍ ଇନିସପେକ୍ଟର ନିଯୁକ୍ତି ଦେବାକୁ ଯାଉଛୁ।

ରାହୁଲ: ପରବର୍ତ୍ତୀ ପ୍ରଶ୍ନ ଫେସ୍‌ବୁକ ମାଧ୍ୟମରେ ଆସିଛି। ମନୀଷ କୁମାର ପଚାରିଛନ୍ତି ଯେ ଆଜିକାଲି ବାବା ରାମଦେବ ବ୍ୟବସାୟରେ ସଫଳ ହେଲା ବେଳେ ଆପଣ ରାଜନୀତିରେ ସଫଳ ହୋଇଛନ୍ତି। ତାହେଲେ ଏବେ କ'ଣ ସେଇ ସମୟ ଆସିଯାଇଛି, ଯେବେ ଲୋକେ ବିଶ୍ୱାସ କରିବେ ଯେ ଯଦି ସେମାନେ ନିଜ ପିଲାମାନଙ୍କୁ ସଫଳ ଦେଖିବାକୁ ଚାହାଁନ୍ତି, ତେବେ ପିଲାମାନଙ୍କୁ ଯୋଗୀ କରିଦେବା ଉଚିତ।

ଯୋଗୀ ଆଦିତ୍ୟନାଥ: ଏହା ଏକ ଉତ୍ତମ ପ୍ରଶ୍ନ। ବାସ୍ତବିକ ଏ ଦେଶରେ ଯୋଗୀ ଓ ସନ୍ଥ ପରାପରା ଦ୍ରୁତଗତିରେ ହ୍ରାସ ପାଉଥିବା ଦେଖି ମୁଁ ନିଜେ ଅତ୍ୟଧିକ ଚିନ୍ତିତ। ତେଣୁ ଯଦି ପ୍ରତ୍ୟେକ ପରିବାରରୁ ଜଣେ ଆମ ସହ ଯୋଗୀ ଆସିବେ ଆମେ ସବୁ ଶୂନ୍ୟସ୍ଥାନ ପୂରଣ କରିପାରିବୁ। ଏ ସମ୍ପର୍କରେ ଆମ ନିକଟରେ ଅନେକ ଉଦାହରଣ

ଅଛି। ଦେଶର ଉନ୍ନତି ଓ ପ୍ରଗତି ପାଇଁ ଜଣେ ଯୋଗୀ ଭାବେ ଅକ୍ଳାନ୍ତ ପରିଶ୍ରମ କରୁଥିବା ଶ୍ରୀ ନରେନ୍ଦ୍ର ମୋଦିଙ୍କୁ ଆମେ ପ୍ରଧାନମନ୍ତ୍ରୀ ରୂପେ ପାଇଛୁ। ସନ୍ଥ ଜୀବନକୁ ଦେଖିବାର ଦୃଷ୍ଟିଭଙ୍ଗୀକୁ ବାବା ରାମଦେବ ପରିବର୍ତ୍ତନ କରିଦେଇଛନ୍ତି। ସନ୍ନ୍ୟାସମାନେ ଭିକ୍ଷାବୃତ୍ତି କରିବା ନୁହେଁ। ଏହା ଆତ୍ମବିଶ୍ୱାସ ସହ ଆତ୍ମନିର୍ଭରତାର ବିଷୟ ଏବଂ ବାବା ରାମଦେବ ତାଙ୍କ କାର୍ଯ୍ୟ ମାଧ୍ୟମରେ ସମାନ ପାଇଁ ଏକ ଉତ୍ତମ ଉଦାହରଣ ସୃଷ୍ଟି କରିଛନ୍ତି। ମୋ ଦଳ ମତେ ଉତ୍ତରପ୍ରଦେଶର ନେତୃତ୍ୱ ନେବାକୁ ସୁଯୋଗ ଦେଇଛି ଉତ୍ତରପ୍ରଦେଶର ଉନ୍ନତି ପାଇଁ ଯାହା ସମ୍ଭବ ଆମେ କରିବୁ।

ରାହୁଲ: ଆପଣ ମୁଖ୍ୟମନ୍ତ୍ରୀ ହେବା ପରେ ପ୍ରଥମଥର ପାଇଁ ଆମେ ଆପଣଙ୍କ ସାକ୍ଷାତକାର ନେଉଛୁ। ଏହା ପୂର୍ବରୁ 'ସିଧି ବାତ୍' ପାଇଁ ମୁଁ ଦୁଇଥର ଆପଣଙ୍କ ସାକ୍ଷାତକାର ନେଇସାରିଛି। ସେ 'ସିଧି ବାତ୍' ସମୟର ଯୋଗୀ ଏବଂ ଆଜିକାର ଯୋଗୀ ଆଦିତ୍ୟନାଥ ଦୁଇଜଣ ସମ୍ପୂର୍ଣ୍ଣ ଭିନ୍ନ ମଣିଷ। ସେ ଯୋଗୀ ଅତ୍ୟନ୍ତ ଆକ୍ରମଣାତ୍ମକ ଥିଲେ, କିନ୍ତୁ ବର୍ତ୍ତମାନ ଆପଣ ଆରାମରେ ବସି ହସୁଛନ୍ତି। ଯୋଗୀ ଜୀ! ଆପଣ ବହୁତ ବଦଳିଗଲା ପରି ଲାଗୁଛନ୍ତି।

ଯୋଗୀ ଆଦିତ୍ୟନାଥ: ଦେଖନ୍ତୁ, ମୁଁ ଆଦୌ ବଦଳି ନାହିଁ। ମୁଁ ପୂର୍ବବତ୍ ଅଛି। ପୂର୍ବରୁ ମୁଁ କେବଳ ଗୋରଖପୁର ବାବଦରେ ଭାବୁଥିଲି, ମାତ୍ର ବର୍ତ୍ତମାନ ସମ୍ପୂର୍ଣ୍ଣ ଉତ୍ତରପ୍ରଦେଶର କଥା ଭାବୁଛି। ଦଳ ଦ୍ୱାରା ମୋତେ ଦିଆଯାଇଥିବା ଦାୟିତ୍ୱ ଅନୁଯାୟୀ ମୁଁ ସହଜ ଭାବେ କାମକରୁଛି। ବେଳେବେଳେ ଆକ୍ରମଣାତ୍ମକ ହେବାକୁ ହୁଏ ଓ ବେଳେବେଳେ ଏହାର ଆବଶ୍ୟକତା ନଥାଏ। ଆମେ ଅପରାଧୀମାନଙ୍କ ପାଇଁ କଠୋର ହେଇଛୁ। ଆକ୍ରମଣାତ୍ମକ ହେବା ବିନା ଏହା ସମ୍ଭବ ହୋଇଥାନ୍ତା ବୋଲି ଆପଣ ଭାବୁଛନ୍ତି କି? ଅଳ୍ପ କିଛି ଲୋକଙ୍କୁ ଆଣ୍ଟି ରୋମିଓ ସ୍କ୍ୱାର୍ଡ ଏବଂ ବେଆଇନ କଂସେଇଖାନା ବନ୍ଦ ଧାରଣା ପସନ୍ଦ ନଥିଲା। ଆମେ କିନ୍ତୁ ଲୋକଙ୍କ ମଙ୍ଗଳ ପାଇଁ ଏ କାର୍ଯ୍ୟ ଦୃଢ ଭାବେ କଲୁ ଏବଂ ଆକ୍ରମଣାତ୍ମକ ନହୋଇ ଏହା ସମ୍ଭବ ହୋଇନଥାନ୍ତା।

ରାହୁଲ: ନିର୍ବାଚନ ପ୍ରଚାର ଅଭିଯାନ ସମୟରେ ଆପଣ ଦଳର ଅନ୍ୟତମ ଲୋକପ୍ରିୟ ନେତା ଥିଲେ। ତେବେ ଆପଣ କ'ଣ ଭାବୁଥିଲେ କି ଯଦି ଦଳ ଜିତେ ତେବେ ଆପଣ ମୁଖ୍ୟମନ୍ତ୍ରୀ ହେବାକୁ ଯୋଗ୍ୟ ପ୍ରାର୍ଥୀ ହେବେ?

ଯୋଗୀ ଆଦିତ୍ୟନାଥ: ମୁଁ ଆଦୌ ଏ କଥା ଭାବିନଥିଲି କିମ୍ବା ମୋର ଏହିପରି ପଦବୀ ପାଇଁ କୌଣସି ଆଶା ଆକାଂକ୍ଷା ନଥିଲା। ନିର୍ବାଚନ ସମୟରେ ଆମ ରାଷ୍ଟ୍ରୀୟ ଅଧ୍ୟକ୍ଷ ଆମକୁ ବହୁବିଧ ଦାୟିତ୍ୱ ଦେଇଥିଲେ। ବିଭିନ୍ନ ଅଞ୍ଚଳରେ ଏବଂ ବିଭିନ୍ନ ପରିସ୍ଥିତିରେ କେମିତି କାମ କରିବାକୁ ହେବ ସେ ବିଷୟରେ ରାଷ୍ଟ୍ରୀୟ ଅଧ୍ୟକ୍ଷ ଆମକୁ

ମାର୍ଗଦର୍ଶନ ଦେଉଥିଲେ। ବିଧାନସଭା ନିର୍ବାଚନ ସମୟରେ ଆମେ ଉତ୍ତରପ୍ରଦେଶ ଓ ଅନ୍ୟ ରାଜ୍ୟର ବିଭିନ୍ନ ଅଞ୍ଚଳରେ କାମ କରିଛୁ। ଗତ ତିନିମାସ ଧରି ଏ ସବୁ ଅତ୍ୟନ୍ତ ବ୍ୟସ୍ତବହୁଳ ଥିଲା ଏବଂ ମୁଁ ସପ୍ତାହେ ପାଇଁ ବିରତି ନେବାକୁ ଚାହୁଁଥିଲି। ସୌଭାଗ୍ୟକୁ ମତେ ଏକ ସମୟୋପଯୋଗୀ ସୁଯୋଗ ମଧ୍ୟ ମିଳିଲା। ମୁଁ ବୈଦେଶିକ ବ୍ୟାପାର ମନ୍ତ୍ରୀ ସୁଷମା ସ୍ୱରାଜଙ୍କ ଠାରୁ ମାର୍ଚ୍ଚ ୪ କିମ୍ବା ୫ରେ ଏକ ଟେଲିଫୋନ୍ ବାର୍ତ୍ତା ପାଇଲି। ସେ ସ୍ପେନର ବନ୍ଦରରେ ଏକ କାର୍ଯ୍ୟକ୍ରମ ବାବଦରେ କହିଲେ ଏବଂ ମୁଁ ଯାଇପାରିବିକି ନାହିଁ ବୋଲି ପଚାରିଲେ। ମୁଁ ଭାବିଲି ଯେ ୬ ମାର୍ଚ୍ଚରେ ପ୍ରଚାର ଅଭିଯାନ ସରିଯିବ ଏବଂ ତା ପରେ ମୁଁ ଯାଇପାରିବି। ମୁଁ ଭିସା ପାଇଁ ଆବେଦନ କଲି। ମୋ ପାସପୋର୍ଟ ଦାଖଲ କରାଗଲା, କିନ୍ତୁ ପ୍ରଧାନମନ୍ତ୍ରୀ କାର୍ଯ୍ୟାଳୟରେ ମୋ ପାସପୋର୍ଟ ଫେରାଇଦେଲେ, ୧୦ ମାର୍ଚ୍ଚରେ ବୈଦେଶିକ ବ୍ୟାପାର ମନ୍ତ୍ରଣାଳୟ ମୋତେ ସୂଚନା ଦେଲେ ଯେ ସେ କାର୍ଯ୍ୟକ୍ରମ ପାଇଁ ଅନ୍ୟ କେହି ସାଂସଦ ଯିବେ। ମୁଁ ଟିକେ ଅସନ୍ତୁଷ୍ଟ ହେଲି। ମୁଁ ଅନୁଭବ କଲି ଅତୀତରେ ମୁଁ ତିନିଥର ଏହିପରି ପ୍ରତିନିଧୀ ଦଳରେ ଭ୍ରମଣ କରିବାର ସୁଯୋଗ ପାଇଛି ଏବଂ ସେଥିରୁ ଦୁଇଟି ମୁଁ ନିଜେ ଅସ୍ୱୀକାର କରିଛି। ସେହିଦିନ ଗୋରଖପୁର ଫେରିବା ବାଟରେ ମୁଁ ବୈଦେଶିକ ବ୍ୟାପାର ମନ୍ତ୍ରଣାଳୟରୁ ଏକ ଟେଲିଫୋନ ବାର୍ତ୍ତା ପାଇଲି ଏବଂ ଶୁଣିଲି ଯେ ଆସନ୍ତାକାଲି ଉତ୍ତରପ୍ରଦେଶ ନିର୍ବାଚନ ଫଳାଫଳ ଘୋଷଣା ହେଲା ପରେ ମୋର ଉପସ୍ଥିତି ଆବଶ୍ୟକ ବୋଲି ପ୍ରଧାନମନ୍ତ୍ରୀ ଅନୁଭବ କରୁଥିବାରୁ ପ୍ରଧାନମନ୍ତ୍ରୀଙ୍କ କାର୍ଯ୍ୟାଳୟ ମୋର ଯାତ୍ରା ବାତିଲ କରିଛନ୍ତି। ମୁଁ ହୋଲି ଉତ୍ସବ ପାଳନ ପାଇଁ ଗୋରଖପୁର ଫେରିଆସିଲି ଏବଂ ସଂଧ୍ୟାରେ ପାର୍ଟି ମିଟିଙ୍ଗ ପାଇଁ ଦିଲ୍ଲୀ ଫେରିଗଲି। ଫଳାଫଳ ଘୋଷଣା ପରେ ମୁଁ କୌଣସି ଦଳୀୟ ସଦସ୍ୟଙ୍କୁ ଭେଟିନଥିଲି। ସକାଳ ୧୦.୧୫ରେ ଅମିତ ଶାହାଜୀଙ୍କ ଅନୁରୋଧରେ ମୁଁ ତାଙ୍କୁ ଦେଖା କରିବାକୁ ଗଲି, ଆମେ ନିର୍ବାଚନ ଫଳାଫଳ ଉପରେ ସାଧାରଣ ଆଲୋଚନା କଲୁ ଏବଂ ମୁଁ ଗୋରଖପୁର ଫେରିଆସିଲି। ସନ୍ଧ୍ୟାରେ ଅମିତ ଜୀ ମତେ ଆଉ ଥରେ ଫୋନ୍ କଲେ ଏବଂ ମୁଁ ଗୋରଖପୁରରେ ଥିବା ଶୁଣି ମୋ ପାଇଁ ପରଦିନ ସକାଳୁ ଏକ ଚାର୍ଟର ପ୍ଲେନ ଯୋଗାଡ କଲେ ଏବଂ ପରଦିନ ସକାଳୁ ମୁଁ ଦିଲ୍ଲୀ ଆସି ତାଙ୍କୁ ସାକ୍ଷାତ କଲି। ସେ ମତେ ଲକ୍ଷ୍ନୌ ଯାଇ ଉତ୍ତରପ୍ରଦେଶର ମୁଖ୍ୟମନ୍ତ୍ରୀ ରୂପେ ଶପଥ ନେବାକୁ କହିଲେ। ମୁଁ ପ୍ରସ୍ତୁତ ହୋଇ ଆସିନଥିଲି ଏବଂ ମୋ ପାଖରେ ହଳେ ଲୁଗାପଟା ଥିଲା। ପୂର୍ବଦିନ ହିଁ ମୁଁ ଅମିତ ଜୀଙ୍କ ସହ ଆଲୋଚନା କରିଥିଲି ଏବଂ ସେ ସେତେବେଳେ କିଛି କହିନଥିଲେ। ମୁଁ ଲକ୍ଷ୍ନୌ ଯିବି କି ଗୋରଖପୁରର ଯିବି ଦ୍ୱନ୍ଦରେ ରହିଲି। ଅମିତ ଜୀ ମତେ ଲକ୍ଷ୍ନୌ ଯିବାକୁ କହିଲେ ଏବଂ ମୁଁ ଗଲି। ସନ୍ଧ୍ୟାରେ

ବିଧାନସଭାର ନବ ନିର୍ବାଚିତ ସଦସ୍ୟ ଭାବେ ମାନେ ମତେ ମୁଖ୍ୟମନ୍ତ୍ରୀ ରୂପେ ଚୟନ କଲେ ଏବଂ ପରଦିନ ହିଁ ମୁଁ ଶପଥ ନେଲି। ଏହା ହିଁ ପୂରା ଘଟଣା ଥିଲା, ମୁଁ କେବେ ବି ଆଗ୍ରହୀ ନଥିଲି କିମ୍ବା କୌଣସି ପଦବୀ ପାଇଁ କାହାକୁ କହିନଥିଲି।

ରାହୁଲ: ଆଶ୍ଚର୍ଯ୍ୟଜନକ। (ତା'ପରେ ରାହୁଲ ଜନସାଧାରଣଙ୍କ ପ୍ରତିକ୍ରିୟା ନେଲେ।)

ରାହୁଲ: ଏ ପ୍ରଶ୍ନ ଗୁଡିକ ମଧ୍ୟରୁ କିଛି ଖୁବ୍ ଗୁରୁତ୍ୱପୂର୍ଣ୍ଣ ଲାଗୁଛି। ପ୍ରଥମ ପ୍ରଶ୍ନ ହେଉଛି ଯେ ଆପଣ ଯେତେ ସବୁ ଯୋଜନା ବାବଦରେ କହିଲେ, ସେ ସବୁ ପ୍ରଣୟନ କରିବାକୁ ଅର୍ଥ କେଉଁଠୁ ଆଣିବେ। ଉତ୍ତରପ୍ରଦେଶ ଉପରେ ୭୦୦୦୦ କୋଟି ଟଙ୍କା ଋଣ ଅଛି। ଆପଣଙ୍କ ପାଖରେ ଟଙ୍କା ନାହିଁ। ନିକଟରେ ଆପଣ ୩୭୦୦୦ ଟଙ୍କା ମୂଲ୍ୟର କୃଷି ଋଣ ଛାଡ କରିଛନ୍ତି। ଆପଣ ରାସ୍ତା ଘାଟ, ଶିଳ୍ପ ଗଢିବାକୁ ଚାହାଁନ୍ତି ଏବଂ ଆପଣ ଋଣ ଛାଡ ମଧ୍ୟ କରିବାକୁ ଚାହାଁନ୍ତି। ଯୋଗୀଜୀ ଆପଣ ଏ ସବୁ ପାଇଁ ଟଙ୍କା କେଉଁଠୁ ଆଣିବେ ?

ଯୋଗୀ ଆଦିତ୍ୟନାଥ: ଆମେ ଟଙ୍କା ଯୋଗାଡ ପାଇଁ ବ୍ୟବସ୍ଥା କରିଛୁ ଏବଂ ମୁଁ ବିଶ୍ୱାସ କରେ ଯେ, ଯଦି ବାବା ରାମଦେବ ବାର୍ଷିକ ୧୦୦୦୦ କୋଟି ଟଙ୍କାର ବ୍ୟବସାୟ କରିପାରୁଛନ୍ତି, ତେବେ ମୁଁ ମଧ୍ୟ କଠିନ ପରିଶ୍ରମ କରି ଉତ୍ତରପ୍ରଦେଶର ଛବି ବଦଳାଇ ପାରିବି। ଆମେ ଆମର ଅନାବଶ୍ୟକ ଖର୍ଚ୍ଚ ବନ୍ଦ କରିଦେଇଛୁ।

ରାହୁଲ: ଆପଣ କେଉଁ ଖର୍ଚ୍ଚକୁ ଅନାବଶ୍ୟକ ଭାବୁଛନ୍ତି ?

ଯୋଗୀ ଆଦିତ୍ୟନାଥ: ଲୋକ ଦେଖାଣିଆ ଏବଂ ଅଯଥା ଶକ୍ତି ପ୍ରଦର୍ଶନ ପାଇଁ ଉଦ୍ଦିଷ୍ଟ ସବୁକିଛି ଅନାବଶ୍ୟକ। ମୁଁ ଏହାକୁ ସାର୍ବଜନୀନ କରିବାକୁ ଚାହୁଁନାହିଁ କାରଣ ଏହା ନିରର୍ଥକ ଗୁଜବର ବିଷୟ ହେବ। ଆମ ଉପରେ କେବଳ କୃଷିଋଣ ଛାଡର ବୋଝ ନାହିଁ ବରଂ ସପ୍ତମ ବେତନ କମିଶନ ଲାଗୁ ହେଲା ପରେ ବର୍ଦ୍ଧିତ ଦରମା ପାଇଁ ଆମ ଉପରେ ଆହୁରି ଅଧିକ ୩୦,୦୦୦ କୋଟି ଟଙ୍କାର ବୋଝ ପଡିବ। ମୁଁ ଦୃଢତାର ସହ କହିପାରେ ଯେ ଅଯଥା ଖର୍ଚ୍ଚ ଉପରେ ପ୍ରତିବନ୍ଧକ ଲଗାଇ ଆମେ ବର୍ଷକୁ ୧୨୦୦୦ରୁ ୧୫୦୦୦ କୋଟି ଟଙ୍କା ସଞ୍ଚୟ କରିପାରିବୁ। ଅଧିକନ୍ତୁ ଆମେ ଦୁର୍ନୀତି ଉପରେ ଅଙ୍କୁଶ ଲଗାଇ ମଧ୍ୟ ପଇସା ସଞ୍ଚୟ କରିପାରିବା। ଆମେ ଆଗାମୀ ଦୁଇ ବର୍ଷରେ ଅତିରିକ୍ତ ଋଣ ବଂଟନ କରିବୁ। ଆମେ ଅଧିକ କଲ୍ୟାଣକାରୀ ଯୋଜନା ଆଣିବା ଜାରି ରଖିବୁ। ରାସ୍ତାଘାଟ, ସ୍ୱାସ୍ଥ୍ୟ, ଆଇନ ଶୃଙ୍ଖଳା ଇତ୍ୟାଦି ମୌଳିକ ସୁବିଧାର ଉନ୍ନତି ପାଇଁ ଆମେ ନିରନ୍ତର କାର୍ଯ୍ୟ କରିବୁ। କୃଷକଙ୍କ ଋଣଛାଡ ଚାପରେ ରାଜ୍ୟ ଭାରାକ୍ରାନ୍ତ ହୋଇଛି ବୋଲି ଆମେ କାହାକୁ ଅନୁଭବ କରିବାକୁ ଦେବୁ ନାହିଁ। କୃଷକଙ୍କ ଋଣ ଛାଡ ବୋଝକୁ ଭରଣା କରିବାକୁ କୌଣସି ଅତିରିକ୍ତ କର ବ୍ୟବସ୍ଥା କରାଯିବ

ନାହିଁ। ନିଜର ଅନାବଶ୍ୟକ ଖର୍ଚ୍ଚ କମାଇ ସରକାର ସମ୍ବଳ ପରିଚାଳନା କରିବେ।

ଏହି ସମାନ ବିଷୟରେ ଉପରେ ଇଣ୍ଡିଆ ଟିଭି[୨୫]ସହ ଆଉ ଏକ ସାକ୍ଷାତକାରରେ ଯୋଗୀ ଆଦିତ୍ୟନାଥ କହିଲେ ଯେ ଆମେ ଅଧ୍ୟୟନ ଯାହା ନାମରେ ହେଉଥିବା ମନ୍ତ୍ରୀ ଓ ପ୍ରଶାସନିକ ଅଧିକାରୀମାନଙ୍କର ଗ୍ରୀଷ୍ମକାଳୀନ ବିଦେଶ ଯାତ୍ରା ବନ୍ଦ କରିଦେଇଛୁ। ଏହି ଗ୍ରୀଷ୍ମ ଋତୁରେ ମୋର ସମସ୍ତ ମନ୍ତ୍ରୀ ଏବଂ ଅଧିକାରୀମାନେ ସେମାନଙ୍କ ଆରାମ ପରିବେଶରୁ ବାହାରି କ୍ଷେତ୍ର ପରିଦର୍ଶନରେ ରାସ୍ତା, ବିଦ୍ୟାଳୟ, ଡାକ୍ତରଖାନା ଆଦି ତଦାରଖ କରୁଛନ୍ତି ଏବଂ ଉତ୍ତରପ୍ରଦେଶର ଜନସାଧାରଣଙ୍କ ସହ ଉତ୍ତାପର ସମ୍ମୁଖୀନ ହେଉଛନ୍ତି।

ରାହୁଲ: ଦ୍ୱିତୀୟ ପ୍ରଶ୍ନଟି ଗାଈମାନଙ୍କ ସମ୍ବନ୍ଧରେ ଆସିଛି। ଆପଣ ଗୋହତ୍ୟା ବନ୍ଦ କରିବାକୁ ଚାହାଁନ୍ତି। କିନ୍ତୁ ଦୁଗ୍ଧ ଦେବା ବନ୍ଦ କରିଲା ପରେ ଗରିବ ଚାଷୀଟିଏ ପାଇଁ ଗାଈଟି ଏକ ବୋଝ ହୋଇଯାଏ। ଗୋଟିଏ ଗାଈର ଦୈନିକ ପାଳନ ପାଇଁ ପାଖାପାଖି ୬୦ ଟଙ୍କା ଖର୍ଚ୍ଚ ହୁଏ। ରାଜ୍ୟରେ ଥିବା ସମସ୍ତ ଗାଈଙ୍କ ଯତ୍ନ ନେବା ପାଇଁ ପାଖାପାଖି ଲକ୍ଷେ କୋଟି ଟଙ୍କା ଖର୍ଚ୍ଚ ହେବ।

ଯୋଗୀ ଆଦିତ୍ୟନାଥ: ଉତ୍ତରପ୍ରଦେଶରେ ପୂର୍ବରୁ 'ଗୌ ସେବା ଆୟୋଗ' କାମ କରୁଛି। ବୁନ୍ଦେଲଖଣ୍ଡ ଅଞ୍ଚଳରେ ଗାଈମାନଙ୍କ କ୍ଷୀର ଦୁହିଁବା ପରେ ରାସ୍ତାରେ ଛାଡିବା ଏକ ଧାରା ପାଲଟିଗଲାଣି। ଆପଣ ବୁନ୍ଦେଲଖଣ୍ଡ ରାସ୍ତାରେ ଶହ ଶହ ଗାଈ ବୁଲୁଥିବାର ଦେଖିବେ, ଆମେ ବେସରକାରୀ ଅନୁଷ୍ଠାନ, ଟ୍ରଷ୍ଟ ଏବଂ ଅନ୍ୟ ସାମାଜିକ ଅନୁଷ୍ଠାନ ସହାୟତାରେ ଏହି ଗାଈମାନଙ୍କ ପାଇଁ ବୃହତ୍ ଆଶ୍ରୟସ୍ଥଳୀ ନିର୍ମାଣର ଯୋଜନା କରୁଛୁ।

ରାହୁଲ: ଯୋଗୀଜୀ ! ବର୍ତ୍ତମାନ ଆମେ ଗାଈମାନଙ୍କ ନାମରେ ଘଟୁଥିବା ଅପରାଧ ବିଷୟରେ ଆଲୋଚନା କରିବା। ଆମ ଚ୍ୟାନେଲରେ ଗୋରକ୍ଷକ- ଅଧ୍ୟାୟ ୨ ରେ ଆମେ ଦେଖାଇଥିଲୁ ଯେ କିପରି ନିଜକୁ ଗୋରକ୍ଷକ କହୁଥିବା ଲୋକେ ଗାଈମାନଙ୍କୁ ପିଟନ୍ତି ଓ ହାଡଗୋଡ ଭାଙ୍ଗି ଦିଅନ୍ତି ବୋଲି ସ୍ୱୀକାର କରିଥିଲେ। ସେମାନେ କେବଳ ଏକଥା ଦେଖୁଥିଲେ ଯେ ଗାଈଠାରୁ ଯେମିତି ରକ୍ତ ବାହାରିବନି। ଏକଥାକୁ ଆପଣ କେମିତି ବନ୍ଦ କରିପାରିବେ ଯୋଗୀଜୀ।

ଯୋଗୀ ଆଦିତ୍ୟନାଥ: ହିନ୍ଦୁ ଧର୍ମରେ ଗାଈକୁ ଅତ୍ୟନ୍ତ ପବିତ୍ର ବୋଲି ଗ୍ରହଣ କରାଯାଏ ଏବଂ ଅନେକ ଧାର୍ମିକ ଭାବନା ମଧ୍ୟ ଗାଈ ସହ ଜଡିତ ଥାଏ। ଆମେ ଚୋରାରେ ଗୋଚାଲାଣ ରୋକିବାକୁ ପ୍ରତିଜ୍ଞାବଦ୍ଧ ଏବଂ ଆମେ ସମ୍ପୂର୍ଣ୍ଣରୂପେ ଏହା ବନ୍ଦ କରିବୁ। ଆମେ କାହାରିକୁ ନିଜ ହାତକୁ ଆଇନକୁ ନେବାକୁ ସୁଯୋଗ ଦେବୁ ନାହିଁ। ଯଦି ଗୋରକ୍ଷକମାନେ କୌଣସି ସମସ୍ୟା ଦେଖନ୍ତି ତେବେ ସେମାନେ ପୋଲିସକୁ

ଜଣାଇବେ ଏବଂ ପୋଲିସ ନିଷ୍ଠାର ସହ ଏ ସମସ୍ୟା ଉପରେ କାର୍ଯ୍ୟାନୁଷ୍ଠାନ ନେବେ। ସବୁ ଗୋରକ୍ଷକ ଆକ୍ରମକ ନୁହଁନ୍ତି ଏବଂ ତନ୍ମଧ୍ୟରୁ ଅନେକ ଖୁବ ସୁନ୍ଦର କାମ କରୁଛନ୍ତି। ଆମେ କେବଳ ନକରାତ୍ମକ ଉଦାହରଣ ସବୁ ଉଦ୍ଧୃତ କରିବା ନାହିଁ।

ରାହୁଲ: ଖୁବ୍ ଭଲ କହିଲେ। ଏମିତି ହେବା ଉଚିତ। ଯଦି କିଏ ଆଇନ ବିରୁଦ୍ଧରେ କାର୍ଯ୍ୟ କରୁଛି, ତେବେ ତା ଉପରେ କଡା କାର୍ଯ୍ୟାନୁଷ୍ଠାନ ହେବା ଉଚିତ।

ରାହୁଲ: ଲୋକେ ଆପଣଙ୍କ ପୂର୍ବ ମନ୍ତବ୍ୟ ସବୁ ଦେଖି ଯୋଗୀ ରାଜ୍ୟରେ ଅଳ୍ପସଂଖ୍ୟକଙ୍କ ପାଇଁ ସ୍ଥାନ ଅଛି କି ନାହିଁ ପଚାରୁଛନ୍ତି। ସେମାନେ କ'ଣ ଦ୍ୱିତୀୟ ଶ୍ରେଣୀ ନାଗରିକ ରୂପେ କହିବେ। ଯେଉଁ ଲୋକେ ଭାବୁଛନ୍ତି ଯେ ଯୋଗୀଙ୍କ ଶାସନ ସମୟରେ ରାଜ୍ୟର ଧର୍ମନିରପେକ୍ଷ ସନ୍ତୁଳନ ବିଗିଡିଯିବ, ଆପଣ ସେମାନଙ୍କୁ କି ଉତ୍ତର ଦେବେ ?

ଯୋଗୀ ଆଦିତ୍ୟନାଥ: ମୋଦିଜୀ ଦେଶର ପ୍ରଧାନମନ୍ତ୍ରୀ ଦାୟିତ୍ୱ ନେବା ପରେ ଏହି ସମାନ ପ୍ରଶ୍ନ କରାଯାଇଥିଲା। ବର୍ତ୍ତମାନ ମୋଦୀଙ୍କ ସରକାର ସମୟରେ ଏହି ଅଳ୍ପସଂଖ୍ୟକ ନାଗରିକ ମାନଙ୍କ ମଧ୍ୟରୁ ଜଣେ ହେଲେ କିଏ ଅସୁବିଧା ଭୋଗିଛନ୍ତି କି ? ଆମେ ସମସ୍ତେ ଏଠାରେ ଏକ ଲକ୍ଷ୍ୟ ପୂରଣ ପାଇଁ ଏକତ୍ରିତ ହୋଇଛେ ଏବଂ ଏଠାରେ ପକ୍ଷପାତିତାର କୌଣସି ସ୍ଥାନ ନାହିଁ। ଆମେ ସମସ୍ତଙ୍କୁ ନିରାପତ୍ତା ଯୋଗାଇଦେବୁ ଏବଂ ସମସ୍ତଙ୍କ ଉନ୍ନତି ପାଇଁ କାମ କରିବୁ। କିନ୍ତୁ ଯଦି କେହି ଭାବୁଥାଆନ୍ତି ଯେ ପୂର୍ବ ସରକାରଙ୍କ ପରି କାର୍ଯ୍ୟ କରିବୁ, ତେବେ ସେମାନେ ଭୁଲ ଭାବୁଛନ୍ତି। ଟୋପି କିମ୍ବା ତିଳକ ଆଧାରରେ କୌଣସି ପକ୍ଷପାତ କରାଯିବ ନାହିଁ। ଯିଏ ତିଳକ ଲଗାଇବାକୁ ଚାହାଁନ୍ତି ଲଗାନ୍ତୁ ଏବଂ ଯିଦ ଟୋପି ପିନ୍ଧିବାକୁ ଚାହୁଁଛନ୍ତି ପିନ୍ଧନ୍ତୁ। କିନ୍ତୁ ଯଦି କେହି ଭାବୁଥିବେ ସରକାର ଟୋପି ବା ତିଳକ ଧାରଣ ଆଧାରରେ ନମନୀୟ ହେବେ, ତେବେ ଏହା ଅସମ୍ଭବ। ଆମେ ଆମ ପ୍ରଧାନମନ୍ତ୍ରୀ କହିଥିବା ସମସ୍ତଙ୍କୁ ସାଥିରେ ନେଇ ସମସ୍ତଙ୍କ ବିଶ୍ୱାସ ଆଧାରରେ କାର୍ଯ୍ୟ କରିବୁ। ଆମେ ପ୍ରଧାନମନ୍ତ୍ରୀଙ୍କ ପଦ ଚିହ୍ନରେ ଚାଲିବୁ ଏବଂ ଉତ୍ତରପ୍ରଦେଶରେ ଏକ ଦୃଢ ଶାସନ ପଦ୍ଧତି ବଜାୟ ରଖିବୁ।

ରାହୁଲ: ଯୋଗୀ ଜୀ ଆଗକୁ ଯାଇ ଆପଣ କ'ଣ ବିହାର ପରି ମଦ ଉପରେ ପ୍ରତିବନ୍ଧକ ଲଗାଇବେ କି ?

ଯୋଗୀ ଆଦିତ୍ୟନାଥ: ବେଆଇନ କଂସେଇଖାନା ଗୁଡିକ ବନ୍ଦ ହେବା ପରେ ଅନେକ ଲୋକ ବର୍ତ୍ତମାନ କଣ ଖାଇବେ ବୋଲି ପଚାରୁଛନ୍ତି। ତେବେ କଂସେଇଖାନା ଚଳେଇବା କ'ଣ ସରକାରଙ୍କ ଦାୟିତ୍ୱ ?। ଆମେ ବର୍ତ୍ତମାନ ଏ ସମସ୍ୟା ଉପରେ କାମ କରୁଛୁ ଏବଂ ଆପଣ ମତେ ଏକ ନୂଆ ସମସ୍ୟାର ସମ୍ମୁଖୀନ କରାଉଛନ୍ତି।

ବର୍ତ୍ତମାନ ଯେମିତି ଚାଲିଛି ଚାଲୁଥାଉ। ରାଜ୍ୟର ସ୍ୱାର୍ଥକୁ ଦୃଷ୍ଟିରେ ରଖି ଆମେ ଉଚିତ୍ ସମୟରେ ଉଚିତ୍ ପଦକ୍ଷେପ ନେବୁ।

ରାହୁଲ: ଠିକ୍ ଅଛି ଯୋଗୀଜୀ, ସାକ୍ଷାତକାର ସରିବା ପୂର୍ବରୁ ମୁଁ ଶେଷ ପ୍ରଶ୍ନ ପଚାରୁଛି। ଆଇନ ଉଲ୍ଲଘଂନକାରୀଙ୍କ ସୁରକ୍ଷା ତଥା ଅପରାଧୀଙ୍କୁ ଭିଆଇପି ବ୍ୟବହାର କରିବା ପାଇଁ ସମାଜବାଦୀ ପାର୍ଟି ସରକାରଙ୍କୁ ସାଧାରଣତଃ ଦାୟୀ କରାଯାଉଥିଲା। ଏବେ ଆପଣଙ୍କ ସମର୍ଥକ ବୋଲି ଦାବୀ କରୁଥିବା କିଛି ଲୋକ ନିୟମ ଭାଙ୍ଗୁଥିବାର ଆମେ ଦେଖୁଛୁ। ଏ ବିଷୟ ନେଇ ସାଧାରଣ ଲୋକେ ଅସନ୍ତୁଷ୍ଟ ଅଛନ୍ତି। ଆପଣଙ୍କ ତଥାକଥିତ ସମର୍ଥକମାନଙ୍କୁ ଆଇନ ଭାଙ୍ଗିବାର ଅନୁମତି ଦିଆଯାଇଛି କି ବୋଲି ପ୍ରଶ୍ନ ଉଠୁଛି ?

ଯୋଗୀ ଆଦିତ୍ୟନାଥ: ଆଦୌ ନୁହେଁ। ଯେ କେହି ବି ଆଇନକୁ ହାତକୁ ନେବ, ସେ ଦଣ୍ଡିତ ହେବ। ଆମେ ସେମାନଙ୍କ ବିରୋଧରେ କାର୍ଯ୍ୟ କରୁଛୁ ଏବଂ ଏ କାମ ଜାରି ରଖିବୁ। ଭାରତୀୟ ଜନତା ପାର୍ଟି କିମ୍ବା ଯେକୌଣସି ହିନ୍ଦୁ ପ୍ରତିଷ୍ଠାନର ଛବିକୁ ଖରାପ କରିବାକୁ ଚେଷ୍ଟା କରୁଥିବା ସମସ୍ତ ଲୋକଙ୍କୁ ମୁଁ ସତର୍କ କରିବାକୁ ଚାହିଁବି। ଆମେ ପୂର୍ବରୁ ମଧ୍ୟ କହିସାରିଛୁ ଯେ ଉତ୍ତରପ୍ରଦେଶ ଆଇନର ନିୟମରେ ଚାଲିବ ଏବଂ ନିୟମ ଭାଙ୍ଗିବାକୁ ଚେଷ୍ଟା କରୁଥିବା କୌଣସି ବ୍ୟକ୍ତିକୁ ଆମେ କ୍ଷମା କରିବୁ ନାହିଁ।

ରାହୁଲ: ଯୋଗୀଜୀ ଉତ୍ତରପ୍ରଦେଶ ବାବଦରେ ଗୋଟେ କଥା କୁହାଯାଏ ଯେ ଉତ୍ତରପ୍ରଦେଶର ଉନ୍ନତି ନହେବା ଯାଏ ସାରା ଦେଶ ପଛୁଆ ହୋଇ ରହିବ। ଏହି ପରିପ୍ରେକ୍ଷୀରେ ସମସ୍ତେ ଆଶା କରୁଛନ୍ତି ଆପଣ ଉତ୍ତରପ୍ରଦେଶକୁ ଉଲଟା ପ୍ରଦେଶରୁ ଉତ୍ତମପ୍ରଦେଶରେ ପରିଣତ କରିବେ। ଆପଣ ଆମ ସହ ଅନେକ ଧାରଣା, ଯୋଜନା ବିଷୟରେ କଥାବାର୍ତ୍ତା ହେଲେ। ଆମେ ଉତ୍ତରପ୍ରଦେଶର ଉନ୍ନୟନ ଉପରେ ନଜର ରଖିବୁ। ଏ ଲକ୍ଷ୍ୟ ହାସଲ ପାଇଁ ଆପଣଙ୍କର ଅନେକ ଶୁଭେଚ୍ଛୁ ଅଛନ୍ତି। ଆପଣ ଏହି ବହୁମୂଲ୍ୟ ସମୟ ଏବଂ ପ୍ରଶ୍ନଗୁଡିକର ଉତ୍ତର ଦେଇଥିବାରୁ ଆମେ ଆପଣଙ୍କୁ ଧନ୍ୟବାଦ ଜଣାଉଛୁ।

ମୁଖ୍ୟମନ୍ତ୍ରୀ ଯୋଗୀ ଏବଂ ନିତୀଶ କୁମାରଙ୍କ ମଧ୍ୟରେ ଶବ୍ଦ ଯୁଦ୍ଧ

୧୪ ଜୁନ୍ ସଂଧ୍ୟାରେ ମୁଖ୍ୟମନ୍ତ୍ରୀ ଯୋଗୀଙ୍କ ଦରଭଙ୍ଗା ଗସ୍ତ ସମୟରେ ବିହାର ମୁଖ୍ୟମନ୍ତ୍ରୀ ନିତୀଶ କୁମାର ଉତ୍ତରପ୍ରଦେଶ ମୁଖ୍ୟମନ୍ତ୍ରୀଙ୍କୁ ଖାଲି ହାତରେ ନ ଆସି ନିଜ ରାଜ୍ୟରେ ମଦ ନିଷେଧ ଓ ସ୍ଥାନୀୟ ସଂସ୍ଥାଗୁଡିକରେ ମହିଳାମାନଙ୍କ ପାଇଁ ୫୦ ପ୍ରତିଶତ ସ୍ଥାନ ସଂରକ୍ଷଣ କରି ଆସିବାକୁ କହିଲେ। [୨୬]

୧୫ ଜୁନ୍‌ରେ ୟୁପି ସରକାର ମହିଳାମାନଙ୍କ ପାଇଁ ୫୦ ପ୍ରତିଶତ ସ୍ଥାନ ସଂରକ୍ଷଣ କରିବେ କି ନାହିଁ ବୋଲି ବିହାରର ମୁଖ୍ୟମନ୍ତ୍ରୀ କହିଥିବା ପ୍ରଶ୍ନ ଉପରେ ପ୍ରତିକ୍ରିୟା ଦେଇ ଯୋଗୀ ଆଦିତ୍ୟନାଥ କହିଲେ, ନୀତିଶ କୁମାର ଅର୍ଦ୍ଧେକ ଜନସଂଖ୍ୟା (ମହିଳା) ବିଷୟରେ କହିବାକୁ ଭଲପାଆନ୍ତି। କିନ୍ତୁ ତିନି ଲୋକ ଉପରେ କାହିଁକି ଚୁପ ଅଛନ୍ତି ? .. ତିନି ଲୋକ ଉପରେ ଧର୍ମ ନିରପେକ୍ଷ (ବ୍ରିଗେଡ)ର ନିରବତା ଏହାର କାର୍ଯ୍ୟ ଏବଂ କଥାରେ ପାର୍ଥକ୍ୟ ପ୍ରତିଫଳିତ କରୁଛି।[୨୭] ଉତ୍ତରପ୍ରଦେଶର ମୁଖ୍ୟମନ୍ତ୍ରୀ ଭାବେ ଦାୟିତ୍ୱ ଗ୍ରହଣ କରିବା ପରେ ନିଜ ପ୍ରଥମ ବିହାର ଗସ୍ତ ବେଳେ ଆଦିତ୍ୟନାଥ ନିଜ ବିହାର ପ୍ରତିପକ୍ଷଙ୍କୁ ୟୁପି ପରି ନିଜ ରାଜ୍ୟରେ ମଧ୍ୟ ୨୪ ଘଣ୍ଟା ମଧ୍ୟରେ ବେଆଇନ କଂସେଇଖାନା ଗୁଡିକୁ ବନ୍ଦ କରିବାକୁ ଆହ୍ୱାନ ଦେଲେ। ଇଣ୍ଡିଆନ୍ ଏକ୍ସପ୍ରେସର ସନ୍ତୋଷ ସିଂଙ୍କ[୨୮] ରିପୋର୍ଟ ଅନୁଯାୟୀ ବିହାର ମୁଖ୍ୟମନ୍ତ୍ରୀଙ୍କ ୟୁପି ଉପରେ ନିଷେଧାଜ୍ଞା ଜାରି କରିବା ପ୍ରଶ୍ନର ଉତ୍ତରରେ ଯୋଗୀ କହିଲେ ଯେ ଯଦି ବିହାର ଲୋକେ କଡାକଡି ଭାବେ ଯୋଗ ସାଧନା କରନ୍ତି ତେବେ କୌଣସି ନିଷେଧାଜ୍ଞାର ଆବଶ୍ୟକତା ରହିବ ନାହିଁ। ଦିନକ ପୂର୍ବରୁ ଦରଭଙ୍ଗାର ଯେଉଁ ସ୍ଥାନରେ ନୀତିଶ କୁମାର ଏକ ସଭାରେ ଜନସାଧାରଣଙ୍କୁ ସମ୍ବୋଧିତ କରିଥିଲେ, ମୁଖ୍ୟମନ୍ତ୍ରୀ ଯୋଗୀ ସେହିଠାରେ ହିଁ ଗତ ୩ ବର୍ଷରେ ଏତେ ସରକାରଙ୍କର ସଂଫଳତା ସମ୍ବନ୍ଧରେ ଲୋକଙ୍କୁ କହୁଥିଲେ।

ରାଜନୈତିକ ପଣ୍ଡିତମାନେ ଏ ଶବ୍ଦ ଯୁଦ୍ଧକୁ ସାଧାରଣ ଘଟଣା ରୂପେ ଗ୍ରହଣ କଲେ ନାହିଁ। ହିନ୍ଦୁସ୍ଥାନ ଟାଇମ୍‌ସର ସୁନୀତା ଆରୋନ [୨୯]ଲେଖିଲେ ଯେ ବିଜେପି ଦଳର ନୂତନ ଉଦୀୟମାନ ତାରକା ଯୋଗୀ ଖୁବ୍ ସହଜରେ ମହାମେଣ୍ଟର ଜାତି ସମୀକରଣକୁ କାଟି ପାରିବେ ଏବଂ ୨୦୧୯ରେ ବିଜେପି ସପକ୍ଷରେ ଜନମତକୁ ଆଣିପାରିବେ। ରାଜନୈତିକ ପର୍ଯ୍ୟବେକ୍ଷକ ପ୍ରଫେସର ରାଜେଶ ସିଂହ କହିଲେ ଯେ ବିହାରର ଦୁଇ ଆଞ୍ଚଳିକ ପୋଖତ ନେତା ଯଥା ମୁଖ୍ୟମନ୍ତ୍ରୀ ନୀତିଶ କୁମାର ଏବଂ ରାଷ୍ଟ୍ରିୟ ଜନତା ଦଳ ଅଧ୍ୟକ୍ଷ ଲାଲୁ ଯାଦବଙ୍କ ମୁକାବିଲା ପାଇଁ ବିଜେପିକୁ ଏକ ନୂଆ ମୁହଁ ଖୋଜିବାକୁ ହେବ। ଯୋଗୀ ସେହି ସ୍ଥାନ ପୂରଣ କରିଛନ୍ତି। ଗେରୁଆ ବସ୍ତ୍ର ପରିହିତ ଯୋଗୀଙ୍କର ମହନ୍ତୀୟ ଆଭାମଣ୍ଡଳ ପଛରେ ତାଙ୍କ ରାଜପୁତ ଚେହେରା ଲୁଚିଯାଇଛି ଏବଂ ସେ ଉଭୟ ଅଗ୍ରସର ଓ ଅନଗ୍ରସର ମାନଙ୍କର ପ୍ରିୟଭାଜନ ହୋଇପାରିଛନ୍ତି। ରାଜନୈତିକ ବିଶେଷଜ୍ଞ ଏଚ.ଭି ସାହି କହିଲେ ଯେ ବିହାରରେ ଯୋଗୀଙ୍କ ଉପସ୍ଥିତ ଦୁଇପ୍ରକାରେ ସାହାଯ୍ୟ କରିବ। ପ୍ରଥମତଃ ଯୋଗୀ ଉଚ୍ଚଜାତିଙ୍କ ଉପରେ ପ୍ରଭାବ ପକାଇବେ, ଯାହା ସୁଶୀଲ ମୋଦି କରିପାରୁନଥିଲେ। ଦ୍ୱିତୀୟତଃ ଯୋଗୀ ଓବିସି ମାନଙ୍କ ନିକଟରେ ପହଞ୍ଚିବାକୁ ସମର୍ଥ ହେବେ ଏବଂ ବିହାର ବିଧାନସଭା

ନିର୍ବାଚନରେ ବିଜେପିକୁ କ୍ଷତି ପହଞ୍ଚାଇଥିବା ସେମାନଙ୍କ ଆଧିପତ୍ୟକୁ ଭାଙ୍ଗିବାରେ ସମର୍ଥ ହେବେ।

ଯୋଗୀ ସରକାର ଏବଂ ରାହୁଲ ଗାନ୍ଧୀଙ୍କ ମଧ୍ୟରେ ମୁହାଁମୁହିଁ

୧୧ ଜୁଲାଇରେ ଉତ୍ତରପ୍ରଦେଶ ବିଧାନସଭାରେ ଯୋଗୀ ସରକାର ନିଜର ପ୍ରଥମ ବଜେଟ ଉପସ୍ଥାପନା କଲେ। ଗଣମାଧ୍ୟମର ଏକ ଅଂଶ ରିପୋର୍ଟ କଲେ [୩୦]ଯେ ପୂର୍ବବତ ମାଧ୍ୟମିକ ଶିକ୍ଷା ପାଇଁ ୯୯୯୦ କୋଟି ବ୍ୟୟ ଅଟକଳ ହୋଇଥିଲା ବେଳେ ୨ ବର୍ଷ କେବଳ ୫୭୬ କୋଟି ବ୍ୟୟ ବରାଦ ହୋଇଛି ଏବଂ ଉଚ୍ଚଶିକ୍ଷା କ୍ଷେତ୍ରରେ ପୂର୍ବବର୍ଷ ୨୭୪୨ କୋଟି ଅଟକଳ ଥିଲା ବେଳେ ୨ ବର୍ଷ ମାତ୍ର ୨୭୨ କୋଟି ଟଙ୍କା ବରାଦ ହୋଇଛି। ଏହି ସମ୍ବାଦକୁ ଆଧାର କରି କଂଗ୍ରେସ ଉପାଧ୍ୟକ୍ଷ ରାହୁଲ ଗାନ୍ଧୀ ଟୁଇଟ କଲେ ଯେ "ଯୋଗୀଙ୍କ ମହାନ ପଦକ୍ଷେପ - ପରବର୍ତ୍ତୀ ସମୟରେ ଆପଣମାନେ ଦେଖିବେ ଯେ ପଇସା ବଞ୍ଚାଇବା ପାଇଁ ସବୁ ଡାକ୍ତରଖାନା ବନ୍ଦ କରିଦିଆଯିବ।" ଉତ୍ତରପ୍ରଦେଶ ସରକାର ଶିକ୍ଷା ଖର୍ଚ୍ଚରେ ବହୁତ କାଣ୍ଟଛାଣ୍ଟ କରିଥିବା ରାହୁଲ ଗାନ୍ଧୀଙ୍କ କଟାକ୍ଷର ଉତ୍ତରରେ ଯୋଗୀ ସରକାର କହିଲେ ଯେ ବାସ୍ତବରେ ତାଙ୍କ ସରକାର ଶିକ୍ଷା ବ୍ୟୟରେ ୨୫ ଶତକଡା ବୃଦ୍ଧିର ବରାଦ କରିଛନ୍ତି। [୩୧]

ଉତ୍ତରପ୍ରଦେଶ ଉପ ମୁଖ୍ୟମନ୍ତ୍ରୀ ତଥା ଶିକ୍ଷାମନ୍ତ୍ରୀ ଦିନେଶ ଶର୍ମା କହିଲେ ଯେ ଶିକ୍ଷା ବଜେଟ ଅଟକଳ ସମ୍ବନ୍ଧରେ କିଛି ଭୁଲ୍ ସମ୍ବାଦ ପରିବେଷଣ ହୋଇଛି ଏବଂ ଉତ୍ତରପ୍ରଦେଶ ସରକାର ଶିକ୍ଷା ପାଇଁ ଯଥେଷ୍ଟ ଦୃଷ୍ଟି ଦେଉଛନ୍ତି ବୋଲି ଅମନ ଶର୍ମା ରିପୋର୍ଟ କଲେ। ମୁଖ୍ୟମନ୍ତ୍ରୀଙ୍କ କାର୍ଯ୍ୟାଳୟ ମଧ୍ୟରେ କହିଲେ ଯେ ସମ୍ପୂର୍ଣ୍ଣ ଶିକ୍ଷା ବଜେଟ ପୂର୍ବ ବର୍ଷର ୪୯୬୦୭ କୋଟି ତୁଳନାରେ ୨ ବର୍ଷ ୨୫.୪ ଶତକଡା ବଢ଼ି ୬୨୧୮୫ କୋଟି ଟଙ୍କା ହୋଇଛି। ମୌଳିକ ଶିକ୍ଷା ପାଇଁ ବଜେଟ ଗତବର୍ଷର ୩୮୦୬୬ କୋଟି ତୁଳନାରେ ଏ ବର୍ଷ ୫୦୧୪୨ ହୋଇଛି। ମାଧ୍ୟମିକ ଶିକ୍ଷାର ବଜେଟ ଗତବର୍ଷର ୮୯୫୬ କୋଟିରୁ ବଢ଼ି ୧ ବର୍ହ ୯୩୮୪ ହୋଇଛି ଏବଂ ଉଚ୍ଚଶିକ୍ଷା ବଜେଟ ଗତବର୍ଷର ୨୫୮୫ କୋଟିରୁ ବଢ଼ି ଏ ବର୍ଷ ୨୬୫୫ କୋଟି ହୋଇଛି ବୋଲି ଉତ୍ତରପ୍ରଦେଶ ସରକାର ଏକ ସରକାରୀ ବଜେଟ ତଥ୍ୟ ଦେଇ କହିଲେ।

ପଞ୍ଚୁର, ଉତ୍ତରାଖଣ୍ଡରେ ବାଲ୍ୟଜୀବନ କଟାଇଥିବା ଅଜୟ ବିଷ୍ଟ

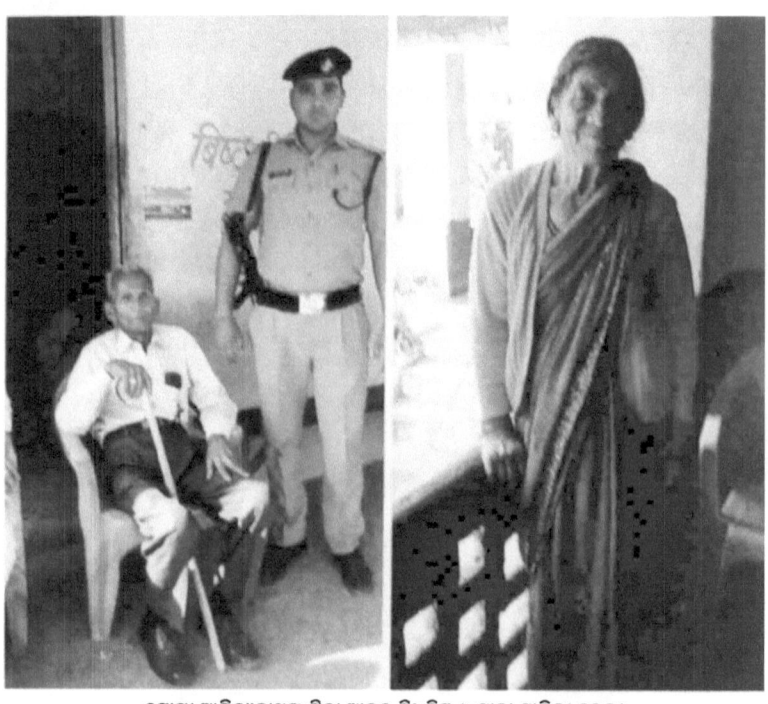

ଯୋଗୀ ଆଦିତ୍ୟନାଥଙ୍କ ପିତା ଆନନ୍ଦ ସିଂ ବିଷ୍ଟ ଓ ମାତା ସାବିତ୍ରୀ ଦେବୀ

ପଞ୍ଚୁର, ଉତ୍ତରାଖଣ୍ଡର ଘର, ଯେଉଁଠି ଅଜୟ ବଡ଼ ହୋଇଥିଲେ

ଭାରତ ମନ୍ଦିର ଇଣ୍ଟର କଲେଜ (ରିଶିକେଶ), ଯେଉଁଠାରେ ଅଜୟ ଏକାଦଶ ଓ ଦ୍ୱାଦଶ ପଢ଼ିଥିଲେ

ଅଜୟଙ୍କ ଶିକ୍ଷକ ଶ୍ରୀ ବଂଶୀଧର ପୋଖରିଆଲ୍ ଓ ଶ୍ରୀ ଡି.ପି.ଏସ୍. ରାୱତ ଶ୍ରେଣୀ କକ୍ଷରେ ଅଜୟ ବସୁଥିବା ସ୍ଥାନକୁ ଦଖାଉଛନ୍ତି

ପିଜି କଲେଜ, କୋଟଦ୍ୱାର(ଉତ୍ତରାଖଣ୍ଡ) ଯେଉଁଠି ଅଜୟ ସ୍ନାତକ ହାସଲ କରିଥିଲେ

ପଣ୍ଡିତ ଲଳିତ ମୋହନ ଶର୍ମା ଗଭର୍ଣ୍ଣମେଣ୍ଟ ପିଜି କଲେଜ, ରିଶିକେଶ (ଉତ୍ତରାଖଣ୍ଡ), ଯେଉଁଠାରେ ଅଜୟ ଏମ୍‌ଏସ୍‌ସି ପ୍ରଥମ ବର୍ଷ ପଢ଼ିଥିଲେ

କଲେଜ ସମୟରେ ବନ୍ଧୁମାନଙ୍କ ସହ ଅଜୟ

କଲେଜ ସମୟରେ ବନ୍ଧୁମାନଙ୍କ ସହ ଅଜୟ

ଗୋରଖନାଥ ମଠ

ଗୋରଖନାଥ ମଠାରେ ଗୁରୁ ମତ୍ସେନ୍ଦ୍ରନାଥଙ୍କ ପ୍ରତିମୂର୍ତ୍ତି

ଗୋରଖନାଥ ମଠାରେ ଗୁରୁ ଗୋରଖନାଥଙ୍କ ପ୍ରତିମୂର୍ତ୍ତି

ନାଥ ପନ୍ଥ ସନ୍ନ୍ୟାସୀ ଭାବେ ଅଜୟ ଦୀକ୍ଷା ନେବା ପରେ
ଯୋଗୀ ଆଦିତ୍ୟନାଥ ରୂପେ ବିବେଚିତ ହେଲେ ।

ଯୋଗୀ ଆଦିତ୍ୟ ନାଥ ଦୀକ୍ଷା ନେବା ଅବସରରେ
ମହନ୍ତ ଅଭୈଦ୍ୟନାଥ ବକ୍ତବ୍ୟ ପ୍ରଦାନ କରୁଛନ୍ତି

ଯୋଗୀ ଆଦିତ୍ୟନାଥ ଦୀକ୍ଷା ନେବା ଅବସରରେ
ଭିଏଚ୍‌ପିର ଅଶୋକ ସିଂହଲ ବକ୍ତବ୍ୟ ପ୍ରଦାନ କରୁଛନ୍ତି

ବନ୍ୟା ପ୍ରଭାବିତଙ୍କୁ ଯୋଗୀ ଆଦିତ୍ୟନାଥ ସାହାଯ୍ୟ
ପ୍ରଦାନ କରୁଛନ୍ତି

ଯୋଗୀ ଆଦିତ୍ୟନାଥ ପୂଜା କରିବା ଅବସରରେ

ଗୋରଖଧାମ ମଠରେ ମାଟିର କୁଣ୍ଡଳ ପିନ୍ଧିଥିବା
ଜନୈକ କାନଫଟା ସାଧୁ

ଜଣେ ଶିଶୁ କନ୍ୟାର ପାଦ ଯୋଗୀ ଆଦିତ୍ୟନାଥ
ଧୋଇ ଦେଉଛନ୍ତି

ଶିଶୁମାନଙ୍କ ଗହଣରେ ସମୟ ବିତାଉଥିବା
ଅବସରରେ ଯୋଗୀ ଆଦିତ୍ୟନାଥ

ହିନ୍ଦୁ ଯୁବ ବାହିନୀ ବ୍ୟାନରରେ ଯୋଗୀ ଆଦିତ୍ୟନାଥ ଏକ ବିରୋଧ ଆରମ୍ଭ କରିଥିଲେ

ଗୋରଖପୁରଠାରେ ଜନତା ଦରବାରରେ ଲୋକମାନଙ୍କ ସମସ୍ୟା ଯୋଗୀ ଆଦିତ୍ୟନାଥ ବୁଝୁଛନ୍ତି

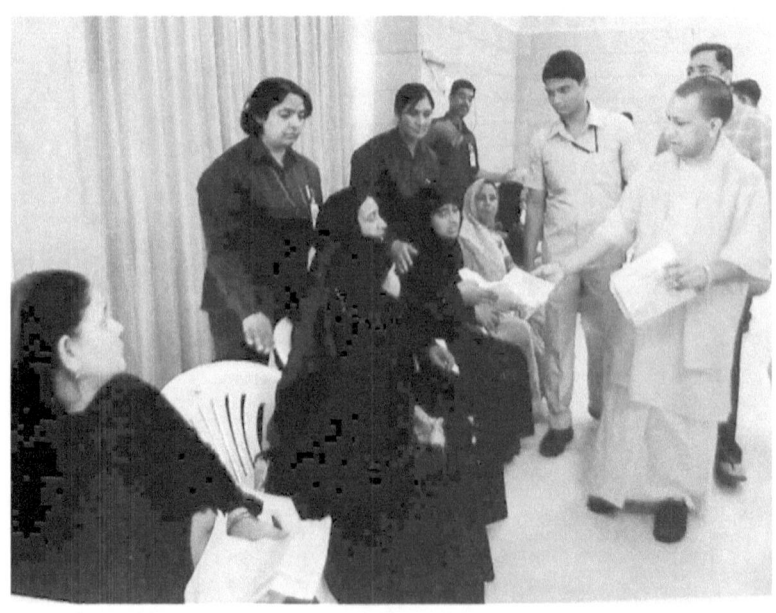

ମୁଖ୍ୟମନ୍ତ୍ରୀ ହେବା ପରେ ଯୋଗୀ ଆଦିତ୍ୟନାଥ ମୁଖ୍ୟମନ୍ତ୍ରୀ ନିବାସରେ ଲୋକମାନଙ୍କ ସମସ୍ୟା ଶୁଣୁଛନ୍ତି

ଯୋଗୀ ଆଦିତ୍ୟନାଥ ଏକ ଜନସମୁଦ୍ର ସଭାରେ ସମ୍ବୋଧିତ କରୁଛନ୍ତି

ଏକ ସିଂହ ଛୁଆକୁ ଯୋଗୀ ଆଦିତ୍ୟନାଥ କ୍ଷୀର ପିଆଉଛନ୍ତି

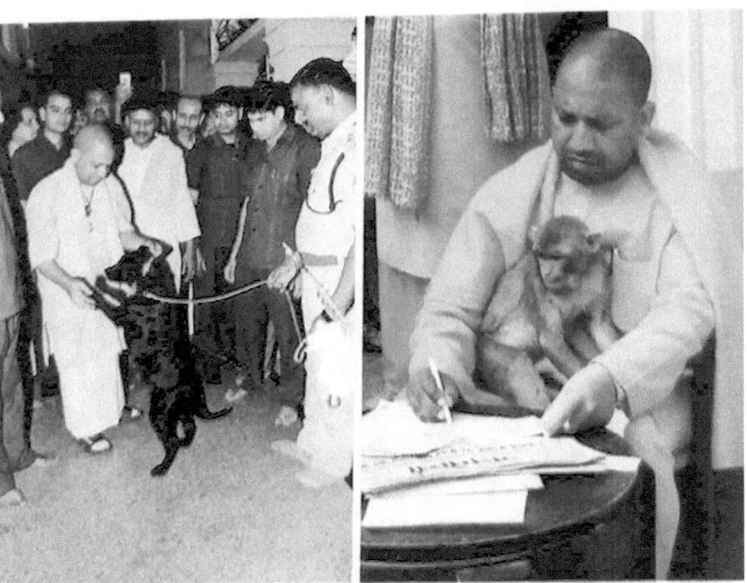
ଯୋଗୀ ଆଦିତ୍ୟନାଥ ତାଙ୍କ କୁକୁର ସହିତ ଖେଳୁଛନ୍ତି ଯୋଗୀ ଆଦିତ୍ୟନାଥ ପ୍ରକୃତି ଓ ପଶୁଙ୍କୁ ବହୁତ ଭଲ ପାଆନ୍ତି

ଗୋଶାଳାରେ ଯୋଗୀ ଆଦିତ୍ୟନାଥ ଗାଈମାନଙ୍କୁ ଚାରା ଖୁଆଉଛନ୍ତି

ମହନ୍ତ ଅଭୈଦ୍ୟନାଥଙ୍କ ଶବଦାହ ସମାରୋହ ଅବସରରେ

ଗୋରଖନାଥ ମଠର ମହନ୍ତ ଭାବେ ଅଭିଷେକ ହେଉଥିବା ଅବସରରେ ଯୋଗୀ ଆଦିତ୍ୟନାଥ

ସିଙ୍ଗାପୁରର ଇଣ୍ଡିଆନ୍ ନ୍ୟାସନାଲ ଆର୍ମି ମନୁମେଣ୍ଟ ପରିଦର୍ଶନ ଅବସରରେ ଯୋଗୀ ଆଦିତ୍ୟନାଥ

ଘନିଷ୍ଠ ସହଯୋଗୀ ଅରୁଣେଶ ସାହିଙ୍କ ସହିତ ବିଦେଶଗସ୍ତ ଅବସରରେ ଯୋଗୀ ଆଦିତ୍ୟନାଥ

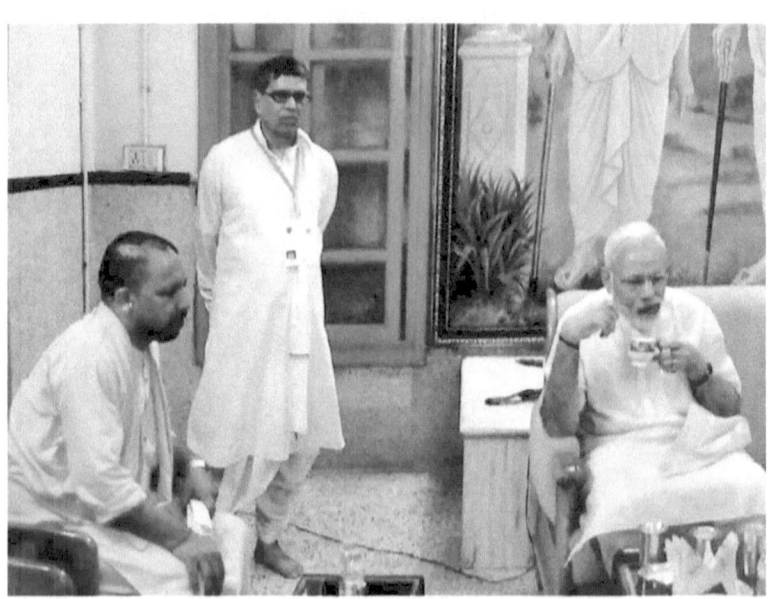

ଗୋରଖନାଥ ମଠ ପରିଦର୍ଶନ ଅବସରରେ ପ୍ରଧାନମନ୍ତ୍ରୀ ନରେନ୍ଦ୍ର ମୋଦି

ଗୋରଖପୁରଠାରେ ଏମ୍ସ ବିଷୟରେ ପ୍ରଧାନମନ୍ତ୍ରୀ ନରେନ୍ଦ୍ର ମୋଦି ଅନ୍ୟମାନଙ୍କ ସହିତ ଆଲୋଚନା କରିବା ଅବସରରେ

ବିଶ୍ୱ ହିନ୍ଦୁ ପରିଷଦର ଅଶୋକ ସିଂହଲଙ୍କ ସହିତ ଯୋଗୀ ଆଦିତ୍ୟନାଥ

ଗୋରଖନାଥ ମଠ ପରିଦର୍ଶନ ଅବସରରେ ଶ୍ରୀ ମୋହନ ଭଗଓ୍ୱତ, ଅର୍‌ଏସ୍‌ଏସ୍ ଏବଂ ଯୋଗୀଙ୍କ ଘନିଷ୍ଠ ସହଯୋଗୀ ଦ୍ୱାରକା ପ୍ରସାଦ ତିଓ୍ୱାରୀ ଓ ପ୍ରଦୀପ ରାଓ ପ୍ରମୁଖ

ଯୋଗୀ ଆଦିତ୍ୟନାଥଙ୍କ ସହିତ ବରିଷ୍ଠ ନେତା ଏଲ୍.କେ. ଆଡଭାନୀ

ଭାରତୀୟ ଜନତା ପାର୍ଟିର ଅଧ୍ୟକ୍ଷ ଅମିତ ଶାହଙ୍କ ସହିତ ଯୋଗୀ ଆଦିତ୍ୟନାଥ

ଉତ୍ତରପ୍ରଦେଶର ୨୧ତମ ମୁଖ୍ୟମନ୍ତ୍ରୀ ଭାବେ ଶପଥ ଗ୍ରହଣ କରିବା ଅବସରରେ ଯୋଗୀ ଆଦିତ୍ୟନାଥ

ଯୋଗୀ ଆଦିତ୍ୟନାଥ ଉତ୍ତର ପ୍ରଦେଶର ମୁଖ୍ୟମନ୍ତ୍ରୀ ଭାବେ ଶପଥ ନେବା ପରେ
ପ୍ରଧାନମନ୍ତ୍ରୀ ନରେନ୍ଦ୍ର ମୋଦିଙ୍କ ସହିତ ଆଲୋଚନାରତ

ରାମଦେବ ବାବାଙ୍କ ସହିତ ଏକ ଯୋଗ କାର୍ଯ୍ୟକ୍ରମରେ ଭାଗନେବା ଅବସରରେ ଯୋଗୀ ଆଦିତ୍ୟନାଥ

୫, କାଳିଦାସ ମାର୍ଗ, ଲକ୍ଷ୍ନୌଠାରେ ଯୋଗୀ ଆଦିତ୍ୟନାଥ ତାଙ୍କର ଘନିଷ୍ଠ ସହଯୋଗୀ ରାଜଭୂଷଣ ସିଂହ ରାୱତଙ୍କ ସହିତ

ମୁଖ୍ୟମନ୍ତ୍ରୀ ନିବାସସ୍ଥଳୀରେ ଯୋଗୀ ଆଦିତ୍ୟନାଥଙ୍କ ସହିତ ବିଜେପି, ୟୁପି ଅର୍ଗାନାଇଜେସନାଲ୍ ସେକ୍ରେଟାରୀ ସୁନିଲ ବଂଶଲ

ଯୋଗୀ ଆଦିତ୍ୟନାଥ ଫେସ୍‌ବୁକ୍‌ରେ ଖୁବ୍ ସକ୍ରିୟ । ରାଷ୍ଟ୍ରପତି ଶ୍ରୀ ରାମନାଥ କୋଭିନ୍ଦଙ୍କ ସହିତ ତାଙ୍କର ସାକ୍ଷାତକୁ ଫେସ୍‌ବୁକ୍‌ରେ ପୋଷ୍ଟ କରିଛନ୍ତି

ଯୋଗୀ ଆଦିତ୍ୟନାଥ ଟୁଇଟର୍‌ରେ ମଧ୍ୟ ସକ୍ରିୟ । ସଦ୍‌ଗୁରୁ ଜାଗୀ ବସୁଦେବଙ୍କ ସହିତ ତାଙ୍କର ଏକ ସାକ୍ଷାତକୁ ଟୁଇଟର୍‌ରେ ପୋଷ୍ଟ କରିଛନ୍ତି

ଦ୍ୱିତୀୟ ଭାଗ

ଯୋଗୀ ଆଦିତ୍ୟନାଥ ଗୋରଖପୁରରୁ ୫ ଥର ସାଂସଦ

ନିୟମ ଅନୁଯାୟୀ ରାଜ୍ୟର ମୁଖ୍ୟମନ୍ତ୍ରୀ କିମ୍ବା ମନ୍ତ୍ରୀ ଭାବେ ଶପଥ ନେଇଥିବା ବ୍ୟକ୍ତି ଯଦି ରାଜ୍ୟ ବିଧାନସଭା କିମ୍ବା ବିଧାନମଣ୍ଡଳର ସଦସ୍ୟ ହୋଇନଥାନ୍ତି, ତେବେ ତାଙ୍କୁ ଛଅ ମାସ ମଧ୍ୟରେ ନିର୍ବାଚିତ ହେବାକୁ ହୁଏ । ଏହା ଏପର୍ଯ୍ୟନ୍ତ ସ୍ପଷ୍ଟ ହୋଇନଥିଲା କି ଯୋଗୀଜୀ ବିଧାନସଭାକୁ ନିର୍ବାଚିତ ହୋଇ ଯିବେ ନା ଅଖିଲେଶ ଓ ମାୟାବତୀଙ୍କ ପରି ବିଧାନପରିଷଦ ଦ୍ୱାରା ଚୟନ ହୋଇଯିବେ ।[୩୨]

ଉତ୍ତରପ୍ରଦେଶର ମୁଖ୍ୟମନ୍ତ୍ରୀ ଭାବେ ଶପଥ ନେବାର ଦୁଇଦିନ ପରେ ଯୋଗୀ ଆଦିତ୍ୟନାଥ ସଂସଦର ବଜେଟ ଅଧିବେଶନରେ ଯୋଗ ଦେଇଥିଲେ । ବଜେଟ ଅଧିବେଶନରେ ଭାଗ ନେଲା ବେଳେ ସେ ସଂସଦରେ ନିଜ ବିଦାୟୀ ଅଭିଭାଷଣ ମଧ୍ୟ ରଖିଥିଲେ ।

ସଂସଦରେ ଯୋଗୀଙ୍କ ବିଦାୟୀ ଅଭିଭାଷଣ

ଅଧ୍ୟକ୍ଷ ମହୋଦୟା । ଆର୍ଥିକ ବିଲ୍ ଉପରେ ମତେ କହିବାକୁ ସୁଯୋଗ ଦେଇଥିବାରୁ ମୁଁ ଆପଣଙ୍କୁ ଧନ୍ୟବାଦ ଜଣାଉଛି । ମୁଁ ମୋ ଦଳର ନେତା ତଥା ଏ ଦେଶର ଯଶସ୍ୱୀ ପ୍ରଧାନମନ୍ତ୍ରୀ ଶ୍ରୀ ନରେନ୍ଦ୍ର ମୋଦିଙ୍କୁ ମଧ୍ୟ ଧନ୍ୟବାଦ ଜଣାଉଛି । ମୋ ଦଳ ତରଫରୁ ଏହି ଗୁରୁତ୍ୱପୂର୍ଣ୍ଣ ବିଷୟରେ କହିବାକୁ ସୁଯୋଗ ଦେଇଥିବାରୁ ମୁଁ ସଂସଦୀୟ ବ୍ୟାପାର ମନ୍ତ୍ରୀ ଶ୍ରୀ ଅନନ୍ତ କୁମାରଙ୍କୁ ମୋର ଧନ୍ୟବାଦ ଜଣାଉଛି । ଅଧ୍ୟକ୍ଷ ମହୋଦୟା ! ସମଗ୍ର ଦେଶରେ ଅବିଶ୍ୱାସର ପରିବେଶ ସହିତ ଅଭିବୃଦ୍ଧି ହାର ହ୍ରାସ ଥିବା ଏକ ଅସ୍ଥିର

ଅର୍ଥନୀତି ଉତ୍ତରାଧିକାର ସୂତ୍ରରେ ପାଇ ନରେନ୍ଦ୍ର ମୋଦି ସରକାର ଆରମ୍ଭ କରିଥିଲେ। ଅତ୍ୟଧିକ ସାହସ ଏବଂ ନିଷ୍ଠା ସହିତ ଲୋକଙ୍କ କଲ୍ୟାଣ ପାଇଁ ଭଲ ଶାସନ ପାଇଁ ଏବଂ ଦେଶର ଅଭିବୃଦ୍ଧି ହାତ ବୃଦ୍ଧି ଦିଗରେ କାର୍ଯ୍ୟ କରିବା ପାଇଁ ଦୃଢପ୍ରତିଜ୍ଞ ହୋଇ ମୋଦିଜୀ ସରକାର ଗଠନ କରିଛନ୍ତି। ଏହି କାରଣରୁ ସେ କେବଳ ଭାରତ ନୁହେଁ ବରଂ ବିଶ୍ୱର ସମସ୍ତ ଗଣତାନ୍ତ୍ରିକ ଦେଶରେ ଆଦର୍ଶ ହୋଇପାରିଛନ୍ତି। ସେଥିପାଇଁ ସମଗ୍ର ବିଶ୍ୱରେ ଯେଉଁଠି ବି ନିର୍ବାଚନ ହେଉଛି, ବିଶ୍ୱସ୍ତରୀୟ ନେତାମାନେ ଆମ ପ୍ରଧାନମନ୍ତ୍ରୀ ଶ୍ରୀ ନରେନ୍ଦ୍ର ମୋଦୀଙ୍କୁ ସେମାନଙ୍କର ଆଦର୍ଶ ଭାବେ ଉପସ୍ଥାପନ କରୁଛନ୍ତି। ଏକ ଆଦର୍ଶ ଉନ୍ନୟନର ଢାଞ୍ଚା କିପରି ହେବା ଉଚିତ ଲୋକେ ବର୍ତ୍ତମାନ ଭାରତଠାରୁ ତାହା ଦେଖିବାକୁ ଚାହୁଁଛନ୍ତି।

୨୦୧୪ରେ ନୂତନ ସରକାର ଅତ୍ୟନ୍ତ ପ୍ରତିକୂଳ ପରିସ୍ଥିତିରେ କାର୍ଯ୍ୟଭାର ଗ୍ରହଣ କରିଥିଲା। ମୋଟ ଘରୋଇ ଉତ୍ପାଦନର ୮.୯ ଶତକଡା ଆର୍ଥିକ ନିଅଣ୍ଟ, ୨.୮% ରାଜସ୍ୱ ନିଅଣ୍ଟ ୪.୬% ସାମ୍ପ୍ରତିକ ଆକାଉଣ୍ଟ ନିଅଣ୍ଟ ଥିଲା ଏବଂ ମୁଦ୍ରାସ୍ଫୀତି ୧୧.୨ ଶତକଡା ହାରରେ ବୃଦ୍ଧି ପାଉଥିଲା। ଏହିପରି ପରିସ୍ଥିତିରେ ଆମ ଯଶସ୍ୱୀ ପ୍ରଧାନମନ୍ତ୍ରୀ ଶ୍ରୀ ନରେନ୍ଦ୍ର ମୋଦି କାର୍ଯ୍ୟଭାର ଗ୍ରହଣ କଲେ ଏବଂ ଗତ ୩ ବର୍ଷ ଧରି ଅତ୍ୟନ୍ତ ସଫଳତାର ସହ ଦେଶର ଆର୍ଥିକ ବୃଦ୍ଧି ହାତ ୮ ରୁ ୮.୫ % ଭିତରେ ରଖିବାକୁ ସମର୍ଥ ହୋଇଛନ୍ତି। ବିମୁଦ୍ରୀକରଣ ପରେ ଏହାର ଫଳାଫଳ କ'ଣ ହେବ ବୋଲି ଜାଣିବାକୁ ଅନେକ ଉତ୍ସୁକ ଥିଲେ ଏବଂ ଦେଖାଗଲା ଯେ ବିମୁଦ୍ରୀକରଣ ସତ୍ତ୍ୱେ ବୃଦ୍ଧି ଦର ୭.୯ %ରୁ ଅଧିକ ରହିଛି। ଭାରତ ଭଳି ଏକ ବିକାଶଶୀଳ ଅର୍ଥନୀତି ଥିବା ଦେଶର ଏ ସଫଳତାରେ ସାରା ବିଶ୍ୱ ଆଚମ୍ବିତ ହୋଇଛି ଏବଂ ଆମ ଅର୍ଥନୀତିକୁ ସଫଳତାର ସହ ନୂଆ ଜୀବନ ଦେଇଥିବାରୁ ମୁଁ ମାନନୀୟ ଅର୍ଥମନ୍ତ୍ରୀଙ୍କୁ ଶୁଭେଚ୍ଛା ଜଣାଉଛି। ଅର୍ଥନୀତିରେ ପୁନର୍ଜୀବନ ବ୍ୟତୀତ, ସମାନ ବ୍ୟବଧାନରେ ଅନେକ କଲ୍ୟାଣକାରୀ ଯୋଜନା ମଧ୍ୟ ଘୋଷଣା କରାଯାଇଛି ଏବଂ କାର୍ଯ୍ୟକାରୀ ହୋଇଛି। ଏହି ନୀତିଗୁଡିକ ୨୦୧୪ ପୂର୍ବରୁ ମଧ୍ୟ ବିଦ୍ୟମାନ ଥିବା କହି କିଛି ସଦସ୍ୟ ସନ୍ଦେହ କରୁଥିବାରୁ ମୁଁ ଏହି ନୀତିମାନଙ୍କ ମଧ୍ୟରୁ କିଛି ନୀତି ଉପରେ ଆଲୋକପାତ କରିବାକୁ ଚାହେଁ।

ନିର୍ବାଚନ ଓ ନିର୍ବାଚନ ପରବର୍ତ୍ତୀ ବକ୍ତବ୍ୟରେ ମାନନୀୟ ପ୍ରଧାନମନ୍ତ୍ରୀ ପୂର୍ଣ୍ଣ ବିଶ୍ୱାସର ସହ ଉଲ୍ଲେଖ କରିଛନ୍ତି ଯେ ତାଙ୍କ ସରକାର ଜାତି ଓ ଧର୍ମର କୌଣସି ପକ୍ଷପାତ ନ କରି କୃଷକ ଓ ଅସହାୟ ଲୋକଙ୍କୁ ସାହାଯ୍ୟ କରିବା ପାଇଁ ଉତ୍ସର୍ଗୀକୃତ ହେବ। ଅଧକ୍ଷା ମହୋଦୟା, ୧୯୯୬-୯୮ରେ ଏକ ଜାତୀୟ ବିପତ୍ତି ସମୟରେ

ପ୍ରଭାବିତ କୃଷକମାନଙ୍କୁ ଭେଟିବାର ଏକ ସୁଯୋଗ ମତେ ମିଳିଥିଲା ଓ ଏହା ମୋର ସ୍ପଷ୍ଟ ମନେ ଅଛି। ମୁଁ ଦେଖିଥିଲି ଯେ ସରକାର କୃଷକମାନଙ୍କୁ ୧୦୦୦ ଟଙ୍କାର ଚେକ୍ ବାଣ୍ଟୁଥିଲେ। କିନ୍ତୁ ସେତେବେଳେ ଅନେକ କୃଷକଙ୍କର ବ୍ୟାଙ୍କ ଖାତା ନଥିଲା। ପ୍ରଥମେ ୫୦୦ ଟଙ୍କା ସର୍ବନିମ୍ନ ଜମା ରଖି ଖାତା ଖୋଲିଲେ ସେମାନଙ୍କ ଚେକ୍ ଜମା ହୋଇପାରିବ ବୋଲି ବ୍ୟାଙ୍କ ପକ୍ଷରୁ କୃଷକମାନଙ୍କୁ କୁହାଗଲା। ଏ ସମ୍ବନ୍ଧରେ ପୂର୍ବରୁ କୌଣସି ସରକାର ଚିନ୍ତା କରିନଥିଲେ କିନ୍ତୁ ଜନଧନ ଯୋଜନା ସାହାଯ୍ୟରେ ପ୍ରାୟ ୨୫ କୋଟି ଅଭାବୀ ଲୋକ ଏବଂ ସେମାନଙ୍କ ପରିବାରକୁ ବ୍ୟାଙ୍କ ଖାତା ଖୋଲିବାରେ ସହାୟକ ହେଲା। ଏହା ଏହି ସରକାରଙ୍କର ଗରିବଙ୍କ ପ୍ରତି ଥିବା ସକରାତ୍ମକ ପ୍ରବୃତ୍ତିକୁ ଦର୍ଶାଉଛି। ପରବର୍ତ୍ତୀ ସମୟରେ ଘୋଷଣା ହୋଇଥିବା ଡିଜିଟାଲ ଇଣ୍ଡିଆ ଓ ଷ୍ଟାଣ୍ଡ ଅପ୍ ଇଣ୍ଡିଆ ପରି ଯୋଜନା ସବୁ ଯୁବଶକ୍ତିର ଜ୍ଞାନବର୍ଦ୍ଧନ ପାଇଁ ହୋଇଛି। ଯୁବଶକ୍ତିଙ୍କୁ ଅଧିକ ଯୋଗ୍ୟ କରିବାକୁ ସରକାର 'ପ୍ରଧାନମନ୍ତ୍ରୀ ମୁଦ୍ରା ବ୍ୟାଙ୍କ ଯୋଜନା' ପ୍ରଣୟନ କରିଛନ୍ତି। 'ପ୍ରଧାନମନ୍ତ୍ରୀ ଉଜ୍ଜ୍ୱଳା ଯୋଜନା' ପରି ଏକ ଅଦ୍ଭୁତ ଯୋଜନା ଗ୍ରାମୀଣ ମହିଳାମାନଙ୍କ ପାଇଁ ଆରମ୍ଭ ହୋଇଛି। ଆମର ଗ୍ରାମୀଣ ପରିଦର୍ଶନ ସମୟରେ ଜଣେ ଗ୍ରାମୀଣ ମହିଳା ଆମକୁ କହିଲେ ଯେ ଉଜ୍ଜ୍ୱଳା ଯୋଜନା ଦ୍ୱାରା ପ୍ରଧାନମନ୍ତ୍ରୀ ରନ୍ଧନ ଗ୍ୟାସ ସିଲିଣ୍ଡର ଯୋଗାଇ ଦେବାରୁ ତାଙ୍କର ଆଉ ଜାଳେଣି କାଠ ପାଇଁ ଭାଳେଣି ନାହିଁ ବୋଲି କହିଲେ।

ଆମେ ଯେତେବେଳେ ଆର୍ଥିକ ବିଲ ଉପରେ ଆଲୋଚନା କରୁଛନ୍ତି ସେତେବେଳେ ଆମେ ଜାଣୁ ଯେ ଦେଶର ପୂର୍ବ ଭାଗ ସର୍ବଦା ଅଣାଦେଖା ଓ ଅବିକଶିତ ହୋଇ ରହିଛି। ମୁଁ ୧୯୯୮ରୁ ପୂର୍ବ ଉତ୍ତରପ୍ରଦେଶରୁ ଏହି ସଦନକୁ ନିର୍ବାଚିତ ହୋଇ ଆସୁଛି ଏବଂ ପୂର୍ବ ଉତ୍ତରପ୍ରଦେଶର ସମସ୍ୟା ବାବଦରେ ଏ ସଦନରେ ମୋର ବାରମ୍ବାର କରିବା ସତ୍ତ୍ୱେ କେହି ଏ ବିଷୟରେ ଶୁଣିନାହାନ୍ତି। ଗତ ୨୬ ବର୍ଷ ଧରି ଗୋରଖପୁରର ସାର କାରଖାନା ବନ୍ଦ ହୋଇଯାଇଛି ଏବଂ ମୁଁ ଯେତେବେଳେ ଏ ସମ୍ପର୍କରେ ମୋ ଭାବନା ଏହି ସହଜରେ ବ୍ୟକ୍ତ କରିଛି। ମତେ ଉତ୍ତର ମିଳିଛି ଆମେ ଏ ସମ୍ବନ୍ଧରେ କିଛି ନୀତି ପ୍ରଣୟନ କରିବୁ ବା ଆମେ କେମିତି ଏକ ବନ୍ଦ ହୋଇଥିବା ଶିଳ୍ପକୁ ଚାଲୁକରିପାରିବୁ? ବର୍ତ୍ତମାନ ଆମ ପ୍ରିୟ ପ୍ରଧାନମନ୍ତ୍ରୀ କେବଳ ସେହି କାରଖାନାକୁ ଖୋଲିବାରେ ନୁହେଁ ବରଂ ସେଠାରେ କିପରି କାମ ଚାଲୁ ରହିବ ସେ ସମ୍ବନ୍ଧରେ ପଦକ୍ଷେପ ନେଇଥିବାରୁ ମୁଁ ତାଙ୍କୁ ଧନ୍ୟବାଦ ଜଣାଉଛି। ୨୦୧୯ ପୂର୍ବରୁ ବରାଉଣି ଏବଂ ସିନ୍ଧ୍ରି ସାର କମ୍ପାନୀର କାରଖାନା ମଧ୍ୟ ଗୋରଖପୁରରେ ପ୍ରତିଷ୍ଠା ହେବ।

ପୂର୍ବ ଉତ୍ତରପ୍ରଦେଶରେ ଥିବା ୩୪ଟି ଜିଲ୍ଲାରେ ମସ୍ତିଷ୍କ ଜ୍ୱରର ପ୍ରାଦୁର୍ଭାବ ଏବଂ

ତଦ୍‌ଜନୀତ ଶିଶୁ ମୃତ୍ୟୁ ଉପରେ ଚିନ୍ତା କରି ମୁଁ ବାରମ୍ବାର ଏ ସଦନରେ ଦୃଢ ଭାବେ ମୋ ଦାବୀ ରଖିଛି। ଯେଉଁମାନେ ସବୁବେଳେ ସଂଖ୍ୟାଲଘୁ, ନିମ୍ନ ବର୍ଗ ତଥା ବଞ୍ଚିତ ସମ୍ପ୍ରଦାୟ ବିଷୟରେ କଥାବାର୍ତ୍ତା କରନ୍ତି, ସେମାନଙ୍କର ଏହି ନିରୀହ ପିଲାମାନଙ୍କର ମୃତ୍ୟୁ ବିଷୟରେ ଶବ୍ଦଟିଏ ବି ଉଚ୍ଚାରଣ ନ କରିବା ଦେଖି ମୁଁ ଆଶ୍ଚର୍ଯ୍ୟ ହୋଇଥିଲି। ପ୍ରତିବର୍ଷ ମସ୍ତିଷ୍କ ଜ୍ୱରରେ ମୃତ୍ୟୁବରଣ କରୁଥିବା ଶିଶୁମାନଙ୍କ ମଧ୍ୟରୁ ୯୦ ଭାଗ ଏହି ସଂଖ୍ୟାଲଘୁ ଏବଂ ବଞ୍ଚିତ ସମ୍ପ୍ରଦାୟର ଅଟନ୍ତି। କେହି ସେମାନଙ୍କ ପାଖରେ ପହଞ୍ଚିବାକୁ ମଧ୍ୟ ଚେଷ୍ଟା କରିନାହାଁନ୍ତି। ବର୍ତ୍ତମାନ ପ୍ରଧାନମନ୍ତ୍ରୀ ଗୋରଖପୁରକୁ ଅଖିଳ ଭାରତୀୟ ଆର୍ୟୁବିଜ୍ଞାନ ସଂସ୍ଥା ରୂପେ ସର୍ବୋତ୍ତମ ଚିକିତ୍ସା ସୁବିଧା ଦେଇଛନ୍ତି ଏବଂ ଏହା ଖୁବ୍ ଶୀଘ୍ର କାର୍ଯ୍ୟକାରୀ ହେବ। ଆମର ସମ୍ମାନନୀୟ ପୂର୍ବତନ ପ୍ରଧାନମନ୍ତ୍ରୀ ଶ୍ରୀ ଅଟଳ ବିହାରୀ ବାଜପେୟୀଙ୍କ ଦ୍ୱାରା 'ପ୍ରଧାନମନ୍ତ୍ରୀ ଗ୍ରାମ ସଡକ ଯୋଜନା' ନାମରେ ଗ୍ରାମୀଣ ଉନ୍ନୟନ ପାଇଁ ଏକ ଉତ୍ତମ ଯୋଜନା ପ୍ରଣୟନ କରାଯାଇଥିଲା। ସେ ମଧ୍ୟ ବହୁ ଧାରୀୟ ସଡକ ଯୋଜନା ପ୍ରଣୟନ କରିଥିଲେ। ମୋଦି ସରକାରଙ୍କ ସମୟରେ ଉପରୋକ୍ତ ଯୋଜନା ଗୁଡିକ ତ୍ୱରାନ୍ୱିତ ହୋଇଛି।

ବାଚସ୍ପତି ମହୋଦୟା! ୧୯୯୮ରୁ ଏହି ସଦନରେ ମୁଁ ସଂସଦୀୟ ବ୍ୟବସ୍ଥା ଉପରେ ବହୁ କଥା ଶିଖିଛି। ମୋ ଦଳ ମତେ ଉତ୍ତରପ୍ରଦେଶର ଦାୟିତ୍ୱ ଦେଇଛି ଏବଂ ମୁଁ ପ୍ରତିବଦ୍ଧ ଭାବେ ରାଜ୍ୟ ପାଇଁ ମୋର ସେବା ପ୍ରଦାନ କରିଛି। ଗତ ଅଢେଇ ବର୍ଷ ମଧ୍ୟରେ ମୋଦି ସରକାର ଉତ୍ତରପ୍ରଦେଶକୁ ଅଢେଇ ଲକ୍ଷ କୋଟି ଟଙ୍କା ଦେଇଛନ୍ତି କିନ୍ତୁ ଦୁର୍ଭାଗ୍ୟବଶତଃ ପୂର୍ବ ସରକାରଙ୍କର କୌଣସି ବିକାଶ ଭିତ୍ତିଭୂମି ନଥିବାରୁ ମାତ୍ର ୭୮ ହଜାର କୋଟି ଟଙ୍କା ଖର୍ଚ୍ଚ ହୋଇପାରିଛି।

ଉତ୍ତରପ୍ରଦେଶର ଜନସାଧାରଣଙ୍କ ଦ୍ୱାରା ମିଳିଥିବା ଜନାଦେଶ ବିରୋଧୀଙ୍କ ଗାଲରେ ଏକ ଶକ୍ତ ଚାପୁଡା ଦେଇଛି। ବାଚସ୍ପତି ମହୋଦୟା, ମାନନୀୟ ପ୍ରଧାନମନ୍ତ୍ରୀଙ୍କ ମାର୍ଗଦର୍ଶନରେ ଆମେ ଉତ୍ତରପ୍ରଦେଶରେ ଏକ ମଜବୁତ ସରକାର ଗଢିବୁ। ଆମ ସରକାର 'ସବ୍‌କା ସାଥ ସବକା ବିଶ୍ୱାସ' ତତ୍ତ୍ୱକୁ ନେଇ ଏକ ଅନ୍ତର୍ଭୁକ୍ତ ଉନ୍ନୟନ ସଂରଚନା ଗଢିବ। ପ୍ରତ୍ୟେକ ଜାତି, ଧର୍ମ ଏବଂ ବର୍ଗ ପାଇଁ କାମ କରିବାକୁ ଆମେ ସଂକଳ୍ପ ଗ୍ରହଣ କରିବୁ। ଆମେ ପ୍ରତ୍ୟେକ ବ୍ୟକ୍ତି ଏବଂ ପ୍ରତ୍ୟେକ ଅଞ୍ଚଳରେ ଉନ୍ନୟନ ପାଇଁ କାମ କରିବୁ। ଏ ଯାବତ୍ ଖର୍ଚ୍ଚ ହୋଇନଥିବା ବଜେଟକୁ ଆମେ ରାଜ୍ୟର ଉନ୍ନୟନ ପାଇଁ ଖର୍ଚ୍ଚ କରିବୁ।

୧୯୯୮ରେ ଏ ସଦନକୁ ପ୍ରଥମଥର ପାଇଁ ଆସିଲା ବେଳେ ମୁଁ ୨୬ ବର୍ଷର ଜଣେ କ୍ଷୀଣକାୟ ଯୁବକ ଥିଲି ଓ ସେ ସମୟରେ ଗୋରଖପୁରର ଅବସ୍ଥା ମୋର ଏ

ଯାଏ ମନେ ଅଛି। ସେ ସମୟର ଏକ ଘଟଣା ମୁଁ ଆପଣମାନଙ୍କୁ କହିବା ପାଇଁ ଚାହିଁବି। ମୁଁ ତତ୍କାଳୀନ ସାର ଓ ରସାୟନିକ ପଦାର୍ଥମନ୍ତ୍ରୀ ଶ୍ରୀ ସୁରଜିତ ସିଂ ବର୍ଣ୍ଣାଲାଙ୍କ ସହ ସାକ୍ଷାତ କରିବାର ଏକ ସୁଯୋଗ ପାଇଥିଲି। ଯେତେବେଳେ ମୁଁ ତାଙ୍କୁ ଭେଟିଲି ସେ ଦୀର୍ଘ ସମୟ ଧରି ମତେ ଦେଖିଲେ ଏବଂ ପଚାରିଲେ ଯେ ମୁଁ କ'ଣ ସତରେ ଗୋରଖପୁରରୁ ଜିତିକି ଆସିଛି ? ମୁଁ ଯେତେବେଳେ ହଁ କହିଲି ସେ ମତେ ଆଉଥରେ ପଚାରିଲେ ସତରେ ଗୋରଖପୁରରୁ ଆସିଛ କି? ମୁଁ ଆଉଥରେ ହଁ କହିଲି। ସେ ମତେ ତୃତୀୟ ଥର ପାଇଁ ପଚାରିଲେ ଯେ ସତରେ କ'ଣ ମୁଁ ଗୋରଖପୁରରୁ ନିର୍ବାଚିତ ହୋଇଛି ଏବଂ ମୁଁ ହଁ କହିଲା ପରେ ତାଙ୍କୁ ପଚାରିଲି ଯେ ସେ ଏତେ ଥର କାହିଁକି ଏକଥା ପଚାରୁଛନ୍ତି। ସେ କହିଲେ ଯେ ଥରେ ସେ ନିର୍ବାଚନ ରାଲିରେ ଗୋରଖପୁର ଯାଇଥିଲେ ଏବଂ ଦୁଇ ପଟରୁ ବୋମା ମାଡ ହେବାରୁ ସେ ଶୀଘ୍ର ସେଠାରୁ ଚାଲିଆସିଲେ ଓ ଆଉ କେବେ ଗୋରଖପୁର ଯାଇନାହାନ୍ତି। ଏହାହିଁ ଗୋରଖପୁରର ଛବି ଥିଲା। ଲୋକମାନଙ୍କର ମୋ ସହର ଉପରେ ଥିବା ଧାରଣାକୁ ଦେଖି ମୁଁ ଲଜ୍ଜିତ ଓ ଆଶ୍ଚର୍ଯ୍ୟ ହେଲି। ମୁଁ ଗୋରଖପୁର ଫେରି ସ୍ଥାନୀୟ ବ୍ୟବସାୟୀ ଓ ସାମାଜିକ ସଂସ୍ଥା ମାନଙ୍କୁ ଡାକିଲି ଏବଂ ଏ ଲଜ୍ଜାକର ଘଟଣା ବାବଦରେ କହିଲି। ମୁଁ ମୋ ସହରର ଏ ଛବିକୁ ବଦଳାଇବାକୁ ସମସ୍ତଙ୍କୁ ଚେଷ୍ଟା କରିବାକୁ କହିଲି। ବାଚସ୍ପତି ମହୋଦୟା ! ବର୍ତ୍ତମାନ କିନ୍ତୁ ମୁଁ ବିଶ୍ୱାସର ସହ କହିବି ଯେ ଗତ ୧୫ ବର୍ଷ ହେଲା ଗୋରଖପୁରର ଜଣେ ହେଲେ ବ୍ୟବସାୟୀ ଗୁଣ୍ଡା କର (ସ୍ଥାନୀୟ ଗୁଣ୍ଡାମାନଙ୍କ ଦ୍ୱାରା ପ୍ରବର୍ତ୍ତିତ କର) ଦେଉନାହାନ୍ତି। ଜଣେ ହେଲେ ବ୍ୟବସାୟୀ କିମ୍ବା ଡାକ୍ତର ଅପହରଣ ହୋଇନାହାଁନ୍ତି ଏବଂ ଆମେ କାହାରିକୁ ଆମ ସହରରେ ବିଶୃଙ୍ଖଳା ସୃଷ୍ଟି କରିବାକୁ ସୁଯୋଗ ଦେଇନାହୁଁ। ଦୁର୍ଭାଗ୍ୟବଶତଃ ଆମ୍ଭେମାନେ ୧୫ ବର୍ଷ ପୂର୍ବରୁ ଗୋରଖପୁର ବିଷୟରେ ଯାହା ଶୁଣୁଥିଲୁ, ଏବେ ଆମେ ତାହା ସମ୍ପୂର୍ଣ୍ଣ ଉତ୍ତରପ୍ରଦେଶ ବାବଦରେ ଶୁଣିବାକୁ ଯାଉଛୁ। ଗତ ପାଞ୍ଚ ବର୍ଷରେ ଉତ୍ତରପ୍ରଦେଶରେ ବହୁ ଦଙ୍ଗା ହୋଇଛି କିନ୍ତୁ ପୂର୍ବ ଉତ୍ତରପ୍ରଦେରେ କୌଣସି ଦଙ୍ଗା ହୋଇନାହିଁ ଏବଂ ଆମେ ସମଗ୍ର ଉତ୍ତରପ୍ରଦେଶକୁ ଦଙ୍ଗା ଓ ଅପରାଧ ମୁକ୍ତ କରିବୁ ବୋଲି ସଦନକୁ ପ୍ରତିଶ୍ରୁତି ଦେଇଛୁ।

ଲୋକେ ସର୍ବଦା ମୋ ବୟସ ବିଷୟରେ କଥାକୁହନ୍ତି। ମୁଁ ମାନନୀୟ ରାହୁଲ ଗାନ୍ଧୀଙ୍କ ଠୁ ବର୍ଷେ ଛୋଟ ଓ ଅଖିଳେଶ ଯାଦବଙ୍କ ଠୁ ବର୍ଷେ ବଡ। ମୁଁ ସେମାନଙ୍କ ମଝିରେ ଆସିଲି ଏବଂ ମୁଁ ଭାବୁଛି ଏହା ସେମାନଙ୍କ ହାରିବାର କାରଣ ହେଲା (ସମଗ୍ର ସଦନରେ ହାସ୍ୟରୋଳ) କିନ୍ତୁ ମୁଁ ଆପଣ ସମସ୍ତଙ୍କୁ ଉତ୍ତରପ୍ରଦେଶକୁ ନିମନ୍ତ୍ରଣ କରୁଛି। ଆପଣମାନେ ସମସ୍ତେ ମତେ ବହୁତ ସ୍ନେହ ଶ୍ରଦ୍ଧା ଦେଇଛନ୍ତି। ମୁଁ ଏ ସଦନରୁ ବହୁତ

କଥା ଶିଖିଛି। ବାସ୍ତବରେ ଏହି ସଦନରୁ ଶିଷ୍ଟାଚାର ଏବଂ ବ୍ୟବହାର ଶିଖି ହେବ। ପ୍ରଥମ ଥର ପାଇଁ ନିର୍ବାଚିତ ହୋଇ ଆସିଲା ବେଳେ ମୁଁ ସଦନର ସମସ୍ତଙ୍କ ବ୍ୟବହାର ସମ୍ବନ୍ଧରେ ବିଚଳିତ ଓ ସନ୍ଦେହି ଥିଲି। କିନ୍ତୁ ସଂସଦୀୟ ପରିସରକୁ ପଶିଲା ପରେ ମୁଁ ପ୍ରତ୍ୟେକ ସଦସ୍ୟ ଓ କର୍ମଚାରୀଙ୍କ ନିକଟରେ ଏକ ଭିନ୍ନ ଧରଣର ଦୟାର୍ଦ୍ର ହୃଦୟପୂର୍ଣ୍ଣ ବ୍ୟବହାର ଦେଖିଲି। ବାହାରେ ସଂସଦର ଏକ ଭିନ୍ନ ଛବି ସୃଷ୍ଟି ହୋଇଥିବାରୁ ଏକଥା ସମସ୍ତଙ୍କୁ କହିବା ଆବଶ୍ୟକ। ଗୃହ ମଧ୍ୟରେ ଆମେ ସମସ୍ତେ ପରସ୍ପର ସହ ଉଚ୍ଚ ସ୍ୱରରେ ଯୁକ୍ତି ଓ ତର୍କ କରୁ। ଏହା ଗଣତନ୍ତ୍ରର ଏକ ଅଂଶ, କିନ୍ତୁ ସଂସଦ ବାରଣ୍ଡାରେ ଦେଖା ହେଲେ ଆମେ ପରସ୍ପରକୁ ସ୍ୱାଗତ କରୁ ଏବଂ ଆଲିଙ୍ଗନ କରୁ। ଆମେ ସମସ୍ତେ ନିଜ ନିଜର ସମସ୍ତ ବିଭେଦ ଏହି ଗୃହରେ ଛାଡି ଦେଉ ଏବଂ ବାହାରେ ଆଦର ପୂର୍ବକ ପରସ୍ପର ସହ ସାକ୍ଷାତ କରୁ।

ମୋର ଦଳୀୟ ନେତୃତ୍ୱ ମତେ ଉତ୍ତରପ୍ରଦେଶର ଦାୟିତ୍ୱ ଦେଇଛନ୍ତି ଏବଂ ମୁଁ ଆପଣ ସମସ୍ତଙ୍କୁ ସେଠାକୁ ଆସିବାକୁ ନିମନ୍ତ୍ରଣ କରୁଛି। ଉତ୍ତରପ୍ରଦେଶ ଆପଣମାନଙ୍କୁ ଖୋଲା ହୃଦୟରେ ସ୍ୱାଗତ କରୁଛି। ଆମ ସମସ୍ତଙ୍କ ପ୍ରିୟ ପ୍ରଧାନମନ୍ତ୍ରୀ ମଧ୍ୟ ଉତ୍ତରପ୍ରଦେଶରୁ ନିର୍ବାଚିତ ହୋଇଛନ୍ତି ଏବଂ ଖୁବ୍ ଶୀଘ୍ର ଏହି ରାଜ୍ୟ ଭ୍ରଷ୍ଟାଚାର ଓ ବିଶୃଙ୍ଖଳା ମୁକ୍ତ ରାଜ୍ୟ ଭାବେ ସାରା ଦେଶରେ ପରିଗଣିତ ହେବ। ଉତ୍ତରପ୍ରଦେଶରେ ବର୍ତ୍ତମାନ ଅନେକ କଥା ବନ୍ଦ ହୋଇଯିବ ଏବଂ ମା ଭଉଣୀମାନଙ୍କୁ ଏପରି କୌଣସି ପରିସ୍ଥିତିର ସମ୍ମୁଖୀନ ହେବେ ନାହିଁ, ଯେଉଁଥି ପାଇଁ ସେମାନଙ୍କୁ ବାରଦୁଆର ବୁଲି ସାହାଯ୍ୟ ଭିକ୍ଷା କରିବାକୁ ହେବ। ଆମେ ଉତ୍ତରପ୍ରଦେଶରେ ଏପରି ଦୃଢ ଭିତ୍ତିଭୂମି ତିଆରି କରିବୁ ଯେ, ଯୁବଶକ୍ତିଙ୍କୁ ଆଉ ପ୍ରବାସୀ ହେବାକୁ ପଡିବ ନାହିଁ। ମୁଁ ସମଗ୍ର ସଦନକୁ ଉତ୍ତରପ୍ରଦେଶକୁ ନିମନ୍ତ୍ରଣ କରୁଛି।

ବାଚସ୍ପତି ମହୋଦୟା ! ଆପଣ ଆମ ସମସ୍ତଙ୍କୁ ଏହି ସଦନରେ ଖୁବ୍ ସ୍ନେହ ଆଦର ଦେଇଛନ୍ତି। ଆପଣ ସର୍ବଦା ଏହି ସଦନକୁ ଦକ୍ଷତାର ସହ ଚଳାଇଛନ୍ତି ଏବଂ ପ୍ରତ୍ୟେକ ନୂତନ ସଦସ୍ୟଙ୍କୁ ଆଗକୁ ବଢିବାର ସମ୍ପୂର୍ଣ୍ଣ ସୁଯୋଗ ପ୍ରଦାନ କରିଛନ୍ତି ଏବଂ ମୁଁ ସେଥିପାଇଁ ଆପଣଙ୍କୁ ଧନ୍ୟବାଦ ଜଣାଉଛି। ଆମ ପ୍ରିୟ ପ୍ରଧାନମନ୍ତ୍ରୀ ଉତ୍ତରପ୍ରଦେଶ ପାଇଁ ଦେଖିଥିବା ସବୁ ସ୍ୱପ୍ନ ଖୁବ୍ ଶୀଘ୍ର ବାସ୍ତବ ରୂପ ନେବ। ଏହା ସହିତ ମୁଁ ଆପଣ ସମସ୍ତଙ୍କୁ ଆଉ ଥରେ ଧନ୍ୟବାଦ ଦେଉଛି। ତାଙ୍କ ଭାଷଣରେ କିଛି ହାସ୍ୟରସ, କିଛି ବ୍ୟଙ୍ଗ ଏବଂ କିଛି ଗହନ କଥା ଥିଲା। ଜଣେ ସାଂସଦ ଭାବେ ତାଙ୍କର ଯାତ୍ରା, ପ୍ରାୟ ଦୁଇ ଦଶନ୍ଧି ଧରି ଗୋରଖପୁରଠାରେ ତାଙ୍କର କାମ, ସଂସଦୀୟ ବ୍ୟବସ୍ଥା ଉପରେ ଥିବା ତାଙ୍କ ଦୃଢ ଆସ୍ଥା, ନିଜ ସାଥୀ ସାଂସଦମାନଙ୍କ ସହ ତାଙ୍କର ଭାବବନ୍ଧନ ଏବଂ

ପୂର୍ବ ପ୍ରଧାନମନ୍ତ୍ରୀ ଶ୍ରୀ ଅଟଳ ବିହାରୀ ବାଜପେୟୀ ତଥା ବର୍ତ୍ତମାନର ପ୍ରଧାନମନ୍ତ୍ରୀ ଶ୍ରୀ ନରେନ୍ଦ୍ର ମୋଦିଙ୍କ ମହାନ ଦର୍ଶନ ଦ୍ୱାରା ଅନୁପ୍ରାଣିତ ହୋଇଥିବା ବିଷୟରେ ଯୋଗୀ ଆଦିତ୍ୟନାଥ ତାଙ୍କ ବକ୍ତବ୍ୟରେ କହିଲେ। ଏକ ଭିନ୍ନ ରଚନାକାର ଭାବେ ଯୋଗୀଙ୍କୁ ଦେଖିବା ସମସ୍ତଙ୍କ ପାଇଁ ଅତ୍ୟନ୍ତ ସୁଖଦ ଥିଲା।

ଗୋରଖପୁର ଲୋକସଭା ଆସନର ନିର୍ବାଚନ କଥା

୧୯୯୬ ମସିହାରେ ମହନ୍ତ ଅଭେଦ୍ୟନାଥଙ୍କ ନିର୍ବାଚନ ପରିଚାଳନା ଦାୟିତ୍ୱ ସହ ଯୋଗୀ ଆଦିତ୍ୟନାଥଙ୍କ ରାଜନୀତିକ ଯାତ୍ରା ଆରମ୍ଭ ହେଲା। ୧୯୯୮ରେ ଯେବେ ଅଭେଦ୍ୟନାଥ ସକ୍ରିୟ ରାଜନୀତିରୁ ଅବସର ନେଲେ, ସେବେ ସେ ଯୋଗୀ ଆଦିତ୍ୟନାଥଙ୍କୁ ପରବର୍ତ୍ତୀ ଲୋକସଭା ନିର୍ବାଚନ ପାଇଁ ନିଜ ଉତ୍ତରାଧିକାରୀ ଭାବେ ଚୟନ କଲେ। ୧୯୯୮ରୁ ଦ୍ୱାଦଶ ଲୋକସଭା ପାଇଁ ମାତ୍ର ୨୬ ବର୍ଷ ବୟସରୁ ୨୦୧୪ ଯାଏ ସାଂସଦ ଭାବେ ଜିତି ଆସୁଥିଲେ। ଯୋଗୀ ଆଦିତ୍ୟନାଥଙ୍କ ରାଜନୈତିକ ଉତ୍‌ଥାନ ପାଇଁ ଗୋରଖପୁର ଜିଲ୍ଲା ଏବଂ ସଂସଦୀୟ ଅଞ୍ଚଳ ବେଶ୍ ଗୁରୁତ୍ୱପୂର୍ଣ୍ଣ। ଗୋରଖପୁରର ଏକ ସମ୍ଭ୍ରାନ୍ତ ଏବଂ ରୋଚକ ନିର୍ବାଚନୀ ଲଢେଇ ଇତିହାସ ଅଛି।

ମହନ୍ତ ଦିଗ୍‌ବିଜୟନାଥ ଏବଂ ଲୋକସଭାରେ ମଠର ପ୍ରଥମ ପ୍ରତିନିଧିତ୍ୱ

ରାଜ୍ୟର ସେହି ଭାଗରେ ଭୋଟରମାନଙ୍କ ମତି ଗତି ସ୍ଥିର କରୁଥିବାରୁ ପୂର୍ବ ଉତ୍ତରପ୍ରଦେଶରେ ଥିବା ଗୋରଖପୁର ଲୋକସଭା ଆସନ ବହୁତ ଗୁରୁତ୍ୱପୂର୍ଣ୍ଣ ଥିଲା। ୧୯୫୨ର ପ୍ରଥମ ସାଧାରଣ ନିର୍ବାଚନ ସମୟରୁ ୧୯୬୭ ଯାଏ ଭାରତୀୟ ଜାତୀୟ କଂଗ୍ରେସ ପ୍ରାର୍ଥୀ ଶ୍ରୀ ସିହାସନ ସିଂ ଗୋରଖପୁର ଲୋକସଭା ମଣ୍ଡଳୀରୁ ପ୍ରତିନିଧିତ୍ୱ କରି ଆସୁଥିଲେ। ୧୯୬୭ରେ ଗୋରଖନାଥ ମଠର ମୁଖ୍ୟ ପୂଜକ ତଥା ହିନ୍ଦୁ ମହାସଭାର ରାଜନେତା ଓ କର୍ମୀ ମହନ୍ତ ଦିଗବିଜୟନାଥ ଏହି ଲୋକସଭା ଆସନ ପାଇଁ ଜଣେ ସ୍ୱାଧୀନ ପ୍ରାର୍ଥୀ ରୂପେ ଭାରତୀୟ ଜାତୀୟ କଂଗ୍ରେସର ଶ୍ରୀ ଏସ୍.ଏଲ ସକ୍ସେନାଙ୍କ ସହ ଲଢିଲେ ଏବଂ ୪୨୭୦୦ ଭୋଟ ବ୍ୟବଧାନରେ ଜିତିଲେ। କୁହାଯାଏ ଯେ ମହନ୍ତ ଦିଗବିଜୟନାଥ ୧୯୪୯ରେ ରାମ ଜନ୍ମଭୂମି ଆନ୍ଦୋଳନର ମୁଖ୍ୟ ପୁରୋଧା ଥିଲେ ଏବଂ ବାବରୀ ମସଜିଦ ଭିତରେ ରାମଲାଲାଙ୍କ ମୂର୍ତ୍ତି ରଖି ଏ କାର୍ଯ୍ୟ ସମାପନ କରିଥିଲେ। ଯଦିଓ ଗୋରଖନାଥ ମଠର ସ୍ଥାନୀୟ ଓ ଆଞ୍ଚଳିକ ରାଜନୀତିରେ ଯଥେଷ୍ଟ ପ୍ରଭାବ ଥିଲା କିନ୍ତୁ ପ୍ରଥମଥର ପାଇଁ ମଠରୁ କେହି ଆନୁଷ୍ଠାନିକ ରାଜନୈତିକ ପ୍ରକ୍ରିୟାରେ ଭାଗ ନେଇଥିଲେ।

ଜାତିରେ ରାଜପୁତ ଏବଂ ଉଦୟପୁରର ଅନାଥ ସନ୍ତାନ ଦିଗବିଜୟନାଥ ୧୮୯୪ରେ ଜନ୍ମ ହୋଇଥିଲେ ଏବଂ ଗୋରଖନାଥ ମଠରେ ପ୍ରତିପାଳିତ ହୋଇଥିଲେ। ୧୯୨୧ରେ ସେ କଂଗ୍ରେସରେ ଯୋଗ ଦେଲେ ଏବଂ ଚୌରିଚୌରା ଘଟଣାରେ ସକ୍ରିୟ ଭାବେ ଭାଗ ନେଇଥିବାରୁ ବନ୍ଦୀ ହେଲେ। ୧୯୩୭ରେ ସାବରକର ହିନ୍ଦୁ ମହାସଭାର ଦାୟିତ୍ୱ ଗ୍ରହଣ କଲା ପରେ ଦିଗବିଜୟନାଥ ଏଥିରେ ଯୋଗ ଦେଇଥିଲେ ଏବଂ ୩ ବର୍ଷ ପରେ ମହନ୍ତ ହେବା ପରେ ସେ ସଂଯୁକ୍ତ ପ୍ରଦେଶ (ବର୍ତ୍ତମାନର ଉତ୍ତରପ୍ରଦେଶ)ର ହିନ୍ଦୁମହାସଭାର ମୁଖ୍ୟ ହେଲେ। ହିନ୍ଦୁ ମହାସଭାର ଅନେକ ସଦସ୍ୟଙ୍କ ପରି ସେ ମହାତ୍ମାଗାନ୍ଧୀଙ୍କୁ ଘୋର ବିରୋଧ କରୁଥିଲେ। ମହାତ୍ମାଗାନ୍ଧୀ ପାକିସ୍ଥାନ ଗଠନ ସପକ୍ଷରେ ନେଇଥିବା ନିଷ୍ପତ୍ତିକୁ ଭୁଲ୍ ବୋଲି କହି ଗାନ୍ଧି ହତ୍ୟାର ମାତ୍ର ତିନି ଦିନ ପୂର୍ବର ଅନେକ ହିନ୍ଦୁ ରାଷ୍ଟ୍ରବାଦୀଙ୍କୁ ଶ୍ରୀ ଦିଗବିଜୟନାଥ ଉତ୍ତେଜିତ କରାଇଥିଲେ ବୋଲି ଅନେକ ଅଭିଯୋଗ କରନ୍ତି। ଫଳସ୍ୱରୂପ ଗାନ୍ଧୀଙ୍କ ହତ୍ୟା ପରେ ମହନ୍ତ ଦିଗବିଜୟନାଥ, ପ୍ରଫେସର ରାମ ସିଂ ଏବଂ ଭି.ବି. ଦେଶପାଣ୍ଡେଙ୍କ ସମେତ ବନ୍ଦୀ ହେଲେ ଏବଂ ଉପଯୁକ୍ତ ପ୍ରମାଣ ଅଭାବରୁ ୯ ମାସ ପରେ ମୁକ୍ତ ହେଲେ। ଗୋରଖନାଥ ମଠର ମହନ୍ତ ଭାବେ ତାଙ୍କ ସ୍ଥିତି ଏବଂ ତାଙ୍କର ରାଜନୀତିକ କୌଶଳ ଦିଗବିଜୟନାଥଙ୍କ ଖୁବ୍ ଶୀଘ୍ର ଉପରକୁ ଉଠିବାରେ ସାହାଯ୍ୟ କରେ। ସେ ଜଣେ ହିନ୍ଦୁ ରାଷ୍ଟ୍ରବାଦୀ ଥିଲେ ଏବଂ ସେ ବିଶ୍ୱାସ କରୁଥିଲେ ଯେ ଦେଶର ଅଂଶ ହୋଇ ରହିବାକୁ ଇଚ୍ଛା କରୁଥିବା ମୁସଲମାନମାନଙ୍କୁ ନିଜ ବିଶ୍ୱସନୀୟତାର ପ୍ରମାଣ ଦେବାକୁ ହେବ।

ମହନ୍ତ ଅଭେଦ୍ୟନାଥ, ମଠରୁ ପ୍ରଥମ ବିଧାୟକ

୧୯୪୦ରେ ମହନ୍ତ ଅଭେଦ୍ୟନାଥ ମହନ୍ତ ଦିଗ୍‌ବିଜୟନାଥଙ୍କ ସଂସ୍ପର୍ଶରେ ଆସିଲେ ଏବଂ ୧୯୪୨ରେ ଅଭେଦ୍ୟନାଥ ଗୋରଖପୁର ମଠର ମହନ୍ତ ହେଲେ। ଯଦିଓ ଆଞ୍ଚଳିକ ସ୍ତରରେ ଗୋରଖପୁର ମଠର ସେ ଅଞ୍ଚଳର ରାଜନୈତିକ ଓ ସାମାଜିକ ବ୍ୟବସ୍ଥାରେ ଯଥେଷ୍ଟ ପ୍ରଭାବ ଥିଲା। ମହନ୍ତ ଅଭେଦ୍ୟନାଥ ପ୍ରଥମ ମହନ୍ତ ଭାବେ ରାଜନୀତିକ କାର୍ଯ୍ୟାଳୟରେ ଭାଗ ନେଇ ଉତ୍ତରପ୍ରଦେଶର ବିଧାୟକ ହେଲେ। ମହନ୍ତ ଅଭେଦ୍ୟନାଥ ଗୋରଖପୁର ମଣିରାମ ବିଧାନସଭା କ୍ଷେତ୍ରରୁ ୧୯୬୨, ୧୯୬୭, ୧୯୬୮, ୧୯୭୪ ଏବଂ ୧୯୭୭ରେ ଲଗାତାର ୫ ଥର ବିଧାୟକ ଭାବେ ନିର୍ବାଚିତ ହୋଇଥିଲେ। ୧୯୬୨ରେ ଅଭେଦ୍ୟନାଥ ହିନ୍ଦୁ ମହାସଭା ପକ୍ଷରୁ ମଣିରାମ ଆସନରେ ଭାରତୀୟ ଜାତୀୟ କଂଗ୍ରେସର ଶ୍ରୀ କେଶବ ପାଣ୍ଡେ ସହ ଲଢି ତାଙ୍କୁ ୧୭୬୬୪ ଭୋଟ ବ୍ୟବଧାନରେ ପରାଜିତ କରିଥିଲେ। ମଣିରାମ ବିଧାନସଭା

କ୍ଷେତ୍ର ୧୯୬୨ରେ ଗଠନ ହେଲା ଏବଂ ମହନ୍ତ ଅଭେଦ୍ୟନାଥ ଏହି ଆସନରୁ ସ୍ୱାଧୀନ ପ୍ରାର୍ଥୀ ଭାବେ ପ୍ରତିଦ୍ୱନ୍ଦିତା କରି ଜିତିଲେ। ସେ ପୁନର୍ବାର ୧୯୬୯ ଏବଂ ୧୯୭୪ରେ ଏହି ଆସନରୁ ହିନ୍ଦୁ ମହାସଭା ଟିକେଟରେ ଲଢି ଜିତିଲେ। ଜରୁରୀକାଳୀନ ପରିସ୍ଥିତିର ପରବର୍ତ୍ତୀ ନିର୍ବାଚନ ୧୯୭୭ରେ ମଧ ଜନତା ଦଳ ପକ୍ଷରୁ ପ୍ରାର୍ଥୀ ହୋଇ ଅଭେଦ୍ୟନାଥ ଏହି ଆସନ ଜିତିଲେ।

୧୯୬୯ରେ ମହନ୍ତ ଅଭେଦ୍ୟନାଥଙ୍କ ଗୁରୁ ଦିଗବିଜୟନାଥଙ୍କ ମୃତ୍ୟୁ ହେଲା ଏବଂ ସେ ସମୟରେ ଦିଗବିଜୟନାଥ ଗୋରଖପୁର ସଂସଦୀୟ କ୍ଷେତ୍ରର ସାଂସଦ ଥିଲେ। ଉପନିର୍ବାଚନରେ ମହନ୍ତ ଅଭେଦ୍ୟନାଥ ନିଜ ଗୁରୁଙ୍କ ଆସନରୁ ସ୍ୱାଧୀନ ପ୍ରାର୍ଥୀ ଭାବେ ଲଢି ଜିତିଲେ। ୧୯୮୯ରେ ସେହି ଆସନରୁ ହିନ୍ଦୁ ମହାସଭାର ପ୍ରାର୍ଥୀ ରୂପେ ଅଭୈଦନାଥ ପୁଣି ଥରେ ଜିତିଲେ। ୧୯୯୧ ଏବଂ ୧୯୯୬ ଲୋକସଭା ନିର୍ବାଚନରେ ସେ ଭାରତୀୟ ଜନତା ପାର୍ଟିର ପ୍ରାର୍ଥୀ ରୂପେ ଗୋରଖପୁର ଲୋକସଭା ଆସନରୁ ଜିତିଥିଲେ।

ମଠର ରାଜନୈତିକ ଉତ୍ତରାଧିକାରୀ ଭାବେ ଯୋଗୀ ଆଦିତ୍ୟନାଥଙ୍କ ଚୟନ

ଯୋଗୀ ଆଦିତ୍ୟନାଥ ଉତ୍ତରାଖଣ୍ଡରୁ ନିଜ ସ୍ନାତକ ଶିକ୍ଷା ସମାପ୍ତ କରିଥିଲେ। ୧୯୯୪ରେ ତତ୍କାଳୀନ ଗୋରଖପୁର ମଠର ମହନ୍ତ ଅଭେଦ୍ୟନାଥ ଗୁରୁ ଭାବରେ ୨୨ ବର୍ଷୀୟ ଯୋଗୀଙ୍କୁ ନାଥପନ୍ଥର ଦୀକ୍ଷା ଦେଲେ। ଏହା ସେହି ସମୟର କଥା ଯେଉଁ ସମୟରେ ପୂର୍ବାଞ୍ଚଳ ହରିଶଙ୍କର ତିୱାରୀ ଏବଂ ବୀରେନ୍ଦ୍ର ପ୍ରତାପ ଶାହୀଙ୍କ ପରି ବାହୁବଳୀ ରାଜନେତାଙ୍କ ପାଖରୁ ମୁକ୍ତି ହେବାକୁ ଚାହୁଁଥିଲା। ଯୋଗୀ ଏହି ଅଞ୍ଚଳକୁ ବାହୁବଳୀ ସଂସ୍କୃତିରୁ ମୁକ୍ତ କରିବାକୁ ଦୃଢ ଭୂମିକା ଗ୍ରହଣ କରିଥିଲେ। ଯୋଗୀ ଆଦିତ୍ୟନାଥ ଗୋରଖପୁରରେ ଛାତ୍ର ଓ ଯୁବଶକ୍ତିଙ୍କ ଆଶା ଆକାକ୍ଷାଂକୁ ପ୍ରଭାବିତ କଲେ। ୧୯୨୧ରେ ଚୌରିଚୌରାଠାରେ ମୁଖ୍ୟ ଭୂମିକା ଗ୍ରହଣ କରିଥିବା ଓ ସେ ଘଟଣା ପରେ ଗାନ୍ଧିଜୀ ବାଧ ହୋଇ ଅସହଯୋଗ ଆନ୍ଦୋଳନକୁ ବନ୍ଦ କରିଥିବା ମହନ୍ତ ଦିଗବିଜୟନାଥଙ୍କ ଉତ୍ତରାଧିକାରୀ ଭାବେ ଯୋଗୀଙ୍କୁ ଦେଖିଲେ ଗୋରଖପୁରର ଯୁବଶକ୍ତି। ଯେତେବେଳେ ଯୋଗୀଙ୍କ ଗୁରୁ ମହନ୍ତ ଅଭେଦ୍ୟନାଥ ତାଙ୍କୁ ନିଜ ଉତ୍ତରାଧିକାରୀ ଭାବେ ଚୟନ କଲେ, ସେତେବେଳେ ଯୋଗୀଙ୍କ ସ୍ଥାନ ଆହୁରି ଉଚ୍ଚ ସ୍ତରକୁ ବୃଦ୍ଧି ପାଇଲା ଏବଂ ୨୦୧୪ରେ ମହନ୍ତ ଅଭେଦ୍ୟନାଥଙ୍କ ମୃତ୍ୟୁପରେ ଯୋଗୀ ଆଦିତ୍ୟନାଥ ଗୋରଖପୁର ମଠର ମହନ୍ତ ରୂପେ ଦାୟିତ୍ୱ ତୁଲାଉଛନ୍ତି।

ମହନ୍ତ ଅଭେଦ୍ୟାନାଥଙ୍କ ଆର୍ଶୀବାଦ ଓ ପ୍ରଭାବରୁ ଯୋଗୀ ୧୯୯୮ରେ

ଗୋରଖପୁର ଲୋକସଭା ଆସନରେ ନିର୍ବାଚନ ଲଢି ୨୬,୦୦୦ ଭୋଟରେ ଜିତିଲେ। ୧୯୯୮ରେ ଦ୍ୱାଦଶ ଲୋକସଭାରେ ୨୬ ବର୍ଷୀୟ ଯୋଗୀ ଆଦିତ୍ୟନାଥ ସର୍ବକନିଷ୍ଠ ସାଂସଦ ଥିଲେ। ସେବେଠାରୁ ଯୋଗୀ ଗୋଟିଏ ହେଲେ ନିର୍ବାଚନ ହାରିନାହାନ୍ତି। ଯୋଗୀ ଗୋରଖପୁରରେ ନିର୍ବାଚନ ଲଢିବା ଦିନଠାରୁ ପ୍ରତିଦ୍ୱନ୍ଦୀମାନେ ପରିବର୍ତ୍ତନ ହୋଇଛନ୍ତି। ମାତ୍ର ଯୋଗୀଜୀ ପ୍ରତ୍ୟେକ ଥର ନିର୍ବାଚନରେ ଅଧିକ ଭୋଟ ବ୍ୟବଧାନରେ ଜିତିଛନ୍ତି। କେବଳ ୧୯୯୯ରେ ସମାଜବାଦୀ ପାର୍ଟିର ଯମୁନା ପ୍ରସାଦ ନିଷାଦଙ୍କ ଠୁ ମାତ୍ର ୭୦୦୦ ଭୋଟରେ ଜିତିଥିଲେ। ୨୦୦୪ରେ ଭାରତୀୟ ଜନତା ପାର୍ଟି ସାଧା ବେଶରେ ଖରାପ ପ୍ରଦର୍ଶନ କରିବା ସତ୍ତ୍ୱେ ଯୋଗୀ ସମାଜବାଦୀ ପାର୍ଟିର ଯମୁନା ପ୍ରସାଦଙ୍କ ଠୁ ୧,୪୦,୦୦୦ ଭୋଟ ବ୍ୟବଧାନରେ ହରାଇଥିଲେ। ୨୦୦୯ରେ ବହୁଜନ ସମାଜ ପାର୍ଟିର ବିନୟଶଙ୍କର ତିୱାରୀଙ୍କୁ ୨,୨୦,୦୦୦ ଭୋଟ ବ୍ୟବଧାନରେ ହରାଇଥିଲେ। ପ୍ରଖ୍ୟାତ ବାହୁବଳୀ ନେତା ହରିଶଙ୍କର ତିୱାରୀଙ୍କ ପୁଅ ଥିଲେ ବିନୟ ଶଙ୍କର ତିୱାରୀ। ୨୦୦୯ରେ ଲୋକପ୍ରିୟ ଭୋଜପୁରୀ ଗାୟକ ମନୋଜ ତିୱାରୀ ମଧ୍ୟ ସମାଜବାଦୀ ପାର୍ଟିର ପ୍ରାର୍ଥୀ ଭାବେ ଯୋଗୀଙ୍କ ସହ ନିର୍ବାଚନ ଲଢିଥିଲେ, ମାତ୍ର ୮୩୦୦୦ ଭୋଟ ପାଇ ତୃତୀୟ ସ୍ଥାନରେ ରହିଥିଲେ। ପରେ ମନୋଜ ତିୱାରୀ ବିଜେପିରେ ଯୋଗ ଦେଇ ଦିଲ୍ଲୀର ରାଜ୍ୟ ସଭାପତି ହେଲେ ଏବଂ ୨୦୧୪ରେ ଉତ୍ତର-ପୂର୍ବ ଦିଲ୍ଲୀରୁ ଲୋକସଭା ସାଂସଦ ମଧ୍ୟ ହେଲେ। ୨୦୦୪ ଓ ୨୦୦୯ ନିର୍ବାଚନରେ ଜାତୀୟ ସ୍ତରରେ ବିଜେପିର ପ୍ରଦର୍ଶନ ନୈରାଶ୍ୟଜନକ ଥିବା ବେଳେ ଯୋଗୀ ଗୋରଖପୁର ଆସନରୁ ବହୁ ଅଧିକ ଭୋଟ ବ୍ୟବଧାନରେ ଜିତିଥିଲେ। ୨୦୧୪ରେ ମୋଦି ଲହରରେ ଯୋଗୀ ଗୋରଖପୁର ଆସନରୁ ୩ ଲକ୍ଷରୁ ଅଧିକ ଚମକପ୍ରଦ ଭୋଟ ବ୍ୟବଧାନରେ ସମାଜବାଦୀ ପାର୍ଟିର ରାଜମାଟି ନିଷାଦଙ୍କୁ ପରାଜିତ କଲେ।

ଏତେ ବର୍ଷ ଧରି ଯୋଗୀ ଗୋରଖପୁରରେ ଏକ ଦୃଢ ଜନ ଓ ରାଜନୈତିକ ସଂଗଠନ କରିଥିଲେ ଏବଂ ଯୋଗୀ ନାମ ଦିନକୁ ଦିନ ଏକ ସଂସ୍କୃତିରେ ପରିଣତ ହୋଇଥିଲା। ବହୁତ ଶୀଘ୍ର ଗୋରଖପୁରର ଚାରିଆଡେ ଶୁଣାଗଲା 'ଗୋରଖପୁରରେ ରହିବ ତେବେ ଯୋଗୀ ଯୋଗୀ କହିବ ତେବେ'

ମଠରେ ଯୋଗୀଙ୍କ ଜନତା ଦରବାର

ଯୋଗୀ ଏତେ ଲୋକପ୍ରିୟ ନେତା ହେବା ପଛରେ ମୁଖ୍ୟତଃ ତିନୋଟି କାରଣ ଥିଲା- ସେ ଅତି ପ୍ରାଚୀନ ଓ ଗୁରୁତ୍ୱପୂର୍ଣ୍ଣ ଗୋରଖପୁର ମଠର ମୁଖ୍ୟ ପୂଜକ। ନିଜ

ସହକର୍ମୀ ଭାବେ ଜାତି, ଧର୍ମ ନିର୍ବିଶେଷରେ ସବୁ ପ୍ରକାର ଲୋକ ଏବଂ ସବୁଠାରୁ ଗୁରୁତ୍ୱପୂର୍ଣ୍ଣ ହେଲା ଯୋଗୀଙ୍କ ବ୍ୟାପକ ଓ ସମ୍ପର୍କ । ଯୋଗୀଙ୍କ ଲୋକସମ୍ପର୍କ କାର୍ଯ୍ୟକର୍ତ୍ତା, ଦଳୀୟ କର୍ମୀ କିମ୍ବା ମଠର ସହଯୋଗୀମାନଙ୍କ ଦ୍ୱାରା ହୁଏ ନାହିଁ । ସେ ସିଧାସଳଖ ଲୋକମାନଙ୍କ ସହ ସମ୍ପର୍କ ରଖନ୍ତି । ଜନତା ଦରବାରରେ ଲୋକମାନଙ୍କ ଅଭିଯୋଗ ପ୍ରତ୍ୟକ୍ଷ ଭାବେ ସମାଧାନ କରି ଯୋଗୀ ଗତ ଦୁଇ ଦଶନ୍ଧି ଧରି ନିଜ ଗୁରୁ ଅଭେଦ୍ୟନାଥଙ୍କ ଉତ୍ତରାଧିକାରକୁ ମଜବୁତ୍ କରିଛନ୍ତି । ସେ ମଠରେ ଲୋକଙ୍କ ସମସ୍ୟା ଶୁଣିବାକୁ ଭଲ ସମୟ ଦିଅନ୍ତି । କେବଳ ଗୋରଖପୁର ନୁହେଁ, ବରଂ ଉତ୍ତରପ୍ରଦେଶର ଅନ୍ୟ ଜିଲ୍ଲା, ବିଶେଷ କରି ପୂର୍ବ ଉତ୍ତରପ୍ରଦେଶର ଲୋକମାନେ ସବୁ ଆଡୁ ଆଶା ଛାଡିଲା ପରେ ଯୋଗୀଙ୍କ ଜନତା ଦରବାରକୁ ଆସନ୍ତି । ଏହି ଜନତା ଦରବାରକୁ ଆସୁଥିବା ଲୋକମାନଙ୍କ ସମସ୍ୟା ସବୁ ବିଭିନ୍ନ ପ୍ରକାରର ଥାଏ । ରେଳ ଟିକେଟ ସଂରକ୍ଷଣ, ନିଜ ପେନସନ ପ୍ରାପ୍ତି, ବୃତ୍ତି ରାଶି, ସରକାରୀ କର୍ମଚାରୀଙ୍କ ସ୍ଥାନାନ୍ତରଣ ସମସ୍ୟାର ସମାଧାନ ଅଧିକ ସରକାରୀ ସୁବିଧା ସୁଯୋଗ ଥିବା ସ୍ଥାନରେ ଚିକିତ୍ସା ପ୍ରାପ୍ତି ଏବଂ ଗୁଣ୍ଡାମାନଙ୍କ ଦ୍ୱାରା ପ୍ରପୀଡିତ ତଥା ପୋଲିସର ଅଣଦେଖା ଇତ୍ୟାଦି ସମସ୍ୟା ସବୁ ଏଥିରେ ଅନ୍ତର୍ଭୁକ୍ତ ଥାଏ । ଗୋରଖପୁର ମଠରେ ଥିବା ଯୋଗୀଙ୍କ ଜନତା ଦରବାରଙ୍କ ଏକ ବ୍ୟସ୍ତବହୁଳ ସ୍ୱଦେଶୀ କାର୍ଯ୍ୟାଳୟ ସଦୃଶ ଯେଉଁଠି ଅନେକ ଫୋନ ରିଂ ହେଉଥାଏ ଏବଂ ସମସ୍ୟାରେ ଥିବା ଲୋକମାନଙ୍କୁ ସାହାଯ୍ୟ କରିବାକୁ ଅନବରତ ଏକ ଟାଇପ ରାଇଟର ଚାଲୁଥାଏ । ଏହି ସହାୟତା ସମୟରେ ସାହାଯ୍ୟ ପ୍ରାର୍ଥୀଙ୍କ ଜାତି, ଧର୍ମ କି ଶ୍ରେଣୀ ଦେଖାଯାଏ ନାହିଁ ।

ଇଣ୍ଡିଆ ଟିଭି ରିପୋର୍ଟ ଅନୁଯାୟୀ ନିଜ ସ୍ତ୍ରୀର ବୃକ୍‌କରେ ଗମ୍ଭୀର ସମସ୍ୟା ଥିବା ଅବଦୁଲ ବୋଲି ଜନୈକ ବ୍ୟକ୍ତି ସହାୟତା ପାଇଁ ଦରବାରକୁ ଆସିଲେ । ତୁରନ୍ତ ଯୋଗୀଙ୍କ ନାମାଙ୍କିତ ପତ୍ରରେ ଅବଦୁଲଙ୍କ ପତ୍ନୀ ପାଇଁ ଲକ୍ଷ୍ନୌର ପ୍ରଖ୍ୟାତ କେଜିଏମ୍‌ସି ମେଡିକାଲ କଲେଜରେ ଦାଖଲ ହେବାର ସୁପାରିଶ ମିଳିଲା । ଲୋକେ କହନ୍ତି ମଠରୁ ପାଉଥିବା ପତ୍ର ଯାଦୁ ବାଡି ପରି କାମ କରେ ଏବଂ ସରକାରୀ ନାଲିଫିତା ପାଚେରୀକୁ ଡେଇଁ ଦରକାର ଥିବା କାମ କରିବାରେ ସହାୟକ ହୁଏ ।

ଯୋଗୀଙ୍କ ମଠ କାର୍ଯ୍ୟାଳୟରେ ସମସ୍ୟା ଧରି ଆସୁଥିବା ଲୋକଙ୍କ କଥା ବିଚାରକୁ ନିଆଯାଏ ଏବଂ ଯାଞ୍ଚ ପରଖ କରି ପ୍ରକୃତ ସମସ୍ୟା ସମାଧାନ ଦିଗରେ ପଦକ୍ଷେପ ନିଆଯାଏ । ଅନେକ ଆବେଦନକାରୀଙ୍କ ସମସ୍ୟାକୁ ଯୋଗୀ ବ୍ୟକ୍ତିଗତ ଭାବେ ଦେଖନ୍ତି ଏବଂ ସେମାନଙ୍କ ସସମସ୍ୟା ଶୁଣନ୍ତି । ଯଦି କୌଣସି ଆବେଦନକାରୀ କହନ୍ତି ଯେ ସଂପୃକ୍ତ ଅଧିକାରୀ ମଠରୁ ଯାଇଥିବା ପତ୍ରକୁ ଖାତିର କରୁନାହାଁନ୍ତି, ତେବେ ମଠରୁ

ସଂପୃକ୍ତ ଅଧିକାରୀଙ୍କ ନିକଟକୁ ଫୋନ କରାଯାଏ ଏବଂ ଅନେକ ସମୟରେ ଯୋଗୀ ନିଜେ ଫୋନ୍ କରନ୍ତି। କଦବା କ୍ୱଚିତ ଯଦି ଫୋନ୍ କଲା ପରେ ମଧ୍ୟ କାମ ନହୁଏ। ତେବେ ଯୋଗୀ ନିଜେ ସଂପୃକ୍ତ କାର୍ଯ୍ୟାଳୟରେ ପହଞ୍ଚନ୍ତି। ଯେତେବେଳେ ଗୋରଖପୁରର ଏହି ଜନପ୍ରିୟ ଏବଂ ଶ୍ରଦ୍ଧାଶୀଳ ନେତା କୌଣସି ସରକାରୀ କାର୍ଯ୍ୟାଳୟକୁ ଯାଆନ୍ତି, ହଜାର ହଜାର ସଂଖ୍ୟାରେ ଜନସାଧାରଣ ତାଙ୍କ ରାସ୍ତାରେ ଯୋଗ ଦିଅନ୍ତି ଏବଂ ସଂପୃକ୍ତ ଅଧିକାରୀ ଏମାନଙ୍କୁ ଦେଖି ଆବେଦନକାରୀଙ୍କ ସମସ୍ୟା ସମାଧାନ କରିବାକୁ ତତ୍ପର ହୁଅନ୍ତି। ଏହିପରି ଅନେକ ଘେରାଓ ପ୍ରତିବାଦ ପରେ ବର୍ତ୍ତମାନ ମଠର ଗୋଟିଏ ଫୋନ୍ କଲ କିମ୍ବା ଚିଠି ଯେକୌଣସି ସମସ୍ୟାର ସମାଧାନ ପାଇଁ ଯଥେଷ୍ଟ ହୁଏ।

ଯଦି କୌଣସି ପ୍ରଭାବଶାଳୀ ବ୍ୟକ୍ତି ଅନ୍ୟ କେଉଁ ଶକ୍ତିଶାଳୀ ସୁପାରିଶ ଧରି ଯୋଗୀଙ୍କ ଦରବାରକୁ ଆସନ୍ତି, ତେବେ ଯୋଗୀ ପ୍ରଥମେ ବ୍ୟଥିତ ଓ ବଞ୍ଚିତ ବ୍ୟକ୍ତିମାନଙ୍କ ସମସ୍ୟାର ସମାଧାନ କରିବାକୁ ପଦକ୍ଷେପ ନିଅନ୍ତି। କାରଣ ପ୍ରଭାବଶାଳୀ ବ୍ୟକ୍ତି ତ କୌଣସି ଉପାୟରେ ନିଜ କାମ କରାଇ ନେବେ କିନ୍ତୁ ପ୍ରକୃତ ଅସହାୟ ବ୍ୟକ୍ତି ନିଜ ସମସ୍ୟା ପାଇଁ କେବଳ ବାବା ଗୋରଖନାଥଙ୍କ ଉପରେ ବିଶ୍ୱାସ କରନ୍ତି ବୋଲି ଶ୍ରୀଯୁକ୍ତ ରାଓ ମତେ କହିଥିଲେ। ଯୋଗୀ ଭାବନ୍ତି ଯେ ସେ ଯଦି ଅଭାବୀ ଲୋକଙ୍କର ସହାୟତା ନକରନ୍ତି, ତେବେ ଈଶ୍ୱର ତାଙ୍କୁ କେବେ କ୍ଷମା କରିବେନି ବୋଲି ମୁଁ ଶୁଣିଲି।

୨୦୧୭ରେ କ୍ଷମତା ସଂରଚନା ପୂରା ବଦଳିଗଲା। ବର୍ତ୍ତମାନ ଯୋଗୀ ଉତ୍ତରପ୍ରଦେଶର ମୁଖ୍ୟମନ୍ତ୍ରୀ। ଏବେ ବି ଯୋଗୀ ନିଜ ଲକ୍ଷ୍ନୌସ୍ଥିତ ବାସଭବନ, କାଳିଦାସ ମାର୍ଗରେ 'ଜନତା ଦରବାର' ଜାରି ରଖିଛନ୍ତି। କେବଳ ଏତିକି ଫରକ ଯେ ବର୍ତ୍ତମାନ ଚିଠି ମୁଖ୍ୟମନ୍ତ୍ରୀ କାର୍ଯ୍ୟାଳୟରୁ ଯାଉଥିବାରୁ କାମ ହେଲା କି ନାହିଁ ବୁଝିବାକୁ ପଡୁନାହିଁ କିମ୍ବା କୌଣସି ଧାରଣା ଦେବାକୁ ପଡୁନାହିଁ। ଯୋଗୀ ଯଦିଓ ଏବେ ଲକ୍ଷ୍ନୌରେ ରହୁଛନ୍ତି ଗୋରଖନାଥ ମଠରେ ଜନତା ଦରବାର ଚାଲୁ ରହିଛି। ଯୋଗୀ ମୁଖ୍ୟମନ୍ତ୍ରୀ ହେବା ପରେ ତାଙ୍କ ଘନିଷ୍ଠ ସହଯୋଗୀ ଦ୍ୱାରିକା ପ୍ରସାଦ ତିୱାରୀ ଗୋରଖନାଥ ମଠର ଜନତା ଦରବାରର ଦାୟିତ୍ୱ ନେଇ ଆବେଦନକାରୀଙ୍କ ସମସ୍ୟାର ଶୀଘ୍ର ସମାଧାନ ପାଇଁ ଉଦ୍ୟମରତ ଅଛନ୍ତି। ଜଣାଯାଉଛି ଯେ ଖୁବ୍ ଶୀଘ୍ର ବାରଣାସୀରେ ପ୍ରଧାନମନ୍ତ୍ରୀ କାର୍ଯ୍ୟାଳୟ ପରି ଗୋରଖପୁର ମଠରେ ମଧ୍ୟ ଏକ କ୍ଷୁଦ୍ର ମୁଖ୍ୟମନ୍ତ୍ରୀ କାର୍ଯ୍ୟାଳୟ ତିଆରି ହେବ।

ଯୋଗୀଙ୍କ ଜନତା ଦରବାର ଦ୍ୱାରା ଅନୁପ୍ରାଣିତ ହୋଇ ବିଜେପି ଦଳ ମଧ୍ୟ ରାଜ୍ୟ କାର୍ଯ୍ୟାଳୟରେ ସମାନ କାର୍ଯ୍ୟକ୍ରମର ଆୟୋଜନ କରିଛି ଏବଂ ମନ୍ତ୍ରୀମାନେ ସେଠାରେ ସାଧାରଣ ଜନତାଙ୍କର ସମସ୍ୟା ଶୁଣୁଛନ୍ତି।

ଦୃଢ ଜନସମ୍ପର୍କ ଯୋଗୁ ଯୋଗୀ ଗୋରଖପୁର ଏବଂ ସମଗ୍ର ପୂର୍ବ ଉତ୍ତରପ୍ରଦେଶରେ ଏକ ଦୃଢ ଆଧାର ଗଢିବାରେ ସକ୍ଷମ ହୋଇଛନ୍ତି। ସାଂସଦ ଥିବା ସମୟରେ ସଂସଦରେ ନିଜ ଦାୟିତ୍ୱ ଖୁବ୍ ଭଲ ଭାବରେ ତୁଲାଉଥିବା ଯୋଗୀ ନିଜ ସଂସଦୀୟ କ୍ଷେତ୍ରରେ ମଧ୍ୟ ଲୋକଙ୍କ ସହ ଦୃଢ ସମ୍ପର୍କିତ ହୋଇ କାମ କରୁଥିଲେ।

ଯୋଗୀ ଆଦିତ୍ୟନାଥ- ଜଣେ ସକ୍ରିୟ ସାଂସଦ

ସଂସଦର ନିମ୍ନ ସଦନ ଲୋକସଭାକୁ ଯୋଗୀ ଖୁବ୍ କମ ବୟସରେ ପ୍ରବେଶ କରିଥିଲେ। ଦ୍ୱାଦଶ ଲୋକସଭାରେ ପ୍ରଥମ କରି ସାଂସଦ ହେବା ଠାରୁ ଷୋଡଶ ଲୋକସଭାରେ ତାଙ୍କ ବିଦାୟୀ ବକ୍ତବ୍ୟ ପର୍ଯ୍ୟନ୍ତ ଯୋଗୀ ଜଣେ ସକ୍ରିୟ ସାଂସଦ ରହି ଆସିଥିଲେ। ଜଣେ ସାଂସଦର ସଂସଦର ଉପସ୍ଥିତ, ତର୍କ ବିତର୍କରେ ଯୋଗଦାନ, ପ୍ରଶ୍ନ ପଚାରିବା ଶୈଳୀ ଏବଂ ବିଭିନ୍ନ ସମୟରେ ପ୍ରାଇଭେଟ ମେମ୍ବର ବିଲ୍ ଉପସ୍ଥାପନ ହିଁ ସାଂସଦଙ୍କ କାର୍ଯ୍ୟଦକ୍ଷତାର ପରିମାପକ ହୋଇଥାଏ। ଉପରୋକ୍ତ ସମସ୍ତ କ୍ଷେତ୍ରରେ ଯୋଗୀ ଆଦିତ୍ୟନାଥଙ୍କ ଦକ୍ଷତା ଜାତୀୟ ହାରରୁ ଉଚ୍ଚରେ ଥିଲେ। ଆମେ ଯଦି ଷୋଡଶ ଲୋକସଭାର ଉଦାହରଣ ନେବା [୩୬]ଜାତୀୟ ହାର ୫୦.୬ ଥିବା ବେଳେ ଯୋଗୀ ୫୭ ବିତର୍କରେ ଅଂଶଗ୍ରହଣ କରିଥିଲେ। ପ୍ରଶ୍ନ ପଚାରିବାରେ ଜାତୀୟ ହାର ୧୯୯ ଥିବା ବେଳେ ଯୋଗୀ ୩୦୬ ପ୍ରଶ୍ନ ପଚାରିଥିଲେ ଏବଂ ଜାତୀୟ ହାର ୧.୫ ଥିବା ବେଳେ ୩ଟି ପ୍ରାଇଭେଟ ମେମ୍ବର ବିଲ ଉପସ୍ଥାପନା କରିଥିଲେ। ଏ ତଥ୍ୟ ସଂସଦରେ ତାଙ୍କ ଯୋଗଦାନ ବିଷୟରେ ଯଥେଷ୍ଟ ଜଣାଇବାରେ ସକ୍ଷମ। ଆମେ ଯଦି ଏ ତଥ୍ୟକୁ କଂଗ୍ରେସର ବରିଷ୍ଠ ନେତା ଏବଂ ଗାନ୍ଧୀ ପରିବାରର ଉତ୍ତରାଧିକାରୀ ରାହୁଲ ଗାନ୍ଧୀଙ୍କ ସହ ତୁଳନା କରିବା ତେବେ ଦେଖିବା ଯେ ଶ୍ରୀଯୁକ୍ତ ଗାନ୍ଧୀ କେବଳ ୧୧ଟି ବିତର୍କରେ ଭାଗ ନେଇଛନ୍ତି, ଆଦୌ ପ୍ରଶ୍ନ ପଚାରିନାହାନ୍ତି କି କୌଣସି ପ୍ରାଇଭେଟ ମେମ୍ବର ବିଲ ଉପସ୍ଥାପନା କରିନାହାଁନ୍ତି। [୩୭]

ଯଦି ଜଣେ ସଂସଦରେ ଯୋଗୀ ଆରମ୍ଭ କରିଥିବା ବିତର୍କ [୩୮] ଏବଂ ଭାଗ ନେଇଥିବା ପ୍ରାଇଭେଟ ମେମ୍ବର ବିଲ ବିଷୟରେ (ବିଶେଷ କରି Calling Attention Rule- 377) ଅନୁଶୀଳନ କରେ, ତେବେ ସେ ଦେଖିବାକୁ ପାଇବ ଯେ ଏଗୁଡିକର ପରିସର ଖୁବ୍ ବ୍ୟାପକ। ଆମେ ଦେଖୁ ଯେ ଯୋଗୀ ଅଜ୍ଞାତ ବୈଦେଶିକ ଆୟ ଓ ସମ୍ପତ୍ତି ବିଷୟରେ ସ୍ୱର ଉତ୍ତୋଳନ କରୁଛନ୍ତି। ଦେଶରେ ସମାନ ନାଗରିକ ନିୟମର ଆବଶ୍ୟକତା ବିଷୟରେ କହୁଛନ୍ତି। ଆଖୁଚାଷୀ ମାନଙ୍କ ବକେୟା ଦେୟ ପ୍ରାପ୍ତି ଉପରେ ଚିନ୍ତା ପ୍ରକଟ କରୁଛନ୍ତି, ସେ ମଧ୍ୟ ଉତ୍ତରପ୍ରଦେଶର ପୂର୍ବାଞ୍ଚଳ ତଥା

ଗୋରଖପୁର ସମ୍ବନ୍ଧୀୟ ସମସ୍ୟା- ଯଥା ଗୋରଖପୁର ବିଶ୍ୱବିଦ୍ୟାଳୟକୁ କେନ୍ଦ୍ରୀୟ ବିଶ୍ୱବିଦ୍ୟାଳୟର ମାନ୍ୟତା ଦେବାକୁ, ଭାରତୀୟ ବୈଷୟିକ ପ୍ରତିଷ୍ଠାନକୁ ମଦନ ମୋହନ ମାଲବ୍ୟ ବୈଷୟିକ ବିଶ୍ୱବିଦ୍ୟାଳୟ ନାମିତ କରିବାକୁ, ଗୋରଖପୁର ଠାରେ ଅଖିଳ ଭାରତୀୟ ଆୟୁର୍ବିଜ୍ଞାନ କେନ୍ଦ୍ର ପ୍ରତିଷ୍ଠା କରିବାକୁ, ଗୋରଖପୁରର ଗୋରା ଏବଂ ଆମି ନଦୀକୁ ପ୍ରଦୂଷଣ ମୁକ୍ତ କରିବାକୁ ହିନ୍ଦୁସ୍ଥାନ ଫର୍ଟିଲାଇଜର କର୍ପୋରେସନର ଏକ ନୂତନ ଶାଖା ଗୋରଖପୁରଠାରେ ପ୍ରତିଷ୍ଠା କରିବା ଉତ୍ତର ପ୍ରଦେଶର ପୂର୍ବାଞ୍ଚଳର ବନ୍ୟଗ୍ରାମ ଗୁଡିକୁ ସ୍ଥାୟୀ ପଟ୍ଟା ପ୍ରଦାନ କରିବା, ଦେଶରେ ବିଶେଷକରି ପୂର୍ବ ଉତ୍ତରପ୍ରଦେଶରେ ବ୍ୟାପୁଥିବା ମସ୍ତିଷ୍କ ଜ୍ୱରକୁ ନିପାତ କରିବା, ଉତ୍ତରପ୍ରଦେଶର ପୂର୍ବାଞ୍ଚଳରେ ଆସୁଥିବା ବାର୍ଷିକ ବନ୍ୟା ବିପ୍ୱାତ ପାଇଁ ସ୍ଥାୟୀ ସମାଧନ ଏବଂ ଭୋଜପୁରୀ ଭାଷାକୁ ସମ୍ବିଧାନର ଅଷ୍ଟମ ଧାରାରେ ସାମିଲ କରିବା ଆଦି ଯୋଗୀଙ୍କ ଦାବୀ ଥିଲା। ଯୋଗୀ ଗତ ଦୁଇ ଦଶନ୍ଧି ଧରି ନିଜ ସଂସଦୀୟ କ୍ଷେତ୍ର ତଥା ସଂସଦରେ କରିଥିବା ଆଚରଣ, ଗଣମାଧ୍ୟମ ଦ୍ୱାରା ପ୍ରଦର୍ଶିତ ତାଙ୍କ ଛବି ଠାରୁ ସମ୍ପୂର୍ଣ୍ଣ ଭିନ୍ନ ଥିଲା।

ଗଣମାଧ୍ୟମ ଯୋଗୀଙ୍କର ସଂସଦରେ ଏହି ବହୁମୁଖୀ ପ୍ରତିଭାର ଭାଗୀଦାରି ନ ଦେଖାଇ କେବଳ ନିର୍ବାଚନ ସମୟରେ ସେ ଦେଇଥିବା ଉତ୍ତେଜକ ଭାଷଣ ସବୁ ପ୍ରସାର କରାଉଥିଲେ। ସଂସଦର ଯୋଗୀ ଯେତେବେଳେ ହିନ୍ଦୁ ଧର୍ମାବଲମ୍ବୀ ମାନଙ୍କର ଅଧିକାର ପ୍ରସଙ୍ଗ ଉଠେଇଲେ, ଗଣମାଧ୍ୟମ ତାଙ୍କୁ ହିନ୍ଦୁ କଠୋରବାଦୀ କହି ଚିତ୍ରଣ କଲେ। ଗଣମାଧ୍ୟମ ବାରମ୍ବାର ଆମକୁ ଯୋଗୀଙ୍କ ଦ୍ୱାରା ନିର୍ବାଚନ ସମୟରେ ଦିଆଯାଇଥିବା କିଛି ଉତ୍ତେଜକ ଭାଷଣ ସମ୍ବନ୍ଧରେ ଜଣାଇଛି। କିନ୍ତୁ ସଂସଦରେ ଯୋଗୀଙ୍କ ଦ୍ୱାରା କରାଯାଇଥିବା ବହୁମୁଖୀ ହସ୍ତକ୍ଷେପ ବାବଦରେ ଅବଗତ କରାଇଛି। ଯୋଗୀ ଯେତେବେଳେ ହିନ୍ଦୁ ମାନଙ୍କ ଅଧିକାର କଥା କହୁଥିଲେ, ଗଣମାଧ୍ୟମ ତାଙ୍କୁ ହିନ୍ଦୁ କଠୋରବାଦୀ ବୋଲି ଚିତ୍ରଣ କରୁଥିଲା। କିନ୍ତୁ ମୁଁ ଯେତେବେଳେ ଏହି ତଥାକଥିତ କଠୋର ହିନ୍ଦୁଙ୍କ ଦ୍ୱାରା ଷୋଡଶ ଲୋକସଭାରେ ଉତ୍‌ଥାନ କରାଯାଇଥିବା ୩୦୦ ପ୍ରଶ୍ନ ବିଷୟରେ ବ୍ୟାପକ ଅନୁସନ୍ଧାନ କଲି, ସେତେବେଳେ ଦେଖିଲି ଯେ ପ୍ରକୃତରେ ସେ ମାନବ ବିକାଶ ସୂଚକାଙ୍କ ଉପରେ ପ୍ରଶ୍ନ କରିଛନ୍ତି, ଉତ୍ତର ପ୍ରଦେଶର ଛାତ୍ରମାନଙ୍କର ଇଂରାଜୀ ଦକ୍ଷତା ନଥିବାରୁ ସମ୍ମୁଖୀନ ହେଉଥିବା ସମସ୍ୟା ବିଷୟରେ କହିଛନ୍ତି, ପର୍ଯ୍ୟଟନ କ୍ଷେତ୍ରରେ ଦକ୍ଷ ମାନବ ସମ୍ବଳ ଅଭାବ ବିଷୟରେ କହିଛନ୍ତି। ପ୍ରଧାନମନ୍ତ୍ରୀ ଗ୍ରାମୀଣ ଆବାସ ଯୋଜନା ବିଷୟରେ ଅନୁସନ୍ଧାନ କରିଛନ୍ତି, ରାଜ୍ୟ ମାନଙ୍କର ଶକ୍ତି ଉତ୍ପାଦନ ବିଷୟରେ ବୁଝିଛନ୍ତି, ପ୍ରାଚୀନ ଲୋକଙ୍କୁ ପରମ୍ପରା ଓ ସାହିତ୍ୟ ସଂରକ୍ଷଣ ବାବଦରେ ବୁଝିଛନ୍ତି, ବୀମା କମ୍ପାନୀ ଗୁଡିକର ମିଶ୍ରଣ ବାବଦରେ ଜାଣିବାକୁ ଚାହିଁଛନ୍ତି। ଷ୍ଟାର୍ଟ

ଅଫ୍ ଇଣ୍ଡିଆ ପାଣ୍ଠି, ସୌର ଶକ୍ତି ଚାଳିତ ଜୈବ ନଳ ଜଳ ଯୋଗାଣ ଯୋଜନା, କ୍ଷୟିଷ୍ଣୁ ବନ୍ୟପ୍ରାଣୀ, ଫସଲ ବୀମା, ଶିଶୁ ଶ୍ରମିକ ମାନଙ୍କ ପାଇଁ ବିଦ୍ୟାଳୟ, ନୂତନ ବେସାମରିକ ବିମାନ ଚଳାଚଳ ନୀତି, ବର୍ଜ୍ୟବସ୍ତୁ ପରିଚାଳନା, ମୁଖ୍ୟ ବନ୍ଦର ଗୁଡିକର ଉନ୍ନୟନ, ଖାଦ୍ୟ ଶସ୍ୟରେ ପୋଷକ ତତ୍ତ୍ୱ ବିଷୟରେ ଗବେଷଣା, ଚାଇନା ସହ ନିଅଣ୍ଟିଆ ବାଣିଜ୍ୟ, କୃଷିରେ ବ୍ୟବହୃତ ରାସାୟନିକ ସାର ଓ କୀଟନାଶକ, ନଗରପାଳିକାର କଠିନ ବର୍ଜ୍ୟବସ୍ତୁରୁ ଶକ୍ତି ଉତ୍ପାଦନ, ବୈଦ୍ୟୁତିକ ଉପକରଣ, ଉତ୍ପାଦନ ଅଞ୍ଚଳ, ସାର୍କ ସମିତିର ଚୁକ୍ତିନାମା, ପ୍ରବାସରେ କାମ କରୁଥିବା ଭାରତୀୟ ନିରାପତ୍ତା, ପଶୁ ବିଜ୍ଞାନ, ମହାବିଦ୍ୟାଳୟରେ ମୌଳିକ ଉତ୍ସର ଅଭାବ, ଆଣବିକ ଉତ୍ପାଦର ନିରାପତ୍ତା, ସାଇବର ଗୁପ୍ତଚର, ମହିଳା ଓ ଶିଶୁମାନଙ୍କ ପ୍ରତି ହେଉଥିବା ଅପରାଧ, ବିନିଯୋଗ ହେଉନଥିବା ସମ୍ପତ୍ତି, କୃଷି ଉପରେ ମୌସୁମୀର ପ୍ରଭାବ, ଭାରତୀୟ ବିଶ୍ୱବିଦ୍ୟାଳୟ ଗୁଡିକର ବିଶ୍ୱ ମାନ୍ୟତା, କୃଷି ବିଜ୍ଞାନ କେନ୍ଦ୍ର ଗୁଡିକର ପ୍ରତିଷ୍ଠା, ନୂତନ ଆଇଆଇଟି ଓ ଆଇଆଇଏମ୍ ଗଢିବା ପାଇଁ ମାନଦଣ୍ଡ। ଭାରତ ଆମେରିକା ସମ୍ପର୍କ, ଭାରତ ଜାପାନ ସମ୍ପର୍କ, ତୈଳ ଓ ଗ୍ୟାସର ଅନୁସନ୍ଧାନ, ମେଡିକାଲ କାଉନସିଲ ଅଫ୍ ଇଣ୍ଡିଆ ନିର୍ଦ୍ଦେଶାବଳୀର ସଂଶୋଧନ, ବିଭିନ୍ନ ରୋଗ, ଦାରିଦ୍ର୍ୟ ସୀମାରେଖା ତଳେ ଥିବା ପରିବାର ଗୁଡିକ ପାଇଁ ସ୍ୱାସ୍ଥ୍ୟ ବୀମା ବ୍ୟବସ୍ଥା ଆଦି ବିଷୟ ଏବଂ ଆହୁରି ଅନେକ ବିଷୟରେ ପ୍ରଶ୍ନ ପଚାରିଥିଲେ, ଅଥଚ ଦୁର୍ଭାଗ୍ୟର କଥା ଏହି ଯେ କେବେ ହେଲେ ଗଣମାଧ୍ୟମ ଯୋଗୀ ଏ ଚରିତ୍ରର ୨ ଦିଗ ଦେଖାଇବାକୁ ଚିନ୍ତ କରିନାହିଁ।

ଆହୁରି ମଧ୍ୟ ଯୋଗୀ କିଛି ସଂସ୍କୃତି ସମ୍ବନ୍ଧୀୟ ପ୍ରଶ୍ନ, ଯଥା- ବେଆଇନ କଂସେଇଖାନାଗୁଡିକୁ ବନ୍ଦ କରିବା ଏବଂ ଉତ୍ତରପ୍ରଦେଶର କୋଣ ଅନୁକୋଣରେ ମାଂସ ଦୋକାନ ଖୋଲି ଜନସାଧାରଣଙ୍କ ସ୍ୱାସ୍ଥ୍ୟ ଉପରେ ଭୟଙ୍କର ବିପଦ ଆଣିବା କଥାକୁ ବନ୍ଦ କରିବାକୁ କହିଥିଲେ। କଂସେଇଖାନା ଠାରେ ହିନ୍ଦୁ ସମ୍ପ୍ରଦାୟର ଲୋକମାନଙ୍କର ପଳାୟନ ସମ୍ବନ୍ଧରେ ଦେଶରେ ସମାନ ନାଗରିକ ସଂହିତାର ଆବଶ୍ୟକ ବିଷୟରେ ଏବଂ ଶ୍ରୀମଦ ଭଗବତ ଗୀତାକୁ ଜାତୀୟ ଗ୍ରନ୍ଥ ରୂପେ ସ୍ୱୀକାର କରି ସବୁ ଛାତ୍ରମାନଙ୍କୁ ପଢାଇବା ବିଷୟରେ ପ୍ରଶ୍ନ କରିଥିଲେ।

ନିଜର ଅନେକ ଥର ସାଂସଦ ହେବା ଭିତରେ ଯୋଗୀ ବିଭିନ୍ନ ସମୟରେ ବିଭିନ୍ନ ସଂସଦୀୟ କମିଟିର ସକ୍ରିୟ ସଦସ୍ୟ କିମ୍ବା ଅଧ୍ୟକ୍ଷ ରୂପେ ସଂସଦୀୟ ପ୍ରତିନିଧି ଭାବେ ବିଭିନ୍ନ ଦେଶ ଯଥା କାମ୍ବୋଡିଆ, ମାଲେସିଆ, ନେପାଳ, ସିଙ୍ଗାପୁର, ଥାଇଲାଣ୍ଡ ଏବଂ ଯୁକ୍ତରାଷ୍ଟ୍ର ଆମେରିକା ଗସ୍ତ କରିଥିଲେ।

ଯୋଗୀଙ୍କର ଏପ୍ରକାର ପଦକ୍ଷେପ ସବୁ ଗୋରଖପୁର ଏବଂ ପୂର୍ବ ଉତ୍ତରପ୍ରଦେଶରେ

ଭଲ ପ୍ରମାଣିତ ହେଲା । ୨୦୧୬ ଜୁଲାଇରେ ପ୍ରଧାନମନ୍ତ୍ରୀ ନରେନ୍ଦ୍ରମୋଦି ଲୋକମାନଙ୍କୁ ଉତ୍ତମ ସ୍ୱାସ୍ଥ୍ୟସେବା ପ୍ରଦାନ ଓ ଅଧିକ ସଂଖ୍ୟାରେ ଡାକ୍ତର ସୃଷ୍ଟି କରିବା ଲକ୍ଷ୍ୟରେ ଗୋରଖପୁରଠାରେ ୧୦୧୧ କୋଟି ଟଙ୍କା ବିନିମୟରେ ଅଖିଳ ଭାରତୀୟ ଆୟୁର୍ବିଜ୍ଞାନ କେନ୍ଦ୍ରର ଭିତ୍ତିପ୍ରସ୍ତର ସ୍ଥାପନ କଲେ । (୩୯) ସେହି ଗସ୍ତ ସମୟରେ ପ୍ରଧାନମନ୍ତ୍ରୀ ରୁଗ୍ଣ ସାରକାରଖାନାର ପୁନଃରୁଦ୍ଧାର ପାଇଁ ଭିତ୍ତିପ୍ରସ୍ତର ରଖିଲେ ଯାହାକି ୪୦୦୦ କର୍ମନିଯୁକ୍ତି ଦେବା ଏବଂ କୃଷକମାନଙ୍କ ପାଇଁ ଉତ୍ତମମାନର ସାର ପ୍ରସ୍ତୁତି ଲାଗି ଉଦ୍ଦିଷ୍ଟ ଥିଲା । ଭାରତୀୟ ସାର କରପୋରେସସନର ଏହି କାରଖାନା ୧୯୯୦ ରୁ ମୃତ ପ୍ରାୟ ଥିଲା । ୬୦୦୦ କୋଟି ଟଙ୍କା ଅଟକଳରେ ସ୍ୱତନ୍ତ୍ର ଯୋଜନା ଦ୍ୱାରା ଏହାର ପୁନରୁଦ୍ଧାର ଲକ୍ଷ୍ୟ ସ୍ଥିର ହେଲା ।

ସଂସଦରେ ଯୋଗୀଙ୍କ ଦ୍ୱାରା ଗ୍ରହଣ କରାଯାଇଥିବା ପଦବୀ[୪୦]

୧୯୯୮	ଦ୍ୱାଦଶ ଲୋକସଭାକୁ ନିର୍ବାଚିତ
୧୯୯୮-୯୯	ଖାଦ୍ୟ ଯୋଗାଣ ଏବଂ ଖାଉଟୀ କଲ୍ୟାଣ କମିଟିର ସଦସ୍ୟ ଚିନି ଏବଂ ଖାଇବା ତେଲ ବଂଟନ ସବ୍ କମିଟିର ସଦସ୍ୟ ଗୃହ ମନ୍ତ୍ରଣାଳୟର ପରାମର୍ଶଦାତା କମିଟିର ସଦସ୍ୟ
୧୯୯୯	ତ୍ରୟୋଦଶ ଲୋକସଭାକୁ ନିର୍ବାଚିତ
୧୯୯୯-୨୦୦୦	ଖାଦ୍ୟ ଯୋଗାଣ ଏବଂ ଖାଉଟୀ କଲ୍ୟାଣ କମିଟିର ସଦସ୍ୟ ଗୃହ ମନ୍ତ୍ରଣାଳୟର ପରାମର୍ଶଦାତା କମିଟିର ସଦସ୍ୟ
୨୦୦୪	ଚତୁର୍ଦ୍ଦଶ ଲୋକସଭାକୁ ପୁନଃ ନିର୍ବାଚିତ । ସରକାରଙ୍କ ପ୍ରତିଶ୍ରୁତି କମିଟିର ସଦସ୍ୟ ବୈଦେଶିକ ବ୍ୟାପାର କମିଟିର ସଦସ୍ୟ ଗୃହ ମନ୍ତ୍ରଣାଳୟର ପରାମର୍ଶଦାତା କମିଟିର ସଦସ୍ୟ
୨୦୦୯	ପଞ୍ଚଦଶ ଲୋକସଭାକୁ ପୁନଃ ନିର୍ବାଚିତ
୩୧ଅଗଷ୍ଟ ୨୦୦୯	ପରିବହନ, ପର୍ଯ୍ୟଟନ ଓ ସଂସ୍କୃତି ବିଭାଗର ଷ୍ଟାଡିଂ କମିଟିର ସଦସ୍ୟ ଗୃହ ମନ୍ତ୍ରଣାଳୟର ପରାମର୍ଶଦାତା କମିଟିର ସଦସ୍ୟ
ମେ,୨୦୧୪	ଷୋଡଶ ଲୋକସଭାକୁ ନିର୍ବାଚିତ
୧୪ ଅଗଷ୍ଟ ୨୦୧୪- ୩୦ ଅପ୍ରେଲ ୨୦୧୫	ସାର୍ବଜନୀନ କାର୍ଯ୍ୟକ୍ରମ କମିଟିର ସଦସ୍ୟ

୧ ସେପ୍ଟେମ୍ବର ୨୦୧୪ରୁ ଆଗକୁ	ପରିବହନ, ପର୍ଯ୍ୟଟନ ଓ ସଂସ୍କୃତି ବିଭାଗର ଷ୍ଟାଡିଂ କମିଟିର ସଦସ୍ୟ
୨ ସେପ୍ଟେମ୍ବର ୨୦୧୪ ରୁ ଆଗକୁ	ସଂସଦର ସଦସ୍ୟମାନଙ୍କର ଦରମା ଓ ଭତ୍ତା ସମ୍ବନ୍ଧୀୟ କମିଟିର ଅଧ୍ୟକ୍ଷ ଗୃହ ମନ୍ତ୍ରଣାଳୟର ପରାମର୍ଶଦାତା କମିଟିର ସଦସ୍ୟ
୨୯ ଜାନୁଆରୀ ୨୦୧୫ରୁ ଆଗକୁ	ସାଧାରଣ କାର୍ଯ୍ୟକ୍ରମ କମିଟିର ସଦସ୍ୟ

ଆନ୍ତର୍ଜାତିକ ଗଣମାଧ୍ୟମରେ ଯୋଗୀଙ୍କ ଚର୍ଚ୍ଚା

ଉତ୍ତରପ୍ରଦେଶର ମୁଖ୍ୟମନ୍ତ୍ରୀ ଭାବେ ଯୋଗୀଙ୍କ ଉତ୍‌ଥାନ ମଧ୍ୟ ଆନ୍ତର୍ଜାତିକ ଗଣମାଧ୍ୟମ ଆଖିରୁ ବାଦ ପଡିଲା ନାହିଁ। ମୋଦିଙ୍କ ଦଳ କଠୋର ହିନ୍ଦୁ ରାଷ୍ଟ୍ରବାଦୀ ପୁରୋହିତ ଯୋଗୀ ଆଦିତ୍ୟନାଥଙ୍କୁ ଭାରତର ବୃହତ୍ତମ ରାଜ୍ୟର ନେତା ରୂପେ ବାଛିଚି ବୋଲି ୱାଶିଂଟନ ପୋଷ୍ଟ ଲେଖିଲା। [୪୧] ଉତ୍ତରପ୍ରଦେଶର ମୁଖ୍ୟମନ୍ତ୍ରୀ ଭାବେ ଯୋଗୀ ଆଦିତ୍ୟନାଥଙ୍କ ଚୟନ ସମାଲୋଚିତ ହେଉଛି ବୋଲି ବିବିସି କହିଲା। [୪୨] ତେଜୋବନ୍ତ ହିନ୍ଦୁ ଧର୍ମଗୁରୁ ଯୋଗୀ ଆଦିତ୍ୟନାଥଙ୍କୁ ଉତ୍ତରପ୍ରଦେଶର ମୁଖ୍ୟମନ୍ତ୍ରୀ କରାଯାଇଛି ବୋଲି ନିଉର୍ୟକ ଟାଇମସ କହିଲା।[୪୩]

ଜୁଲାଇ ୧୨ ନିଉର୍ୟକ ଟାଇମସର ଏସିଆ ବ୍ୟୁରୋ ଚିଫ୍ ଏଲେନ୍ ବାରୀ ଯୋଗୀ ଆଦିତ୍ୟନାଥଙ୍କ ଉପରେ ଏକ ଆଲେଖ୍ୟ ଲେଖିଲେ ଏବଂ ଟୁଇଟରରେ ତାହାର ଶୀର୍ଷକ ଥିଲା ସନ୍ତ୍ରାସବାଦୀ ହିନ୍ଦୁ ମନ୍ଦିରର ମୁଖ୍ୟ ଭାରତର ରାଜନୈତିକ ପାହାଚ ଚଢିଛନ୍ତି। ଭାରତ ସମ୍ବାଦ ବ୍ୟୁରୋ କହିଲା ଯୋ ନିଉର୍ୟକ ଟାଇମ ଯେ ପ୍ରଥମ ଥର ପାଇଁ ଭାରତ ବିଷୟରେ ଏପରି ଅଜ୍ଞତାପୂର୍ଣ୍ଣ ପ୍ରବନ୍ଧ ଲେଖିଛି ତାହା ନୁହେଁ, ମାତ୍ର ଉତ୍ତରପ୍ରଦେଶର ମୁଖ୍ୟମନ୍ତ୍ରୀଙ୍କୁ ଜଣେ ସନ୍ତ୍ରାସବାଦୀ କହିବା ସମସ୍ତଙ୍କୁ ଚକିତ ଓ ସ୍ତବ୍ଧ କରିଛି। [୪୪] ଏହି ପ୍ରବନ୍ଧଟି ଧ୍ୟାନ ଆକର୍ଷଣ କରିବା କ୍ଷଣି ଯୋଗୀଜୀଙ୍କୁ ହିନ୍ଦୁ ମନ୍ଦିରରର ମୁଖ୍ୟ ସନ୍ତ୍ରାସବାଦୀ କହିଥିବା ନ୍ୟୁୟର୍କ ଟାଇମସ୍‌ଉପରେ ଟୁଇଟର ବ୍ୟବହାରକାରୀମାନେ ବିସ୍ଫୋରଣ ଆରମ୍ଭ କରିଦେଇଥିଲେ। ସନ୍ତ୍ରାସବାଦୀ ଶବ୍ଦ ସାଧାରଣତଃ 'ଆକ୍ରମଣାତ୍ମକ' କିମ୍ବା 'ଶକ୍ତିଶାଳୀ' ଶବ୍ଦକୁ ବୁଝାଇବା ପାଇଁ କୁହାଯାଏ ଏବଂ ଏହାର ଆତଙ୍କବାଦ ସହ କୌଣସି ସମ୍ପର୍କ ନାହିଁ ବୋଲି ଏଲେନ ବାରୀ ଗୋଟେ ତୁଚ୍ଛ ବାହାନାରୂପୀ କ୍ଷମା ପ୍ରାର୍ଥନା କଲେ। କିନ୍ତୁ ଟୁଇଟର ବ୍ୟବହାରକାରୀ ମାନଙ୍କର ଭୀଷଣ ପ୍ରତିକ୍ରିୟା ପରେ

ସମ୍ପାଦକ ପ୍ରବନ୍ଧର ଶୀର୍ଷକ ବଦଳାଇଲେ। ବିବିସି, ନିଉୟର୍କ ଟାଇମ୍ସ ଏବଂ ୱାଶିଂଟନ ପୋଷ୍ଟ ପରି ତଥାକଥିତ କଠୋର ସାମ୍ବାଦିକ କିଛି ହିନ୍ଦୀ ଟ୍ରାନ୍ସଲେଟର ଉପର ଠାଉରିଆ ଇଂରାଜୀ ଅନୁବାଦ କରି ସମ୍ବାଦ ପରିବେଷଣ କରିବା ଅତ୍ୟନ୍ତ ଦୁର୍ଭାଗ୍ୟଜନକ। (୪୫)

ଜଣେ ସାଂସଦ ଭାବରେ ଯୋଗୀଙ୍କ କାର୍ଯ୍ୟକଳାପ, ଦୁଇ ଦଶନ୍ଧି ଧରି ଭାରତୀୟ ସଂସଦରେ ସେ ଉଠାଇଥିବା ବିଭିନ୍ନ ଜାତୀୟ ଓ ଆର୍ନ୍ତଜାତୀୟ ପ୍ରସଙ୍ଗ, ନିଜ ସଂସଦୀୟ କ୍ଷେତ୍ରରେ ତାଙ୍କର ଉତ୍ତମ ପ୍ରଦର୍ଶନ ଯୋଗୁଁ ପ୍ରତିଥର ନିର୍ବାଚନରେ ତାଙ୍କ ଭୋଟ ପ୍ରତିଶତର ତ୍ୱରିତ ବୃଦ୍ଧି ବିଷୟରେ ଗବେଷଣା କରିବାକୁ ଏହି ତଥାକଥିତ ବିଦେଶୀ ସାମ୍ବାଦିକ ମାନଙ୍କ ମଧ୍ୟରୁ କେହି ଜଣେ ହେଲେ ଉଦ୍ୟମ କଲେ ନାହିଁ।

ଯୋଗୀ ଏବଂ ବିବାଦ

ବହୁବର୍ଷ ଧରି କଂଗ୍ରେସର ଅଳ୍ପସଂଖ୍ୟକ ତୁଷ୍ଟିକରଣ ରାଜନୀତି ତଥା ଧର୍ମନିରପେକ୍ଷତା ନାମରେ ଗେରୁଆଧାରୀ ଯୋଗୀମାନଙ୍କ ପାଇଁ ସୃଷ୍ଟି ହୋଇଥିବା କାଳ୍ପନିକ ଘୃଣାରେ ଅଭ୍ୟସ୍ତ ଲୋକପ୍ରିୟ ଗଣମାଧ୍ୟମ ଗୁଡିକୁ ଯୋଗୀଙ୍କ ଦ୍ୱାରା ନିଆଯାଉଥିବା ଯେକୌଣସି ସାହସିକ ଦୃଢ ଏବଂ ଉଚିତ ପଦକ୍ଷେପ ଅନୁଚିତ ଓ ବିବାଦୀୟ ଲାଗୁଥିଲା। ପ୍ରଥମ ଥର ପାଇଁ ଏହି ଜୀବନୀ ସେହି ସବୁ ମନଗଢା କାହାଣୀ ପଛରେ ଥିବା ସତ୍ୟ ଉପରୁ ପର୍ଦ୍ଦା ଉଠାଇବ।

'୧୯୯୯ର ପଞ୍ଚରୁଖିଆ ଘଟଣା'

ଯୋଗୀଙ୍କର ଲୋକଙ୍କ ପ୍ରତି ଶ୍ରଦ୍ଧା ଏବଂ ସେମାନଙ୍କର ସମସ୍ୟାର ସମାଧାନ ପାଇଁ ତାଙ୍କର ଆନ୍ତରିକ ଇଚ୍ଛା ତାଙ୍କୁ ଅନେକ ସମୟରେ କଠିନ ପରିସ୍ଥିତିରେ ପକାଇଥାଏ। ମୋର କ୍ଷେତ୍ର ଗବେଷଣା ସମୟ ପଞ୍ଚରୁଖିଆ ଗ୍ରାମର ସ୍ଥାନୀୟ ଲୋକେ ଏକ ଘଟଣା ବିଷୟରେ କହିଲେ, ଘଟଣାଟି ହେଲା ଯେ ସେହି ସ୍ଥାନର ମୁସଲମାନ ଲୋକେ ସେମାନଙ୍କ କବରସ୍ଥାନକୁ ବଢେଇବା ପାଇଁ ଗ୍ରାମରେ ଥିବା ଏକ ପୁରାତନ ପବିତ୍ର ଅଶ୍ୱତଥ ଗଛକୁ କାଟି ଦେଲେ। ଯେତେବେଳେ ପୋଲିସ ଏ ଘଟଣା ଉପରେ କୌଣସି କାର୍ଯ୍ୟାନୁଷ୍ଠାନ ନେଲା ନାହିଁ। ସେତେବେଳେ ଯୋଗୀ ଏଥିରେ ହସ୍ତକ୍ଷେପ କଲେ ଏବଂ ଏକ ନୂତନ ଅଶ୍ୱତଥ ଗଛ ରୋପଣ କରିବାକୁ ସେ ଗାଁକୁ ଗଲେ। ଯୋଗୀ ଗାଁରୁ ବାହାରି ଆସିବା ବେଳକୁ ସମାଜବାଦୀ ପାର୍ଟିର ତଲଚ ଅଜିଜ ପରିବେଶକୁ ସାମ୍ପ୍ରଦାୟିକ କରିବା ପାଇଁ, ଗାଁ ପାକରେ ଏକ ସଭା କରି ଲୋକଙ୍କୁ ଏକାଠି କରିଥିଲେ। ଇଏ ସେହି ବାରମ୍ବାର ଦଳ ବଦଳାଉଥିବା ତଲତ ଅଜିଜ ଯିଏ ୨୦୧୭ରେ

ପାନିୟାରା, ମହାରାଜ ଗଞ୍ଜରରୁ କଂଗ୍ରେସ ଟିକେଟ୍‌ରେ ଲଢି ପରାଜିତ ହୋଇଥିଲେ। ଗାଁରୁ ଫେରିଲା ବେଳକୁ ଯୋଗୀ ଏବଂ ତାଙ୍କ ସହଯୋଗୀ ମାନେ ନିରବରେ ସେ ସ୍ଥାନ ଛାଡୁଥିବା ସମୟରେ ତାଙ୍କ ସହ ଆସୁଥିବା ସବାଶେଷ ଗାଡି ଉପରେ ଅଜିଜଙ୍କ ସହଯୋଗୀମାନଙ୍କ ଦ୍ୱାରା ପ୍ରବଳ ପଥର ମାଡ ହେଲା। ଯୋଗୀଙ୍କ ଗାଡି ସବୁଠୁ ଆଗରେ ଥିଲା ଏବଂ ଫୋନ୍‌ରେ ଏ ଖବର ପାଇବା ମାତ୍ରେ ଯୋଗୀ ଫେରିବାକୁ ସ୍ଥିର କଲେ। ତାଙ୍କ ସହଯୋଗୀ ମାନେ ତାଙ୍କୁ ସେଠାକୁ ଯିବାକୁ ବାରଣ କଲେ, କିନ୍ତୁ ଯୋଗୀ କହିଲେ ଯେ ବିପଦରେ ପଡିଥିବା ତାଙ୍କ ସହଯୋଗୀ ମାନଙ୍କୁ ଛାଡିଦେଇ ସେ ଯାଇପାରିବେ ନାହିଁ। ତଲତ ଅଜିଜଙ୍କ ଦ୍ୱାରା ଆୟୋଜିତ ସଭାସ୍ଥଳରେ ଯୋଗୀ ପହଞ୍ଚିବା କ୍ଷଣି ତାଙ୍କ ଗାଡି ଉପରକୁ ଗୁଳି ଓ ପଥର ବର୍ଷା ହେଲା। ପ୍ରତିବାଦ ସ୍ୱରୂପ ଗୁଳି ବିନିମୟରେ ତଲତ ଅଜିଜଙ୍କ ସୁରକ୍ଷା ଅଧିକାରୀ ସତ୍ୟପ୍ରକାଶ ଯାଦବ ନାମକ ଜଣେ ପୋଲିସ କର୍ମୀଙ୍କର ଗୁଳି ଆଘାତରେ ମୃତ୍ୟୁ ହେଲା। ଘଟଣାର ସମ୍ପୂର୍ଣ୍ଣ ବିବରଣୀ ନ ଜାଣି ସେହି ଅଞ୍ଚଳର ପୋଲିସ ଡିଆଇଜି ଯୋଗୀ ଆଦିତ୍ୟନାଥଙ୍କୁ ଗିରଫ କରିବାର ନିର୍ଦ୍ଦେଶ ଦେଲେ। ପୋଲିସ ମୁଖ୍ୟାଳୟରୁ ସ୍ଥାନୀୟ ପୋଲିସ ଥାନାକୁ ସତର୍କ କରାଇ ଦିଆଗଲା ଯେ ଦୋଷୀ ଜଣକ ଲାଲ ରଙ୍ଗର ଟାଟା ସୁମୋରେ ଆସୁଛନ୍ତି। ଗୋରଖପୁର ମନ୍ଦିରକୁ ଯାଉଥିବା ୩ଟି ରାସ୍ତାରେ ଗୋଟିଏ ଲାଲ ରଙ୍ଗର ଟାଟା ସୁମୋରେ ପୋଲିସ ସ୍ଥାନୀୟ ସାଂସଦ ଯୋଗୀ ଆଦିତ୍ୟନାଥଙ୍କୁ ଦେଖିଲା ଏବଂ କୌଣସି ଦୋଷୀଙ୍କୁ ନ ଦେଖି ଯୋଗୀଙ୍କ ସହ ଥିବା ଅନ୍ୟ ଗାଡି ଗୁଡିକୁ ମନ୍ଦିର ପର୍ଯ୍ୟନ୍ତ ବାଟ ଛାଡି ଦେଲା।

୧୯୯୯ରେ ବିଜେପି ସହ ମେଣ୍ଟ କରି ଉତ୍ତରପ୍ରଦେଶରେ କଲ୍ୟାଣ ସିଂ ମୁଖ୍ୟମନ୍ତ୍ରୀ ହୋଇଥିଲେ ଏବଂ ରାଜ୍ୟର ପୂର୍ବାଞ୍ଚଳରେ ହରି ଶଙ୍କର ତିୱାରୀ ଓ ଶିବ ପ୍ରତାପ ଶୁକ୍ଲା ଆଦି ମନ୍ତ୍ରୀଙ୍କ ଆଧିପତ୍ୟ ଥିଲା। ଯୋଗୀଙ୍କ ଆସିବା ପରେ ଏମାନଙ୍କ ଆଧିପତ୍ୟ କମିବାରୁ ଶର୍ମା ଓ ତିୱାରୀ ଯୋଗୀଙ୍କ ରାଜନୈତିକ ଶୈଳୀର କଠୋର ସମାଲୋଚକ ହୋଇଗଲେ। ତିୱାରୀ ଓ ଶର୍ମା ହିଁ ପଞ୍ଚରୁଖିଆ ଘଟଣାରେ ଯୋଗୀଙ୍କୁ ଗିରଫ କରିବାକୁ ଉଦ୍ୟମ କରିଥିଲେ ବୋଲି ଯୋଗୀଙ୍କ ବିଶ୍ୱସ୍ତମାନେ ଏ ଯାଏଁ ବିଶ୍ୱାସ କରନ୍ତି। ପରେ ମହନ୍ତ ଅଭେଦ୍ୟନାଥଙ୍କ ହସ୍ତକ୍ଷେପ ପରେ ତତ୍‌କାଳୀନ କେନ୍ଦ୍ରୀୟ ଗୃହ ମନ୍ତ୍ରୀ ଲାଲକୃଷ୍ଣ ଆଡଭାନୀ ଏବଂ ତତ୍‌କାଳୀନ ଉତ୍ତରପ୍ରଦେଶ ମୁଖ୍ୟମନ୍ତ୍ରୀ କଲ୍ୟାଣ ସିଂଙ୍କ ସ୍ତରରେ ମାମଲାର ସମାଧାନ ହୋଇଥିଲା।

"୨୦୦୨- ହିନ୍ଦୁ ଯୁବବାହିନୀର ଗଠନ"

ବେସରକାରୀ ଅଣରାଜନୈତିକ ଏବଂ ସମ୍ପୂର୍ଣ୍ଣ ସାଂସ୍କୃତିକ ଅନୁଷ୍ଠାନ ଭାବେ

ହିନ୍ଦୁ ଯୁବବାହିନୀ ନାମକ ଏକ ଅନୁଷ୍ଠାନ ୨୦୦୨ ଏପ୍ରିଲରେ ପବିତ୍ର ରାମନବମୀ ଅବସରରେ ଯୋଗୀ ଆଦିତ୍ୟନାଥଙ୍କ ଦ୍ୱାରା ଗଠିତ ହେଲା । ଜାତୀୟତା ବା ରାଷ୍ଟ୍ରୀୟତାର ଭାବନା ପ୍ରସାରିତ କରିବା, ହିନ୍ଦୁମାନଙ୍କ ସ୍ୱାର୍ଥକୁ ଆଖି ଆଗରେ ରଖି ସେମାନଙ୍କ ସମସ୍ୟାକୁ ମିଳିତ ଭାବେ ଉତ୍‌ଥାପନ କରିବା, ହିନ୍ଦୁ ଧାର୍ମିକ ଗ୍ରନ୍ଥରେ ଥିବା ବିଶ୍ୱାସ ଅନୁଯାୟୀ ସାମୁହିକ ସହଭାଗୀତା ପାଇଁ କାମ କରିବା ତଥା ଏକ ସାମ୍ୟ ଓ ନାୟିକ ସମାଜ ପ୍ରତିଷ୍ଠା ହିଁ ଏହି ଅନୁଷ୍ଠାନର ଚରିତ୍ରାବଳୀ ଥିଲା ।[୪୬] ହିନ୍ଦୁ ଶବ୍ଦର ଅର୍ଥ କହିଲେ ବୈଦିକ ଦର୍ଶନ, ବୁଦ୍ଧବାଦ, ଜୈନବାଦ, ଶିଖ ଧର୍ମ, ନାଗା ଦର୍ଶନ ଏବଂ ଅନ୍ୟ ହିନ୍ଦୁ ସାଂସ୍କୃତିକ ଦର୍ଶନ ବୋଲି ହିନ୍ଦୁ ଯୁବ ବାହିନୀର ଚରିତ୍ରାବଳୀରେ ଥିଲା । ଯେଉଁମାନେ ପବିତ୍ର ଓମ୍ ଶବ୍ଦ ଧ୍ୱନିକୁ ସମ୍ମାନ ଦିଅନ୍ତି, ଯେଉଁମାନେ ଗୋହତ୍ୟାର ବିରୋଧ କରନ୍ତି, ଯେଉଁମାନେ ପୂର୍ନଃଜନ୍ମରେ ବିଶ୍ୱାସ କରନ୍ତି, ଯେଉଁମାନେ ଭାରତକୁ ନିଜ ମାତୃଭୂମି, ପିତୃଭୂମି ଏବଂ ପବିତ୍ର ଭୂମି ଭାବେ ଗ୍ରହଣ କରନ୍ତି । ଯେଉଁମାନଙ୍କର ହିନ୍ଦୁ ଧର୍ମଗ୍ରନ୍ଥରେ ବିଶ୍ୱାସ ଅଛି ସେମାନେ ସମସ୍ତେ ହିନ୍ଦୁ ଅଟନ୍ତି ।

ହିନ୍ଦୁ ଯୁବବାହିନୀର ଆଦର୍ଶ ବକ୍ତବ୍ୟ ହିନ୍ଦୀରେ ଏପରି ଥିଲା "ତେରା ବୈଭବ ଅମର ରହେ ମା, ହମ୍ ଦିନ ଚାର ରହେଁ ନା ରହେଁ ।" ଅର୍ଥାତ୍ ହେ ଭାରତ ମାତା ! ଆମେ ରହୁ ନ ରହୁ ତୁମର ବୈଭବ ଅମର ରହୁ । ହିନ୍ଦୁ ଯୁବ ବାହିନୀର ଉଦ୍ଦେଶ୍ୟ ସବୁ ନିମ୍ନମତେ କୁହାଯାଇପାରେ । [୪୭]

(କ) ହିନ୍ଦୁସ୍ଥାନ (ଭାରତ)ର ହିନ୍ଦୁ ଧର୍ମ, ସମାଜ ତଥା ସାଂସ୍କୃତିକ ଐତିହ୍ୟକୁ ପୁନଃ ପ୍ରତିଷ୍ଠା, ସୁରକ୍ଷିତ, ଘୋଷଣା ଏବଂ ଦୃଢ଼ କରିବା ପାଇଁ ହିନ୍ଦୁ ମାନଙ୍କ ପୁନଃ ସଂଗଠିତ କରିବା ।

(ଖ) ବୃହତ୍ତର ହିନ୍ଦୁ ସମାଜରେ ଏକୀକରଣ ଏବଂ ପାରସ୍ପରିକ ଶୁଭେଚ୍ଛା ପାଇଁ ଅସ୍ପୃଶ୍ୟତା, ସମାଜରେ ଜାତିଗତ ପାର୍ଥକ୍ୟ ଭଳି ଅସୁସ୍ଥ ଅଭ୍ୟାସକୁ ଉଚ୍ଛେଦ କରି ସମାଜରେ ସମାନତାର ବିକାଶ ପାଇଁ ଉଦ୍ୟମ ଅବ୍ୟାହତ ରଖିବା ।

(ଗ) ଭୟ, ପ୍ରଲୋଭନ, ବାଧ୍ୟବାଧକତା କିମ୍ବା ନିଜ ଲୋକଙ୍କ ଦ୍ୱାରା ଦୁର୍ବ୍ୟବହାର ହେତୁ ହିନ୍ଦୁ ଧର୍ମ ଛାଡିଥିବା ଲୋକମାନଙ୍କୁ ପୁନଶ୍ଚ ସମ୍ମାନଜନକ ଢଙ୍ଗରେ ହିନ୍ଦୁ ଧର୍ମକୁ ଫେରାଇ ଆଣି ବୃହତ୍ତର ହିନ୍ଦୁ ସମାଜ ଗଠନ ।

(ଘ) ବୟସ ଓ ଲିଙ୍ଗ ନିର୍ବିଶେଷରେ ଗୋହତ୍ୟା ଉପରେ ସମ୍ପୂର୍ଣ୍ଣ ନିଷେଧାଦେଶ ପାଇଁ ଆଇନ ପ୍ରଣୟନ କରିବା ଏବଂ ଗୋପାଳଣକୁ ପ୍ରୋତ୍ସାହନ ପାଇଁ ଉଦ୍ୟମ ।

(ଙ) ଦଳୀୟ ରାଜନୀତିରୁ ଉର୍ଦ୍ଧ୍ୱକୁ ଉଠି ହିନ୍ଦୁ ଧର୍ମକୁ ଜାଗ୍ରତ କରାଇବା ଏବଂ ହିନ୍ଦୁମାନଙ୍କ ମଧ୍ୟରେ ରାଷ୍ଟ୍ରୀୟ ସଚେତନତା ସୃଷ୍ଟି କରିବା ।

(ଚ) ଗ୍ରାମ, ଜଙ୍ଗଲ ଅଞ୍ଚଳରେ କିମ୍ବା ଅପହଞ୍ଚ ପାହାଡ ଅଞ୍ଚଳରେ ରହୁଥିବାରୁ ବିଚ୍ଛିନ୍ନ ହୋଇଯାଇଥିବା ସମସ୍ତ ସାଥୀ ଦେଶବାସୀଙ୍କୁ ମୁଖସ୍ରୋତ ଜାତୀୟ ଜୀବନରେ ଅନ୍ତର୍ଭୁକ୍ତ କରିବା ପାଇଁ ସମସ୍ତ ପ୍ରକାର ଆଇନଗତ ପଦକ୍ଷେପ ନେବାକୁ ଉଦ୍ୟମ କରିବା।

(ଛ) ହିନ୍ଦୁ ସମାଜର ସମସ୍ତ ଧର୍ମରେ ପାରସ୍ପରିକ ବୁଝାମଣା, ସହଯୋଗ ଏବଂ ସମନ୍ୱୟ ବିକାଶ କରିବା।

(ଜ) ଖରାପ ସ୍ୱାସ୍ଥ୍ୟ କିମ୍ବା ଦାରିଦ୍ର୍ୟ କାରଣରୁ ଅସହାୟ ହୋଇଥିବା ଏବଂ ନିର୍ଯ୍ୟାତନା ଓ ଶୋଷଣର ଶୀକାର ହୋଇଥିବା ମା, ଭଉଣୀ ଓ ଅସହାୟ ବୃଦ୍ଧ ବୃଦ୍ଧା ମାନଙ୍କୁ ସେବା ଓ ସହାୟତା ଯୋଗାଇବା।

(ଝ) ଦେଶବ୍ୟାପି ଦୁର୍ନୀତି ନିବାରଣ ଓ ନିୟନ୍ତ୍ରଣ ପାଇଁ ସଂଗଠିତ ଏକ ସୁଚିନ୍ତିତ ପ୍ରୟାସ କରିବା।

(ଞ) ଏକ ବିକଶିତ ତଥା ସମୃଦ୍ଧ ରାଷ୍ଟ୍ର ଗଠନ ପାଇଁ ଭାରତକୁ ସଶକ୍ତ କରିବାରେ ଅଂଶୀଦାର ହେବା।

(ଟ) ଶିକ୍ଷିତ ବେରୋଜଗାର ଯୁବକ ମାନଙ୍କୁ ସ୍ୱରୋଜଗାର ବା ରୋଜଗାର ଯୋଗ୍ୟ କରିବାକୁ ସରକାରୀ ବା ବେସରକାରୀ ସ୍ତରରେ ଯଥାସମ୍ଭବ ଅଧିକରୁ ଅଧିକ ସୁଯୋଗ ଓ ସହାୟତା ପ୍ରଦାନ କରିବାକୁ ଯତ୍ନବାନ ହେବ।

(ଠ) ସମାନ ବିଚାରଧାରାର ସମସ୍ତ ଜାତୀୟ ଏବଂ ଆନ୍ତର୍ଜାତୀୟ ସଂଗଠନ ମଧ୍ୟରେ ପାରସ୍ପରିକ ସମନ୍ୱୟ ସ୍ଥାପନ କରିବା।

(ଡ) ଉପରୋକ୍ତ ଉଦ୍ଦେଶ୍ୟଗୁଡିକ ମଧ୍ୟରୁ କୌଣସିଟି ପୂରଣ କରିବାକୁ ଆବଶ୍ୟକତା ଅନୁଯାୟୀ ଯେକୌଣସି ଛୋଟ କିମ୍ବା ବଡ ଅନୁଷ୍ଠାନ ପ୍ରତିଷ୍ଠା କରିବା।

ଉପରୋକ୍ତ ସମସ୍ତ ଉଦ୍ଦେଶ୍ୟ ପାଇଁ ସାହିତ୍ୟର ମୁଦ୍ରଣ ଏବଂ ପ୍ରକାଶନ ଆରମ୍ଭ କରିବା ଏବଂ ଉପରୋକ୍ତ ସମସ୍ତ ଉଦ୍ଦେଶ୍ୟକୁ ସମର୍ଥନ କରିବା ପାଇଁ ହିନ୍ଦୁ ପାଣ୍ଠି ପ୍ରତିଷ୍ଠା କରିବା।

ହିନ୍ଦୁ ଯୁବବାହିନୀ ପାଇଁ ଉଦ୍ଦିଷ୍ଟ ଉପରୋକ୍ତ ବାରଟି ଉଦ୍ଦେଶ୍ୟ ଏବଂ ସମ୍ବିଧାନ ଉପରେ ଦୃଷ୍ଟିପାତ କଲେ ଯୋଗୀ ଆଦିତ୍ୟନାଥଙ୍କ ରାଜନୈତିକ ଦୃଷ୍ଟିକୋଣ ଏବଂ ଦୂରଦୃଷ୍ଟି ବିଷୟରେ ଏକ ଆକର୍ଷଣୀୟ ଜ୍ଞାନ ଦେଇଥାଏ। ହିନ୍ଦୁ ଯୁବାବାହିନୀ ପାଇଁ ପ୍ରସ୍ତୁତ ଏହି ନିୟମାବଳୀ ଅନେକ ଦର୍ଶନର ଏକ ସୁନ୍ଦର ସମଷ୍ଟି ଥିଲା। ପ୍ରାଚୀନ ହିନ୍ଦୁ ସଂସ୍କୃତ ଆଧାରିତ ଏକ ରାଷ୍ଟ୍ର ଗଠନ ପାଇଁ ଆରଏସ୍‌ଏସ୍‌ର ଦର୍ଶନ, ଗୋ ସମ୍ପଦ ପାଇଁ ଶ୍ରଦ୍ଧା ଓ ପ୍ରତିବଦ୍ଧତା, ସମାନତାର ସମାଜବାଦୀ ଧାରଣା, ଦୀନଦୟାଲ ଉପାଧ୍ୟାୟଙ୍କ

ଧାରଣା ପ୍ରସ୍ତୁତ ଅନ୍ତ୍ୟୋଦୟ ହିସାବରେ ଧାଡିର ସବାଶେଷରେ ଠିଆ ହୋଇଥିବା ଲୋକଟିଙ୍କୁ ସହାୟତା ପ୍ରଦାନ କରିବା, ପ୍ରଧାନମନ୍ତ୍ରୀ ମୋଦିଜୀଙ୍କ ଧାରଣା ଅନୁଯାୟୀ ଦୁର୍ନୀତି ନିର୍ବାରଣ ଭଳି ନୂତନ ଯୁଗ ସଂସ୍କାର ଚିନ୍ତାଧାରା ଏବଂ ଆବଶ୍ୟକୀୟ ଉଦ୍ଦେଶ୍ୟ ହାସଲ କରିବା ପାଇଁ ଆବଶ୍ୟକ ସାଂଗଠନିକ ବ୍ୟବସ୍ଥା, ପାଣ୍ଠି ଯୋଗାଯୋଗ ମାଧ୍ୟମ ଇତ୍ୟାଦିର ଗୁରତ୍ୱପୂର୍ଣ୍ଣ ଚିନ୍ତାଧାର ଆଦି ଏଥିରେ ଅର୍ନ୍ତଭୁକ୍ତ।

କାଗଜପତ୍ରରେ ହିନ୍ଦୁ ଯୁବାବାହିନୀର ସମ୍ବିଧାନ ଓ ଉଦ୍ଦେଶ୍ୟଗୁଡିକ ବହୁମୁଖୀ ହିନ୍ଦୁ ଯୁବା ବାହିନୀ ଉପରେ ଗଣମାଧ୍ୟମର ମତାମତ ଉପରେ ଦୃଷ୍ଟି ପକାଇଲେ ସେମାନଙ୍କର କାର୍ଯ୍ୟକଳାପ ସମ୍ବନ୍ଧରେ ଏବଂ ଅନ୍ତର୍ଦୃଷ୍ଟି ଦେଇଥାଏ।[୪୮] ଗଣମାଧ୍ୟମ ବ୍ୟାପକ ଭାବେ ଏଇ ଯୁବାବାହିନୀର କାର୍ଯ୍ୟକୁ ପ୍ରସାରିତ କରିଛି। ଏହି କାର୍ଯ୍ୟକୁ ସବୁ ହେଲା- ହିନ୍ଦୁ ଅଧିକାର ପାଇଁ ପରାମର୍ଶ, ସମସ୍ତ ଜାତିର ସାଂଗଠନିକ ବୈଠକର ଲୋକଙ୍କ ସହ ବିଶାଳ ରାତ୍ରି ଭୋଜନର ଆୟୋଜନ। ମଦ୍ୟପାନ ଭଳି ସାମାଜିକ ଅପରାଧ ବିରୁଦ୍ଧରେ ଅଭିଯାନ, ବେଆଇନ ପଶୁ ଆନ୍ଦୋଳନ ବିରୁଦ୍ଧରେ ଆନ୍ଦୋଳନ ଗରିବ ଓ ଅଭାବୀ ଲୋକଙ୍କୁ ସେମାନଙ୍କର ଆଧାର ଏବଂ ଭୋଟ ପରିଚୟ ପତ୍ର ପାଇବାରେ ସାହାଯ୍ୟ ତଥା ସେମାନଙ୍କର ସରକାରୀ ହିତାଧିକାରୀ ଯୋଜନା ଗୁଡିକର ଲାଭପ୍ରାପ୍ତି ଦିଗରେ ଉଦ୍ୟମ ଏବଂ ଅତୀତର ଦୁର୍ନୀତିଗ୍ରସ୍ତ ସ୍ଥାନୀୟ ତଥା କେନ୍ଦ୍ର ସରକାରଙ୍କ ବିରୋଧରେ ବିଭିନ୍ନ ଅଭିଯାନ। ଯୋଗୀ ଆଦିତ୍ୟନାଥ ଏହି ସମସ୍ତ ହସ୍ତକ୍ଷେପକୁ ସିଧାସଳଖ ନେତୃତ୍ୱ ଦେଇ ଆଗକୁ ନେଉଥିଲେ।

ନିର୍ବାଚନରେ ବିଜୟ ହାସଲ କରିବା ପାଇଁ ଭାରତୀୟ ଜାତୀୟ କଂଗ୍ରେସ ବର୍ଷ ବର୍ଷ ଧରି ମୁସଲିମ୍ ତୁଷ୍ଟୀକରଣ ରାଜନୀତିକୁ ପ୍ରୋତ୍ସାହିତ କରି ଆସିଛି। ଉତ୍ତରପ୍ରଦେଶର ଜାତିଭିତ୍ତିକ ଆଞ୍ଚଳିକ ଦଳ ମଧ୍ୟ ଏହି ସହଜିଆ ସୂତ୍ରକୁ ଆପଣେଇଲେ। ମୁଖ୍ୟମନ୍ତ୍ରୀ ଚୌକିକୁ ଅକ୍ତିଆର କରିବା ଲାଗି ଏକ ପକ୍ଷରେ ମୁଲାୟମ ସିଂ ମୁସଲମାନ ଓ ଯାଦବଙ୍କ ମିଶ୍ରଣକୁ ଗୁରୁତ୍ୱ ଦେବା ବେଳେ ଅନ୍ୟପକ୍ଷରେ ମାୟାବତୀ ଦଳିତ ଓ ମୁସଲମାନଙ୍କ ମିଶ୍ରଣକୁ ଗୁରୁତ୍ୱ ଦେଉଥିଲେ। ସାରା ଦେଶରେ ଏହି ସମାନ ପ୍ରକାରରର ତୁଷ୍ଟୀକରଣ ଚାଲୁଥିଲା। କେନ୍ଦ୍ରରେ କଂଗ୍ରେସ ଏବଂ ରାଜ୍ୟ ଗୁଡିକରେ ଆଞ୍ଚଳିକ ଦଳମାନେ ନିଜ ନିଜ ଆଖ୍ୟାନ ଅନୁରୂପରେ ଗଣମାଧ୍ୟମ ଗୁଡିକୁ ପ୍ରଶିକ୍ଷିତ ଏବଂ ସଂରକ୍ଷିତ କରିଥିଲେ। ଯେତେବେଳେ ପୂର୍ବ ଉତ୍ତରପ୍ରଦେଶର ଉଜ୍ଜ୍ୱଳ ରାଜନୈତିକ ତାରକା ଏବଂ ଦୃଢ ଇଚ୍ଛାଶକ୍ତି ଥିବା ଯୋଗୀ ଆଦିତ୍ୟନାଥ ହିନ୍ଦୁ ଯୁବା ବାହିନୀ ଗଠନ କଲେ ଲୋକପ୍ରିୟ ଗଣମାଧ୍ୟମ ଏବଂ ଉଦାରବାଦୀ ଲବି ଏହାକୁ ସହଜରେ ହଜମ କରିପାରିଲେ ନାହିଁ। ସେମାନେ ହିନ୍ଦୁ ଯୁବାବାହିନୀଙ୍କୁ ସାମ୍ପ୍ରଦାୟିକ ରଙ୍ଗ ଦେବା ପାଇଁ କାହାଣୀ ପଢିଲେ

ଏବଂ ଏହାକୁ ସଂଖ୍ୟାଲଘୁ ବିରୋଧୀ ଘୋଷଣା କରିବାକୁ ଯୁବାବାହିନୀ ଉପରେ ବିଷାକ୍ତ ଶବ୍ଦକୋଷ ଓଜାଡିବାରେ ଲାଗିଲେ। କହିବାକୁ ଗଲେ ଦୁର୍ଭାଗ୍ୟଜନକ ଗୋଧ୍ରା ଘଟଣା ପରେ ଗଣମାଧ୍ୟମର ମୋଦିଙ୍କ ଉପରେ ବିଷାକ୍ତ ତଥା ମିଥ୍ୟା ଆକ୍ରମଣକୁ ମୋଦିଙ୍କ ସଫଳତାର ବହୁଳାଂଶ ଶ୍ରେୟ ଦିଆଯିବା ଉଚିତ୍ କହିଲେ ଅତ୍ୟୁକ୍ତି ହେବ ନାହିଁ। ସେହିପରି ହିନ୍ଦୁ ଯୁବାବାହିନୀ ଉପରେ ଗଢାଯାଉଥିବା ଯେକୌଣସି ନକରାତ୍ମକ କାହାଣୀ ଯୁବାବାହିନୀକୁ ଅଧିକ ଉନ୍ନତ କରୁଥିଲା। ଧୀରେନ୍ଦ୍ର କୁମାର ଝାଙ୍କ ପରି ବ୍ୟକ୍ତି ଯୋଗୀ ଏବଂ ହିନ୍ଦୁ ଯୁବାବାହିନୀର ଉତଥାନ୍‌କୁ ଆଦୌ ବରଦାସ୍ତ କରିପାରିଲେ ନାହିଁ ଏବଂ ଯୋଗୀ ଆଦିତ୍ୟନାଥ ଏବଂ ହିନ୍ଦୁ ଯୁବାବାହିନୀ ନାମକ ଏକ ପକ୍ଷପାତ ପୁସ୍ତକ ରଚନା କଲେ, ତାଙ୍କ ବହିରେ ଝା କହିଛନ୍ତି ଯେ ହିନ୍ଦୁ ଯୁବା ବାହିନୀ କ୍ରମାଗତ ଭାବେ ସାମ୍ପ୍ରଦାୟିକ ହିଂସାରେ ଜଡିତ ହୋଇଆସିଛି। ଝା'ଙ୍କ ଅନୁଯାୟୀ ହିନ୍ଦୁ ଯୁବାବାହିନୀ ଏକ ଆକ୍ରମଣାତ୍ମକ ବିଷାକ୍ତ ଅଭିଯାନ ଚଳାଇ ଛୋଟ ଘଟଣାଗୁଡିକ ମଧ୍ୟ ସାମ୍ପ୍ରଦାୟିକ ଯୁଦ୍ଧରେ ପରିଣତ କରିଛି ଏବଂ ସଂଖ୍ୟାଲଘୁମାନଙ୍କୁ ହିନ୍ଦୁ ମାନଙ୍କର ଶତ୍ରୁଭାବେ ଉତ୍‌ଥାପନ କରିଛି। ଆଉ ପାଦେ ଆଗେଇ ଯାଇ ଝା କୁହନ୍ତି ଯେ ତୃଣମୂଳ ସ୍ତରରେ ହିନ୍ଦୁ ଯୁବାବାହିନୀ ଗୁଣ୍ଡା ବ୍ୟତୀତ ଆଉ କିଛି ନୁହନ୍ତି ଏବଂ ସେମାନେ ନିଜ ନେତାଙ୍କ ଛଡା ଆଉ କାହାରି ନିର୍ଦ୍ଦେଶ ମାନନ୍ତି ନାହିଁ। ସେମାନେ ଆଦିତ୍ୟନାଥଙ୍କୁ ଶ୍ରଦ୍ଧାରେ "ଗୋରକ୍ଷା ପୀଠାଧୀଶ୍ୱର ପରମପୂଜ୍ୟ ଯୋଗୀ ଆଦିତ୍ୟନାଥ ଜୀ ମହାରାଜ" ବୋଲି କୁହନ୍ତି ଏବଂ ନିଜକୁ ଅନ୍ୟ ମାନଙ୍କଠାରୁ ଭିନ୍ନ ଦେଖାଇବାକୁ ନିଜ ବେକ ଚାରିପାଖରେ ଏକ ଗେରୁଆ ଗାମୁଛା ଗୁଡାଇଥାନ୍ତି। ଏହି ଗୋଷ୍ଠି ନିଜକୁ ହିନ୍ଦୁତ୍ୱ ଓ ଜାତୀୟତା ପାଇଁ ସମର୍ପିତ ଏକ କଠୋର ସାଂସ୍କୃତିକ ସାମାଜିକ ସଂଗଠନ ଭାବେ ବର୍ଣ୍ଣନା କରନ୍ତି। ମୋ ଜାଣିବାରେ ଝା ହିନ୍ଦୁ ଯୁବା ବାହିନୀର ସମ୍ବିଧାନ ବା ଉଦ୍ଦେଶ୍ୟ ଉପରେ ଆଦୌ ଧ୍ୟାନ ନଦେଇ ମୁଖ୍ୟତଃ କିଛି ମନଗଢା ଗପ ଗଢୁଥିବା କ୍ଷୁଦ୍ର ଖବରକାଗଜ ଏବଂ ରିପୋର୍ଟ ତଥା ଗେରୁଆ ରଙ୍ଗ ଓ ହିନ୍ଦୁ ଦର୍ଶନ ପ୍ରତି ଥିବା ନିଜର ବ୍ୟକ୍ତିଗତ ଘୃଣା ଆଧାରରେ ନିଜ ଗବେଷଣା କରିଛନ୍ତି।

ଉତ୍ତରପ୍ରଦେଶର ମୁଖ୍ୟମନ୍ତ୍ରୀ ଭାବେ ଯୋଗୀ ଆଦିତ୍ୟନାଥଙ୍କ ଉତ୍‌ଥାନରେ ବ୍ୟଥିତ ହୋଇ ଇଣ୍ଡିଆନ ଏକ୍ସପ୍ରେସ[୪୯] ନିକଟରେ ଲେଖିଛି ଯେ ହିନ୍ଦୁ ଯୁବାବାହିନୀ ଗଢା ହେଲା ଦିନରୁ ଗୋରଖପୁର ଓ ଏହାର ଆଖପାଖରେ ସାମ୍ପ୍ରଦାୟିକ ଦଙ୍ଗା ସୃଷ୍ଟି କରିବା ଏହି ସଂଗଠନର ବିଶେଷତା ଏବଂ ଉଲ୍ଲେଖଯୋଗ୍ୟ ଯେ ଏମାନଙ୍କ ଗତିବିଧି ଉପରେ ସ୍ଥାନୀୟ ପ୍ରଶାସନ ସମ୍ପୂର୍ଣ୍ଣ ନୀରବ ଅଛି। ଏହା ଅତ୍ୟନ୍ତ ଦୁର୍ଭାଗ୍ୟପୂର୍ଣ୍ଣ ଯେ ଏହି ପକ୍ଷପାତପୂର୍ଣ୍ଣ ରିପୋର୍ଟ ଦୌଡରେ ଇଣ୍ଡିଆନ ଏକ୍ସପ୍ରେସର ସମ୍ପାଦକୀୟ ଗୋଷ୍ଠୀ ଏ ତଥ୍ୟକୁ ଅଣଦେଖା

କରିଦେଲେ ତଗୋରଖପୁର ଓ ଉତ୍ତରପ୍ରଦେଶର ପୂର୍ବ ଭାରତର ସାମ୍ପ୍ରଦାୟିକ ହିଂସାରେ ଘଟଣା ବାସ୍ତବରେ ଯୋଗୀଙ୍କ ଉତ୍‌ଥାନ ପରେ କମ୍ ହୋଇଯାଇଥିଲା। ପ୍ରକୃତରେ ଉତ୍ତରପ୍ରଦେଶରେ ବହୁଜନ ସମାଜପାର୍ଟି ଓ ସମାଜବାଦୀ ପାର୍ଟିର ଶାସନ ଏବଂ କେନ୍ଦ୍ରରେ କଂଗ୍ରେସ ଓ ୟୁପିଏ ଶାସନ ସମୟରେ ହିଁ ଯୋଗୀ ଏବଂ ହିନ୍ଦୁ ଯୁବାବାହିନୀର ଉତ୍‌ଥାନ ହୋଇଥିବାରୁ ସ୍ଥାନୀୟ ପ୍ରଶାସନର ନୀରବତା ବାବଦରେ ଇଣ୍ଡିଆନ ଏକ୍ସପ୍ରେସର ବିବୃତ୍ତି ଏହାର ରାଜନୈତିକ ବୁଝାମଣା ଉପରେ ପ୍ରଶ୍ନବାଚୀ ଲଗାଇଥିଲା।

ଆରଏସ୍‌ଏସ୍ ଏବଂ ବିଜେପି ଅନୁରୂପରେ ଯୋଗୀ ଏବଂ ହିନ୍ଦୁ ଯୁବାବାହିନୀକୁ ଏକ ଶୁଦ୍ଧ ରାଷ୍ଟ୍ରବାଦୀ ଏଜେଣ୍ଡା ଚଳାଇବା ଦେଖି ସମଗ୍ର ବିଶ୍ୱର ଉଦାରବାଦୀମାନେ ଅତ୍ୟନ୍ତ ବିବ୍ରତ ହେଉଥିଲେ। ସେମାନେ ସମସ୍ତେ ଆରଏସ୍‌ଏସ୍/ ବିଜେପି ଏବଂ ହିନ୍ଦୁ ଯୁବାବାହିନୀଙ୍କ ମଧ୍ୟରେ ଏକ କାଳ୍ପନିକ ମତଭେଦ ପ୍ରକ୍ଷେପିତ କରିବାକୁ ଚେଷ୍ଟା କରିଥିଲେ। ରାଜନୀତି ବିଜ୍ଞାନୀ ଖ୍ରୀଷ୍ଟୋଫର ଜେଫେରୋଲ୍ଟ[୫୦] ହିନ୍ଦୁ ଯୁବବାହିନୀର ସନ୍ତ୍ରାସବାଦୀ ହିନ୍ଦୁ ଧର୍ମ ଏମିତି ଏକ ଚିନ୍ତାଧାର, ଯାହା ବିଜେପିର ରାଜନୈତିକ ପ୍ରକ୍ରିୟାଠାରୁ ସମ୍ପୂର୍ଣ୍ଣ ଭିନ୍ନ ବୋଲି ନିଜ ମତକୁ ଲଦି ଦେବାକୁ ଚେଷ୍ଟା କରିଥିଲେ। ହିନ୍ଦୁ ଯୁବାବାହିନୀର ରାଜନୈତିକ ଚିନ୍ତାଧାରାର ଆଧାର ଆଦିତ୍ୟନାଥଙ୍କ ପୂର୍ବଜ ଏବଂ ଗୋରଖପୁରର ଗୋରଖନାଥ ମଠାଧୀଶ ଦିଗବିଜୟନାଥଙ୍କ ଠାରୁ ଆସିଛି ବୋଲି ଜେଫେରଲ୍ଟ କହିଲେ, ଝା ତାଙ୍କ ବହିରେ କୁହନ୍ତି ଯେ ଆଦିତ୍ୟନାଥ ନିର୍ବାଚନ ପାଇଁ ଗଲାବେଳେ ପ୍ରତିଥର ବିଜେପିର ପ୍ରତୀକ ବ୍ୟବହାର କରନ୍ତି, କିନ୍ତୁ ଆରଏସ୍‌ଏସ୍ ଏବଂ ଏହାର କୌଣସି ସଂଗଠନରୁ ସ୍ୱତନ୍ତ୍ର ଭାବେ ହିନ୍ଦୁ ଯୁବାବାହିନୀ ମାଧ୍ୟମରେ ପୂର୍ବ ଉତ୍ତରପ୍ରଦେଶରେ ନିଜ ଅଧିକାର ମଧ୍ୟରେ ପୂର୍ଣ୍ଣ ଆଧିପତ୍ୟ ବଜାୟ ରଖିବାକୁ ଚେଷ୍ଟା କରନ୍ତି। [୫୧]

ଆଉ ପାଦେ ଆଗକୁ ଯାଇ ସ୍କ୍ରୋଲରେ ନିଜର ଏକ ଆଲେଖ୍ୟରେ ଧୀରେନ୍ଦ୍ର ଝା [୫୨] ଏକ ଷଡଯନ୍ତ୍ର ସିଦ୍ଧାନ୍ତ ଗଢିଛନ୍ତି ଏବଂ କହିଛନ୍ତି ଯେ ଆରଏସ୍‌ଏସ୍ ଆଦିତ୍ୟନାଥଙ୍କୁ ହିନ୍ଦୁ ଯୁବା ବାହିନୀକୁ ଭଙ୍ଗ କରିବାକୁ କହିଛି ଏବଂ ତାଙ୍କ ଏହି କାହାଣୀ କେଉଁ ଅଜ୍ଞାତ କାଳ୍ପନିକ ସ୍ରୋତରୁ ହିଁ ଆସିଛି। ସେ ଏହି ଆଲେଖ୍ୟରେ କହିଛନ୍ତି ଯେ ବିଜେପି ଭିତରୁ ଜଣାଯାଇଛି ଏହି ମାସ ପ୍ରାରମ୍ଭରେ ବିଜେପିର ରାଜ୍ୟ କାର୍ଯ୍ୟକାରିଣୀ ବୈଠକରେ ଉପମୁଖ୍ୟମନ୍ତ୍ରୀ ତଥା ଉତ୍ତରପ୍ରଦେଶ ରାଜ୍ୟ ବିଜେପି ସଭାପତି କେଶବ ପ୍ରସାଦ ମୌର୍ଯ୍ୟ ହିନ୍ଦୁ ଯୁବାବାହିନୀ ଉପରେ ପରୋକ୍ଷ ପ୍ରହାର କରି କହିଲେ ଯେ ଦଳୀୟ କାର୍ଯ୍ୟକର୍ତ୍ତାଙ୍କ ତୁଳନାରେ ବାହାର ଲୋକ ସରକାର ମଧ୍ୟରେ ଅଧିକ ଅଗ୍ରାଧିକାର ପାଉଛନ୍ତି। ଏ ଲେଖାରେ ଆହୁରି ମଧ୍ୟ କୁହାଯାଇଛି ଯେ ଅଧିବେଶନର ଶେଷ ଦିନରେ ଯୋଗୀ ଓ

ଅମିତ ଶାହଙ୍କ ଉପସ୍ଥିତିରେ କେଶବ ପ୍ରସାଦ ମୌର୍ଯ୍ୟଙ୍କ ଏହି ଉତ୍ତେଜନା ପ୍ରକାଶ ପାଇଥିଲା ଏବଂ ଏଥିରେ ରାଜ୍ୟ ଆରଏସ୍ଏସ୍ର ସମର୍ଥନ ଥିଲା। ଶ୍ରୀଯୁକ୍ତ ଝା ଦାବି କରିଛନ୍ତି ଯେ ସେ ଦିନ ସଭାରେ ଉପସ୍ଥିତ ଥିବା ରାଜ୍ୟ କାର୍ଯ୍ୟକାରିଣୀର ଜଣେ ସଭ୍ୟଙ୍କ କହିବା ଅନୁଯାୟୀ ଯଦିଓ ମୌର୍ଯ୍ୟ ହିନ୍ଦୁ ଯୁବାବାହିନୀର ନାମ ଉଚ୍ଚାରଣ କରିନଥିଲେ, କିନ୍ତୁ ବାହାର ଲୋକ ଶବ୍ଦ ସେ ଏହି ସଂଗଠନକୁ ଲକ୍ଷ୍ୟ କରି କହିଥିଲେ। ଏହି ପୁସ୍ତକ ରଚନା ପାଇଁ ମୋର ଗବେଷଣା ସମୟରେ ମୁଁ ଉପରୋକ୍ତ ଦାବୀର କୌଣସି ଆଧାର ଖୋଜି ପାଇଲି ନାହିଁ।

ହିନ୍ଦୁ ଯୁବା ବାହିନୀ କୌଣସି ନୂତନ ସଦସ୍ୟତା ଗ୍ରହଣ କରିବା ଅନିର୍ଦ୍ଦିଷ୍ଟ କାଳ ପାଇଁ ସ୍ଥଗିତ ରଖିଛି ପରି କଥା ଧୀରେନ୍ଦ୍ର ଝାଙ୍କ ପରି ଲେଖକଙ୍କ ଦାବୀକୁ ସମର୍ଥନ ଯୋଗାଇଲା।[୫୩] କିନ୍ତୁ ହିନ୍ଦୁ ଯୁବା ବାହିନୀର ସାଧାରଣ ସମ୍ପାଦକ ପି.କେ ମଲ ଏହାକୁ ବ୍ୟାଖ୍ୟା କରି କୁହନ୍ତି ଯେ ଆଗରୁ ଏହି ସଂଗଠନରେ ମିଶିବାକୁ ମାସକୁ ୫୦୦ ରୁ ୧୦୦୦ ଲୋକ ଯୋଗାଯୋଗ କରୁଥିଲେ। [୫୪] କିନ୍ତୁ ମାର୍ଚ୍ଚ ୧୯ରେ ମହନ୍ତଜୀ (ଯୋଗୀ ଆଦିତ୍ୟନାଥ) ମୁଖ୍ୟମନ୍ତ୍ରୀ ଭାବେ ଶପଥ ନେବା ପରେ ଆମେ ଦିନକୁ ପ୍ରାୟ ୫୦୦୦ ସଦସ୍ୟତା ଅନୁରୋଧ ପାଉଛୁ। ମଲ ଆହୁରି କହିଲେ ଯେ ପୂର୍ବର ସମାଜବାଦୀ ପାର୍ଟି ସରକାର ରାଜ୍ୟରେ ଦଙ୍ଗା ସୃଷ୍ଟିକାରୀ ଉପଦ୍ରବୀ ତତ୍ତ୍ୱମାନଙ୍କୁ ଆଶ୍ରୟ ଦେଇଥିଲେ ଏବଂ ବର୍ତ୍ତମାନ ଏହି ଗୁଣ୍ଡାମାନେ ଏବର ସରକାରରେ ମଧ୍ୟ ହିନ୍ଦୁ ଯୁବାବାହିନୀର ସଦସ୍ୟ ଭାବରେ ବା ମିଛ ସଦସ୍ୟ ଭାବରେ ନିଜର ପତିଆରା ବଢାଇବାକୁ ଚାହିଁବେ। ତେଣୁ ସେମାନଙ୍କୁ ବର୍ତ୍ତମାନ ଯେକୌଣସି ସଦସ୍ୟ ଗ୍ରହଣ କରିବା ପୂର୍ବରୁ ଅଧିକ ସଚେତନ ହେବାକୁ ହେବ ଏବଂ ଏଥିପାଇଁ ସେମାନେ ଏବଂ ସଦସ୍ୟ ଗ୍ରହଣ ଅଭିଯାନ ସ୍ଥଗିତ ରଖିଛନ୍ତି। ନିଜକୁ ହିନ୍ଦୁ ଯୁବା ବାହିନୀର ସଦସ୍ୟ ଭାବେ ଉପସ୍ଥାପିତ କରି ଯଦି କେହିବି କୌଣସି ବେନିୟମ କାର୍ଯ୍ୟ କରିବ, ସେ କଠୋର ଦଣ୍ଡ ପାଇବ। ମଲ ଆହୁରି କହିଲେ ଯେ ଜନସାଧାରଣଙ୍କ ନିକଟରେ ସରକାରଙ୍କ ଉତ୍ତମ କାର୍ଯ୍ୟକୁ ପହଞ୍ଚାଇବା ଏବଂ ସରକାରଙ୍କ ସହ ସମନ୍ୱୟ ରକ୍ଷା କରିବା ପାଇଁ ଯୁବାବାହିନୀର ବିଦ୍ୟମାନ ସଦସ୍ୟମାନେ ସ୍ଥାନୀୟ ପ୍ରଶାସନର ସହଯୋଗୀ ହେବା ଉଚିତ।

'ଲଭ ଜିହାଦ'

ମୁସଲମାନ ପୁରୁଷମାନଙ୍କୁ ହଇରାଣ କରିବା ଏବଂ ସଂଖ୍ୟାଲଘୁ ବିରୋଧୀ ଭାବନା ସୃଷ୍ଟି କରିବା ପାଇଁ ପ୍ରେମ ଜିହାଦ ପରି ଧାରଣା ଯୋଗୀ ଆଦିତ୍ୟନାଥ ଏବଂ ତାଙ୍କ ସାଂସ୍କୃତିକ ସହଯୋଗୀ ହିନ୍ଦୁ ଯୁବା ବାହିନୀ ଦ୍ୱାରା ବିସ୍ତାର କରାଯାଇଛି ବୋଲି

ଅଭିଯୋଗ ହୋଇଛି। ସମ୍ପୂର୍ଣ୍ଣ ଧାରଣା ଏବଂ ଅନ୍ତର୍ନିହିତ ସାମାଜିକ ଗତିଶୀଳତାକୁ ବୁଝିନପାରି ସାମ୍ବାଦିକମାନେ ରିପୋର୍ଟ କରିବାରେ ବ୍ୟସ୍ତ ଥିଲେ ଏବଂ କହୁଥିଲେ ଯେ କୌଣସି ପ୍ରକାରର 'ପ୍ରେମ ଜିହାଦ' ବିଦ୍ୟମାନ ନାହିଁ ଏବଂ ଏହା କେବଳ ଯୋଗୀଙ୍କ ପରି ଲୋକଙ୍କର କଳ୍ପନା ମାତ୍ର। ଇଣ୍ଡିଆନ୍ ଏକ୍ସପ୍ରେସ ଲେଖିଲା [୫୫] ଯେ 'ପ୍ରେମ ଜିହାଦ' ଆଧାରରେ ହିନ୍ଦୁ ଯୁବା ବାହିନୀ ମହିଳା ମାନଙ୍କୁ ନିର୍ଯ୍ୟାତନା ଦେଉଛନ୍ତି, କିନ୍ତୁ ବାସ୍ତବରେ ମୁସଲମାନ ସମ୍ପ୍ରଦାୟକୁ ଟାର୍ଗେଟ କରିବାକୁ ହିନ୍ଦୁ ମହିଳାଙ୍କ ସହ ସମ୍ପର୍କ ଥିବା ମୁସଲମାନ ପୁରୁଷଙ୍କ ଉପରେ ସନ୍ତ୍ରାସବାଦୀ ଯାଞ୍ଚ ଲଗାଉଛନ୍ତି।

ମୋର ପାଠକମାନଙ୍କ ନିକଟରେ କୌଣସି ନିର୍ଣ୍ଣୟ ଉପସ୍ଥାପନ କରିବା ପୂର୍ବରୁ ମୁଁ ଏହି ବିଷୟ ଉପରେ ଏକ ବିସ୍ତୃତ ଅନୁସନ୍ଧାନ କରିଥିଲି। ନିଜର ପ୍ରଖ୍ୟାତ ଆଲେଖ୍ୟରେ ଷ୍ଟିଫେନ୍ ବ୍ରାଉନ 'ମାଗ'ର ମୁଖ୍ୟ ପୃଷ୍ଠାରେ କହିଛନ୍ତି ଯେ ପଶ୍ଚିମ ସମାଜକୁ ଆହ୍ୱାନ ଦେଇଥିବା ମୁସ୍‌ଲିମ ଆତଙ୍କବାଦୀଙ୍କ 'କଠୋର ଜିହାଦ' ଏବଂ ଅହିଂସକ 'ଗୁପ୍ତ ଜିହାଦ' ପରି ବର୍ତ୍ତମାନ ଏହି ବିଡମ୍ବିତ 'ପ୍ରେମ ଜିହାଦ'କୁ ତୁଳନା କରି ହେବ। [୫୬] କିନ୍ତୁ ମୁସଲିମ ଆକ୍ରୋଶର ଏହି ସର୍ବଶେଷ ରୂପର ପ୍ରେମ ସହ କୌଣସି ସମ୍ବନ୍ଧ ନାହିଁ। ପ୍ରେମ ଜିହାଦ ପ୍ରକୃତରେ ଦୁର୍ବଳ ଏବଂ କୋମଳମତି ଯୁବତୀ ଝିଅମାନଙ୍କୁ ମିଛ ପ୍ରେମଜାଲ ବିଛାଇ ତଥା ବିବାହର ମିଥ୍ୟା ପ୍ରତିଶ୍ରୁତି ଦେଇ ସେମାନଙ୍କୁ ଇସଲାମ ଧର୍ମରେ ଧର୍ମାନ୍ତୀକରଣ କରିବାର ଏକ ନିର୍ଦ୍ଦୟ ଶୈଳୀ ମାତ୍ର। ମାତ୍ର ଦାମ୍ପତ୍ୟ ସୁଖ ପାଇବା ପରିବର୍ତ୍ତେ ଝିଅମାନେ ଅଜାଣତରେ ମୁସଲିମ ମୌଳବାଦୀ ସଂଗଠନର ପ୍ରତାରଣାରେ ଫସି ଯାଉଛନ୍ତି।

ଯେତେବେଳେ ନିଜ ପ୍ରସିଦ୍ଧ ଟିଭି କାର୍ଯ୍ୟକ୍ରମ 'ଆପକି ଅଦାଲତ'ରେ [୫୭] ରଜତ ଶର୍ମା ଯୋଗୀଙ୍କୁ 'ପ୍ରେମ ଜିହାଦ' ବାବଦରେ ପ୍ରଶ୍ନ କଲେ, ଯୋଗୀ ଉତ୍ତର ଦେଲେ ଯେ ଜୁଲାଇ ୨୦୧୦ରେ କେରଳ ମୁଖ୍ୟମନ୍ତ୍ରୀ ଭି.ଏସ୍. ଅଚ୍ୟୁତାନନ୍ଦନ ପ୍ରଥମେ 'ପ୍ରେମ ଜିହାଦ' କଥା କହିଥିଲେ। [୫୮] କେରଳର ମୁଖ୍ୟମନ୍ତ୍ରୀ ଶ୍ରୀ ଅଚ୍ୟୁତାନନ୍ଦ 'ପ୍ରେମ ଜିହାଦ' ବିଷୟରେ କହିବାକୁ ଯାଇ କହିଛନ୍ତି ଯେ କେରଳକୁ ମୁସଲିମ ବହୁଳ ରାଜ୍ୟ କରିବା ପ୍ରୟାସ ଅଣ ମୁସଲିମ ଝିଅମାନଙ୍କୁ ତଥାକଥିତ ବୈବାହିକ ବନ୍ଧନରେ ବାନ୍ଧି ରୂପାନ୍ତରଣ କରାଯାଉଛି। ୨୦୦୯ରେ ପ୍ରଥମେ 'ପ୍ରେମ ଜିହାଦ' ସମ୍ବନ୍ଧରେ ଜାତୀୟ ସଚେତନତା ଜାଗ୍ରତ ହୋଇଥିଲା। ପ୍ରଥମେ କେରଳ ଓ କର୍ଣ୍ଣାଟକର ମାଙ୍ଗାଲୋର ଉପକୂଳରେ 'ପ୍ରେମ ଜିହାଦ' ଘଟୁଥିବାର ଅଭିଯୋଗ ହୋଇଥିଲା। କେରଳ କାଥଲିକ ବିଶପ କାଉନସିଲ ଅନୁଯାୟୀ ଅକ୍ଟୋବର ୨୦୦୯ ସୁଦ୍ଧା ଏ ବାବଦରେ ୪୫୦୦ ଝିଅଙ୍କୁ ବ୍ୟବହାର କରାଯାଇଥିଲା। [୫୯] କିନ୍ତୁ

କେବଳ କର୍ଣ୍ଣାଟକରେ ୩୦,୦୦୦ ଝିଅ ଏ ଆହ୍ୱାନର ସମ୍ମୁଖୀନ ହୋଇଥିଲେ ବୋଲି ହିନ୍ଦୁ ଜନଜାଗୃତି ସମିତି ଦାବୀ କରିଥିଲା। [୬୦] ଶ୍ରୀ ନାରାୟଣ ଧର୍ମ ପରିପାଳନ ସଂସ୍ଥାର [୬୧]ସାଧାରଣ ସମ୍ପାଦକ ଭେଲ୍ଲାପଲ୍ଲୀ ନାଟେସାନ କହିଥିଲେ ଯେ ନାରାୟଣୀୟା ଗୋଷ୍ଠୀ ମଧ୍ୟ 'ପ୍ରେମ ଜିହାଦ'ର ସମ୍ମୁଖୀନ ହୋଇଛି। ପାକିସ୍ଥାନ [୬୨] ଏବଂ ଇଂଲଣ୍ଡରେ [୬୩] ମଧ୍ୟ ସମାନ ପ୍ରକାର କାର୍ଯ୍ୟ ହେଉଥିବାର ଅଭିଯୋଗ ହୋଇଥିଲା। ଉଦାରବାଦୀ ରାଜନୈତିକ ବ୍ଲଗର ସନ୍ନି ହୁଣ୍ଡାଲ[୬୪]ଙ୍କ ଅନୁଯାୟୀ ନବେ ଦଶକରେ ବ୍ରିଟେନ୍‌ରେ ଶିଖ ଯୁବତୀମାନଙ୍କୁ ପ୍ରଲୋଭନ ଦେଖାଇ ଇସଲାମ ରୂପାନ୍ତୀକରଣ କରିବାକୁ ହିଜବୁତ୍ ତାହିର ସଂଗଠନର ସଦସ୍ୟ ବୋଲି ସନ୍ଦେହ କରାଯାଉଥିବା ଏକ ସଂଗଠନରୁ ପ୍ରଚାରପତ୍ର ମିଳିଥିଲା। ୨୦୧୪ରେ[୬୫] ଯୁପିର ଜାତୀୟ ତାଇକୋଣ୍ଡୋ ଖେଳାଳୀ ଜନେ ନିଜକୁ 'ପ୍ରେମ ଜିହାଦ'ର ପୀଡିତ ବୋଲି କହିଲେ।

ବର୍ଷ ବର୍ଷ ଧରି ସାମାଜିକ ଏବଂ ରାଜନୈତିକ କ୍ଷେତ୍ରରୁ ଅନେକ ନେତା 'ପ୍ରେମ ଜିହାଦ' ପ୍ରସଙ୍ଗ ଉଠାଇ ଆସୁଛନ୍ତି। ୨୦୧୧ ଡିସେମ୍ବରରେ କର୍ଣ୍ଣାଟକ ବିଧାନସଭାରେ ଭାରତୀୟ ଜନତା ପାର୍ଟିର ମଲ୍ଲିକା ପ୍ରସାଦ [୬୬] କହିଲେ ଯେ 'ପ୍ରେମ ଜିହାଦ'ର ସମସ୍ୟା ଜାରି ରହିଛି ଏବଂ ଏହାର ସମାଧାନ ହୋଇନାହିଁ। ସେ କହିଲେ ଯେ କର୍ଣ୍ଣାଟକର ନିଖୋଜ ହୋଇଥିବା ୮୪ ଜଣ ଝିଅ ଉଦ୍ଧାର ପାଇବା ପରେ ସେମାନଙ୍କ ମଧ୍ୟରୁ ୬୪ ଜଣ ସ୍ୱୀକାର କରିଥିଲେ ଯେ ସେମାନେ ମୁସଲିମ ଯୁବକମାନଙ୍କ ଦ୍ୱାରା ପ୍ରେମ ନାମରେ ପ୍ରଲୋଭିତ ହୋଇଥିଲେ। ୨୫ ଜୁନ୍ ୨୦୧୨ରେ କେରଳର ତତ୍କାଳୀନ ମୁଖ୍ୟମନ୍ତ୍ରୀ ଓମାନ ଚଣ୍ଡୀ ବିଧାନସଭାରେ 'ପ୍ରେମ ଜିହାଦ' ସମ୍ବନ୍ଧୀୟ ତଥ୍ୟ ଉତ୍‌ଥାପନ କରିଥିଲେ। [୬୭] ୨୦୦୬ ରୁ ୨୦୧୨ ମଧ୍ୟରେ ୭,୭୧୩ ଜଣ ମୁସଲିମ ଧର୍ମକୁ ଧର୍ମାନ୍ତୀକରଣ କରାଯାଇଛନ୍ତି। ୨୦୦୯ ରୁ ୨୦୧୨ ମଧ୍ୟରେ ୨,୧୯୫ ଜଣ ହିନ୍ଦୁ ମହିଳା ଇସଲାମକୁ ରୂପାନ୍ତରିତ ହୋଇଛନ୍ତି ଏବଂ ୨୦୦୯-୨୦୧୨ ମଧ୍ୟରେ ୪୯୨ ଜଣ ଖ୍ରୀଷ୍ଟିୟାନ ମହିଳା ଇସଲାମନରେ ରୂପାନ୍ତରିତ ହୋଇଛନ୍ତି। ସେପ୍ଟେମ୍ବର ୨୦୧୪ରେ ବିଜେପି ସାଂସଦ ସାକ୍ଷୀ ମହାରାଜ ଦାବୀ କଲେ ଯେ ମଦ୍ରାସାରେ ମୁସଲମାନ ଯୁବକମାନଙ୍କୁ 'ପ୍ରେମ ଜିହାଦ' ପାଇଁ ପ୍ରୋତ୍ସାହନ ଦିଆଯାଉଛି ଏବଂ ଏ ବାବଦରେ ବିଭିନ୍ନ ପ୍ରକାର ପୁରସ୍କାର ମଧ୍ୟ ଘୋଷଣା କରାଯାଇଛି। ଯଦି ଶିଖ ଯୁବତୀଙ୍କ ସହ 'ପ୍ରେମ ଜିହାଦ' ଶୀକାର କରାଯାଏ ତେବେ ୧୧ ଲକ୍ଷ, ହିନ୍ଦୁ ଯୁବତୀଙ୍କ ପାଇଁ ୧୦ ଲକ୍ଷ ଏବଂ ଜୈନ ଯୁବତୀଙ୍କ ପାଇଁ ୭ ଲକ୍ଷ ଟଙ୍କା ନିର୍ଦ୍ଧାରଣ କରାଯାଇଛି। ରଜତ ଶର୍ମାଙ୍କ ସହ ସାକ୍ଷାତକାର ସମୟରେ ଯୋଗୀ

ଆଦିତ୍ୟନାଥ କହିଥିଲେ ଯେ ମୁସଲମାନ ଯୁବକମାନେ ହିନ୍ଦୁ ଯୁବତୀମାନଙ୍କୁ ମିଥ୍ୟାନାମରେ ପ୍ରେମ ଜିହାଦ ପାଇଁ ପ୍ରଲୋଭିତ କରୁଛନ୍ତି ଏବଂ ଏଥିପାଇଁ ସେମାନଙ୍କୁ ପୁରସ୍କୃତ କରାଯାଇଛି ।

ଅଦାଲତ ଗୁଡିକ ମଧ୍ୟ 'ପ୍ରେମ ଜିହାଦ'କୁ ସ୍ୱୀକାର କରିଥିଲେ ଏବଂ ଏହା ବିରୁଦ୍ଧରେ ବିଭିନ୍ନ ମାମଲାରେ କହିଛନ୍ତି । ୯ ଡିସେମ୍ବର ୨୦୦୯ରେ କେରଳ ଉଚ୍ଚ ନ୍ୟାୟାଳୟର ନ୍ୟାୟାଧୀଶ କେ.ଟି. ଶଙ୍କରନ ଦୁଇ ଜଣ ଯୁବତୀଙ୍କୁ ବଳପୂର୍ବକ ଧର୍ମାନ୍ତୀକରଣ ଅପରାଧରେ ଜଣେ ମୁସଲମାନ ଯୁବକର ଜାମିନ ଶୁଣାଣି ସସମୟରେ ପ୍ରେମ ଜିହାଦର ଗନ୍ଧ ଥିବା ସନ୍ଦେହ କରିଥିଲେ । [୬୮] ଶଙ୍କରନ କୁହନ୍ତି ଯେ ପୋଲିସ ରିପୋର୍ଟରୁ ଏହା ଜଣାଯାଇଛି ଯେ କିଛି ସଂଗଠନର ଆଶିର୍ବାଦରେ ପ୍ରକୃତ ଉଦ୍ଦେଶ୍ୟ 'ଧର୍ମାନ୍ତୀକରଣ ପାଇଁ ଦୃଢ ପ୍ରୟାସ' ପାଇଁ କରାଯାଇଥିଲା । ଚାରି ବର୍ଷ ମଧ୍ୟରେ ପ୍ରେମ ସମ୍ପର୍କ ଦ୍ୱାରା ପ୍ରାୟ ୩୦୦୦ରୁ ୪୦୦୦ ଯାଏ ଧର୍ମାନ୍ତୀକରଣ କରାଯାଇଥିଲା । ଶଙ୍କରନ ପ୍ରେମର ଛଳନାରେ ଜବରଦସ୍ତ ଧର୍ମାନ୍ତୀକରଣର ସୂଚନା ପାଇଲେ ଏବଂ ଏହିପରି ପ୍ରତାରଣାକାରୀ କାର୍ଯ୍ୟ କରୁଥିବା ଗୋଷ୍ଠୀକୁ ରୋକିବା ପାଇଁ ଆଇନଗତ ହସ୍ତକ୍ଷେପ ଆବଶ୍ୟକ ବୋଲି ପରାମର୍ଶ ଦେଲେ ।

୨୦୧୭ରେ ସିବିଆଇ ଜାତୀୟ ସ୍ତରର ସୁଟର ତାରା ଶାହାଦେଓ ଜଡିତ ଥିବା ଏକ ପ୍ରେମ ଜିହାଦ ଘଟଣାରରେ ଚାର୍ଜସିଟ୍ ଦାଖଲ କଲେ । ତାରା କରିଥିବା ଅଭିଯୋଗ ଅନୁଯାୟୀ ରଣଜିତ୍ ସିଂ କୋହଲି ନାମକ ବ୍ୟକ୍ତି ତାଙ୍କୁ ଜବରଦସ୍ତ ଧର୍ମାନ୍ତୀକରଣ କରି ବାହା ହେବାକୁ ଚାହୁଁଥିଲା । ସିବିଆଇ ଏହି ଲୋକ ବିରୁଦ୍ଧରେ ଅଭିଯୋଗ ପତ୍ର ଦାଖଲ କଲେ । ଅପରାଧିକ ଷଡଯନ୍ତ୍ର ଆଇନ ଅନୁଯାୟୀ ରାଞ୍ଚି ଅଦାଲତରେ ଏହି ଚାର୍ଜସିଟ୍ ଦାଖଲ ହୋଇଥିଲା ଏବଂ ଏଥିରେ ଯୌନ ନିର୍ଯ୍ୟାତନା, ପାରିବାରିକ ହିଂସା ଏବଂ ଆଇନଗତ ଉପାୟ ବିନା ଜାଲିଆତି କରି ବିବାହ ଆୟୋଜନ ଆଦି ଅନ୍ତର୍ଭୁକ୍ତ ଥିଲା । ବିବାହ ପରେ ଶାହା ଦେଓ ଜାଣିବାକୁ ପାଇଲେ ଯେ କୋହଲିର ପ୍ରକୃତ ନାମ ରକିବୁଲ ହସନଖାନ । ନିଉଜ ୧୮ର ଶୁଭଜିତ ସେନଗୁପ୍ତାଙ୍କ ରିପୋର୍ଟ ଅନୁଯାୟୀ ଶାହା ଦେଓଙ୍କୁ ତାଙ୍କ ସ୍ୱାମୀଙ୍କ ଧର୍ମ ଗ୍ରହଣ କରିବାକୁ ମାସାଧିକ କାଳ ନିର୍ଯ୍ୟାତନା ଦିଆଯାଇଥିଲା । [୬୯]

ଯୋଗୀ ଆଦିତ୍ୟନାଥ ତାଙ୍କ ଅଞ୍ଚଳରେ ପ୍ରେମ ଜିହାଦର ପ୍ରସଙ୍ଗ ଉଠାଇଥିଲେ ଏବଂ ଏହା ବିରୋଧରେ କଠିନ ପରିଶ୍ରମ କରିଥିଲେ । ଏ ସମସ୍ତ ତଥ୍ୟକୁ ଅଣଦେଖା କରି ଲୋକପ୍ରିୟ ଗଣମାଧ୍ୟମ ସବୁ ପ୍ରେମ ଜିହାଦ ପ୍ରସଙ୍ଗକୁ ସମ୍ପୂର୍ଣ୍ଣ ରୂପେ ଅସ୍ୱୀକାର କରିବାରେ ବ୍ୟସ୍ତ ଥିଲେ ।

୨୦୦୫- ବହୁଳ ପୁନଃରୂପାନ୍ତର (ଘର ବାହୁଡା)

୨୦୦୫ ଅକ୍ଟୋବରରେ ଆଦିତ୍ୟନାଥ ଉତ୍ତରପ୍ରଦେଶର ଇଟାୱା ଜିଲ୍ଲାରେ ଏକ ଶୁଦ୍ଧକରଣ ଯୋଜନାରେ ୧୮୦୦ ଖ୍ରୀଷ୍ଟିଆନଙ୍କୁ ହିନ୍ଦୁ ଧର୍ମରେ ରୂପାନ୍ତରିତ କରାଇଥିଲେ। ପୂର୍ବରୁ ସେହି ଜିଲ୍ଲାରେ ସେ ୫୦୦୦ ଦଳିତ ଖ୍ରୀଷ୍ଟୀଆନଙ୍କୁ ରୂପାନ୍ତରଣ କରାଇଥିଲେ।[୭୦] ରଜତ ଶର୍ମାଙ୍କ ଟିଭି ଶୋ 'ଆପକି ଅଦାଲତ'ରେ ଏହି ଗଣ ରୂପାନ୍ତରଣ ସମ୍ବନ୍ଧରେ ପ୍ରଶ୍ନ କରାଯିବାରୁ ଯୋଗୀ ଏହି ଅଭିଯୋଗକୁ ଗର୍ବର ସହ ସ୍ୱୀକାର କଲେ ଏବଂ କହିଲେ ଯେ ଭୟ, ପ୍ରଲୋଭନ ଓ ବାଧ୍ୟବାଧକତା ଯୋଗୁଁ ନିଜ ଧର୍ମ ଛାଡିଥିବା ଏହି ଲୋକମାନେ ନିଜ ମୂଳଧର୍ମକୁ ଫେରିଛନ୍ତି ଅର୍ଥାତ୍ ସେମାନଙ୍କର ଘର ବାହୁଡା ହୋଇଛି।

ଭାରତୀୟ ସମ୍ବିଧାନର ଧାରା ୨୫ ଭାରତରେ ଧର୍ମ ଅଭ୍ୟାସ କରିବାର ସ୍ୱାଧୀନତା ଦେଇଛି। ଧର୍ମ ସ୍ୱାଧୀନତାକୁ ହାତେଇ ମିଶନାରୀ ସମୂହ ମୁଖ୍ୟ ରୂପରେ ଭାରତର ଦରିଦ୍ର ଅଞ୍ଚଳରେ ଜବରଦସ୍ତୀ ଓ ପ୍ରଲୋଭନ ମାଧ୍ୟମରେ ବହୁଳ ଧର୍ମାନ୍ତୀକରଣ ଅଭିଯାନ ଚଳାନ୍ତି। ଲୋକମାନଙ୍କୁ ଖ୍ରୀଷ୍ଟିଆନ ଧର୍ମ ଗ୍ରହଣ ନକରିବା ପାଇଁ ଅନେକ ଭାରତୀୟ ରାଜ୍ୟ ଧର୍ମ ସ୍ୱାଧୀନତା ବିଲ ପ୍ରଣୟନ କରିଥିଲେ। ଓଡିଶା ସ୍ୱତନ୍ତ୍ରତା ଧର୍ମ ଅଧିନିୟମ ୧୯୬୭ [୭୧] ନାମରେ ଦେଶର ପ୍ରଥମ ରାଜ୍ୟ ଭାବେ ଓଡିଶା ଏହି ବିଲ୍ ପ୍ରଣୟନ କରିଥିଲା। ଏହାପରେ ୧୯୬୮ରେ ମଧ୍ୟପ୍ରଦେଶ ଓ ୧୯୭୮ ଅରୁଣାଚଳପ୍ରଦେଶ ଏହି ଆଇନ ପ୍ରଣୟନ କରିଥିଲେ। କାଥେଲିକ ମାନେ ଏହି ଆଇନକୁ ବିରୋଧ କରି କହିଲେ ଯେ ଖ୍ରୀଷ୍ଟିଆନ ଧର୍ମର ଏକ ଗୁରୁତ୍ୱପୂର୍ଣ୍ଣ ଅଂଶ ହେଉଛି ସେମାନଙ୍କ ବିଶ୍ୱାସର ପ୍ରଚାର। ଉଭୟ ଓଡିଶା ଓ ମଧ୍ୟପ୍ରଦେଶ ଉଚ୍ଚ ନ୍ୟାୟାଳୟ ଦ୍ୱାରା ପ୍ରଣୀତ ଏହି ଆଇନକୁ ଭାରତୀୟ ସମ୍ବିଧାନର ଧାରା ୨୫ ଅନୁଯାୟୀ ସର୍ବୋଚ୍ଚ ନ୍ୟାୟାଳୟରେ ଚ୍ୟାଲେଞ୍ଜ କରାଗଲା। ସର୍ବୋଚ୍ଚ ନ୍ୟାୟାଳୟ ରାଜ୍ୟମାନଙ୍କୁ ସମର୍ଥନ କରି କହିଲେ ଯାହା ଜଣଙ୍କ ପାଇଁ ସ୍ୱାଧୀନତା, ତାହା ଅନ୍ୟଜଣଙ୍କ ପାଇଁ ମଧ୍ୟ ସ୍ୱାଧୀନତା ଏବଂ ମୌଳିକ ଅଧିକାର ନାମରେ କୌଣସି ବ୍ୟକ୍ତିଙ୍କୁ ନିଜ ଧର୍ମ ପରିବର୍ତ୍ତନ କରିବାକୁ ପ୍ରଲୋଭିତ କରାଯିବା ଉଚିତ୍ ନୁହେଁ।

ପରେ ଅନେକ ରାଜ୍ୟ ନିଜ ରାଜ୍ୟରେ ବଳପୂର୍ବକ ଧର୍ମାନ୍ତୀକରଣ ଏବଂ ଅର୍ଥ ପ୍ରଲୋଭନ ଦେଖାଇ ଧର୍ମାନ୍ତୀକରଣ ରୋକିବାକୁ ନିଜ ରାଜ୍ୟରେ ଏହି ଧର୍ମାନ୍ତୀକରଣ ବିରୋଧୀ ଆଇନ ପ୍ରଣୟନ କଲେ। ୨୦୦୦ ମସିହାରେ ଛତିଶଗଡ ଏବଂ ୨୦୦୩ ରେ ଗୁଜୁରାଟ ଏହି ଧର୍ମାନ୍ତୀକରଣ ବିରୋଧ ଆଇନ ପ୍ରଣୟନ କଲେ। ମଧ୍ୟପ୍ରଦେଶ ସରକାର ଏକ ଆଇନ ଜୁଲାଇ ୨୦୦୬ରେ ପ୍ରଣୟନ କରିଛନ୍ତି ଯେ ଯେଉଁମାନେ

ଏକ ଭିନ୍ନ ଧର୍ମରେ ରୂପାନ୍ତରିତ ହେବାକୁ ଇଚ୍ଛା କରନ୍ତି, ସେମାନଙ୍କୁ ସରକାରଙ୍କୁ ଏକ ମାସର ନୋଟିସ୍ ପ୍ରଦାନ କରିବାକୁ ହେବ କିମ୍ବା ଜୋରିମାନା ଓ ଦଣ୍ଡର ସମ୍ମୁଖୀନ ହେବାକୁ ପଡିବ। ଅଗଷ୍ଟ ୨୦୦୬ରେ ଛତିଶଗଡ ବିଧାନସଭା ସମାନ ଆଇନ ପ୍ରଣୟନ କରି କରିଛନ୍ତି ଅନ୍ୟ ଧର୍ମରେ ରୂପାନ୍ତରିତ ହେବାକୁ ଇଚ୍ଛା କରୁଥିବା ବ୍ୟକ୍ତିମାନେ ୩୦ ଦିନିଆ ନୋଟିସ୍ ଏବଂ ଜିଲ୍ଲା ଅଧିକାରୀଙ୍କଠୁ ଅନୁମତି ନେବେ। ୨୦୦୭ରେ ପ୍ରଥମ କଂଗ୍ରେସ ଶାସିତ ରାଜ୍ୟ ଭାବେ ହିମାଚଳ ପ୍ରଦେଶ ବେଆଇନ ଧର୍ମାନ୍ତୀକରଣ ବିରୋଧୀ ଆଇନ ପ୍ରଣୟନ କଲେ, ୨୦୦୮ ରେ ରାଜସ୍ଥାନରେ ଏହି ନିୟମ ଲାଗୁ ହେଲା।

ଯୋଗୀ ଆଦିତ୍ୟନାଥ ଉତ୍ତରପ୍ରଦେଶ ମୁଖ୍ୟମନ୍ତ୍ରୀ ଥିବାରୁ ଏବଂ ପୂର୍ବରୁ ସେ ବଳପୂର୍ବକ ଧର୍ମାନ୍ତୀକରଣର ଧର୍ମଯୋଦ୍ଧା ହୋଇଥିବାରୁ ଖୁବ୍ ଶୀଘ୍ର ଆମେ ଏହି ପ୍ରଦେଶରେ ମଧ୍ୟ ଧର୍ମାନ୍ତୀକରଣ ବିରୋଧୀ ଆଇନ ଦେଖିପାରନ୍ତି।

୨୦୦୭- ଯୋଗୀ ଆଦିତ୍ୟନାଥଙ୍କ ଗିରଫଦାରୀ

୨୦୦୭ରେ ଗୋରଖପୁରଠାରେ ମହରମ ଶୋଭାଯାତ୍ରା ସମୟରେ କିଛି ମୁସ୍‌ଲିମ ଯୁବଗୋଷ୍ଠୀ ବିଶୃଙ୍ଖଳ ହୋଇ ହିନ୍ଦୁ ଝିଅମାନଙ୍କୁ ଦୁର୍ବ୍ୟବହାର କରିବାକୁ ଲାଗିଲେ। ଏ ଘଟଣା ଦେଖି ରାଜକୁମାର ଅଗ୍ରହରି ଏହାକୁ ବିରୋଧ କରିବାକୁ ଲାଗିଲେ। ସେ ମୁସଲିମ ଯୁବକମାନଙ୍କ ଦ୍ୱାରା ନିସ୍ଥୁକ ମାଡ ଖାଇଲେ ଓ ଡାକ୍ତରଖାନା ଗଲେ। ମୁଲାୟମ ସିଂ ସରକାରଙ୍କ ଚାପ ଯୋଗୁ ଜିଲ୍ଲା ପ୍ରଶାସନ ଅପରାଧୀମାନଙ୍କ ଉପରେ କୌଣସି ଦୃଢ କାର୍ଯ୍ୟାନୁଷ୍ଠାନ ଗ୍ରହଣ କଲା ନାହିଁ। ଜିଲ୍ଲା ପ୍ରଶାସନ ବରଂ ଗଣ୍ଡଗୋଳର ଆଶଙ୍କା କରି ଯୋଗୀ ଆଦିତ୍ୟନାଥଙ୍କୁ ସେ ସ୍ଥାନକୁ ଯିବାକୁ ବାରଣ କଲେ। ଯୋଗୀ ପ୍ରଥମେ ରାଜି ହୋଇଥିଲେ, କିନ୍ତୁ ଅଗ୍ରହରିଙ୍କ ମୃତ୍ୟୁ ସମ୍ବାଦ ଶୁଣି ସେ ନିଜକୁ ସମ୍ଭାଳି ପାରିଲେନି ଓ ପ୍ରଶାସନକୁ ଅବଜ୍ଞା କରି ସେ ଘଟଣାସ୍ଥଳରେ ପହଞ୍ଚିଲେ ଏବଂ ନିଜ ସମର୍ଥକମାନଙ୍କ ସହ ଅହିଂସା ଉପାୟରେ ଧାରଣା ଦେବାକୁ ଲାଗିଲେ। ଯେମିତି ଯୋଗୀ ମୁଲାୟମ ସରକାରଙ୍କ ମୁସଲିମ ତୁଷ୍ଟୀକରଣ ନୀତି ଯୋଗୁ ସ୍ଥାନୀୟ ପ୍ରଶାସନ ଦ୍ୱାରା କାର୍ଯ୍ୟାନୁଷ୍ଠାନରେ ଅଭାବକୁ ପଦାକୁ ଆଣିବାକୁ ଚେଷ୍ଟା କଲେ। ଯୋଗୀଙ୍କୁ ଗିରଫ କରିବାକୁ ଫାନ୍ଦ ସୃଷ୍ଟି କରିବା ପାଇଁ ସ୍ଥାନୀୟ ପୋଲିସ କର୍ଫ୍ୟୁ ଘୋଷଣା କଲା, କାରଣ ସେମାନେ ଭଲଭାବେ ଜାଣିଥିଲେ ଯେ ଯୋଗୀ ଚୁପ୍ ରହିବେ ନାହିଁ ଏବଂ ନିଶ୍ଚିତ ଭାବେ ଲୋକଙ୍କ ସହ ରହିବେ। ଆଶା କରାଯାଉଥିବା ପରି ଯୋଗୀ କର୍ଫ୍ୟୁ ଆଇନ ଭାଙ୍ଗିଲେ ଏବଂ ପରବର୍ତ୍ତୀ ସମୟରେ ତାଙ୍କୁ ଶାନ୍ତି ଉଲଙ୍ଘନ ଅଭିଯୋଗରେ ଗିରଫ

କରାଯାଇ ପନ୍ଦରଦିନିଆ ରିମାଣ୍ଡରେ ନିଆଯାଇଥିବା ବେଳେ, ରାଜକୁମାର ଅଗ୍ରହରିଙ୍କ ହତ୍ୟାକାରୀଙ୍କ ବିରୋଧରେ କୌଣସି ଦୃଢ଼ କାର୍ଯ୍ୟାନୁଷ୍ଠାନ ଗ୍ରହଣ କରାଯାଇନଥିଲା ବୋଲି ଯୋଗୀଙ୍କ ନିକଟତମ ସହଯୋଗୀ ପ୍ରଦୀପ ରାଓ କୁହନ୍ତି । ସେ ସମୟରେ ଜିଲ୍ଲା ମାଜିଷ୍ଟ୍ରେଟ ଥିବା ଜେଏନୟୁ ତାଲିମପ୍ରାପ୍ତ ହରି ଓମଙ୍କ ଠାରୁ ଏହାଠୁ ଅଧିକ କିଛି ଆଶା କରାଯାଇପାରିନଥାନ୍ତା ବୋଲି ପ୍ରଦୀପ ରାଓ କୁହନ୍ତି । ଜିଲ୍ଲାପାଳ ଓ ପୋଲିସ ମୁଖ୍ୟ ମନ୍ଦିର ପରିସରରେ ହିଁ ଯୋଗୀଙ୍କୁ ଗୃହବନ୍ଦୀ କରିବାକୁ ଚାହୁଁଥିଲେ । ଯୋଗୀ କିନ୍ତୁ ତାଙ୍କୁ ଜେଲକୁ ନେବାକୁ ଜିଗର କଲେ । ଯୋଗୀଙ୍କୁ ନେଇ ପୋଲିସ ଗାଡି ଯେତେବେଳେ ଗୋରଖପୁର ରାସ୍ତାରେ ବାହାରିଲା । ସେତେବେଳେ ଲୋକେ ଗାଡି ସାମ୍ନାରେ ଶୋଇଗଲେ । ପୋଲିସକୁ ବଳପୂର୍ବକ ୩/୪ ଜଣ ଲୋକଙ୍କୁ ରାସ୍ତାରୁ ହଟେଇ କିଛି ବାଟ ପର୍ଯ୍ୟନ୍ତ ଗାଡି ନେବାକୁ ହେଉଥିଲା । ମାତ୍ର ୨ କିଲୋମିଟର ରାସ୍ତା ପାର ହେବାକୁ ପ୍ରଶାସନକୁ ୮ ଘଣ୍ଟା ଲାଗିଲା । ସେହିଦିନ ବିଶ୍ୱବାସୀ ଏହି ମହନ୍ତଙ୍କ ଲୋକପ୍ରିୟତା ଦେଖିଥିଲେ । ମୁଲାୟମ ସରକାରଙ୍କ ଏହି ଚରମ ମୁସଲିମ ତୁଷ୍ଟୀକରଣ ମନୋଭାବ ଗୋରଖପୁରର ସ୍ଥାନୀୟ ଲୋକଙ୍କ ମଧ୍ୟରେ କ୍ରୋଧର ଲହରୀ ସୃଷ୍ଟି କରିଥିଲା ଏବଂ ସେମାନେ ରାସ୍ତାକୁ ବାହାରି ଏହାର ବିରୋଧ କରିଥିଲେ । ଲୋକଙ୍କୁ ଚକ୍‌ମା ଦେଖାଇବାକୁ ସମାଜବାଦୀ ପାର୍ଟିର ସରକାର ପ୍ରଥମେ ଜିଲ୍ଲା ମାଜିଷ୍ଟ୍ରେଟ ଓ ପରେ ପରେ ଜିଲ୍ଲା ପୋଲିସ ମୁଖ୍ୟଙ୍କୁ ବଦଳି କରିଥିଲେ ।

ଏହି ଘଟଣା ପରେ ସଂସଦର ବଜେଟ୍ ଅଧିବେଶନରେ ଯୋଗୀ ସାରା ଦେଶ ସମ୍ମୁଖରେ ମୁଲାୟମ ସରକାରଙ୍କ ମୁଖା ଖୋଲି ଦେଇଥିଲେ । ଭାରି ହୃଦୟ ଓ ଲୋତକଭରା ଚକ୍ଷୁରେ ଲୋକସଭାରେ ବାଚସ୍ପତିଙ୍କୁ ସମ୍ବୋଧନ କରି ଯୋଗୀ କହିଲେ ବାଚସ୍ପତି ମହୋଦୟ ! ମୁଁ ଗୋରଖପୁର ନିର୍ବାଚନ ମଣ୍ଡଳୀରୁ ତୃତୀୟ ଥର ପାଇଁ ସାଂସଦ ଭାବେ ନିର୍ବାଚିତ ହୋଇଛି ।[୭୨] ପ୍ରଥମ ଥର ପାଇଁ ୨୫୦୦୦, ଦ୍ୱିତୀୟ ଥର ୫୦,୦୦୦ ଏବଂ ଏଥର ଦେଢଲକ୍ଷ ଭୋଟ ବ୍ୟବଧାନରେ ମୁଁ ଜିତିଛି । କିନ୍ତୁ ଏବେ କିଛିଦିନ ଧରି ରାଜନୈତିକ ଶତ୍ରୁତା ଯୋଗୁଁ ମୁଁ ହଇରାଣ ହେଇ ଆସୁଛି । ମହୋଦୟ ! ମୁଁ ଏଠି ପଚାରିବାକୁ ଚାହେଁ ଯେ ମୁଁ ଏହି ସଦନର ସଦସ୍ୟ କି ନୁହେଁ, ଏବଂ ମୋତେ ଏ ସଦନ ସୁରକ୍ଷା ଦେଇ ପାରିବକି ନାହିଁ । ଯଦି ମୋତେ ଏ ସଦନ ସୁରକ୍ଷା ଦେଇ ନ ପାରିବ, ତେବେ ମୋର ଏ ସଦନ ପରିତ୍ୟାଗ କରି ଚାଲିଯିବା ଉଚିତ ହେବ ବୋଲି ଯୋଗୀ କହିଲେ । ଏଠାରେ ରହିବା, ନ ରହିବା ମୋ ପାଇଁ କୌଣସି ଗୁରୁତ୍ୱ ରଖେ ନାହିଁ । ମୁଁ ସନ୍ନ୍ୟାସ ନେଇଛି (ସାଂସରିକ ଜୀବନ ପରିତ୍ୟାଗ କରିଛି, ମୁଁ ମୋର ପିତା, ମାତାଙ୍କୁ ଛାଡିଛି, କିନ୍ତୁ କେବଳ ରାଜନୈତିକ ପକ୍ଷପାତିତା ଯୋଗୁଁ ମତେ ଆଜି ଅପରାଧୀ

ପରି ବ୍ୟବହାର କରାଯାଉଛି। ମୋ ସହ ଏ ସବୁ ଘଟିବାର କାରଣ ହେଲା ମୁଁ ରାଜ୍ୟରେ ଚାଲିଥିବା ଭ୍ରଷ୍ଟାଚାର ବିରୋଧରେ ସ୍ୱର ଉତ୍ତୋଳନ କରୁଛି ଏବଂ ଭାରତ ନେପାଳ ସୀମାରେ ଆଇଏସ୍ଆଇ ଚଳାଇଥିବା ଦେଶଦ୍ରୋହ କାରବାର ସମ୍ବନ୍ଧରେ ସଦନର ଦୃଷ୍ଟି ଆକର୍ଷଣ କରୁଛି। ପ୍ରଶାସନିକ ଭ୍ରଷ୍ଟାଚାର ଯୋଗୁଁ ରାଜ୍ୟରେ ଘଟୁଥିବା ଅନାହାର ମୃତ୍ୟୁ ବିଷୟରେ ସଦନରେ କହୁଛି। ମହାଶୟ ! ମୋ ବିରୋଧରେ ଅନେକ ଗୁଡାଏ ଅପରାଧିକ ମାମଲା ଗଢା ହେବାର ପ୍ରକୃତ କାରଣ ସବୁ ମୁଁ କହିଲି।)

ଦୁଇ ଦଶନ୍ଧି ଧରି ଏକ ହୃଦୟହୀନ ଓ ଭ୍ରଷ୍ଟାଚାର ସରକାର ବିରୋଧରେ ଯୋଗୀଙ୍କ ସଂଘର୍ଷ ଏବେ ଫଳପ୍ରଦ ହୋଇଛି। ନିଜର ସମସ୍ତ ପାରଦର୍ଶୀତା ଓ ଅନୁଭବ ସହ ଯୋଗୀ ଆଦିତ୍ୟନାଥ ବର୍ତ୍ତମାନ ଉତ୍ତରପ୍ରଦେଶର ନେତୃତ୍ୱ ନେଉଛନ୍ତି।

୨୦୦୮- ଯୋଗୀ ଆଦିତ୍ୟନାଥଙ୍କ ଉପରେ ମରଣାନ୍ତକ ଆକ୍ରମଣ

ଅଗଷ୍ଟ ୨୦୦୭ରେ ଅହମଦାବାଦରେ ହୋଇଥିବା ଧାରାବାହିକ ବୋମା ବିସ୍ଫୋରଣରେ ୫୭ ଲୋକ ମରିବାର ୩ ସପ୍ତାହ ପରେ ଗୁଜୁରାଟ ପୋଲିସ ନିଷିଦ୍ଧ ହୋଇଥିବା ଭାରତୀୟ ଇସଲାମିକ ଆନ୍ଦୋଳନ ଛାତ୍ର ସଂଗଠନ (ସିମି) ୧୦ ଜଣ ସଦସ୍ୟଙ୍କୁ ଗିରଫ କରି ଏକ ବଡ ସଫଳତା ପ୍ରାପ୍ତିର ଦାବି କଲା ଏବଂ ଏମାନଙ୍କ ମଧ୍ୟରୁ ୯ ଜଣ ଗୁଜୁରାଟର ଥିଲେ। ଏହି ବୋମା ବିସ୍ଫୋରଣର ମୁଖ୍ୟ ଅଭିଯୁକ୍ତ ଅବଦୁଲ ବସର କାସମୀକୁ ଉତ୍ତରପ୍ରଦେଶର ଆଜମଗଡ ଜିଲ୍ଲାର ସରାଇମୀର ଅଞ୍ଚଳରୁ ଗିରଫ କଲା ପରେ ହିଁ ସମିତିର ଏହି ୧୦ ଜଣକ ଗିରଫଦାରିର ଆନୁଷ୍ଠାନିକ ଘୋଷଣା କରାଯାଇଥିଲା। ଗୁଜୁରାଟ ପୁଲିସର ଏକ ଦଳକୁ ଉତ୍ତରପ୍ରଦେଶର ଅନିଚ୍ଛୁକ ପୋଲିସ ଦଳକୁ ବଶର ଏହି ଘଟଣାରେ ସଂପୃକ୍ତ ବୋଲି ବୁଝାଇବାକୁ ସଂଘର୍ଷ କରିବାକୁ ପଡିଥିଲା। ଦୁଇ ରାଜ୍ୟର ଉଚ୍ଚ ଅଧିକାରୀମାନଙ୍କ ମଧ୍ୟରେ ଏ ବିଷୟରେ ଫୋନ ବାର୍ତ୍ତାଳାପ ହୋଇଥିଲା ବୋଲି ଟାଇମସ୍ ଅଫ ଇଣ୍ଡିଆ ଖବର ଛାପିଥିଲେ। [୭୩]

ଅବଦୁଲ ବଶରଙ୍କ ଗିରଫ ପରେ ଆଜମଗଡର କିଛି ସ୍ଥାନୀୟ ମୁସଲିମ ଗୋଷ୍ଠୀ ଦ୍ୱାରା ସିମି କାର୍ଯ୍ୟକର୍ତ୍ତାଙ୍କୁ ସମର୍ଥନ ଏବଂ ଏକତା ପ୍ରଦର୍ଶନ ପାଇଁ ଏକ ସାଧାରଣ ସଭାର ଆୟୋଜନ କରାଯାଇଥିଲା। ଜଣେ ଆତଙ୍କବାଦୀକୁ ଜନସାଧାରଣଙ୍କ ଏହି ଖୋଲା ସମର୍ଥନ ଉପରେ ସରକାର ଓ ପ୍ରଶାସନର ନିରବତା ଦେଖି ଯୋଗୀ ଆଦିତ୍ୟନାଥ ଖୁବ୍ ରାଗିଯାଇଥିଲେ। ସିମି ପାଇଁ ମୁଲାୟମ ସିଂଙ୍କ ସମର୍ଥନ ସମସ୍ତଙ୍କୁ ଜଣାଥିଲା। କିନ୍ତୁ ୨୦୦୮ରେ ମାୟାବତୀଙ୍କ ଉତ୍ତରପ୍ରଦେଶରେ ମୁସଲିମ ତୁଷ୍ଟୀକରଣ ସ୍ତର ସମିକୁ ସମର୍ଥନ ମଧ୍ୟ କିଛି କମ୍ ନଥିଲା। ସ୍ଥାନୀୟ ପ୍ରଶାସନ ଚୁପ୍ ରହିଲେ, କିନ୍ତୁ ଯୋଗୀ ଚୁପ୍

ରହିପାରିଲେ ନାହିଁ । ଜନସାଧାରଣଙ୍କ ଆତଙ୍କବାଦୀଙ୍କୁ ସମର୍ଥନ ବିରୋଧରେ ୨୦୦୮ ସେପ୍ଟେମ୍ବର ୭ରେ ଯୋଗୀଙ୍କ ନେତୃତ୍ୱରେ ହିନ୍ଦୁ ଯୁବାବାହିନୀ ଓ ବିଜେପି ମିଶି ଆଜମଗଡ ଡିଏଭି ପଡିଆରେ ଏକ ବିଶାଳ ରାଲିର ଆୟୋଜନ କଲେ ।

ଏହି ଘଟଣାକୁ ବର୍ଣ୍ଣନା କରି ପ୍ରଦୀପ ରାଓ କହନ୍ତି ଯେ ଲାଲ ରଙ୍ଗର ସଫାରୀ ଗାଡିର ଦଳ ନେଇ ଯୋଗୀ ଯେତେବେଳେ ରାଲି ସ୍ଥଳକୁ ଯାଉଥିଲେ, ସେତେବେଳେ ଯୋଗୀଙ୍କ ଗାଡି ୧୧ ନମ୍ବର ସ୍ଥାନରେ ଥିଲା । ତାଙ୍କ ଉପରେ ରାସ୍ତାରେ ଆକ୍ରମଣର ସମ୍ଭାବନା ଅଛି ବୋଲି ସେ ଜଣେ କାର୍ଯ୍ୟକର୍ତ୍ତାଙ୍କ ପାଖରୁ ସୂଚନା ପାଇଥିଲେ । ଆଜମଗଡ ଯିବା ରାସ୍ତାରେ ସେ ଏକ ସରକାରୀ ଅତିଥି ଭବନରେ କିଛି ସମୟ ପାଇଁ ରହିଲେ ଏବଂ ୩ ନମ୍ବରରେ ଥିବା ସଫାରି ଗାଡିରେ ବସିଗଲେ । ଏ ବିଷୟରେ ଅଜଣା ଥିବାରୁ ଯୋଗୀଙ୍କ ଦଳ ଯେତେବେଳେ ଆଜମଗଡରେ ପହଞ୍ଚିଲା, ଏକ ମୁସଲିମ ଦଳ ପୂର୍ବ ଯୋଜନା ଅନୁଯାୟୀ, ୧୦,୧୧ ଓ ୧୨ ନମ୍ବର ଗାଡି ଉପରେ ବର୍ବର ଆକ୍ରମଣ କଲେ । ସେମାନେ ଧରି ନେଇଥିଲେ ଯୋଗୀ ୧୧ ନମ୍ବର ଗାଡିରେ ହିଁ ଅଛନ୍ତି । ପ୍ରଥମେ, ଲାଠି, ପଥର ଓ ନିଆଁହୁଳା ପରେ ସେମାନେ ବନ୍ଧୁକ ଗୁଳିରେ ଆକ୍ରମଣ କଲେ । ଏହି ସବୁ ଗାଡିରେ ଥିବା ସ୍ୱେଚ୍ଛାସେବୀ ମାନଙ୍କୁ ଆଗରୁ ସତର୍କ କରିଦିଆଯାଇଥିବାରୁ ସେମାନେ ଠିକ୍ ସମୟରେ ଗାଡିରୁ ବାହାରି ଯାଇଥିଲେ । ଯୋଗୀଙ୍କ ଗାଡି ଏହି ଆକ୍ରମଣରୁ ବର୍ତ୍ତି ରାଲି ସ୍ଥଳରେ ପହଞ୍ଚିଲା । ବିନା ପାଟିତୁଣ୍ଡରେ ଏପରିକି ନିଜ ଗାଡି ଉପରେ ହୋଇଥିବା ଆକ୍ରମଣ ବିଷୟରେ ମଧ୍ୟ ନ କହି ଯୋଗୀ ସ୍ୱାଭାବିକ ଭାବେ ସଭାକୁ ସମ୍ବୋଧନ କଲେ । ଆତଙ୍କବାଦୀଙ୍କୁ ସମର୍ଥନ କରୁଥିବା ସମସ୍ତ ତତ୍ତ୍ୱଙ୍କୁ କଡା ବିରୋଧ କରାଯିବା ଉଚିତ୍ ଏବଂ ଜାତୀୟ ସୁରକ୍ଷା ପ୍ରସଙ୍ଗରେ କ୍ଷୁଦ୍ର ରାଜନୀତି ଖେଳିବା ଉଚିତ୍ ନୁହେଁ ବୋଲି ଯୋଗୀ ତାଙ୍କ ଭାଷଣରେ କହିଲେ । ଆତଙ୍କବାଦୀ ଓ ସେମାନଙ୍କ ଦଲାଲ ମାନଙ୍କ ଗିରଫକୁ ବିରୋଧ କରୁଥିବା ଏବଂ ଏ ସମ୍ବନ୍ଧରେ ସଭା ଆୟୋଜନ କରୁଥିବା ସମସ୍ତେ ଦେଶଦ୍ରୋହୀ ଏବଂ ଏମାନଙ୍କୁ ଆଇନ ଅନୁଯାୟୀ ଦଣ୍ଡ ମିଳିବା ଉଚିତ୍ ବୋଲି ସେ କହିଲେ ବୋଲି 'ହିନ୍ଦୁସ୍ଥାନ ଟାଇମ୍ସ'ରେ ଖବର ପ୍ରକାଶିତ ହୋଇଥିଲା । [୭୪]

ଯୋଗୀ ଏ ସମ୍ବନ୍ଧରେ କିଛି ନ କହିବା ସତ୍ତ୍ୱେ ସନ୍ଧ୍ୟା ସୁଦ୍ଧା ଯୋଗୀଙ୍କ ଉପରେ ଆକ୍ରମଣ ଏକ ବଡ ଖବରରେ ପରିଣତ ହୋଇଥିଲା । ବିଜେପି ନିଜ ସାଂସଦଙ୍କ ସପକ୍ଷରେ ବାହାରି ଏହି ଆକ୍ରମଣକୁ ନିନ୍ଦା କଲା ଏବଂ ଏ ଘଟଣାର ଅନୁସନ୍ଧାନ ଦାବୀ କଲା । ବିଜେପିର ବରିଷ୍ଠ ନେତା ତଥା ଦଳର ତତ୍କାଳୀନ ସାଧାରଣ ସମ୍ପାଦକ ଅରୁଣ ଜେଟ୍‌ଲୀ କହିଲେ ଯେ "ଆଜମଗଡଠାରେ ଯୋଗୀ ଆଦିତ୍ୟନାଥଙ୍କ ବାହିନୀ ଉପରେ ହୋଇଥିବା ଆକ୍ରମଣକୁ ଆମେ ନିନ୍ଦା କରୁଛୁ । ଅହମଦାବାଦ ବିସ୍ଫୋରଣରେ ସଂପୃକ୍ତ

ଅଭିଯୁକ୍ତ ଆତଙ୍କବାଦୀଙ୍କ ଗିରଫରେ ଅସନ୍ତୁଷ୍ଟ ହୋଇଥିବା ଲୋକମାନଙ୍କ ଦ୍ୱାରା ଏହି ଆକ୍ରମଣ ପ୍ରେରିତ ହୋଇଥିବା ପରି ଜଣାପଡୁଛି। ଆମେ ଏହି ଘଟଣାର ଏକ ପୁଙ୍ଖାନୁପୁଙ୍ଖ ଅନୁସନ୍ଧାନ ଏବଂ ଦୋଷୀଙ୍କୁ ଦଣ୍ଡ ଦେବା ପାଇଁ ଦାବୀ ରଖୁଛୁ।" (୭୫)

ନିଉଜ ନେସନର ଖବର ଅନୁଯାୟୀ ଅଳ୍ପ ଦିନ ପରେ ଲୋକଙ୍କ ଦୃଷ୍ଟି ଏଡାଇବାକୁ ମାୟାବତୀ ସରକାର ସେପ୍ଟମ୍ବର ୧୨ ତାରିଖରେ ଆଜମଗଡ ଡିଆଇଜି ଅଭିମନ୍ୟୁ ତ୍ରିପାଠୀ ଏବଂ ପୋଲିସ ସୁପରିଟେଣ୍ଡେଣ୍ଟ ଭି.କେ. ଗର୍ଗଙ୍କୁ ନିଲମ୍ବିତ କଲେ। (୭୬) ନିକଟରେ ଏକ ଟିଭି ସାକ୍ଷାତକାରରେ ଏହି ଘଟଣାର ବର୍ଣ୍ଣନା କରି ଯୋଗୀ କହିଲେ ଯେ ପ୍ରଶାସନ ତାଙ୍କ ଉପରେ ହେବାକୁ ଥିବା ଆକ୍ରମଣର ଖବର ବହୁ ପୂର୍ବରୁ ଜାଣିଥିଲା, କିନ୍ତୁ କୌଣସି କାର୍ଯ୍ୟାନୁଷ୍ଠାନ ନେଇନଥିଲା। (୭୭)

ଆଦିତ୍ୟନାଥ ମୁଖ୍ୟମନ୍ତ୍ରୀ ହେବା ପରଠାରୁ ଉତ୍ତରପ୍ରଦେଶରେ ଲୋକପ୍ରିୟ ଗଣମାଧ୍ୟମ ତାଙ୍କର ବିଭିନ୍ନ ଭାଷଣ ଗୁଡିକୁ ବିସ୍ତୃତ ଭାବେ ଅନୁସରଣ କରୁଛନ୍ତି। ଯୋଗୀ କେବେ ସଂସଦରେ ଅଶ୍ରୁ ବିସର୍ଜନ କରିଥିଲେ, କେମିତି ହିନ୍ଦୁ ଯୁବାବାହିନୀ ଗଢିଥିଲେ କାହିଁକି ସେ ମୁଲାୟମ ସିଂ ସରକାର ଦ୍ୱାରା ବନ୍ଦୀ ହୋଇଥିଲେ, ଏପରିକି ଯୋଗୀଙ୍କ କେଶ ବିନ୍ୟାସର ଖବର ମଧ୍ୟ ଲୋକପ୍ରିୟ ଗଣମାଧ୍ୟମ ସବୁ ଏବେ ପ୍ରସାରଣ କରୁଛନ୍ତି। କିନ୍ତୁ ଆଶ୍ଚର୍ଯ୍ୟର କଥା ଏହା ଯେ ଗଣମାଧ୍ୟମ ଗୁଡିକ ଆଜମଗଡରେ ମୁସଲିମ ମାନଙ୍କ ଦ୍ୱାରା ଯୋଗୀଙ୍କ ଉପରେ ହୋଇଥିବା ମୁସଲିମ ମାନଙ୍କ ଦ୍ୱାରା ଯୋଗୀଙ୍କ ଉପରେ ହୋଇଥିବା ବର୍ବର ଆକ୍ରମଣ ସମ୍ବନ୍ଧରେ ଖବର ପ୍ରସାରଣ କରିବାକୁ ସମୟ ମିଳୁନାହିଁ। ଦୀର୍ଘ ସମୟ ଧରି କଂଗ୍ରେସ ନେତୃତ୍ୱ ପରିଚାଳିତ ସରକାର ସମୟରୁ ମୁସଲିମ ତୁଷ୍ଟୀକରଣର ଅଭ୍ୟାସ ସମାଜର ଏତେ ଗଭୀରକୁ ଚାଲିଯାଇଛି ଯେ ଏହାର ପ୍ରଭାବ ଏବେ ମଧ୍ୟ ଅନୁଭୂତ ହେଉଛି।

ଯୋଗୀଙ୍କ ବିବାଦୀୟ ଭାଷଣ ଏବଂ ବିବୃତ୍ତି

ଯୋଗୀ ପ୍ରକୃତରେ ଜଣେ ଦୃଢମନା ଓ ସଠିକ୍ ଲକ୍ଷ୍ୟ ରଖୁଥିବା ବ୍ୟକ୍ତି। ଯୋଗୀଙ୍କ ବ୍ୟକ୍ତିତ୍ୱ ବାବଦରେ ଜାଣିବାକୁ ମୁଁ ଯେତେବେଳେ ତାଙ୍କ ନିକଟତମ ସହଯୋଗୀ ମାନଙ୍କ ନିକଟରୁ ଜାଣିବାକୁ ଚାହିଁଲି, ସେମାନେ କହିଲେ, ଯୋଗୀ ସାମାଜିକ ଓ ରାଜନୈତିକ ଭାବେ ସକ୍ରିୟ ହେବା ପରେ ଅନୁଭବ କଲେ ଯେ କଂଗ୍ରେସ ଓ ଦୃଢ ଆଞ୍ଚଳିକ ଦଳ ଗୁଡିକ ରାଜନୀତିକୁ କେବଳ ନିର୍ବାଚନୀ ଗଣିତରେ ପରିଣତ କରିସାରିଛନ୍ତି। ମୁସଲମାନଙ୍କୁ ଅନ୍ଧ ତୁଷ୍ଟୀକରଣ ଏବଂ ହିନ୍ଦୁଙ୍କୁ ଜାତିବାଦ ଦ୍ୱାରା ଭାଗ କରି ରଖିବାକୁ ନିର୍ବାଚନୀ ଗଣିତ ପ୍ରୟୋଗର ସ୍ୱଚ୍ଛ ହିସାବରେ ଏହି ଦଳଗୁଡିକ ଉତ୍ତରପ୍ରଦେଶ ଓ ଦେଶର ଅନ୍ୟ ପ୍ରୟୋଗ

କରିଆସୁଛନ୍ତି। ଯୋଗୀ ଏହି ଗଠଯୋଡ (ବନ୍ଧନ) କୁ ଭାଙ୍ଗିବାକୁ ସ୍ଥିର କଲେ ଏବଂ ବର୍ଷ ବର୍ଷ ଧରି ମୁସଲମାନ ମାନଙ୍କ ପ୍ରତି ଅନ୍ଧ ତୁଷ୍ଟୀକରଣକୁ ଦେଖି ତାଙ୍କର କ୍ରୋଧ, ତାଙ୍କ ଭାଷଣରେ ପରିଲକ୍ଷିତ ହେଉଥିଲା।

ସୂର୍ଯ୍ୟ ନମସ୍କାରକୁ ବିରୋଧ କରୁଥିବା ଲୋକେ ଭାରତ ଛାଡି ଯାଇପାରନ୍ତି

ସେ ଶବ୍ଦକୁ ଏପଟସେପଟ କରି କହିବା ଲୋକ ନୁହଁନ୍ତି। ଯେବେ ଏକ ପ୍ରସିଦ୍ଧ ଯୋଗ ପ୍ରକ୍ରିୟା ସୂର୍ଯ୍ୟ ନମସ୍କାରକୁ କିଛି ମୁସଲମାନ ଗୋଷ୍ଠୀଙ୍କ ବିରୋଧ ଉପରେ ପ୍ରତିକ୍ରିୟା ଦେଲା ବେଳେ ସେ ଖୋଲାଖୋଲି ଭାବେ କହିଲେ ଯେ ଏହାକୁ ବିରୋଧ କରୁଥିବା ଲୋକେ ଭାରତ ଛାଡି ଯାଇପାରନ୍ତି। 'ଦି ହିନ୍ଦୁ'ରେ ପ୍ରକାଶିତ ଖବର ଅନୁଯାୟୀ ସୂର୍ଯ୍ୟ ଭଗବାନଙ୍କୁ ବିରୋଧ କରୁଥିଭା ଏବଂ ଏଥିରେ ସାମ୍ପ୍ରଦାୟିକତା ଦେଖୁଥିବା ଲୋକେ ନିଜକୁ ସମୁଦ୍ରରେ ବିସର୍ଜନ କରିବା ଉଚିତ୍ ବା ଜୀବନସାରା ନିଜକୁ ଅନ୍ଧକାର ଗୃହରେ ବନ୍ଦୀ ରଖିବା ଉଚିତ୍ ବୋଲି ଯୋଗୀ କହିଲେ। (୭୮)

ଯଦି ସେମାନେ ଜଣେ ହିନ୍ଦୁ ଯୁବତୀଙ୍କୁ ନିଅନ୍ତି, ଆମେ ୧୦୦ ମୁସଲିମ ଯୁବତୀଙ୍କୁ ନେବୁ

୨୦୧୪ ଅଗଷ୍ଟରେ ୟ୍ୟୁଟୁବ୍‌ରେ ତାରିଖ ନଥିବା ଏକ ଭିଡିଓ ଦେଖିବାକୁ ମିଳିଥିଲା, ଯେଉଁଠି ଯୋଗୀ ଆଦିତ୍ୟନାଥ ଆଜମଗଡର ଏକ ସାଧାରଣ ସଭାରେ ଆର୍ନ୍ତଧର୍ମୀୟ ବିବାହ କାରଣରୁ ହେଉଥିବା ଧର୍ମାନ୍ତୀକରଣ ବାବଦରେ କହିବାକୁ ଯାଇ କହିଲେ ଯେ ଯଦି ସେମାନେ ଜଣେ ହିନ୍ଦୁ ଯୁବତୀଙ୍କୁ ନିଅନ୍ତି ତେବେ ଆମେ ୧୦୦ ଜଣ ମୁସଲିମ ଯୁବତୀଙ୍କୁ ନେବୁ। ସେହି ଭିଡିଓ ରେ ହିଁ ଯୋଗୀ କହିଲେ ଯେ ଯଦି ସେମାନେ ଜଣେ ହିନ୍ଦୁଙ୍କୁ ମାରିବେ, ତେବେ ଆମେ ୧୦୦ ଜଣ ମୁସଲିମ ମାରିବୁ ଏବଂ ବିରାମ ନେଲେ, ସେତେବେଳେ ସେଠି ଏକାଠି ହୋଇଥିବା ଭିଡ ଚିତ୍କାର କଲା "ହତ୍ୟାକର" ଏବଂ ଏହାକୁ 'ହିନ୍ଦୁସ୍ଥାନ ଟାଇମ୍ସ'ରେ ପ୍ରକାଶିତ। (୭୯)

ରଜତ ଶର୍ମାଙ୍କ ସହ ଟିଭି ସାକ୍ଷାତକାର ସମୟରେ ଏହି ବିନ୍ଦୁ ଉପରେ ଯୋଗୀ ଆଦିତ୍ୟନାଥ କହିଲେ ଯେ ଜଣେ ଯୋଗୀ (ସନ୍ନ୍ୟାସୀ) ଉଭୟ ମାଳା ଜପିବା ଓ ଭଲ୍ଲ ଚଳେଇବା ପାଇଁ ପ୍ରଶିକ୍ଷିତ ହୋଇଥାଆନ୍ତି। ଏକ ଶାନ୍ତିପୂର୍ଣ୍ଣ ଜୀବନ ପାଇଁ ଜଣେ ଯୋଗୀ ଉଭୟ ଶାସ୍ତ୍ର ଓ ଶସ୍ତ୍ରରେ ନିପୁଣ ହୋଇଥାଆନ୍ତି। ସେ ଆହୁରି କହିଲେ ଯେ ଚୁପ୍ ରହିବାକୁ ଦୁର୍ବଳତା ଭାବିବା ଉଚିତ ନୁହେଁ। ଯେତେବେଳେ ଯୋଗୀଙ୍କୁ

ପଚାରାଗଲା "ସେ ଆଇନକୁ କାହିଁକି ହାତକୁ ନିଅନ୍ତି। ସେ ଉତ୍ତର ଦେଲେ ସେମାନେ (ମୁସଲମାନ) ଆମ ଲୋକଙ୍କ ଉପରରେ ଆକ୍ରମଣ କରୁଛନ୍ତି। ଆମ ଝିଅମାନଙ୍କୁ କଷ୍ଟ ଦେଉଛନ୍ତି ଏବଂ ସ୍ଥାନୀୟ ପ୍ରଶାସନ ଚୁପ୍ ରହୁଛି, ଆମକୁ ନିଜ ଯୁଦ୍ଧ ନିଜେ ଲଢିବାକୁ ହେବ।

ଯଦି ସୁଯୋଗ ମିଳେ, ତେବେ ଆମେ ସବୁ ମସଜିଦରେ ଗୌରୀ ମା, ଗଣେଶ ଏବଂ ନନ୍ଦୀ ମୂର୍ତ୍ତି ପ୍ରତିଷ୍ଠା କରିବୁ।

ଏହା ଭଲ ଭାବରେ ଲିଖିତ ଦସ୍ତାବିଜ ଆକାରରେ ଅଛି ଯେ ମୋଗଲ ଏବଂ ଅନ୍ୟ ମୁସଲମାନ ଆକ୍ରମଣକାରୀମାନେ ବହୁ ହିନ୍ଦୁ ମନ୍ଦିର ସ୍ମାରକୀ ବିଶ୍ୱବିଦ୍ୟାଳୟକୁ ନଷ୍ଟ କରିଦେଇଛନ୍ତି ଏବଂ ପ୍ରାଚୀନ ବୈଦିକ ସାହିତ୍ୟକୁ ପୋଡି ଦେଇଛନ୍ତି।" ଏହି ଘଟଣା ଯୋଗୀଙ୍କୁ ବହୁ ଆଘାତ ଦିଏ ଏବଂ ତାଙ୍କ ହୃଦୟରେ ଲିପିବଦ୍ଧ ହୋଇ ରହିଛି। ବାରଣାସୀରେ ଆୟୋଜିତ 'ବିଶ୍ୱ ହିନ୍ଦୁ ପରିଷଦ'ର ସୁବର୍ଣ୍ଣ ଜୟନ୍ତୀ ପାଳନର ଅଂଶ ଆୟୋଜିତ 'ବିରାଟ ହିନ୍ଦୁ ସମ୍ମିଳନୀ'ରେ ଯୋଗୀ ଭାଷଣ ଦେଉଥିଲେ। ମୋଗଲ ସମ୍ରାଟ ଆଉରଙ୍ଗଜେବ ଦ୍ୱାରା ମୂଳ କାଶୀ ବିଶ୍ୱନାଥ ମନ୍ଦିର ଭଙ୍ଗାଯାଇ ଜ୍ଞାନବ୍ୟାପି ମସଜିଦ ଗଢା ପ୍ରସଙ୍ଗରେ ଯୋଗୀ ପ୍ରଶ୍ନ କଲେ ଯେ "ସାରା ବିଶ୍ୱରେ ଆଉ କେଉଁଠି ଗୌରୀ ଓ ଗଣେଶଙ୍କୁ ମସଜିଦ ଭିତରେ ବନ୍ଦ କରି ରଖା ହେବାର ଦୃଷ୍ଟାନ୍ତ ଅଛି କି ? କାଶୀ ବିଶ୍ୱନାଥ ପରିଦର୍ଶନରେ ଆସୁଥିବା ପ୍ରତ୍ୟେକ ହିନ୍ଦୁକୁ ଜ୍ଞାନ ବ୍ୟାପି ମସଜିଦ ଅପମାନିତ କରେ। ଯଦି ସୁଯୋଗ ମିଳେ ଆମେ ଦେବୀ ଗୌରୀ, ଗଣେଶ ଓ ନନ୍ଦୀଙ୍କ ପ୍ରତିମା ସବୁ ମସଜିଦରେ ସ୍ଥାପନ କରିବୁ।" [୮୦]

ଯୋଗୀ କହିଲେ ଯେ ଧର୍ମ ନିର୍ବିଶେଷରେ ଯେ କେହି କାଶୀକୁ ଆସିପାରିବ, କିନ୍ତୁ ମକ୍କା, ମଦିନାକୁ କେବଳ ମୁସଲମାନଙ୍କୁ ଯିବାର ଅନୁମତି ମିଳିଛି। ଏହି ଶତାବ୍ଦୀ କେବଳ ଭାରତ ନୁହେଁ ସାରରା ବିଶ୍ୱ ପାଇଁ ହିନ୍ଦୁତ୍ୱର ଶତାବ୍ଦୀ ଅଟେ।

ଶାହରୁଖ୍ ଖାଁ, ହାଫିଜ ସୟଦ ପରି କହୁଛନ୍ତି, ସେ ପାକିସ୍ଥାନ ଯାଇପାରନ୍ତି

୨୦୧୫ ଶେଷ ଆଡକୁ ଭାରତୀୟ ଗଣମାଧ୍ୟମରେ ଅସହିଷ୍ଣୁତା ଉପରେ ତର୍କ ସମୟରେ ଆଦିତ୍ୟନାଥ ଅଭିନେତା ଶାହରୁଖ୍ ଖାଁଙ୍କ ଉପରେ ଟିପ୍ପଣୀ ଦେଇ କହିଲେ ଯେ ଶାହରୁଖ୍ ପାକିସ୍ତାନୀ ଆତଙ୍କବାଦୀ ହାଫିଜ ସୟଦଙ୍କ ପରି ଭାଷା କହୁଛନ୍ତି। ଶାହରୁଖ ଖାଁ ମନେ ରଖିବା ଉଚିତ ଯେ ଏହି ଦେଶର ଅଧିକାଂଶ ଜନସାଧାରଣ ହିଁ ତାଙ୍କୁ ତାରକା କରିଛନ୍ତି ଏବଂ ଯଦି ସେମାନେ ତାଙ୍କ ସିନେମା ବର୍ଜନ କରନ୍ତି, ତାଙ୍କୁ

ବି ରାସ୍ତାରେ ବୁଲିବାକୁ ପଡିପାରେ ଓ ଏକଥା 'ଇଣ୍ଡିଆନ୍ ଏକ୍ସପ୍ରେସ'ରେ ପ୍ରକାଶିତ ହୋଇଥିଲା। [୮୧]

ଭାରତ ଖ୍ରୀଷ୍ଟିଆନ ଧର୍ମାନ୍ତୀକରଣ ଷଡଯନ୍ତ୍ରର ମଦର ଟେରେସା ଏକ ଅଂଶ

ଇକୋନମିକ ଟାଇମସ୍‌ର ମନମୋହନ ରାୟଙ୍କ[୮୨] ତଥ୍ୟ ଅନୁଯାୟୀ ଜୁନ୍ ୨୦୧୬ରେ ବସ୍ତିଠାରେ ଏକ ଧାର୍ମିକ ସଭାରେ ଯୋଗୀ ଆଦିତ୍ୟନାଥ ଭାରତରେ ହିନ୍ଦୁମାନଙ୍କୁ ଖ୍ରୀଷ୍ଟିଆନ ଧର୍ମଗ୍ରହଣ କରିବା ଷଡଯନ୍ତ୍ରରେ ମଦର ଟେରେସା ମଧ୍ୟ ସାମିଲ ବୋଲି କହିଥିଲେ। ସେବା କରିବା ନାମରେ ହିନ୍ଦୁମାନଙ୍କୁ ଫାନ୍ଦରେ ପକାଇ ପରେ ସେମାନଙ୍କୁ ଖ୍ରୀଷ୍ଟିଆନ କରାଉଥିଲେ ମଦର ଟେରେସା। ପୂର୍ବୋତ୍ତର ରାଜ୍ୟରେ ବହୁମାତ୍ରାରେ ଏହି ଧର୍ମାନ୍ତୀକରଣ ଯୋଗୁଁ ଅରୁଣାଚଳ ପ୍ରଦେଶ, ତ୍ରିପୁରା, ମେଘାଳୟ ଏବଂ ନାଗାଲ୍ୟାଣ୍ଡ ଆଦି ରାଜ୍ୟରେ ବିଚ୍ଛିନ୍ନତାବାଦୀ ଆନ୍ଦୋଳନ ଘଟିବାରେ ଏହା ହେଉଛି ମୁଖ୍ୟକାରଣ। ଯୋଗୀ ସେଠାରେ ଥିବା ଲୋକମାନଙ୍କୁ କହିଲେ ଯେ, ଆପଣମାନେ ଏଠି ହିନ୍ଦୁ ବହୁସଂଖ୍ୟକ ଅଞ୍ଚଳରେ ରହୁଥିବାରୁ ପୂର୍ବୋତ୍ତର ଥିବା ହିନ୍ଦୁମାନଙ୍କ ଅବସ୍ଥା ବିଷୟରେ ଜାଣିନାହାନ୍ତି। ସେଠିକାର ଅବସ୍ଥା ଦେଖିବା ଓ ଅନୁଭବ କରିବା ପାଇଁ ଆପଣମାନେ ସେଠାକୁ ଯିବା ଉଚିତ।"

ଭାରତରେ ମଦର ଟେରେସାଙ୍କୁ ଖ୍ରୀଷ୍ଟିଆନ ଧର୍ମାନ୍ତୀକରଣ ଷଡଯନ୍ତ୍ରର ଏକ ଅଂଶ ବୋଲି ଯୋଗୀ ଅଭିଯୋଗ କଲା ପରେ, ବିଜେପି ଦଳର ନେତା ସୁବ୍ରମନିୟମ୍ ସ୍ୱାମୀ ନିଜ ଦଳର ସାଂସଦଙ୍କୁ ସମର୍ଥନ କରି କହିଲେ ଯେ, ଏକଥା କେବଳ ଯୋଗୀ ଆଦିତ୍ୟନାଥଙ୍କ ନିଜସ୍ୱ ବକ୍ତବ୍ୟ ନୁହେଁ। ବରଂ ଏ ସମ୍ବନ୍ଧରେ କେତେ ଗୁଡିଏ ପୁସ୍ତକ ମଧ୍ୟ ପ୍ରକାଶିତ ହୋଇସାରିଛି।

ଏଏନ୍‌ଆଇ ରିପୋର୍ଟ ଅନୁଯାୟୀ [୮୩]ସୁବ୍ରମନ୍ୟମ୍ ସ୍ୱାମୀ କହିଲେ "ଆପଣମାନେ ଜାଣନ୍ତୁ ଯେ ଯୋଗୀ ଆଦିତ୍ୟନାଥ ଯେଉଁ ବିଷୟ ସମ୍ପର୍କରେ କହିଲେ ତାହା କେବଳ ତାଙ୍କ ନିଜସ୍ୱ ମତ ନୁହେଁ। ଏ ଘଟଣା ବିଷୟରେ ପୁସ୍ତକ ମଧ୍ୟ ପ୍ରକାଶିତ। ଖ୍ରୀଷ୍ଟୋଫର ହିଗେନ୍ସ ନାମକ ଜଣେ ବ୍ୟକ୍ତି ମଦର ଟେରେସାଙ୍କ ଏଇ ଷଡଯନ୍ତ୍ର ଉପରେ ଏକ ପୁସ୍ତକ ରଚନା କରିଛନ୍ତି ଯାହା ବହୁଳ ପ୍ରସାରିତ ଏବଂ ଆପଣମାନେ ଗୁଗଲରେ ଖୋଜିଲେ ଟେରେସାଙ୍କ ବିଷୟରେ ଅନେକ ବହି ପାଇବେ।"

ଏକ ଉଦାହରଣ ଦେଇ ସୁବ୍ରମନ୍ୟମ ସ୍ୱାମୀ କହିଲେ "କାଲିଫର୍ଣ୍ଣିଆରେ ମଧ୍ୟବିତ୍ତ ଶ୍ରେଣୀର ଲୋକମାନଙ୍କ ଅବସରକାଳୀନ ଭତ୍ତାକୁ ହଡପ କରିଥିବା ଜଣେ ପ୍ରମୁଖ ବଦମାସ ଯେତେବେଳେ ଧରାପଡିଲା ଓ ତା ବିରୁଦ୍ଧରେ ମାମଲା ରୁଜୁ ହେଲା

ସେତେବେଳେ ମଦର ଟେରେସା, "ସେ ଲୋକ ଭାରତରେ ଖ୍ରୀଷ୍ଟିଆନ ଧର୍ମପ୍ରଚାର ପାଇଁ ନିଜର ନିୟୁତ ନିୟୁତ ଡଲାର ଦେଇଥିବାରୁ ତାଙ୍କୁ ଦୋଷୀ ସାବ୍ୟସ୍ତ ନ କରିବାକୁ ଏକ ଚିଠି ଲେଖିଥିଲେ।" ଯୀଶୁଖ୍ରୀଷ୍ଟଙ୍କ ନାମରେ କଠିନ ପରିଶ୍ରମ କରିଥିବା ଲୋକଙ୍କ ଅର୍ଥ ଆତ୍ମସାତ କରୁଥିବା ଲୋକର ସୁରକ୍ଷା ପାଇଁ ମଦର ଟେରେସା ଆଗେଇ ଆସିବା ଦେଖି ନ୍ୟାୟଧୀଶ ବିସ୍ମିତ ହେଲେ ଏବଂ ପ୍ରପୀଡିତ ଲୋକଙ୍କ ଟଙ୍କା ଫେରାଇବାକୁ ସେ ଲୋକଙ୍କୁ ଆଦେଶ ଦେଲେ।"

ତାଜମହଲ ଭାରତୀୟ ସଂସ୍କୃତିର ପ୍ରତିଫଳନ ନୁହେଁ

ସ୍ୱରାଜ୍ୟର ଆର୍. ଜଗନ୍ନାଥନ କହିବା ଅନୁଯାୟୀ ଉତ୍ତରପ୍ରଦେଶ ମୁଖ୍ୟମନ୍ତ୍ରୀ ଯୋଗୀ ଆଦିତ୍ୟନାଥ ନିଜ ମନକଥା କହିଲା ବେଳେ, ତାହା ରାଜନୈତିକ ଦୃଷ୍ଟିରୁ ଠିକ୍ କି ନୁହେଁ, ସେ ବାବଦରେ ବେଶି ଚିନ୍ତା କରନ୍ତି ନାହିଁ ଏବଂ ତାଜମହଲ ଓ ଅନ୍ୟ ସେହିପରି ସ୍ମାରକୀ ସବୁ ଭାରତୀୟ ଦର୍ଶନଙ୍କୁ ପ୍ରତିଫଳିତ କରନ୍ତି ନାହିଁ ବୋଲି ମନ୍ତବ୍ୟ ଦେଇ ଯୋଗୀ ଆଉ ଏକ ବିବାଦକୁ ଟାଣି ହୋଇଗଲେ। [୮୪] ଆଗରୁ ବିଦେଶରୁ ଆସୁଥିବା ମାନ୍ୟଗଣ୍ୟ ବ୍ୟକ୍ତିମାନଙ୍କୁ ତାଜମହଲର ପ୍ରତିକୃତି ଉପହାର ଭାବେ ଦିଆଯାଉଥିଭା ବେଳେ ଏବେ ଗୀତା ଓ ରାମାୟଣ ପୁସ୍ତକ ଦିଆଯାଉଛି। [୮୫] ଯୋଗୀ ଯାହା ଜଣାଇବାକୁ ଚେଷ୍ଟା କରୁଥିଲେ, ସେଥିରେ ଏକ ଅନ୍ତର୍ନିହିତ ସତ୍ୟ ଅଛି।

ପୂର୍ବରୁ ଶାସକ ଥିବା ଶାସକ ମାନଙ୍କର ଅହଙ୍କାର ପ୍ରସୁତ ସ୍ମାରକୀ ନୁହେଁ, ବରଂ ସଭ୍ୟତାର ଲୋକାଚାର, ସଂସ୍କୃତି ଏବଂ ଏଠିକାର ଲୋକଙ୍କ ଆଧ୍ୟାତ୍ମିକ ଅନୁସନ୍ଧାନ ହିଁ ଭାରତର ପ୍ରକୃତ ଆତ୍ମାକୁ ପ୍ରତିଫଳିତ କରେ ବୋଲି ଆର. ଜଗନ୍ନାଥନ୍ ଲେଖିଲେ।

ସୈତାନ ବରଂ ଭଲ ହେବାକୁ ପରିବର୍ତ୍ତିତ ହୋଇପାରେ, କିନ୍ତୁ ପାକିସ୍ତାନ ପାରିବ ନାହିଁ

ଭାରତୀୟ ବାୟୁସେନା ଉପରେ ପଠାନକୋଟଠାରେ ପାକିସ୍ତାନୀ ଆତଙ୍କବାଦୀମାନଙ୍କ ଆକ୍ରମଣର ଦିନକ ପରେ ୨୦୧୬ ଜାନୁଆରୀ ୩ ତାରିଖରେ ଆଦିତ୍ୟନାଥ ପାକିସ୍ତାନକୁ ସୈତାନ ସହ ତୁଳନା କଲେ, 'ଦି ଟ୍ରିବ୍ୟୁନ୍'ର ରିପୋର୍ଟ ଅନୁଯାୟୀ ଏହି ଆକ୍ରମଣ ପାଇଁ ପାକିସ୍ତାନକୁ ଦାୟୀ କରି ଯୋଗୀ ଆଦିତ୍ୟନାଥ କହିଲେ ଯେ, 'ପଠାନକୋଟ ଆକ୍ରମଣ ଏ କଥା ଆଉଥରେ ପ୍ରମାଣିତ କଲା ଯେ ସଇତାନ ବରଂ ଭଲ ହେବା ପାଇଁ ନିଜକୁ ବଦଳାଇ ପାରେ, କିନ୍ତୁ ପାକିସ୍ତାନ ପାରିବ ନାହିଁ।' [୮୬]

କିଛି ମୁସଲିମ ଦେଶ ପାଇଁ ଟ୍ରମ୍ପଙ୍କ ଯାତ୍ରା ନିଷେଧକୁ ପ୍ରଂଶସା କଲେ ।

ଏନ୍‌ଡି ଟିଭି ପ୍ରସାରିତ ଖବର ଅନୁଯାୟୀ ଯୋଗୀ ଆଦିତ୍ୟନାଥ ଆମେରିକା ରାଷ୍ଟ୍ରପତି ଡୋନାଲଡ ଟ୍ରମ୍ପଙ୍କ ଦ୍ୱାରା ସାତଟି ମୁସଲିମ ବହୁଳ ଦେଶ ପାଇଁ ଆମେରିକାକୁ ପ୍ରବେଶ ନିଷେଧ ନିଷ୍ପତ୍ତିକୁ ପ୍ରଶଂସା କରିଛନ୍ତି ଏବଂ ଆତଙ୍କବାଦ ମୁକାବିଲା ପାଇଁ ଭାରତ ମଧ୍ୟ ସମାନ ନୀତି ଆପଣାଇବା ଉଚିତ ବୋଲି ଆହ୍ୱାନ କରିଛନ୍ତି । [୮୭]

ନିଜର ତଥାକଥିତ ବିବାଦୀୟ ଭାଷଣ ସମ୍ବନ୍ଧରେ ଯୋଗୀଙ୍କ ମତ

୧୩ ଅଗଷ୍ଟ ୨୦୧୩ରେ ଭାରତୀୟ ସଂସଦରେ ଭାରତରେ ସାମ୍ପ୍ରଦାୟିକ ହିଂସା ବିତର୍କରେ ଭାଗ ନେଇ ଯୋଗୀ ଏକ ଦୃଢ଼ ବକ୍ତବ୍ୟରେ ବର୍ଷ ବର୍ଷ ଧରି କଂଗ୍ରେସ ଓ ଅନ୍ୟ ଆଞ୍ଚଳିକ ଦଳମାନଙ୍କ ଦ୍ୱାରା ବର୍ଷ ବର୍ଷ ଧରି କଂଗ୍ରେସ ଓ ଅନ୍ୟ ଆଞ୍ଚଳିକ ଦଳମାନଙ୍କ ଦ୍ୱାରା ବର୍ଷ ବର୍ଷ ଧରି ନିନ୍ଦନୀୟ ମୁସଲିମ ତୁଷ୍ଟୀକରଣ କିପରି ବହୁ ସଂଖ୍ୟକ ହିନ୍ଦୁମାନଙ୍କ ମଧ୍ୟରେ କ୍ରୋଧ ଓ ଅସନ୍ତୋଷ ସୃଷ୍ଟି କରିଛି ସେ ବିଷୟରେ ବିଶେଷ ବିବରଣୀ ରଖିଲେ । ଏହି ସୁଗଠିତ ଭାଷଣ ମୋର ପାଠକମାନଙ୍କୁ ଯୋଗୀଙ୍କ କ୍ରୋଧ ବିଷୟରେ ସୂଚିତ କରାଇବ ଯାହାକି ତାଙ୍କର ସମସ୍ତ କଠୋର ଭାଷଣରେ ପରିଲକ୍ଷିତ ହୋଇଛି ।

ଯୋଗୀ ସଂସଦ ଗୃହରେ କହିଲେ [୮୮]"ମୁଁ ସତରେ ଆଶ୍ଚର୍ଯ୍ୟ ହେଉଛି ଯେ ସେ (କଂଗ୍ରେସ ନେତା ମଲ୍ଲିକାର୍ଜୁନ ଖାଡଗେ) ତାଙ୍କ ବିବୃତ୍ତି ପଢୁଥିଲେ, ସେତେବେଳେ ସେ ୧୧୩ଟି ଘଟଣା ଘଟିବା କଥା କହୁଥିଲେ, କିନ୍ତୁ ନିଜ ଭାଷଣରେ ସେ ୬୦୦ଟି ଘଟଣା ଘଟିଥିବା କଥା କହୁଛନ୍ତି । ପ୍ରକୃତ ସତ୍ୟ କ'ଣ ? ମୁଁ ଭାବୁଛି ପୁରା ଦେଶ ଏକଥା ଜାଣିଛି । ୨୬ ମେ ୨୦୧୪ରେ ଶ୍ରୀ ନରେନ୍ଦ୍ର ମୋଦୀଙ୍କ ନେତୃତ୍ୱରେ ବିଜେପି ସରକାର ଶପଥ ନେଇଛି ଏବଂ ନୂତନ ସରକାର ଗଠନ ହେବା ସହ ଦୀର୍ଘ ଦିନପରେ ଜନସାଧାରଣଙ୍କର ଶାସନ ଓ ପ୍ରଶାସନ ଉପରେ ଆସ୍ଥା ପ୍ରକଟ ହେଇଛି । ସମ୍ମାନୀୟ ମଲ୍ଲିକାର୍ଜୁନ ଖାଡଗେ ଏ ସଂସଦରେ ଦେଇଥିବା ତଥ୍ୟ ବିଷୟରେ ମୁଁ ଆପଣମାନଙ୍କୁ କହିବି । ଯଦି ଶ୍ରୀଯୁକ୍ତ ଖାଡଗେ ନିଜେ ଦେଇଥିବା ତଥ୍ୟକୁ ବିଶ୍ୱାସ ଓ ଗ୍ରହଣ କରୁଛନ୍ତି ଏବଂ ଯଦି ସେ ପ୍ରକୃତରେ ଦେଶରେ ଘଟିଥିବା ସାମ୍ପ୍ରଦାୟିକ ହିଂସା ବାବଦରେ ବ୍ୟଥିତ ତେବେ ସାମ୍ପ୍ରଦାୟିକ ଆଧାରରେ ଅସଂଖ୍ୟ ନୀତି ଘୋଷଣା କରିଥିବା ପାଇଁ ସେମାନେ ଦେଶର ଜନସାଧାରଣଙ୍କ ନିକଟରେ କ୍ଷମା ମାଗିବା ଉଚିତ । ବାଚସ୍ପତି ମହୋଦୟ, ମୁଁ ଆପଣଙ୍କୁ ୨୦୧୧ ସମୟର କଥା କହୁଛି, ଯେତେବେଳେ ନା କେନ୍ଦ୍ରରେ ନା ମୁଁ

କହୁଥିବା ରାଜ୍ୟରେ ବିଜେପି ସରକାର ଥିଲା। ୨୦୧୧ ତଥ୍ୟ ଅନୁଯାୟୀ ସାରା ଦେଶରେ ୫୮୦ଟି ସାମ୍ପ୍ରଦାୟିକ ହିଂସା ଘଟିଥିଲା, ଯେଉଁଥିରେ ୯୧ ଜଣ ମରିଥିଲେ ଏବଂ ୧୮୯୯ ଜଣ ଆଘାତପ୍ରାପ୍ତ ହୋଇଥିଲେ। ଏହି ହିଂସାରୁ ସର୍ବାଧିକ ପ୍ରାୟ ୮୫ଟି ଘଟଣା କେବଳ ଉତ୍ତରପ୍ରଦେଶରେ ଘଟିଥିଲା, ଯେଉଁଥିରେ ୧୨ ଜଣ ମରିଥିଲେ ଏବଂ ୩୪୭ ଜଣ ଆଘାତପ୍ରାପ୍ତ ହୋଇଥିଲେ। ଏହି ଘଟଣାର ଦ୍ୱିତୀୟ ସ୍ଥାନରେ ମହାରାଷ୍ଟ୍ର ଥିଲା ଯେଉଁଠି ୮୮ଟି ଘଟଣା ଘଟିଥିଲା ଓ ୧୫ ଜଣ ମରିଥିଲେ ଏବଂ ସେଠାରେ ସେତେବେଳେ କଂଗ୍ରେସ ସରକାର ଥିଲା। ତୃତୀୟ ସ୍ଥାନରେ କର୍ଣ୍ଣାଟକ ଥିଲା ଓ ସେଠାରେ ୭୦ଟି ଏପରି ଘଟଣା ଘଟିଥିଲା ଏବଂ ସେଠାରେ ମଧ୍ୟ କଂଗ୍ରେସ ସରକାର ଥିଲା। ଏହା ପରେ କେରଳର ନାମ ଥିଲା ଯେଉଁଠି ୩୦ଟି ଘଟଣା ଘଟିଥିଲା।"

୨୦୧୨ରେ ୬୬୮ଟି ଏପରି ଘଟଣା ଘଟିଥିଲା ଏବଂ ଏଥିରେ ୯୪ ମୃତ ଓ ୨୧୧୭ ଜଣ ଆଘାତପ୍ରାପ୍ତ ହୋଇଥିଲେ। ୨୦୧୩ରେ କେନ୍ଦ୍ରରେ କଂଗ୍ରେସ ସରକାର ଥିଲା ଏବଂ ପୂରା ଦେଶରେ ୮୨୩ଟି ସାମ୍ପ୍ରଦାୟିକ ହିଂସା ଘଟଣା ଘଟିଥିଲା। ଆଇନ ଶୃଙ୍ଖଳା ରାଜ୍ୟର ବ୍ୟାପାର ଏବଂ ସ୍ଥାନୀୟ ପୋଲିସ ପ୍ରଶାସନ ରାଜ୍ୟ ନେତୃବୃନ୍ଦଙ୍କ ଇଚ୍ଛା ଅନୁଯାୟୀ କାମ କରନ୍ତି। ଯଦି ସେମାନେ (କଂଗ୍ରେସ) ନିଜର ଏବଂ ନିଜ ସହଯୋଗୀ ମାନଙ୍କର ଏଜେଣ୍ଡା ବିଷୟରେ ସଚ୍ଚୋଟତାର ସହ ଅନୁସନ୍ଧାନ କରିଥାନ୍ତେ। ତେବେ ସେମାନେ ଏ ଧ୍ରୁବୀକରଣ କାହିଁକି ହେଉଛି, ତାହା ବୁଝିପାରିଥାଆନ୍ତେ। ଯଦି ଆମେ ଧ୍ରୁବୀକରଣ ସମ୍ବନ୍ଧରେ କହିବା, ତେବେ ଏକ ପକ୍ଷରେ କଂଗ୍ରେସ କହୁଛି ଯେ ସେମାନେ ଧର୍ମନିରପେକ୍ଷ କିନ୍ତୁ ଅନ୍ୟ ପକ୍ଷରେ ସେମାନେ ଚଳାଉଥିବା ଏଜେଣ୍ଡା ସବୁ ସମ୍ପୂର୍ଣ୍ଣ ସାମ୍ପ୍ରଦାୟିକ।

ଏହି ଦେଶରେ ୧୨ ଲକ୍ଷରୁ ଅଧିକ ସାଧୁ ଓ ପୁରୋହିତ ରୁହନ୍ତି। କିନ୍ତୁ କଂଗ୍ରେସ ଓ ତାଙ୍କ ସହଯୋଗୀମାନେ କେବଳ ମୁସଲିମ ପୁରୋହିତ ବା ଇମାମ ମାନଙ୍କ ପାଇଁ ଭତ୍ତାର ବ୍ୟବସ୍ଥା କରନ୍ତି। ସେମାନେ ସବୁବେଳେ ଏକପାଖିଆ ନୀତି ଘୋଷଣା କରନ୍ତି। ଏହା କଣ ଧର୍ମନିରପେକ୍ଷ ଏଜେଣ୍ଡା ? ଅଣ ବିଜେପି ସରକାର ଥିବା ସମୟରେ ସମାନ ନୀତି ଦିଲ୍ଲୀ ସରକାର, ପଶ୍ଚିମବଙ୍ଗ ସରକାର ଏବଂ ମହାରାଷ୍ଟ୍ର ସରକାରଙ୍କ ଦ୍ୱାରା ଘୋଷଣା କରାଯାଇଛି। ଏହା କ'ଣ ସେମାନଙ୍କର ଧର୍ମନିରପେକ୍ଷ ଏଜେଣ୍ଡା ? ଏମାନେ ସାମ୍ପ୍ରଦାୟିକ ଆଧାରରେ ସମାଜକୁ ଭାଗ କରୁଛନ୍ତି ଏବଂ ବାଚସ୍ପତି ମହୋଦୟ ! ଏହି ସମାନ କଥା ମୁଁ ଉତ୍ତରପ୍ରଦେଶ ବିଷୟରେ ମଧ୍ୟ କହିବି। ଉତ୍ତରପ୍ରଦେଶରେ ମୁସଲମାନ ମାନଙ୍କ ପାଇଁ କୋଡିଏ ଶତକଡା ଆରକ୍ଷଣ ରଖି ଯୋଜନା ତିଆରି କରାଯାଇଛି।

ମୁସଲମାନମାନଙ୍କ କବର ସ୍ଥାନ ପାଇଁ ପାଚେରୀ ବାବଦରେ ପ୍ରତି ଗାଁରେ ଜବରଦସ୍ତି ଜମି ହାତେଇବା ବିବାଦ ଲାଗିରହିଛି। ସମାଜବାଦୀ ଦଳର ସରକାର ଏ ଯୋଜନା ପାଇଁ ୩୦୦ କୋଟି ଟଙ୍କାର ବ୍ୟବସ୍ଥା କରିଛନ୍ତି। ମନ୍ଦିର, ମସଜିଦ ବା ଯେକୌଣସି ଧାର୍ମିକ ଅନୁଷ୍ଠାନ ନିମନ୍ତେ ସରକାରୀ ଜମି ଜବରଦଖଲ କରାଯାଇ ପାରିବ ନାହିଁ ବୋଲି ସର୍ବୋଚ୍ଚ ନ୍ୟାୟାଳୟ ଆଗରୁ ମତ ଦେଇସାରିଛନ୍ତି। ଉତ୍ତରପ୍ରଦେଶରେ କିନ୍ତୁ ବେନିୟମ ଜମି ଜବରଦଖଲ ଚାଲୁରହିଛି ଏବଂ କବରସ୍ଥାନର ଦ୍ୱାହି ଦେଇ ତାକୁ ବିରୋଧ ମଧ୍ୟ କରାଯାଉନାହିଁ। ସରକାରଙ୍କ ଏଥିପାଇଁ ପ୍ରୋତ୍ସାହନ ଏବଂ ସ୍ଥାନୀୟ ପ୍ରଶାସନର ନୀରବତା ଯୋଗୁଁ ଏ ସବୁ ବିନା ବାଧାରେ ଆଗେଇ ଚାଲିଛି। ଏମିତି ହେଲେ ସାମ୍ପ୍ରଦାୟିକ ଧ୍ରୁବୀକରଣ ଘଟିବ ନାହିଁ କି ?

ବାଚସ୍ପତି ମହୋଦୟା ! ଯେବେ ଆତଙ୍କବାଦୀ ମାନଙ୍କ ବିରୋଧରେ ରୁଜୁ ହୋଇଥିବା ମାମଲା ପ୍ରତ୍ୟାହାର କରିନିଆଯାଉଛି, ସେତେବେଳେ ଅବସ୍ଥା ଆହୁରି ଶୋଚନୀୟ ହୋଇପଡୁଛି। ଏମାନେ ସମସ୍ତେ ନିରନ୍ତର ହିଂସା କାଣ୍ଡ କରୁଥିବା, ଜାତୀୟ ସୁରକ୍ଷାପ୍ରତି ବିପଦ ସୃଷ୍ଟି କରୁଥିବା ତଥା ଭାରତର ସାର୍ବଭୌମତା ପ୍ରତି ନିରବଚ୍ଛିନ୍ନ ଭାବେ ସମସ୍ୟା ଘଟାଉଥିବା ଅପରାଧୀ। ଏମାନଙ୍କ ବିରୋଧରେ ରୁଜୁ ହୋଇଥିବା ମାମଲା ପ୍ରତ୍ୟାହାର କରାଯାଉଛି। ଏମାନଙ୍କ ମଧ୍ୟରେ ରାମ ଜନ୍ମଭୂମି ଉପରେ ଆକ୍ରମଣ କରିଥିଭା, କାଶୀର ସଙ୍କଟମୋଚନ ମନ୍ଦିରରେ ସିଆରପିଏଫ୍ ଉପରେ ଆକ୍ରମଣ କରିଥିବ ଏବଂ ଗୋରଖପୁରଠାରେ ଧାରାବାହିକ ବୋମା ବିସ୍ଫୋରକ କରିବା ଅପରାଧୀମାନେ ଅର୍ନ୍ତଭୁକ୍ତ। ଉତ୍ତରପ୍ରଦେଶ ସରକାର ନିଜ ଭୋଟବ୍ୟାଙ୍କର ସୁରକ୍ଷା ପାଇଁ ଉପରୋକ୍ତ ସବୁ ମାମଲାରେ ଆତଙ୍କବାଦୀମାନଙ୍କ ବିରୋଧରେ ହୋଇଥିବା ମାମଲାକୁ ପ୍ରତ୍ୟାହାର କରିବାକୁ ଯଥାସାଧ୍ୟ ଉଦ୍ୟମ କରିଛନ୍ତି। ଈଶ୍ୱରଙ୍କୁ ଧନ୍ୟବାଦ ଯେ ଆମ ଦେଶରେ ଅଦାଲତ ଅଛି। ନଚେତ୍ ଏ ସବୁ ଆତଙ୍କବାଦୀମାନେ ବାହାରେ ବୁଲି ରାସ୍ତାରେ ଲୋକମାନଙ୍କୁ ହତ୍ୟା କରୁଥାଆନ୍ତେ।

ବାଚସ୍ପତି ମହୋଦୟ ! ବାସ୍ତବରେ କିଏ ପ୍ରକୃତରେ ସାମ୍ପ୍ରଦାୟିକ ସେ ସମ୍ବନ୍ଧରେ ବିତର୍କ ହେବା ଉଚିତ୍ ଏବଂ ମୁଁ ଭାବୁଛି ଯେ ଏ ସମ୍ବନ୍ଧରେ ବିତର୍କ ହେବା ନିହାତି ଆବଶ୍ୟକ। ମହୋଦୟ ! ମୁଁ ଏତିକି ଜାଣେ ଯେ କେବଳ ନିଜ ଈଶ୍ୱରଙ୍କୁ ଶ୍ରେଷ୍ଠ କହୁଥିବା ବ୍ୟକ୍ତି ହିଁ ସାମ୍ପ୍ରଦାୟିକ କେବଳ ତାଙ୍କ ଈଶ୍ୱରଙ୍କ ଅନୁଗାମୀମାନଙ୍କର ବଂଚିବାର ଅଧିକାର ଅଛି, ଅନ୍ୟମାନଙ୍କର ନାହିଁ। ମୁଁ ଭାବୁଛି ଏହା ହିଁ ସାମ୍ପ୍ରଦାୟିକ। ଆମ ବାର୍ତ୍ତା ହେଉଛି 'କୁର୍ବନ୍ତୋ ବିଶ୍ୱମ ଆର୍ଯ୍ୟମ' ଅର୍ଥାତ୍ ସାରା ପୃଥିବୀକୁ ମହାନ କରିବା, ଆମେ ପୃଥିବୀକୁ ବାର୍ତ୍ତା ଦେଇଛୁ ସର୍ବେ ଭବନ୍ତୁ ସୁଖୀନଃ (ସମସ୍ତେ ସୁଖୀ ହୁଅନ୍ତୁ), ଆମେ

ଏକମ୍ ସତ୍ୟ ବିପ୍ର ବହୁଧା ବଦନ୍ତି (ସତ୍ୟ ଏକ ମାତ୍ର ଜ୍ଞାନୀମାନେ ତାକୁ ବହୁପ୍ରକାରେ କୁହନ୍ତି)। ଆମର ଆଦର୍ଶ ହେଉଛି ନିଜେ ବଞ୍ଚିବା ଓ ଅନ୍ୟକୁ ବଞ୍ଚିବାକୁ ଦେବା ଏବଂ ହିନ୍ଦୁ ଧର୍ମ ପୃଥିବୀର ଯେକୌଣସି ଧର୍ମକୁ ସେମାନଙ୍କ ବିପଦ ସମୟରେ ସୁରକ୍ଷା ପ୍ରଦାନ କରିଛି ତଥା ସେମାନଙ୍କ ବୃଦ୍ଧିରେ ସହାୟକ ହୋଇଛି। ଏବେ ଅନ୍ୟ ଧର୍ମକୁ ଶତାବ୍ଦୀ ଶତାବ୍ଦୀ ଧରି ସୁରକ୍ଷା ଦେଇଥିବା ହିନ୍ଦୁ ଧର୍ମ ବିରୋଧରେ ଷଡଯନ୍ତ୍ର ଓ ରଣନୀତି ତିଆରି ହେବା ଅତ୍ୟନ୍ତ ଦୁର୍ଭାଗ୍ୟ ଜନକ।

ଆମେ ହିନ୍ଦୁମାନେ ଏକତ୍ର ହୋଇ ଏହାର ମୁକାବିଲା କରିବାର ସମୟ ଉପନୀତ ଏବଂ ଏଥିପାଇଁ ଆଜି ଦେଶରେ ହିନ୍ଦୁମାନେ ଏକତ୍ର ହୋଇ ଏହି ଷଡଯନ୍ତ୍ରକାରୀ ଓ ହିନ୍ଦୁ ଧର୍ମ ବିରୋଧରେ ହେଉଥିବା ରଣନୀତିକୁ ମୁକାବିଲା କରିବାକୁ ପ୍ରସ୍ତୁତ ଅଛନ୍ତି। ମହାଶୟ ! ମୁଁ ଏହି ସଦନକୁ ଜଣାଇବାକୁ ଚାହେଁ ଯେ ଭାରତୀୟ ଉପମହାଦେଶରୁ ହଜ୍ କରିବାକୁ ଯାଉଥିବା ମୁସଲମାନଙ୍କ ପରିଚୟ ଭାରତ, ବାଂଲାଦେଶ କି ପାକିସ୍ତାନ ଆଦି ବ୍ୟବହାର କରି ହୁଏନି ବରଂ ହିନ୍ଦୁ ବୋଲି ପରିଚୟ ଦିଆଯାଏ। କିନ୍ତୁ ଭାରତକୁ ଫେରିଲା ପରେ ସେମାନେ 'ହିନ୍ଦୁ' ପରିଚୟକୁ ନେଇ ଅପମାନିତ ବୋଧ କରନ୍ତି। ହିନ୍ଦୁ କୌଣସି ଧର୍ମ ବା ଗୋଷ୍ଠୀ ନୁହେଁ ବରଂ ଜାତୀୟତାର ପରିଚୟ ଏବଂ ଯଦି କେହି ଭାରତର ଜାତୀୟତାର ପରିଚୟକୁ ଅପମାନିତ କରିବାକୁ ଚେଷ୍ଟା କରେ, ତେବେ ତାକୁ ଏହାର ମୂଲ୍ୟ ଦେବାକୁ ପଡିବ।

ମହାଶୟ ! ଆପଣଙ୍କ ମାଧ୍ୟମରେ ମୁଁ ଏ ସଦନକୁ ଜଣାଇବାକୁ ଚାହେଁ ଯେ ଗୁରୁଦେବ ରବୀନ୍ଦ୍ରନାଥ ଠାକୁର ଥରେ କହିଥିଲେ ଯଦି ତୁମେ ଭାରତକୁ ବୁଝିବାକୁ ଚାହୁଁଛ, ତେବେ ତୁମକୁ ଭାରତୀୟ ସଂସ୍କୃତିକୁ ବୁଝିବାକୁ ହେବ ଏବଂ ଯଦି ତୁମେ ଭାରତୀୟ ସଂସ୍କୃତିକୁ ବୁଝିବାକୁ ଚାହୁଁଛ ତେବେ ତୁମକୁ ସ୍ୱାମୀ ବିବେକାନନ୍ଦଙ୍କ ବିଷୟରେ ଜାଣିବାକୁ ହେବ। ସ୍ୱାମୀ ବିବେକାନନ୍ଦ ପ୍ରଚାର କରୁଥିଲେ, 'ଗର୍ବରେ କୁହ, ଆମେ ହିନ୍ଦୁ।' ସ୍ୱାମୀ ବିବେକାନନ୍ଦ ସାମ୍ପ୍ରଦାୟିକ ନଥିଲେ, ସେ କୌଣସି ଦଳର ନଥିଲେ। ସେ ସାରା ବିଶ୍ୱରେ ଭାରତର ପ୍ରତିନିଧିତ୍ୱ କରିଥିଲେ। ସାରା ବିଶ୍ୱରେ ନିଜର ସହନଶୀଳତା ପାଇଁ ପରିଚିତ ଥିବା ହିନ୍ଦୁମାନେ ଏ ପ୍ରକାର ବ୍ୟବହାରର ସମ୍ମୁଖୀନ ହେଉଛନ୍ତି।

୨୦୧୨ ମସିହାରେ ଆସାମରେ ବୋଡୋ ଜାତିର ଲୋକଙ୍କୁ ହତ୍ୟା କରାଗଲା, ଏହି ସଦନରେ କେହି ସେମାନଙ୍କ ପକ୍ଷରୁ କିଛି କହିଲେନି। କାଶ୍ମୀରରୁ ବିତାଡିତ ହୋଇଥିବା ୩.୫ ଲକ୍ଷ କାଶ୍ମୀର ପଣ୍ଡିତଙ୍କ ପାଇଁ ଏ ସଦନରେ ବିରୋଧୀ ଦଳମାନେ ଗୋଟିଏ ଶବ୍ଦ ଉଚ୍ଚାରଣ କରିନାହାଁନ୍ତି। ନିଜ ଦେଶ ଭିତରେ ନାଗରିକମାନେ ନାମମାତ୍ର

ଜୀବନ ବିତାଉଥିବାର ଏହା ହେଉଛି ସବୁଠାରୁ ବଡ ଉଦାହରଣ। ବିରୋଧୀ ଦଳ କେବେ ହେଲେ ଏ ଲଜ୍ଜାକର କାର୍ଯ୍ୟକୁ ନିନ୍ଦା କରିନାହାନ୍ତି। ଏହି ବିରୋଧୀମାନେ ମୁମ୍ବାଇ ଦଙ୍ଗା ସମୟରେ ଚୁପ୍ ରହିଥିଲେ, କଂଗ୍ରେସ ଶାସନ ସମୟରେ ଜାମସେଦପୁର ଓ ଭାଗଲପୁର ଦଙ୍ଗା ହେଉଇଥିଲା। ସେମାନେ ଏଥିପାଇଁ କେବେ ଅନୁତାପ କରିନାହାନ୍ତି। ୧୯୮୪ରେ କଂଗ୍ରେସ ନେତା ଓ କର୍ମୀଙ୍କ ଦ୍ୱାରା ଶିଖମାନଙ୍କର ସମୂହ ହତ୍ୟା ପାଇଁ ସେମାନେ କେବେ ଲଜ୍ଜାବୋଧ କରିନାହାନ୍ତି। ଏହିପରି ବାଜେ ରେକର୍ଡ ସହ, ଏହି ଲୋକମାନେ ସାମ୍ପ୍ରଦାୟିକ ସଦ୍‌ଭାବନା କଥା କହୁଛନ୍ତି? ସାମ୍ପ୍ରଦାୟିକ ହିଂସା ସୃଷ୍ଟି କରିବା ଏବଂ ସାମ୍ପ୍ରଦାୟିକ ଏଜେଣ୍ଡା ଗଢିବାର ଇତିହାସରେ ଏମାନଙ୍କ ମୁଖ ରଙ୍ଗୀନ ହୋଇଛି।

ଆସାମରେ ଏବେ କ'ଣ ହେଉଛି? ବାଙ୍ଗଲାଦେଶରୁ ଆସୁଥିବା ଅନୁପ୍ରବେଶକାରୀମାନେ ସେଠାରେ ନିଜ ଆସ୍ଥାନ ଜମେଇ ନିଜ ଗୋଷ୍ଠୀ ଗଢି ସାରିଲେଣି ଏବଂ ସେଠାକାର ହଜାର ହଜାର ବର୍ଷର ମୂଳ ଅଧିବାସୀ ମାନେ ନିଜକୁ ଅସୁରକ୍ଷିତ ତଥା ବହିରାଗତ ମନେ କଲେଣି। ୨୦୧୧-୧୨ରେ ୩ ମାସ ଧରି ଆସାମରେ ଦଙ୍ଗା ଚାଲିଲା, କିନ୍ତୁ ସେ ସମ୍ପର୍କରେ ଏ ସଦନରେ ଗୋଟିଏ ମଧ ବିତର୍କ ହେଲା ନାହିଁ। ପ୍ରକୃତରେ ବୋଡୋ ମାନଙ୍କ ସପକ୍ଷରେ କହିଥିବାରୁ ଏମାନେ ନିଜ ଦଳର ଆସାମ ମୁଖ୍ୟମନ୍ତ୍ରୀଙ୍କୁ ଏକ ଘରକିଆ କରିଥିଲେ। ବାଂଲାଦେଶ ଅନୁପ୍ରବେଶକାରୀମାନେ ଏମାନଙ୍କ ପାଇଁ ଅଧିକ ନିକଟତର ଏବଂ ଏମାନେ ସବୁବେଳେ ସେମାନଙ୍କ ପାଇଁ ଓକିଲାତି କରି ଆସିଛନ୍ତି। ବାଚସ୍ପତି ମହୋଦୟ! ବାଂଲାଦଶେ ଅନୁପ୍ରବେଶକାରୀ ମାନେ ସେ ସ୍ଥାନର ଜନସଂଖ୍ୟା ସନ୍ତୁଳନକୁ ପରିବର୍ତ୍ତନ କରିସାରିଲେଣି। ଆସାମର କୋକରାଝର, ଢୁବ୍‌ରୀ, ଚିରାଙ୍ଗ ଏବଂ ବାରପେଟା ଜିଲ୍ଲାରେ ସର୍ବାଧିକ ହିଂସାକାଣ୍ଡ ଘଟିଛି। ଏହି ସବୁ ଜିଲ୍ଲାରେ ହିଁ ସବୁଠୁ ଅଧିକ ସଂଖ୍ୟକ ବାଂଲାଦେଶୀ ଅନୁପ୍ରବେଶକାରୀ ଅଛନ୍ତି ଏବଂ ସ୍ଥାନୀୟ ଅଧିବାସୀମାନଙ୍କର ଜମିକୁ ହିଂସାପୂର୍ଣ୍ଣ ଉପାୟରେ ହଡପ କରୁଛନ୍ତି। ନିଜର ଭୋଟ ବ୍ୟାଙ୍କ ସୃଷ୍ଟି ପାଇଁ ଏହି ଅନୁପ୍ରବେଶକାରୀମାନଙ୍କୁ ରାସନ କାର୍ଡ ଏବଂ ୱାର୍କ ପରମିଟ୍ ଦେଇ ବିରୋଧୀଦଳ ଦେଶର ଜାତୀୟ ସ୍ୱାର୍ଥ ସହ ଖେଳିଛି।

ମୁଁ କଂଗ୍ରେସ ଓ କମ୍ୟୁନିଷ୍ଟ ପାର୍ଟିର ସଦସ୍ୟମାନଙ୍କୁ ପଚାରିବାକୁ ଚାହେଁ ଯେ ସେମାନେ କୋୟୋମ୍ବାଟୁର ବିସ୍ଫୋରଣର ଅଭିଯୁକ୍ତ ଦୁର୍ଦ୍ଦାନ୍ତ ଅପରାଧୀଙ୍କୁ ମୁକ୍ତ କରିବାର ପ୍ରକ୍ରିୟାକୁ ତ୍ୱରାନ୍ୱିତ କରିବାକୁ କେରଳ ବିଧାନସଭାର ବିଶେଷ ଅଧିବେଶନ କାହିଁକି ଡକାଇଥିଲେ? ଉଭୟ ଦଳ ଏକତ୍ର ହୋଇ ସେ ଆତଙ୍କବାଦୀର ମୁକ୍ତି ପାଇଁ ନିବେଦନ

କରିଥିଲେ। ଏହା କ'ଣ ସେମାନଙ୍କ ସେକୁଲାର ଏଜେଣ୍ଡା। ଏହା କ'ଣ ଏ ଦେଶର ଧର୍ମନିରପେକ୍ଷତା ?

ବାଚସ୍ପତି ମହୋଦୟ, ଏ ଦେଶରେ ଅଗଷ୍ଟ ୧୨,୨୦୧୧ରେ ମୁମ୍ବାଇର ଆଜାଦ ପଡିଆରେ ଯାହା ଘଟିଥିଲା ତାହା ଆମେ କେହି ଭୁଲିନାହୁଁ। ମିଆଁମାର ଠାରେ ବୌଦ୍ଧଧର୍ମୀ ଓ ରୋହିଙ୍ଗ୍ୟା ମୁସଲମାନଙ୍କ ମଧ୍ୟରେ ଘଟିଥିବା ହିଂସାକାଣ୍ଡରେ ସସେହି ରୋହିଙ୍ଗ୍ୟାମାନଙ୍କ ପ୍ରତି ଏକୀକୃତ ଭାବ ଦେଖାଇବାକୁ ଯାଇ ଆମ ଏଠାକାର ମୁସଲମାନ ମାନେ ବିରୋଧ ପ୍ରଦର୍ଶନ କଲେ। ଏହା ମିଆଁମାରର ଘଟିଥିଲା ଏବଂ ଏଥିରେ ଭାରତର କିଛି କରିବାର ନଥିଲା। କିନ୍ତୁ ଏଠି ବିରୋଧ ପ୍ରଦର୍ଶନ କରୁଥିବା ମୁସଲମାନମାନେ ଆଜାଦ ପଡିଆରେ ଥିବା ଶହୀଦ ସ୍ମାରକୀକୁ ଭାଙ୍ଗିଥିଲେ ଏବଂ ପୋଲିସ ଓ ଗଣମାଧ୍ୟମର ପ୍ରତିନିଧିମାନଙ୍କ ଉପରେ ଆକ୍ରମଣ କରିଥିଲେ।

ଏହି ସମ୍ପୂର୍ଣ୍ଣ ଅମୂଳକ ଘଟଣାରେ ପୁନାରେ ଦଙ୍ଗା ହେଲା। ଉତ୍ତରପ୍ରଦେଶର ବରେଲି, ଲକ୍ଷ୍ନୌ, କାନପୁର ଏବଂ ଆହ୍ଲାବାଦଠାରେ ହିଂସାକାଣ୍ଡ ଘଟିଲା। ଏହି ବିରୋଧି ଦଳମାନେ ଏସବୁ ଶାନ୍ତିରେ ଘଟିବାକୁ ଦେଲେ ଏବଂ ଆଜାଦ ପଡିଆରେ ଘଟିଥିବା ଘଟଣାରେ ମଧ୍ୟ ଚୁପ୍ ରହିଥିଲେ। ଏଇମାନେ ହିଁ ଅର୍ଦ୍ଧରାତ୍ରରେ ବନ୍ଦେ ମାତରମ୍ ଗାଉଥିବା ରାଷ୍ଟ୍ରବାଦୀ ଓ ବାବା ରାମଦେବଙ୍କ ଉପରେ ଅତ୍ୟନ୍ତ ନିଷ୍ଠୁର ଭାବେ ଲାଠିଚାଳନା କରିଥିଲେ। ଏବେ ଏମାନେ ଦେଶରେ ସାମ୍ପ୍ରଦାୟିକ ହିଂସା ଘଟିବା କଥା କହୁଛନ୍ତି। ଏହା ବର୍ତ୍ତମାନ ସ୍ପଷ୍ଟ ହୋଇସାରିଛି ଯେ କିଏ ଦେଶରେ ସାମ୍ପ୍ରଦାୟିକ ହିଂସାର ବିସ୍ତାର କରୁଛି ଏବଂ କିଏ ସଚ୍ଚର କମିଟି ରିପୋର୍ଟ ନାମରେ ସମାଜକୁ ବିଭକ୍ତ କରିବାକୁ ଚାହୁଁଛି। ଏମାନେ ୧୯୪୭ରେ ସାମ୍ପ୍ରଦାୟିକ ଆଧାରରେ ଦେଶକୁ ବିଭାଜିତ କରିଥିଲେ ଏବଂ ଏବେ ଏମାନେ ପାକିସ୍ତାନ ଇଶାରାରେ ପୁଣି ଥରେ ସମାନ କଥା ପାଇଁ ପଦକ୍ଷେପ ନେଉଛନ୍ତି।

ବର୍ତ୍ତମାନ ଏକଥା ସ୍ପଷ୍ଟ ଯେ ଆମେ ନୁହେଁ ବରଂ ବିରୋଧୀଦଳର ସାମ୍ପ୍ରଦାୟିକ ଏଜେଣ୍ଡା ଅଛି। ଆମର ଲକ୍ଷ୍ୟ ସମସ୍ତଙ୍କ ସହଯୋଗ ଏବଂ ସମସ୍ତଙ୍କ ବିଶ୍ୱାସ। ସେମାନେ ଆସାମରେ ଏକ ବିଭାଜନକାରୀ ବାର୍ତ୍ତା 'ଅଲ୍ଲି ଓ କୁଲି'ର ପ୍ରସାର କରୁଛନ୍ତି। ସେମାନେ ଆସାମକୁ ଦେଶଠାରୁ ଅଲଗା କରିବାକୁ ଚାହୁଁଛନ୍ତି। ଏହା ହିଁ କ'ଣ ସେମାନଙ୍କର ଧର୍ମନିରପେକ୍ଷତା ?

ମୁଁ ଉତ୍ତରପ୍ରଦେଶ ବିଷୟରେ ଆଲୋଚନା କରିବାକୁ ଚାହୁଁଛି। ଉତ୍ତରପ୍ରଦେଶରେ ୨୦୧୨ରେ ୧୧୮ଟି ସାମ୍ପ୍ରଦାୟିକ ହିଂସାକାଣ୍ଡ, ୨୦୧୩ରେ ୨୪୭ଟି ହିଂସାକାଣ୍ଡ ଏବଂ ୨୦୧୪ ମେ ସୁଦ୍ଧା ୬୫ଟି ସାମ୍ପ୍ରଦାୟିକ ହିଂସାକାଣ୍ଡ ଘଟିଥିଲା।

ଶାହରଣପୁରଠାରେ କାହିଁକି ଦଙ୍ଗା ହେଲା ? ଉଚ୍ଚ ନ୍ୟାୟାଳୟର ଆଦେଶରେ ଶାହାରଣପୁରଠାରେ ଏକ ଗୁରୁଦ୍ୱାରା ତିଆରି ହେଉଥିଲା । ମାତ୍ର ୟୁପି ସରକାର ନ୍ୟାୟାଳୟର ଆଦେଶକୁ ଖାତିର କଲେ ନାହିଁ । କାଣ୍ଡଠାରେ କାହିଁକି ହିଂସା କାଣ୍ଡ ହେଲା ? କାଣ୍ଡ ଗାଁରେ ୪ଟି ଧର୍ମର ସଂରଚନା ଅଛି । ୩ଟି ମସଜିଦ ଏବଂ ଗୋଟିଏ ମନ୍ଦିର । ୩ଟି ଯାକ ମସଜିଦର ମାଇକ ଅଛି, ମାତ୍ର ମନ୍ଦିରର ମାଇକ ବଳପୂର୍ବକ ହଟାଗଲା । ଏହା କ'ଣ ଏକ ଧର୍ମନିରପେକ୍ଷ ଏଜେଣ୍ଡା ?

ଏହା ହିଁ କ'ଣ ସେମାନଙ୍କର ଧର୍ମନିରପେକ୍ଷତା ? ଏକ ନିର୍ଦ୍ଦିଷ୍ଟ ସମ୍ପ୍ରଦାୟ ଦ୍ୱାରା ମିରଟଠାରେ ଜଣେ ଯୁବତୀଙ୍କୁ ବଳପୂର୍ବକ ଉଠାଇ ଧର୍ଷଣ କରିବା ଘଟଣାରେ ମଧ୍ୟ ସେମାନେ ଚୁପ୍ ରହିଲେ । ଯେତେବେଳେ ସମସ୍ତଙ୍କ ପାଇଁ ସମାନ ଆଇନ ହେବ, ସେବେ ଯାଇ ଆଇନର ସନ୍ତୁଳନ ବୃଦ୍ଧି ପାଇବ । କାହାରି ଧର୍ମ ଆଧାରରେ ନ୍ୟାୟର ଆଂଶିକ ପ୍ରୟୋଗ ହୋଇପାରିବ ନାହିଁ । ନିଜ ବକ୍ତବ୍ୟ ଶେଷରେ ଯୋଗୀ ବାଚସ୍ପତିଙ୍କୁ କହିଲେ ମହୋଦୟ ! ଆପଣଙ୍କ ମାଧ୍ୟମରେ ମୁଁ ମାନ୍ୟବର ଗୃହମନ୍ତ୍ରୀଙ୍କୁ ଅନୁରୋଧ କରୁଛି ଏସବୁ ଘଟଣାର ତଦନ୍ତ ପାଇଁ ଜଣେ ସୁପ୍ରିମକୋର୍ଟ ଜଜ୍‌ଙ୍କ ତତ୍ତ୍ୱାବଧାନରେ ଏକ କମିଟି ଗଢାଯାଉ । ଏସ୍.ଆଇ.ଟି ଅନୁସନ୍ଧାନରେ ଏକଥା ମଧ୍ୟ ଜଣାଯିବ ଯେ ଏପରି ଜାତୀୟ ବିରୋଧୀ ଉପାଦାନମାନଙ୍କ ସହ କିଏ ସାମିଲ ଅଛନ୍ତି ।

ଯୋଗୀଙ୍କ ଉପରେ ମୁସଲମାନଙ୍କର ଅଭିମତ କ'ଣ ?

ବର୍ଷ ବର୍ଷ ଧରି ଗଣମାଧ୍ୟମ ଗୁଡିକ ଯୋଗୀଙ୍କୁ ମୁସଲିମ୍ ବିରୋଧୀ କହି ଆସିଛନ୍ତି । କିନ୍ତୁ ବାସ୍ତବତା ସମ୍ପୂର୍ଣ୍ଣ ଭିନ୍ନ । ଏହା ଉଲ୍ଲେଖଯୋଗ୍ୟ ଯେ ଗୋରଖଧାମ ମଠର ସବୁ ନିର୍ମାଣ କାର୍ଯ୍ୟ ମହମ୍ମଦ ୟାସିନ ଅନସାରୀଙ୍କ ତତ୍ତ୍ୱାବଧାନରେ ହୁଏ । ଏବିପି ଟିଭିକୁ [୮୯]ଏକ ସାକ୍ଷାତକାର ଦେଇ ଶ୍ରୀଯୁକ୍ତ ଅନସାରୀ କୁହନ୍ତି "ମୁଁ ମଠ ସହ ୧୯୭୭ରୁ ସମ୍ପର୍କିତ ହୋଇ ରହିଛି" ମଠର ସବୁ ନିର୍ମାଣ କାର୍ଯ୍ୟ ଦାୟିତ୍ୱରେ ଅଛି । ମନ୍ଦିର ପାଚେରୀ ହେଉ ବା ଧ୍ୟାନ ଗୃହ ଅବା ପର୍ଯ୍ୟଟକମାନଙ୍କ ବାସସ୍ଥଳୀ ହେଉ ସବୁ ମୋ ଗୋଷ୍ଠୀର ତତ୍ତ୍ୱାବଧାନରେ ହୁଏ । ମନ୍ଦିର ଭିତରେ ପ୍ରବେଶ କରିବା ପାଇଁ ମୋ ପାଇଁ ଆଦୌ କୌଣସି ପ୍ରତିବନ୍ଧକ ନାହିଁ ।

ଗୋରଖପୁରରେ ନିଜ କ୍ଲିନିକ ଚଳାଉଥିବା ଡାକ୍ତର ମୁସ୍ତାକ ଅହମଦ ଏବିପି ସମ୍ବାଦଦାତା ପ୍ରତିମା ମିଶ୍ରଙ୍କୁ କହିଲେ ଯେ ଯୋଗୀଙ୍କୁ ଅଯଥାରେ ବଦନାମ କରାଯାଉଛି ଏବଂ ମହାରାଜଜୀ ମୁଖ୍ୟମନ୍ତ୍ରୀ ହୋଇଥିବାରୁ ତାଙ୍କ ସମ୍ପ୍ରଦାୟ ବହୁତ ଖୁସି ଅଛନ୍ତି । ଖୁବ୍ ଜୋର ଦେଇ ମୁସ୍ତାକ ଅହମଦ କହିଲେ ଯେ ୫୦ ରୁ ୧୦୦ ଲୋକଙ୍କ ଭିଡ

ମଧ୍ୟରେ ଯୋଗୀ ଯଦି କାହାକୁ ଦାଢି ରଖିଥିବା କିମ୍ବା ମୁସଲମାନଙ୍କ ପୋଷାକରେ ଦେଖନ୍ତି, ତେବେ ସେମାନଙ୍କ କଥା ପ୍ରାଥମିକତା ଆଧାରରେ ବୁଝନ୍ତି।

ପୁରୁଣା ଗୋରଖପୁରରେ ଥିବା ଜିଜିଆଉଲଉଲୁମ ମଦ୍ରାସାର ଲୋକେ ଏବିପି ସମ୍ବାଦଦାତାଙ୍କୁ କହିଲେ, ଯେ ଯେତେବେଳେ କିଛି ଅସାମାଜିକ ତତ୍ତ୍ୱଙ୍କ ଦ୍ୱାରା ବେଆଇନ ଜମି ଦଖଲ ବିଷୟରେ ମଦ୍ରାସାର ମୌଲାନା ଯୋଗୀ ଆଦିତ୍ୟନାଥଙ୍କୁ କହିଲେ, ସେତେବେଳେ ଯୋଗୀ ତତ୍‌କ୍ଷଣାତ ଏ ବିଷୟରେ କାର୍ଯ୍ୟାନୁଷ୍ଠାନ କଲେ, ଯୋଗୀ ସଂପୃକ୍ତ ପୋଲିସ ଅଧିକାରୀଙ୍କୁ ଯୋଗାଯୋଗ କରି କିଛି ଘଣ୍ଟା ମଧ୍ୟରେ ସମସ୍ୟାର ସମାଧାନ କରିଦେଲେ।

ମୁସଲମାନ ସମ୍ପ୍ରଦାୟର ଅନେକ ଲୋକଙ୍କର ମଠ ପାଚେରୀ ଭିତରେ ଦୋକାନ ଅଛି ଏବଂ ଅନ୍ୟମାନେ ସେମାନଙ୍କର ଜୀବିକା ପାଇଁ ପ୍ରତ୍ୟକ୍ଷ କିମ୍ବା ପରୋକ୍ଷ ଭାବରେ ମଠ ଉପରେ ନିର୍ଭରଶୀଳ। ଏପରିକି ଉତ୍ତରାଖଣ୍ଡ ନିକଟରେ ଥିବା ଯୋଗୀ ଆଦିତ୍ୟନାଥଙ୍କ ପୈତୃକ ଗ୍ରାମ ନିକଟରେ ଥିବା ଗୋରଖନାଥ ମଠର ଏକ ଶାଖାରେ ଥିବା ମହାଯୋଗୀ ଗୁରୁ ଗୋରଖନାଥ ମହାବିଦ୍ୟାଳୟ ଅର୍ଥନୀତି ବିଭାଗର ଅଧକ୍ଷ ଡଃ ଆଫତାପ ଅହମ୍ମଦ ସେହି ଅନୁଷ୍ଠାନର ମୁଖ୍ୟ ଅଟନ୍ତି।

ଯୋଗୀଙ୍କ ବିଜେପି ସହ ସମ୍ପର୍କ

ଗଣମାଧ୍ୟମ ଆମକୁ ବିଶ୍ୱାସ କରିବାକୁ ବାଧ୍ୟ କରିଛି ଯେ ଯୋଗୀ ଆଦିତ୍ୟନାଥ ଏକ ଦଶନ୍ଧି ଧରି ବିଜେପି ସହ ସମ୍ପର୍କକୁ ତିକ୍ତ କରିଦେଇଛନ୍ତି। ଏହି ଜୀବନୀ ଲେଖିବା ସମୟରେ ମୁଁ ଏହି ଦିନ ସମ୍ବନ୍ଧରେ ସବିଶେଷ ଜାଣିବାକୁ ଚେଷ୍ଟା କଲି। ମୁଁ ଦେଖିଲି ଯେ ଗଣମାଧ୍ୟମ ଏକଛତ୍ରବାଦୀ କେନ୍ଦ୍ରୀୟ ନେତୃତ୍ୱ ଏବଂ ସର୍ବ ପୁରାତନ ଶାସକ ଭାରତୀୟ କଂଗ୍ରେସ ଦଳର 'ହଁ ଆଜ୍ଞା' ସଂସ୍କୃତିରେ ଅଭ୍ୟସ୍ତ, ଯେକୌଣସି ଗଣତାନ୍ତ୍ରିକ ଉପଯୁକ୍ତ ଯୁକ୍ତି ବା ପ୍ରତିବାଦକୁ ଲୋକପ୍ରିୟ ଗଣମାଧ୍ୟମ ଦ୍ୱାରା ବିଦ୍ରୋହୀ ବୋଲି ପଚାର କରାଯାଉଥିଲା।

ନିଜେ ଜଣେ ସନ୍ନ୍ୟାସୀ ହୋଇଥିବାରୁ ଯୋଗୀ ଆଦିତ୍ୟନାଥ ବିଜେପିର ଜାତୀୟତାବାଦ ଚିନ୍ତାଧାରା ସହିତ ସଂପୂର୍ଣ୍ଣ ଭାବେ ସଂଯୁକ୍ତ ଥିଲେ। ଜଣେ ଶୁଦ୍ଧତାବାଦୀ ହୋଇଥିବାରୁ ଦଳ ଭିତରେ ଜାତୀୟତାବାଦୀ ଭାବର ଉଣା ଦେଖିଲେ ସେ ଦଳକୁ ପରାମର୍ଶ ଓ ଚେତାଇ ଦେଉଥିଲେ। ନିଜ 'ଜନତା ଦରବାର'ରେ ସ୍ଥାନୀୟ ଲୋକଙ୍କ ସମସ୍ୟା ସ୍ଥାନୀୟ ସରକାରୀ କାର୍ଯ୍ୟାଳୟଠୁ ଆରମ୍ଭ କରି ଦେଶର ସଂସଦ ଯାଏ ପହଞ୍ଚାଇ ଏବଂ ଗୋରଖନାଥ ମଠ ଦ୍ୱାରା ଦିଆଯାଉଥିବା ବିଭିନ୍ନ କଲ୍ୟାଣକାରୀ ଯୋଜନା ଦ୍ୱାରା ଲୋକଙ୍କ ଉପକାର କରି ଯୋଗୀ ଉତ୍ତରପ୍ରଦେଶର ପୂର୍ବାଞ୍ଚଳରେ ନିଜର ଏକ

ଦୃଢ ଆଧାର ସୃଷ୍ଟି କରିଛନ୍ତି। ଜଣେ ଦୃଢ ଓ ଲୋକପ୍ରିୟ ନେତା ହୋଇଥିବାରୁ ସେ ସବୁବେଳେ ବିଭିନ୍ନ ନିର୍ବାଚନରେ ପ୍ରାର୍ଥୀ ଚୟନ ପରି ସ୍ଥାନୀୟ ନିଷ୍ପତ୍ତିରେ ଦଳକୁ ମାର୍ଗଦର୍ଶନ ଦେଇ ଆସିଛନ୍ତି। ଯେକୌଣସି ଦୃଢ ସ୍ଥାନୀୟ ନେତା ପରି ସେ ନିଜ ମତକୁ ଦୃଢ ଭାବେ ଦଳ ପାଖରେ ରଖି ଆସିଛନ୍ତି।

ଉପରୋକ୍ତ ବକ୍ତବ୍ୟର ସର୍ବଶ୍ରେଷ୍ଠ ଉଦାହରଣ ହେଲା ୨୦୦୨ରେ ଗୋରଖପୁର ନିର୍ବାଚନ ମଣ୍ଡଳୀରେ ହିନ୍ଦୁ ମହାସଭା ଟିକେଟରେ ରାଧାମୋହନ ଦାସ ଅଗ୍ରୱାଲଙ୍କୁ ପ୍ରାର୍ଥୀ କରିବା। ଏଠାରେ ବିଜେପିର କ୍ୟାବିନେଟ ମନ୍ତ୍ରୀ ଥିବା ଶିବ ପ୍ରତାପ ଶୁକ୍ଲା ପ୍ରାର୍ଥୀ ଥିଲେ ଏବଂ ସେ ଶ୍ରୀ ଅଗ୍ରୱାଲଙ୍କ ଠାରୁ ଏକ ବୃହତ ଭୋଟ ବ୍ୟବଧାନରେ ନିର୍ବାଚନ ହାରି ଯାଇଥିଲେ। ୨୦୦୭ର ଉତ୍ତରପ୍ରଦେଶ ରାଜ୍ୟ ବିଧାନସଭା ନିର୍ବାଚନରେ ଯୋଗୀ ବିଜେପି ପ୍ରାର୍ଥୀଙ୍କ ବିରୁଦ୍ଧରେ ନିଜର ୭୦ ଜଣ ପ୍ରାର୍ଥୀ ଦେବେ ବୋଲି ଧମକ ଦେଲେ ଏବଂ ଶେଷରେ ଏକ ଆପୋଷ ବୁଝାମଣାରେ ସମାଧାନ କଲେ ବୋଲି ଗଣମାଧ୍ୟମ ଗୁଡିକ ସାଧାରଣତନ୍ତ୍ର ଉଦ୍ଧୃତ କରନ୍ତି। ଏହିପରି ଟଣା ଓଟରା, ତର୍କ-ବିତର୍କ, ବୁଝାମଣା ଓ ଆପୋଷ ବୁଝାମଣା ଗଣତାନ୍ତ୍ରିକ ଭାବେ ପରିଚାଳିତ ଯେକୌଣସି ସଂଗଠନର ଏକ ସାଧାରଣ ଘଟଣା। ଏହାକୁ ତିକ୍ତ ସମ୍ପର୍କ କରିବା ଏକ ରାଜନୈତିକ ନିର୍ବୋଧତା ହେବ। ତାଙ୍କର ପର୍ଯ୍ୟାୟକ୍ରମେ ତଥାକଥିତ ବିଦ୍ରୋହ ସତ୍ତ୍ୱେ ଯୋଗୀ ଆଦିତ୍ୟନାଥଙ୍କ ଆରଏସ୍ଏସ୍ ଏବଂ ବିଜେପି ନେତାଙ୍କ ସହ ଉତ୍ତମ ସମ୍ପର୍କ ରହିଛି। ବିଜେପିର ପ୍ରମୁଖ ନେତା ଏଲ.କେ. ଆଡଭାନୀ, ଆରଏସ୍ଏସ୍ ମୁଖ୍ୟ ମୋହନ ଭାଗବତ ଏବଂ ବିଶ୍ୱ ହିନ୍ଦୁ ପରିଷଦ ମୁଖ୍ୟ ଅଶୋକ ସିଂଘଲ ଏବଂ ଅନ୍ୟ ବହୁ ବରିଷ୍ଠ ବିଜେପି ଏବଂ ଆରଏସ୍ଏସ୍ ନେତା ଯୋଗୀ ଆଦିତ୍ୟନାଥଙ୍କୁ ଗୋରଖପୁରଠାରେ ସାକ୍ଷାତ କରିଛନ୍ତି।

ଭାରତୀୟ କମ୍ୟୁନିଷ୍ଟ ପାର୍ଟି (ମାର୍କ୍ସିଷ୍ଟ)ର ସାପ୍ତାହିକ ପତ୍ରିକା (ପିପୁଲସ୍ ଡେମୋକ୍ରାସି) ପାଇଁ ଲେଖୁଥିବା ସୁଭାଷ ଗଟାଡେ କୁହନ୍ତି ଯେ ୨୦୦୬ ମସିହା ୨୨ ରୁ ୨୪ ଡିସେମ୍ବରରେ ଲକ୍ଷ୍ନୌଠାରେ ବିଜେପିର ଜାତୀୟ କାର୍ଯ୍ୟକାରିଣୀ ସମ୍ମିଳନୀ ଚାଲିଥିବା ସମୟରେ ଗୋରଖପୁରଠାରେ ଯୋଗୀ ଆଦିତ୍ୟନାଥ ୩ ଦିନିଆ ବିରାଟ ହିନ୍ଦୁ ସମ୍ମେଳନର ଆୟୋଜନ କରିଥିଲେ। [୯୦] ଗଟାଡେ ଯୋଗୀ ଓ ବିଜେପି ମଧ୍ୟରେ ବିବାଦ ଅଛି ବୋଲି ଏକ ବ୍ୟାଖ୍ୟାନ ସୃଷ୍ଟି କରିବାକୁ ନିଜ ପାରୁପର୍ଯ୍ୟନ୍ତ ଚେଷ୍ଟା କରିଥିଲେ। ଗଟାଡେ କହିଲେ ଯେ ବିବାଦ ଥିବା ସତ୍ତ୍ୱେ ଆରଏସ୍ଏସ୍ ଓ ବିଶ୍ୱ ହିନ୍ଦୁ ପରିଷଦର ପ୍ରମୁଖ ନେତୃତ୍ୱଗଣ ବହୁସଂଖ୍ୟାରେ ଯୋଗୀଙ୍କ ସମ୍ମିଳନୀରେ ଯୋଗ ଦେବାକୁ ଆସିଲେ ଏବଂ ଏହି ଘଟଣା ସେମାନଙ୍କ ହିନ୍ଦୁତ୍ୱ ଲକ୍ଷ୍ୟକୁ ଆଗେଇ ନେବାର ଥିଲା। ଗଟାଡେ ଏ କଥା ବୁଝିବାରେ ଅସମର୍ଥ ହେଲେ ଯେ ଅନେକ ଥର ପାର୍ଟିର ସଂରଚନା

ପରିବର୍ତ୍ତେ ଶକ୍ତିଶାଳୀ ବ୍ୟକ୍ତିଗତ ନେତୃତ୍ୱମାନଙ୍କ ଦ୍ୱାରା ନିର୍ଦ୍ଦିଷ୍ଟ ଧାରଣା ଗୁଡ଼ିକର ପ୍ରାସଙ୍ଗିକତା ପରୀକ୍ଷା କରିବା ପାଇଁ ଏହା ଏକ ପ୍ରକାର ରଣନୀତି ହୋଇପାରେ।

ସଂସଦୀୟ ବ୍ୟବସ୍ଥାରେ ହୁଇପ ସଂସ୍କୃତିର ବିରୋଧ କରିବା ଉଦାହରଣ ଦେଇ ଯୋଗୀଙ୍କ ବିଦ୍ରୋହୀ ପ୍ରକୃତିର କଥା କୁହାଯାଏ। ୨୦୧୦ରେ ଭାରତୀୟ ସଂସଦରେ ମହିଳା ସଂରକ୍ଷଣ ବିଲକୁ ଆବଶ୍ୟକ ନାହିଁ କହି ଦଳୀୟ ହୁଇପ ବିରୋଧରେ ଯାଇଥିବା ଅନେକ ବିଜେପି ସଦସ୍ୟମାନଙ୍କ ମଧ୍ୟରେ ଯୋଗୀ ଆଦିତ୍ୟନାଥ ମଧ୍ୟ ଥିଲେ। ସେ କହିଥିଲେ ଯେ ସେ ଯେକୌଣସି ସଂରକ୍ଷଣକୁ ବିରୋଧ କରନ୍ତି ଏବଂ ସ୍ତ୍ରୀ ପୁରୁଷ ନିର୍ବିଶେଷରେ ସଂସଦକୁ ଜଣେ ନିଜ ଦକ୍ଷତା ଅନୁସାରେ ଆସିବା ଉଚିତ। ସେ ଆହୁରି କହିଲେ ଯେ ବିଜେପି କଂଗ୍ରେସ ନେତୃତ୍ୱାଧୀନ ସରକାରର ଫାନ୍ଦରେ ପଡ଼ିଯାଇଛି।

ଯେବେ ରଜତ ଶର୍ମା ଇଣ୍ଡିଆ ଟିଭିର ଆପ୍ କି ଅଦାଲତରେ[୯୧] ଯୋଗୀଙ୍କୁ ତାଙ୍କର ବିଜେପି ସହ ତିକ୍ତ ସମ୍ପର୍କ ଥିବା ଅଭିଯୋଗ ସମ୍ପର୍କରେ କହିଲେ, ସେତେବେଳେ ଯୋଗୀ ଏ ଅଭିଯୋଗକୁ ସମ୍ପୂର୍ଣ୍ଣ ନିରାଧାର ବୋଲି କହିଲେ ଏବଂ ବିଜେପି ଦଳର ଟିକେଟରେ ହିଁ ସେ ପାଞ୍ଚଥର ସାଂସଦ ହୋଇଛନ୍ତି ବୋଲି କହିଲେ।

ତୃତୀୟ ଭାଗ

ଗୋରଖଧାମ ମଠର ମହନ୍ତ ରୂପେ ଯୋଗୀ ଆଦିତ୍ୟନାଥ

ଅଜୟ ବିଷ୍ଟ କିପରି ଯୋଗୀ ଆଦିତ୍ୟନାଥ ହେଲେ ?

"ଶ୍ରୀରାମ ଜନ୍ମଭୂମି ଆନ୍ଦୋଳନ" ପ୍ରତି ନିଜର ପ୍ରଗାଢ ବ୍ୟକ୍ତିଗତ ଶ୍ରଦ୍ଧା ଯୋଗୁଁ ଋଷିକେଶଠାରେ ବିଜ୍ଞାନ ଓ ଗଣିତରେ ସ୍ନାତକୋତ୍ତର ଶ୍ରେଣୀରେ ଅଧ୍ୟୟନ କରୁଥିବା ଅଜୟ ବିଷ୍ଟ ପାରମ୍ପରିକ ଶିକ୍ଷା ପ୍ରତି ବୀତସ୍ପୃହ ହେଲେ। ୧୯୯୩ର ପ୍ରାରମ୍ଭିକ କାଳରେ ରାମ ମନ୍ଦିର ଆନ୍ଦୋଳନ ଶୀର୍ଷରେ ଥିବା ବେଳେ ସେ ଗୋରଖପୁର ଯାଇ ଗୋରଖନାଥ ମନ୍ଦିର ଦର୍ଶନ କଲେ ଏବଂ ମହନ୍ତ ଅଭେଦ୍ୟନାଥଙ୍କ ସହ ସାକ୍ଷାତର ସୁଯୋଗ ପାଇଲେ। ମହନ୍ତ ଅଭେଦ୍ୟନାଥ ଧୈର୍ଯ୍ୟ ସହକାରେ ଯୋଗୀଙ୍କ କଥା ଶୁଣିଲା ପରେ କହିଲେ ଅଜୟ ଜଣେ ଆଜନ୍ମ ଯୋଗୀ ଏବଂ ଏଠାକୁ ଆସିବା ତାଙ୍କର ପୂର୍ବ ନିର୍ଦ୍ଧାରିତ ଥିଲା। ମହନ୍ତଙ୍କ ସହ ଅଜୟଙ୍କର ଏହା ପ୍ରଥମ କଥାବାର୍ତ୍ତା ନଥିଲା। ୧୯୯୦ରେ ମହନ୍ତ ଯେବେ ରାମ ଜନ୍ମଭୂମି ପାଇଁ ଭାରତ ଯାତ୍ରାରେ ବାହାରିଥିଲେ, ସେ ସମୟରେ ଅଜୟ ତାଙ୍କ ସହ ସ୍ୱଳ୍ପ ସମୟ ପାଇଁ ସାକ୍ଷାତ କରିଥିଲେ।

୧୯୯୩ ମେ ମାସରେ ଅଜୟ ସପ୍ତାହେ ପାଇଁ ଗୋରଖପୁର ଯାଇ ମହନ୍ତ ଅଭେଦ୍ୟନାଥଙ୍କୁ ଭେଟି ଯୋଗ ବିଷୟରେ ଅଧିକ ଜାଣିବାର ତାଙ୍କ ଇଚ୍ଛା ବ୍ୟକ୍ତ କଲେ। ଯେବେ ଅଜୟ ଗୋରଖପୁରରୁ ଫେରିବାକୁ ପ୍ରସ୍ତୁତ ହେଲେ, ସେତେବେଳେ ମହନ୍ତ ଅଭେଦ୍ୟନାଥ ତାଙ୍କୁ ଜଣେ ପୂର୍ଣ୍ଣକାଳୀନ ଶିଷ୍ୟ ଭାବେ ଗୋରଖନାଥ ମନ୍ଦିରରେ

ରହିବାକୁ କହିଲେ। ଅଜୟ ମିଶ୍ରିତ ଭାବନା ନେଇ ଫେରିଲେ, କିନ୍ତୁ ସେ ମହନ୍ତ ଅଭେଦ୍ୟନାଥଙ୍କ ଦ୍ୱାରା ବହୁଳ ଭାବେ ପ୍ରଭାବିତ ହୋଇଥିଲେ। [୯୨]

ଦୁଇ ମାସ ପରେ ଯେବେ ମହନ୍ତ ଅଭେଦ୍ୟନାଥ ଚିକିତ୍ସା ପାଇଁ ଅଖିଳ ଭାରତୀୟ ଆୟୁର୍ବିଜ୍ଞାନ ସଂସ୍ଥା, ନୂଆ ଦିଲ୍ଲୀଠାରେ ଭର୍ତ୍ତି ହେଲେ, ସେବେ ଅଜୟ ତାଙ୍କୁ ଦେଖିବାକୁ ଗଲେ। ସେହି ସମୟରେ ମହନ୍ତ ଅଭେଦ୍ୟନାଥ ଅଜୟଙ୍କୁ ଗୋରଖନାଥ ମଠରେ ଯୋଗ ଦେବା ପାଇଁ ତାଙ୍କ ପୂର୍ବ ଅନୁରୋଧର ପୁନର୍ବିଚାର କରିବାକୁ କହିଥିଲେ। ମହନ୍ତ ଅଭେଦ୍ୟନାଥ ଆହୁରି କହିଲେ ଯେ ତାଙ୍କ ସ୍ୱାସ୍ଥ୍ୟ ଭଲ ନ ରହିବା କାରଣରୁ ସେ ଜଣେ ଯୋଗ୍ୟ ଶିଷ୍ୟ ନିଯୁକ୍ତ କରିବାକୁ ଚାହାନ୍ତି, ନଚେତ୍ ହିନ୍ଦୁ ସମାଜ ତାଙ୍କୁ ଦୋଷ ଦେବ। ଯୋଗୀଙ୍କ ଭିତରେ ସେ ଜଣେ ପ୍ରାକୃତିକ ସନ୍ନ୍ୟାସୀଙ୍କୁ ଦେଖୁଛନ୍ତି ଏବଂ ତାଙ୍କୁ ମଠରେ ଶିଷ୍ୟତ୍ୱ ଗ୍ରହଣ କରିବାକୁ ଯୋର ଦେଇ କହିଲେ। ମହନ୍ତ ଅଭେଦ୍ୟନାଥ ସୁସ୍ଥ ହୋଇ ଗୋରଖପୁର ଯିବାକୁ ପ୍ରସ୍ତୁତ ହେଲେ, ଅଜୟ ମହନ୍ତଙ୍କ ସହ ଯିବେ ବୋଲି ଦୃଢ ପ୍ରତିଶ୍ରୁତି ଦେଲେ। ୧୯୯୩ ନଭେମ୍ବରରେ ନିଜ ପରିବାରରେ କାହାକୁ କିଛି ନ କହି ଅଜୟ ନିଜ ଗାଁ, ପରିବାର, ବନ୍ଧୁ ପରିଜନ ତଥା ଶିକ୍ଷା ଆଦି ପରିତ୍ୟାଗ କରି ଗାଁ ଛାଡି ଗୋରଖପୁର ଚାଲିଗଲେ। ୧୯୯୪ ମସିହା ୧୫ ଫେବୃଆରୀ ବସନ୍ତ ପଞ୍ଚମୀର ପବିତ୍ର ଅବସରରେ ଗୁରୁ ଅଭେଦ୍ୟନାଥ ଅଜୟଙ୍କୁ ନାଥପନ୍ଥ ଯୋଗ ପରମ୍ପରାରେ ସନ୍ନ୍ୟାସୀ ଭାବେ ଦୀକ୍ଷିତ କଲେ। ପୂର୍ବ ନିର୍ଦ୍ଧାରିତ ଅନୁସାରେ ଅଜୟ ଯୋଗୀ ଆଦିତ୍ୟନାଥ ରୂପେ ପରିଚିତ ହେଲେ ଏବଂ ଆଦିନାଥ ଶିବଙ୍କଠୁ ଉତ୍ପନ୍ନ ବୋଲି ବିଶ୍ୱାସ କରାଯାଉଥିବା ନାଥ ପରମ୍ପରାର ସର୍ବ ପୁରାତନ ମଠ ଗୋରଖନାଥ ମଠର ମହନ୍ତ ରୂପେ ମହନ୍ତ ଅଭେଦ୍ୟନାଥଙ୍କ ଉତ୍ତରାଧିକାରୀ ନିଯୁକ୍ତ ହେଲେ।

୧୨ ସେପ୍ଟେମ୍ବର ୨୦୧୪ରେ ମହନ୍ତ ଅଭେଦ୍ୟନାଥଙ୍କ ମୃତ୍ୟୁ ପରେ ଏକ ପାରମ୍ପରିକ ଉତ୍ସବରେ ଯୋଗୀ ଆଦିତ୍ୟନାଥ ଗୋରଖନାଥ ମଠର ପିଠାଧୀଶ ଭାବେ ଦାୟିତ୍ୱ ଗ୍ରହଣ କଲେ।

ମହନ୍ତ ଯୋଗୀ ଆଦିତ୍ୟନାଥଙ୍କ ଜୀବନରେ ଗୋଟିଏ ଦିନ

ଯେବେ ମୁଁ ଗୋରଖପୁର ପରିଦର୍ଶନରେ ଗଲି, ମୁଁ ଦେଖିଲି ଗୋରଖନାଥ ମନ୍ଦିରରେ ଥିବା ଯୋଗୀଙ୍କ ୧୨ ଫୁଟରେ ୧୨ ଫୁଟ ବାସଗୃହରେ କେବଠ ଗୋଟିଏ ଖଟ ଓ ଟେବୁଲ ଅଛି। ବିଜିନେସ ଷ୍ଟାଣ୍ଡାର୍ଡର ଜୟଦୀପ ଘୋଷଙ୍କ [୯୩] କହିବା ଅନୁଯାୟୀ ସେ ଅଞ୍ଚଳରେ ବାବା ନାମରେ ଲୋକପ୍ରିୟ ଯୋଗୀ ଆଦିତ୍ୟନାଥ ପ୍ରତ୍ୟେକ ଦିନ ସକାଳ ପାଖାପାଖି ୪୦୦ ଗାଈଙ୍କୁ ଗୁଡ ଚଖାଇବା ସହ ସ୍ଥାନୀୟ ଲୋକମାନଙ୍କୁ

ଭେଟିବା ଏବଂ କେବଳ ଗୋରଖନାଥ ମଠ ନୁହେଁ, ୟୁପିର ସମଗ୍ର ପୂର୍ବାଞ୍ଚଳ ପ୍ରତି ବ୍ୟକ୍ତିଗତ ଭାବେ ଧ୍ୟାନ ଦେବା ଯୋଗୀଙ୍କ ଦିନଚର୍ଯ୍ୟାର ଅନ୍ତର୍ଭୁକ୍ତ ଥିଲା।

ମଠରେ ଥିବା ଯୋଗୀଙ୍କ ସହଯୋଗୀ ମତେ ରୋଗୀଙ୍କ କଠୋର ଦିନଚର୍ଯ୍ୟା ବିଷୟରେ କହିଲେ। ଭୋର ୩ଟାରୁ ଉଠି ୫ଟା ଯାଏ ଯୋଗୀ ନିଜର ଯୋଗ ଏବଂ ପ୍ରାର୍ଥନା କରନ୍ତି। ମନ୍ଦିରରେ ଏକ ସଂକ୍ଷିପ୍ତ ପୂଜା ପରେ ସେ ମନ୍ଦିର ପରିସର ତନଖି କରନ୍ତି, ସବୁ ସୁବିଧା ସୁଯୋଗକୁ ଅନୁଧ୍ୟାନ କରନ୍ତି। ମନ୍ଦିରର ସମସ୍ତ କର୍ମଚାରୀ ସଦସ୍ୟଙ୍କୁ ଭେଟନ୍ତି ଏବଂ ଗାଈମାନଙ୍କୁ ଖାଇବାକୁ ଦିଅନ୍ତି। ତା ପରେ ସେ ପାଖାପାଖି ୬.୧୫ରେ ନିଜ କୋଠରୀକୁ ଯାଇ ୮.୩୦ ଯାଏ ପଢାପଢି କରନ୍ତି। ମଠର ମହନ୍ତ ହେବା ପରଠାରୁ ଅନ୍ୟ ବରିଷ୍ଠ ପ୍ରଶାସନିକ କର୍ମଚାରୀଙ୍କ ସହ ମଠ ଅଧିନରେ ଥିବା ଅନ୍ୟ ଅନୁଷ୍ଠାନ ମାନଙ୍କ ବାବଦରେ ନିଆଯାଇଥିବା ନିଷ୍ପତ୍ତି ସମ୍ବନ୍ଧରେ କାଗଜପତ୍ର ବିଲ୍ ଓ ଅନେକ ଦସ୍ତାବିଜରେ ସ୍ୱାକ୍ଷର କରିବାରେ ଘଣ୍ଟାଏ ସମୟ ଅତିବାହିତ କରନ୍ତି। ଏହି ବ୍ୟସ୍ତବହୁଳ ଦିନଚର୍ଯ୍ୟା ମଧ୍ୟରେ ଯୋଗୀଙ୍କର କାଳେ ଚୁଟି କାଟିବା ବା ଦାଢି କାଟିବାର ଆବଶ୍ୟକତା ପଡିପାରେ ବୋଲି ତାଙ୍କ ବାରିକ ଭାଗବତ ଶର୍ମା ନଜର ରଖିଥାଆନ୍ତି।

ଏହା ପରେ ପାଖାପାଖି ସକାଳ ୯.୩୦ ବେଳକୁ ଦଶନ୍ଧି ଦଶନ୍ଧି ଧରି ଚାଲିବା ପରେ କ୍ରମେ ଏକ ଅନୁଷ୍ଠାନ ପାଲଟିଥିବା ମଠର ପ୍ରସିଦ୍ଧ 'ଜନତା ଦରବାର'ରେ ଲୋକମାନଙ୍କୁ ଭେଟନ୍ତି। ଘୋଷ ମହାଶୟ କହିବା ଅନୁସାରେ ଯୋଗୀ (ଜନପ୍ରିୟ ଭାବେ ବାବା ନାମରେ ପରିଚିତ)ଙ୍କ ଅନୁଗାମୀ ମାନେ ବିଶ୍ୱାସ କରନ୍ତି ଯେ ଯୋଗୀ ବାବାଙ୍କ ଦ୍ୱାରା କୌଣସି ଭୁଲ୍ କାର୍ଯ୍ୟ ହୋଇ ପାରିବ ନାହିଁ ଏବଂ ଯଦି ଏହା ହୋଇଥାଏ ତେବେ ଏହା ନିଶ୍ଚୟ ବୃହତ୍ତର ମଙ୍ଗଳ ସାଧନ ନିମନ୍ତେ ହୋଇଥିବା ଉଦାହରଣ ସ୍ୱରୂପ ତାଙ୍କର ଦୈନନ୍ଦିନ ସଭାଗୁଡିକ ଧନୀ, ଗରିବ କିମ୍ବା କୌଣସି ଧର୍ମ ପ୍ରତି ବିନା ପକ୍ଷପାତରେ ସମସ୍ତଙ୍କ ପାଇଁ ଉଦ୍ଦିଷ୍ଟ ଏବଂ ଏକଥା ସ୍ଥାନୀୟ ଲୋକେ ମଧ୍ୟ ସ୍ୱୀକାର କରନ୍ତି। ଯାହା ହେଉ ଏକ ମାତ୍ର ସର୍ତ୍ତ ଥାଏ ଯେ ବାବାଙ୍କୁ ଆଦୌ ମିଛ କୁହାଯିବ ନାହିଁ। ଯଦି କୌଣସି ବ୍ୟକ୍ତି ମିଥ୍ୟା ଅଭିଯୋଗ କଲେ, ତେବେ ତା ଜମିକୁ ଅନ୍ୟକାହାକୁ କିଛି ମାସ ପାଇଁ ଚାଷ କରିବାକୁ ଦିଆଯିବା ଅବା ୟା ଠାରୁ ଅଧିକ କଠିନ ଦଣ୍ଡ ଦିଆଯାଏ। ଯୋଗୀ ବାବାଙ୍କୁ ସାକ୍ଷାତ କରିବାକୁ ଅପେକ୍ଷା କରିଥିବା ଲୋକଙ୍କୁ ଦହି ସରବତ ଦିଆଯାଇ ଆପ୍ୟାୟିତ କରାଯାଏ।

ଏହି ସଭା ଗୁଡିକରେ ବିବାହ ଓ ପିଲାଙ୍କ ଶିକ୍ଷା ପାଇଁ ଦାନ ଦିଆଯାଏ, ବିବାଦ ଗୁଡିକର ସମାଧାନ କରାଯାଏ ଏବଂ ଏହିପରି ଅନେକ କାର୍ଯ୍ୟ ସମାଧାନ ହୁଏ। ସବା ଶେଷ ଲୋକଟିର ଅଭିଯୋଗ ଶୁଣିବା ପର୍ଯ୍ୟନ୍ତ ଏହି ଦରବାର ଚାଲେ। ଜଣେ ସ୍ଥାନୀୟ

ଅଧିବାସୀଙ୍କ କହିବା ଅନୁଯାୟୀ ଯେତେବେଳେ ଯେ କେହି ଯୋଗୀଙ୍କ ଜନତା ଦରବାରକୁ ନିଜ ସମସ୍ୟାର ସମାଧାନ ପାଇଁ ଯିବାକୁ ମନ ସ୍ଥିର କରେ, ସେତେବେଳେ ସମସ୍ୟାଟିର ଅଧା ସମାଧାନ ସେଇଠି ହୋଇଯାଏ।

ମୁଁ ଦ୍ୱିତୀୟ ଥର ଗୋରଖନାଥ ମନ୍ଦିରକୁ ଗଲାବେଳକୁ ଯୋଗୀ ଆଦିତ୍ୟନାଥ ଉତ୍ତରପ୍ରଦେଶର ମୁଖ୍ୟମନ୍ତ୍ରୀ ହୋଇ ସାରିଥିଲେ। ମାତ୍ର 'ଜନତା ଦରବାର' ପୂର୍ବପରି ଗତିଶୀଳ ଥିଲା। ଯୋଗୀଙ୍କ ଚୌକି ଖାଲିଥିଲା, ମାତ୍ର ମନ୍ଦିରରେ ତାଙ୍କ ନିକଟତମ ସହଯୋଗୀ ୬୫ ବର୍ଷୀୟ ଦ୍ୱାରିକା ପ୍ରସାଦ ତିୱାରୀ ଲୋକମାନଙ୍କ ଅଭିଯୋଗ ଶୁଣି ସମସ୍ୟାର ସମାଧାନ ପାଇଁ ତରଫରୁ ଚିଠି ଲେଖୁଥିଲେ ବା ସ୍ଥଳ ବିଶେଷରେ ଫୋନ କରୁଥିଲେ।

ଆଉ ଥରେ ଯୋଗୀ ବାବାଙ୍କ ଦିନଚର୍ଯ୍ୟା କଥାକୁ ଫେରିଗଲେ ଆମେ ଦେଖିବା ଯେ ସକାଳର ଜନତା ଦରବାର ପରେ ମନ୍ଦିର ପରିସର ମଧ୍ୟରେ ଥିବା ଅନ୍ୟ ଅନୁଷ୍ଠାନ ଯେପରିକି ଡାକ୍ତରଖାନା ଏବଂ ଅନ୍ୟ ବିଭାଗ ଗୁଡ଼ିକ ମଧ୍ୟ ସେ ପରିଦର୍ଶନ କରୁଥିଲେ। ସ୍ଥାନୀୟ ଲୋକଙ୍କ କହିବା ଅନୁଯାୟୀ ସେ ଅଞ୍ଚଳରେ ଡାକ୍ତରୀ ପେସାରେ ଥିବା ସବୁ ଡାକ୍ତରମାନେ ମଠର ଡାକ୍ତରଖାନାରେ ସବୁଦିନ କିଛି ସମୟ ପାଇଁ ନାମମାତ୍ର ମୁଦ୍ରା ବିନିମୟରେ ରୋଗୀ ଦେଖୁଥିଲେ। ସେ ସମୟ ଚାଲିଯାଇଥିଲା, ଯେବେ ଡାକ୍ତରମାନଙ୍କୁ ଅପହରଣ କରାଯାଇ ଅର୍ଥ ଦାବୀ କରାଯାଉଥିଲା, ବରଂ ମଠ ସହ ସଂପୃକ୍ତି ସେମାନଙ୍କୁ ସୁରକ୍ଷା ଦେଉଥିଲା। ମଠ ଭିତରେ ଥିବା ଔଷଧ ଦୋକାନ ଗୁଡ଼ିକ ରିହାତି ଦରରେ ଔଷଧ ବିକ୍ରି କରନ୍ତି। ହୁଏତ କିଛି ଲୋକେ ଏହାକୁ ଏକଛତ୍ରବାଦ କହିପାରନ୍ତି, କିନ୍ତୁ ସ୍ଥାନୀୟ ଲୋକେ କୁହନ୍ତି ଯେ ଡାକ୍ତର ଓ ସ୍ୱାସ୍ଥ୍ୟସେବାର ଉଚ୍ଚାଦର ଦେଖିଲେ ଏ ବ୍ୟବସ୍ଥା ଖୁବ୍ ଭଲ।

ସକାଳର ଜନତା ଦରବାର ପରେ ଯୋଗୀଜୀ ସାଧାରଣତ ନିଜ ନିର୍ବାଚନ ମଣ୍ଡଳୀକୁ ବାହାରି ଯାଆନ୍ତି। ସେଠାରେ ବିଭିନ୍ନ ଗାଁ, ବିଦ୍ୟାଳୟ, ଡାକ୍ତରଖାନା ଏବଂ ଅନ୍ୟ ଅନୁଷ୍ଠାନ ଗୁଡ଼ିକ ପରିଦର୍ଶନ କରନ୍ତି। ଲୋକମାନଙ୍କ ସମସ୍ୟା, ବିବାଦ ଆଦି ଶୁଣି ସମାଧାନ କରନ୍ତି ଓ ସଂଧ୍ୟା ୫ରୁ ୬ ଭିତରେ ମନ୍ଦିରକୁ ଫେରିଆସନ୍ତି। ଫେରିଲା ପରେ କିଛି ସମୟ ଗୋଶାଳାରେ ବିତାଇ ପରିଷ୍କାର ପରିଚ୍ଛନ୍ନ ହେବାକୁ ନିଜ କୋଠରୀକୁ ଯାଆନ୍ତି ଏବଂ ସଂଧ୍ୟା ପୂଜା ପାଇଁ ପ୍ରସ୍ତୁତ ହୁଅନ୍ତି। ରାତି ୯ଟା ପରେ ନିଜ କୋଠରୀରେ ସେ ଶିକ୍ଷାବିତ୍ ଅଧକ୍ଷ ଏବଂ ଅନ୍ୟ ବୁଦ୍ଧିଜୀବୀ ମାନଙ୍କୁ ପାଖାପାଖି ରାତି ୧୦.୩୦ ରୁ ୧୧ଟା ଯାଏ ସାକ୍ଷାତ କରନ୍ତି ଏବଂ ଏଇଠି ତାଙ୍କ ଦିନଚର୍ଯ୍ୟା ଶେଷ ହୁଏ।

ଯୋଗୀଙ୍କ ଖାଦ୍ୟାଭାସ ବିଷୟରେ ପଚାରିବାରୁ ତାଙ୍କ ନିକଟତମ ସହଯୋଗୀ

ପ୍ରଦୀପ ରାଓ କହିଲେ ଯେ ଯୋଗୀଙ୍କୁ ଦିବାହାର ପାଇଁ ପ୍ରାୟତଃ ସମୟ ମିଳେ ନାହିଁ। ରାଓ କହିଲେ ଯେ ଯୋଗୀଙ୍କ ସହ ସକାଳ ଜଳଖିଆ କିମ୍ବା ରାତ୍ରିଭୋଜନରେ ଯୋଗଦେବା ସେମାନଙ୍କ ପାଇଁ ଏକ ଦଣ୍ଡ ସଦୃଶ, କାରଣ ତାଙ୍କ ଖାଦ୍ୟ ପୂରା ସ୍ୱାଦହୀନ। ଯୋଗୀ ଆଦିତ୍ୟନାଥ ସକାଳ ଜଳଖିଆରେ ଫଳ, ମିଠା କିମ୍ବା ଲୁଣି ଦଳିଆ ଚଣା ଏବଂ ଘୋଳ ଦହି ଖାଆନ୍ତି ବୋଲି ରାଓ କହିଲେ। ନିଶାହାରରେ ଯୋଗୀ ତେଲ ମସଲା ଲୁଣ ବିହୀନ ଡାଲି, ତରକାରୀ, ମୋଟା ଚାଉଳର ଭାତ ଓ ରୁଟି ଖାଆନ୍ତି।

ମୁଖ୍ୟମନ୍ତ୍ରୀ ନିବାସରେ ମଧ୍ୟ ଯୋଗୀ ଆଦିତ୍ୟନାଥ ଏହି କଠୋର କାର୍ଯ୍ୟପ୍ରଣାଳୀ ଅନୁସରଣ କରନ୍ତି ଓ ଅନ୍ୟମାନେ ଯେପରି ଏହାକୁ ଅନୁସରଣ କରିବେ ସେ କଥା ଦେଖନ୍ତି। ଏକ ମାତ୍ର ଭିନ୍ନ କଥା ହେଉଛି ଯେ ବର୍ତ୍ତମାନ ଯୋଗୀଙ୍କୁ ସାରା ଉତ୍ତରପ୍ରଦେଶର କଥା ନିଜ ଜନତା ଦରବାରରେ ବୁଝିବାକୁ ପଡୁଛି ଏବଂ ବର୍ତ୍ତମାନ ସମସ୍ୟାର ସମାଧାନ ପାଇଁ ଯୋଗୀଙ୍କ ନିକଟରେ ରାଜ୍ୟ ଶାସନ ବ୍ୟବସ୍ଥା ଅଛି। ବର୍ତ୍ତମାନ ରାଜ୍ୟର ଉନ୍ନତି ପାଇଁ ରାଜ୍ୟବ୍ୟାପି ବ୍ୟବସ୍ଥାପିତ ନୀତି ପରିବର୍ତ୍ତନ କରିବାକୁ ତାଙ୍କର ପରାମର୍ଶଦାତା ଏବଂ ଅମଲାତନ୍ତ୍ରର ସମ୍ପୂର୍ଣ୍ଣ ଗୋଷ୍ଠୀ ଅଛି। ତଥାପି ଜଣେ ନାଥପନ୍ଥ ଯୋଗୀ ଉତ୍ତରପ୍ରଦେଶର ମୁଖ୍ୟମନ୍ତ୍ରୀ ହେବା, ଏ କଥା ଲକ୍ଷ୍ନୌର ରାଜନୈତିକ ଶ୍ରେଣୀ ଏବଂ ଅମଲାତନ୍ତ୍ର ପୂରାପୁରି ଗ୍ରହଣ କରିପାରିନାହାଁନ୍ତି।

ନାଥପନ୍ଥ କ'ଣ ?

ଯୋଗୀ ଆଦିତ୍ୟନାଥଙ୍କୁ ବୁଝିବାକୁ ହେଲେ ଆମକୁ ନାଥପନ୍ଥ, ଏହାର ଉତ୍ପତ୍ତି, ଏହାର ଶିକ୍ଷକ, ଏହାର ସଂଗ୍ରହାଧ୍ୟକ୍ଷ, ଏହାର ପ୍ରଥା ଓ ଇତିହାସକୁ ବୁଝିବାକୁ ହେବ।

ସଂସ୍କୃତ ଶବ୍ଦ 'ନାଥ'ର ଅର୍ଥ ହେଉଛି ସ୍ୱାମୀ ବା ରକ୍ଷକ। ସଂପୃକ୍ତ ସଂସ୍କୃତ ଶବ୍ଦ ଆଦିନାଥ ଅର୍ଥ ପ୍ରଥମ ବା ମୂଳ ଭଗବାନ ଏବଂ ନାଥ ପରମ୍ପରାର ସଂସ୍ଥାପକ ଭଗବାନ ଶିବଙ୍କ ସହ ସମକକ୍ଷ। ନାଥ ସମ୍ପ୍ରଦାୟରେ ଦୀକ୍ଷିତ ହେଲେ ଜଣକୁ ଯେଉଁ ନାମ ମିଳେ ତା ଶେଷରେ ନାଥ ଶବ୍ଦ ଯୋଡା ହୁଏ। ତେଣୁ ଯେବେ ମହନ୍ତ ଅଭେଦ୍ୟନାଥ ୨୨ ବର୍ଷର ଅଜୟଙ୍କୁ ୧୯୯୪ରେ ଦୀକ୍ଷା ଦେଲେ ସେ ସେତେବେଳେ ସେ ଯୋଗୀ ଆଦିତ୍ୟନାଥ ନାମରେ ପରିଚିତ ହେଲେ।

ଭାରତୀୟ ନାଥପନ୍ଥ ଏକ ମଧ୍ୟଯୁଗୀୟ ଆନ୍ଦୋଳନ ଏବଂ ଏହା ହେଉଛି ଶୈବ, ବୌଦ୍ଧ ଏବଂ ହଠ ଯୋଗ ପରମ୍ପରାର ଏକ ସମ୍ମିଶ୍ରଣ ଶିବଙ୍କ ଠାରୁ ଜ୍ଞାନ ଆହରଣ କଲା ପରେ ଗୁରୁ ମତ୍ସ୍ୟେନ୍ଦ୍ରନାଥ ନାଥ ସମ୍ପ୍ରଦାୟର ପ୍ରତିଷ୍ଠାତା ହେଲେ। [(୯୫)] ଗୁରୁ

ମତ୍ସ୍ୟେନ୍ଦ୍ରନାଥ ତାଙ୍କ ପ୍ରତ୍ୟକ୍ଷ ଶିଷ୍ୟ ଗୁରୁ ଗୋରଖନାଥଙ୍କ ସହ ମିଶି ନାଥ ପନ୍ଥର ସମସ୍ତ ଶିକ୍ଷା ବ୍ୟବସ୍ଥା ଗଠନ କରିଥିଲେ।

ନାଥ ପରମ୍ପରା ଅଭ୍ୟାସର ଏକ ଉଲ୍ଲେଖନୀୟ ଦିଗ ହେଉଛି ଯୋଗର ବିଶୋଧନ ଓ ପ୍ରୟୋଗ, ବିଶେଷ କରି ହଠଯୋଗର ବ୍ୟବହାର କରି ଜଣେ ଯେପରି ସମ୍ପୂର୍ଣ୍ଣ ବାସ୍ତବତା ସହିତ ଜାଗ୍ରତ ଆତ୍ମ ପରିଚୟକୁ ନିଜ ଶରୀରର ସହଜ ସିଦ୍ଧ ଅବସ୍ଥାରେ ପ୍ରାପ୍ତ ହୋଇପାରିବ। ଯୋଗ ଏବଂ ଆଧ୍ୟାତ୍ମିକ ମାର୍ଗଦର୍ଶନ ଜାଣିଥିବା ଜଣେ ସଫଳ ଗୁରୁଙ୍କୁ ଜରୁରୀ ବିବେଚନା କରାଯାଏ ଏବଂ ସେମାନେ ଐତିହାସିକ ଭାବରେ ସେମାନଙ୍କ ଗୁଢ଼ ଯୋଗ ଅଭ୍ୟାସ ପାଇଁ ଜଣାଶୁଣା ହୋଇଥାଆନ୍ତି। [୯୬]

ନାଥ ସମ୍ପ୍ରଦାୟ ସମ୍ବନ୍ଧରେ ପ୍ରକାଶିତ ମାଲିନମନଙ୍କ ଆଲେଖ୍ୟ ଅନୁଯାୟୀ ନାଥ ସମ୍ପ୍ରଦାୟ ତ୍ୟାଗି ତପସ୍ୱୀ ଏବଂ ଗୃହସ୍ଥ ମାନଙ୍କର ଏପରି ଏକ ଗୋଷ୍ଠୀରେ ପରିଣତ ଯିଏ ନିଜ ବଂଶର ସୂତ୍ର ଆଦିନାଥ ଅର୍ଥାତ୍ ଶିବଙ୍କ ଅଧ୍ୟକ୍ଷତାରେ ନଅ ଜଣ ନାଥ ଗୁରୁଙ୍କ ଦ୍ୱାରା ପ୍ରଣୀତ ନାଥ ପରମ୍ପରା ସହ ଯୋଗ କରନ୍ତି। ଆଦିନାଥ ଶିବଙ୍କ ପରେ ନାଥ ପରମ୍ପରାରେ ଆସୁଥିବା ନଅଗୁରୁଙ୍କ କ୍ରମରେ ଆସନ୍ତି ଗୁରୁ ମତ୍ସେନ୍ଦ୍ରନାଥ ଏବଂ ତା ପରେ ଗୋରକ୍ଷନାଥଙ୍କ (ଗୋରଖନାଥ) ନାମ ଆସେ, ଯିଏ କି ନାଥ ପରମ୍ପରାର ସନ୍ନ୍ୟାସୀ କ୍ରମ ସ୍ଥାପନା କରିଥିଲେ। ଏକ ସଂଗଠିତ ସଂସ୍ଥା ଭାବରେ ନାଥ ପରମ୍ପରାର ଉଦ୍‌ଭାନ ସପ୍ତଦଶ ଶତାବ୍ଦୀରେ ହୋଇଥିବାର ଜାଣିବାକୁ ମିଳେ, କିନ୍ତୁ ଏହି ପରମ୍ପରାର ଐତିହାସିକ ଗୁରୁ ମତ୍ସ୍ୟେନ୍ଦ୍ରନାଥ ଏବଂ ଗୋରଖନାଥ ନବମ ଦ୍ୱାଦଶ ଶତାବ୍ଦୀରେ ରହିଥିବାର ପ୍ରମାଣ ମିଳେ ଏବଂ ମଧ୍ୟବର୍ତ୍ତୀ ସମୟରେ ଉଭୟ ସନ୍ନ୍ୟାସୀ ଓ ଗୃହସ୍ଥ ନାଥ ସମ୍ପ୍ରଦାୟ ମାନଙ୍କ କଥା ପାଠ୍ୟପୁସ୍ତକ, ଶିଳାଲେଖ, ପ୍ରତିମା ସମୂହ ଏବଂ ଐତିହାସିକ ତଥ୍ୟରେ ଦେଖିବାକୁ ମିଳେ। ଶ୍ରୀ ନାଥ ସମ୍ପ୍ରଦାୟ ସିଦ୍ଧ ପରମ୍ପରାରେ ଥିବା ନଅ ନାଥ ଓ ଚଉରାଅଶୀ ସିଦ୍ଧଙ୍କ ମଧ୍ୟରେ ଗୁରୁ ମତ୍ସ୍ୟେନ୍ଦ୍ରନାଥ ଏବଂ ଗୋରଖପୁର ମଧ୍ୟ ଅନ୍ତର୍ଭୁକ୍ତ।

ନାଥ ସମ୍ପ୍ରଦାୟ ସମ୍ବନ୍ଧରେ ହଜାରି ପ୍ରସାଦ ଦ୍ୱିବେଦୀଙ୍କ [୯୭] ଲିଖିତ ପ୍ରାମାଣିକ ପୁସ୍ତକରେ କୁହାଯାଏ ଯେ ନାଥପନ୍ଥୀମାନେ ହେଉଛନ୍ତି ଗୋରଖନାଥ ଯୋଗୀ ଏମାନଙ୍କୁ କାନ ଫଟା ବା ଦର୍ଶନୀ ସାଧୁ ମଧ୍ୟ କୁହାଯାଏ। ଏହି ପ୍ରଥାରେ ଯୋଗୀମାନେ ନିଜ କାନ ଫୋଡି କାଦୁଅ, ହାତୀଦାନ୍ତ ବା ସସୁନାର କୁଣ୍ଡଳ ପିନ୍ଧୁଥିବାରୁ ଏମାନଙ୍କ ପାଇଁ 'କାନ ଫଟା' ଶବ୍ଦ ବ୍ୟବସ୍ଥାର କୁହାଯାଏ ଦ୍ୱିବେଦୀଙ୍କ କହିବା ଅନୁଯାୟୀ ଗୋରଖନାଥି ସାଧୁମାନେ ଭାରତର ବିଭିନ୍ନ ଅଞ୍ଚଳରେ ଏବଂ ଏମାନଙ୍କୁ ପଞ୍ଜାବ, ପଶ୍ଚିମବଙ୍ଗ, ମୁମ୍ବାଇ ଏବଂ ହିମାଳୟ ଅଞ୍ଚଳରେ 'ନାଥ' ବୋଲି କୁହାଯାଏ।

ଭାରତର ବିଭିନ୍ନ ଜନଗଣନା ପରିସଂଖ୍ୟାନ ଅନୁସନ୍ଧାନ କଲାପରେ ମଧ୍ୟ ନାଥ

ସମ୍ପ୍ରଦାୟ ଯୋଗୀଙ୍କ ପ୍ରକୃତ ସଂଖ୍ୟା କହିବା କାଠିକର। ନିଜ ଦୁର୍ମୂଲ୍ୟ ପୁସ୍ତକ 'ଗୋରଖନାଥ ଏବଂ କାନଫଟା ଯୋଗୀ'[୯୮]ରେ ୱେଷ୍ଟର୍ଣ୍ଣ ବ୍ରିଗ୍‌ସ କୁହନ୍ତି ୧୮୯୧ ଜନଗଣନା ଅନୁଯାୟୀ ଏହି ନାଥ ଯୋଗୀମାନଙ୍କ ସଂଖ୍ୟା ପ୍ରାୟ ୨୧୪,୫୪୬ ଥିଲା। ଆଗ୍ରା ଓ ଅବଧ ରାଜ୍ୟରୁ ଅଘୋରୀମାନଙ୍କ ସଂଖ୍ୟା ୫,୩୧୯;୨୮୮୧୬ ଏବଂ ଗୋରଖନାଥି ମାନଙ୍କ ସଂଖ୍ୟା ପ୍ରାୟ ୭୮୩୮୭ ଥିଲା। ଏଥିରୁ ଜଣାଯାଏ ଯେ ଅଘୋରୀମାନଙ୍କ ସହ ଗୋରଖନାଥିମାନେ ମିଶି ଯୋଗୀମାନଙ୍କ ସଂଖ୍ୟାର ପ୍ରାୟ ୪୫% ଥିଲେ ଏବଂ ଏଥିରୁ ପ୍ରମାଣିତ ଯେ ନାଥ ପନ୍ଥ, ବିଶେଷକରି ଗୋରଖନାଥି ଯୋଗୀ ଭାରତୀୟ ସନ୍ଥ ସମାଜର ଏକ ବୃହତ ଅଂଶ ଥିଲେ। ଅନ୍ୟ ଏକ ତଥ୍ୟ କୁହେ ଆଗ୍ରା ଓ ଅବଧରେ ପୁରୁଷ ଓ ମହିଳା ଯୋଗୀଙ୍କ ଅନୁପାତ ପ୍ରାୟ ୪୨/୩୫ ଥିଲା। କେତେକ ମହିଳା ଯୋଗୀ ବିଧବା ଥିଲେ ଏବଂ କିଛି ଦମ୍ପତ୍ତି ଗୃହସ୍ଥ ଯୋଗୀ ଥିଲେ। ପଞ୍ଜାବରେ ଥିବା ଯୋଗୀମାନଙ୍କ ମଧ୍ୟରୁ ୩୮,୧୩୭ ଜଣ ମୁସଲମାନ ଥିଲେ। ଜଣେ ନାଥପନ୍ଥ ଯୋଗୀ, ଯୋଗୀ ଆଦିତ୍ୟନାଥ ଆଜି ଉତ୍ତରପ୍ରଦେଶର ମୁଖ୍ୟମନ୍ତ୍ରୀ ହେବା ପରେ ନାଥପନ୍ଥରେ ଅନେକ ଦିନରୁ ସମାଜର ଅବହେଳିତ ବର୍ଗ ରୂପେ ଥିବା ମହିଳା ଓ ମୁସଲମାନଙ୍କର ମିଶ୍ରଣର ଇତିହାସ ସମ୍ବନ୍ଧରେ କହିବା ଖୁବ୍ ପ୍ରସାଙ୍ଗିକ ହୋଇପଡିଛି। ଆଜି ଦିନରେ ମଧ୍ୟ ଅନେକ ମୁସଲମାନ ଓ ମହିଳା ମନ୍ଦିର ପରିସରରେ କାମ କରନ୍ତି ଏବଂ ସେମାନଙ୍କ ଦୋକାନ ମଧ୍ୟ ସେଠାରେ ଅଛି।

କାନଫଟା ସାଧୁମାନଙ୍କ କାନଫୋଡା ସମ୍ବନ୍ଧରେ ବିସ୍ତାର ଭାବେ କହିବାକୁ ଯାଇ ବ୍ରିଗ୍‌ସ ଲେଖନ୍ତି ଯେ କାନଫଟା ସମ୍ପ୍ରଦାୟକୁ ସେମାନଙ୍କ ବଡଫୋଡାକାନ ଓ ବିଶାଳ କୁଣ୍ଡଳରୁ ଚିହ୍ନି ହୁଏ। ଏହି ସାଧୁମାନଙ୍କର ଦୀକ୍ଷାଗ୍ରହଣର ପୂର୍ଣ୍ଣାଙ୍ଗ ଅବସ୍ଥାରେ ସେମାନଙ୍କ କାନର ପଟିରେ ଥିବା ଗର୍ତ୍ତକୁ ଜଣେ ଗୁରୁ ବା ଶିକ୍ଷକଙ୍କ ଦ୍ୱାରା ଦୁଇଧାରିଆ ଛୁରୀ କିମ୍ବା କ୍ଷୁର ଦ୍ୱାରା ଫୋଡାଯାଏ। ପ୍ରଥମେ ସେ ଫୋଡା ଜାଗାରେ ନିମକାଠି ଭର୍ତ୍ତି କରାଯାଏ ଏବଂ କ୍ଷତ ଶୁଖିଲା ପରେ ବଡ ବଡ କୁଣ୍ଡଳ ପିନ୍ଧାଯାଏ। ଏହି କୁଣ୍ଡଳଗୁଡିକ ଯୋଗୀମାନଙ୍କର ବିଶ୍ୱାସର ପ୍ରତୀକ ହୋଇଥାଆନ୍ତି। କିଛି ଲୋକଙ୍କ ମତରେ ଏପରି କାନଫୋଡା ଦ୍ୱାରା କାନର ନରମାସ୍ଥିରେ ଥିବା ଏକ ନାଡି କଟିଯାଏ ଏବଂ ଏହା ଦ୍ୱାରା ଯୋଗଶକ୍ତି ଆହରଣ ସହଜ ହୁଏ। କୁଣ୍ଡଳ ପିନ୍ଧିଥିବା ଯୋଗୀ ଅମର ହୋଇଯାଏ। ପଶ୍ଚିମ ଓଡିଶାରେ ଭାରତରେ ପିନ୍ଧାଯାଉଥିବା କୁଣ୍ଡଳ ଗୁଡିକର ପରିଧି ପ୍ରାୟ ସାତ ଇଞ୍ଚ ଏବଂ ଓଜନ ଅଢେଇ ଆଉନ୍ସ କିମ୍ବା ତା ଠାରୁ ଅଧିକ ହୋଇଥାଏ। କୁଣ୍ଡଳର ଓଜନ ଏହା ତିଆରି ହୋଇଥିବା ମୂଳ ପଦାର୍ଥ ଉପରେ ନିର୍ଭର କରେ। ନିୟମ ଅନୁସାରେ ଦୀକ୍ଷା ନେଉଥିବା ଯୋଗୀ ପ୍ରଥମେ ମାଟିର କୁଣ୍ଡଳ ପିନ୍ଧନ୍ତି। କିନ୍ତୁ ଏହା ଭଙ୍ଗୁର ପ୍ରବଣ ହୋଇଥିବାରୁ

ଖୁବ୍ ଶୀଘ୍ର ଅଧିକ ଦିନ ଚଳୁଥିବା ଧାତୁ କୁଣ୍ଡଳ ମାଟି କୁଣ୍ଡଳ ସ୍ଥାନ ନିଏ। ଗଣ୍ଡା ଶିଙ୍ଗ କୁଣ୍ଡଳ ତିଆରି ପାଇଁ ଏକ ଉପଯୋଗୀ ରୂପେ ପରିଗଣିତ ହୁଏ। କିଛି ଗୁରୁତ୍ୱପୂର୍ଣ୍ଣ ଯୋଗୀ ସୁବର୍ଣ୍ଣ କୁଣ୍ଡଳ ପିନ୍ଧନ୍ତି। କୁଣ୍ଡଳ ପାଇଁ ବ୍ୟବହୃତ ହେଉଥିବା ଅନ୍ୟ ପଦାର୍ଥ ଗୁଡ଼ିକ ହେଲା ତମ୍ବା, ହରିଣ, ସମ୍ବରର ଶିଙ୍ଗ, ହାତୀ ଦାନ୍ତ, ସୁଲେମାନୀ ପଥର, ଦେଡ ପଥର, କାଚ, ଶଙ୍ଖ ଏବଂ କାଠ। ଏ ବହି ଲେଖିଲା ବେଳେ ମୁଁ ଯେତେବେଳେ ଗୋରଖନାଥ ମନ୍ଦିର ପରିସରରେ ରହୁଥିଲି, ସେତେବେଳେ ମନ୍ଦିରର ମୁଖ୍ୟ ମହନ୍ତ ଯୋଗୀ ଆଦିତ୍ୟନାଥଙ୍କ ଦ୍ୱାରା ଦୁଇଦିନ ତଳେ ଦୀକ୍ଷିତ ହୋଇଥିବା ଜଣେ ନୂଆ କାନଫଟା ସାଧୁଙ୍କୁ ଭେଟିଥିଲି। ସେ ମାଟିର କୁଣ୍ଡଳ ପିନ୍ଧିଥିଲେ ତାଙ୍କ କାନରୁ ତେଲ ବୋହିପଡୁଥିଲ ଏବଂ ଏହି ତେଲ ଦ୍ୱାରା କ୍ଷତ ଶୀଘ୍ର ଶୁଖିଯିବ ବୋଲି ସେ କହିଲେ। କାନଫୋଡା ଉତ୍ସବ ଆରମ୍ଭ ହେବା ପୂର୍ବରୁ ଜଣେ ଯୋଗୀଙ୍କୁ କଠିନ ଯୋଗ ବ୍ୟବସ୍ଥା ପାଳନ କରିବାକୁ ହୁଏ ବୋଲି ସେ ନୂତନ ଦୀକ୍ଷିତ ଯୋଗୀ କହିଲେ। କାନଫୋଡା ସମୟରେ ଦୀକ୍ଷା ନେଉଥିବା ଯୋଗୀ ହଲଚଲ ହେବା ବା କଷ୍ଟରେ କାନ୍ଦିବା ମନା, ନଚେତ୍ ତାଙ୍କୁ ଦୀକ୍ଷା ନେବା ବାରଣ କରାଯାଇପାରେ। ଯୋଗୀ ଆଦିତ୍ୟନାଥ ମଧ୍ୟ ଜଣେ ନାଥପନ୍ଥୀ କାନଫଟା ଯୋଗୀ। ଯିଏ କାନରେ ଏକ ପତଳା ସୁନା କୁଣ୍ଡଳ ଧାରଣ କରନ୍ତି। ନାଥ ପରମ୍ପରାର ଅନେକ ମନ୍ଦିର ସାରା ଭାରତରେ ଅଛି। ୯୯୧ ଗୁରୁ ଗୋରଖନାଥଙ୍କ ନାମରେ ନାମିତ ଗୋରଖନାଥ ମଠ ସାରା ଭାରତରେ ଥିବା ନାଥ ପରମ୍ପରା ମନ୍ଦିରମାନଙ୍କ ମଧ୍ୟରେ ଅନ୍ୟତମ ଗୁରୁତ୍ୱପୂର୍ଣ୍ଣ ମଠ ବୋଲି ଗ୍ରହଣ କରାଯାଏ। ନାଥ ପରମ୍ପରାର ବିଭିନ୍ନ ଉପବିଭାଗ ଗୁଡ଼ିକୁ ଏକାଠି କରି ଜ୍ଞାନ ବିତରଣ ଓ ଭାଇଚାରା ବଢାଇବାକୁ ଅଖିଳ ଭାରତବର୍ଷୀ ଅବଧୂତ ବେଶ ବାରପନ୍ଥ ଯୋଗୀ ମହାସଭା ନାମରେ ଏକ ବୃହତ ମଞ୍ଚ ଗଠନ କରାଗଲା। ଯୋଗୀ ଆଦିତ୍ୟନାଥ ଏହି ମହାସଭାର ସଭାପତି ଅଛନ୍ତି। ଏହି ଅନୁଷ୍ଠାନର ମୁଖ୍ୟ ଉଦ୍ଦେଶ୍ୟ ନାଥ ସମ୍ପ୍ରଦାୟର ଉନ୍ନତି ପାଇଁ କାମ କରୁଥିବା ସମସ୍ତ ନାଥ ଯୋଗୀ ଏବଂ ମଠଗୁଡ଼ିକୁ ସହାୟତା ଦେବା। ନାଥ ସମ୍ପ୍ରଦାୟ ବାରପନ୍ଥ ଯଥା:- ସାତନାଥ, ରାମନାଥୀ, ପାଗଲପନ୍ଥୀ, ପାବକ ପନ୍ଥୀ, ଧର୍ମନାଥୀ, ମନୋନାଥୀ, କପିଳପନ୍ଥୀ, ଗଙ୍ଗାନାଥୀ, ନାଟେଶ୍ୱରୀ (ଦର୍ଯ୍ୟାନାଥୀ), ଆଇପନ୍ଥ (ଆଇକେ), ବୈରାଗ (ଭର୍ତ୍ତୃହରୀ ବୈରାଗ) ଏବଂ ରାୱଲପନ୍ଥୀ ଇତ୍ୟାଦି ଏହି ଅନୁଷ୍ଠାନର ଅନ୍ତର୍ଗତ।

ଗୁରୁ ଗୋରଖନାଥ

ଗୁରୁ ଗୋରଖନାଥଙ୍କ ଯୋଗ ଅଭ୍ୟାସ, ଧ୍ୟାନ ଏବଂ ପୂଜା ପାଇଁ ଗୋରଖପୁର ହେଉଛି ଏକ ପବିତ୍ରସ୍ଥଳ। ଗୁରୁ ଗୋରଖନାଥଙ୍କୁ ଆଦିନାଥ ଭଗବାନ ଶିବଙ୍କ ଅବତାର

ରୂପେ ଗ୍ରହଣ କରାଯାଏ। ମହାକାଳ ଯୋଗଶାସ୍ତ୍ରରେ ଭଗବାନ ଶିବ ନିଜେ କହିଛନ୍ତି "ମୁଁ ଯୋଗ ବାର୍ତ୍ତା ପ୍ରଚାର ପାଇଁ ଗୋରଖନାଥ ରୂପେ ଅବତାର ନେଉଛି"। ପ୍ରସିଦ୍ଧ ଲେଖକ ବ୍ରିଗସଙ୍କ[୧୦୧] ଅନୁଯାୟୀ ଗୋରଖନାଥ ଭାରତରେ ନାଥ ହିନ୍ଦୁ ମଠ ଆନ୍ଦୋଳନ ଜଣେ ପ୍ରଭାବଶାଳୀ ସଂସ୍ଥାପକ ଥିଲେ। ଗୁରୁ ମତ୍ସେନ୍ଦ୍ରନାଥଙ୍କ ଦୁଇ ଉଲ୍ଲେଖନୀୟ ଶିଷ୍ୟଙ୍କ ମଧ୍ୟରୁ ଜଣେ ଥିଲେ ଗୁରୁ ଗୋରଖନାଥ। ଭାରତରେ ହିମାଳୟ ନିକଟବର୍ତ୍ତୀ ରାଜ୍ୟ, ପଶ୍ଚିମ ଓ ମଧ୍ୟାଞ୍ଚଳ, ଗାଙ୍ଗେୟ ଉପତ୍ୟକା ଏବଂ ନେପାଳରେ ମଧ୍ୟ ଗୋରଖନାଥଙ୍କ ଅନୁଗାମୀମାନେ ରୁହନ୍ତି। ଏହି ଅନୁଗାମୀମାନଙ୍କୁ ଗୋରଖନାଥୀ, ଦର୍ଶନୀ କିମ୍ବା କାନଫଟା ଯୋଗୀ ବୋଲି କୁହାଯାଏ।

ହିନ୍ଦୁ ପରମ୍ପରାରେ ଗୋରଖନାଥଙ୍କୁ ଜଣେ ମହାଯୋଗୀ ରୂପେ ଗ୍ରହଣ କରାଯାଏ। ସେ କୌଣସି ବିଶିଷ୍ଟ ଆଧ୍ୟାତ୍ମିକ ସିଦ୍ଧାନ୍ତ କିମ୍ବା ଏକ ବିଶେଷ ସତ୍ୟ ଉପରେ ଗୁରୁତ୍ୱ ଦେଇ ନଥିଲେ, ବରଂ ସତ୍ୟ ଏବଂ ଆଧ୍ୟାତ୍ମିକ ଜୀବନର ସନ୍ଧାନ ମୂଲ୍ୟବାନ ଏବଂ ମନୁଷ୍ୟର ସାଧାରଣ ଲକ୍ଷ୍ୟ ହେବା ଉପରେ ଗୁରୁତ୍ୱାରୋପ କରିଥିଲେ। ଗୋରଖନାଥ ଯୋଗ, ଆଧ୍ୟାତ୍ମିକ ଅନୁଶାସନ ଏବଂ ଆତ୍ମନିର୍ଭରଶୀଳତାର ଏକ ନୈତିକ ଜୀବନକୁ ସମାଧି ଅବସ୍ଥା ଏବଂ ଆଧ୍ୟାତ୍ମିକ ସତ୍ୟରେ ପହଞ୍ଚିବା ପାଇଁ ସାଧନ ରୂପେ ନିର୍ଣ୍ଣୟ କରିଥିଲେ। [୧୦୨]ତାଙ୍କର ଅନୁଗାମୀମାନେ ମଧ୍ୟ ଚତୁର୍ଦ୍ଦଶ ଶତାବ୍ଦୀରୁ ଇସଲାମିକ ଏବଂ ବ୍ରିଟିଶ ଉପନିବେଶ ଶାସନ ବିରୁଦ୍ଧରେ ନିର୍ଯ୍ୟାତନାକୁ ସାମରିକ ଭାବେ ପ୍ରତିରୋଧ କରିବା, ମାର୍ଶାଲ ଆର୍ଟ ବିକାଶ ଏବଂ ଉଚ୍ଚପଦାଧିକାରୀଙ୍କ ବିରୁଦ୍ଧରେ ଲକ୍ଷ୍ୟପୂର୍ଣ୍ଣ ପ୍ରତିକ୍ରିୟାଶୀଳ ହେବା ପାଇଁ ବିଖ୍ୟାତ ଥିଲେ।[୧୦୩] ଗୋରଖନାଥଙ୍କ ଆଦର୍ଶ ଏବଂ ଗୋରଖନାଥୀ ଯୋଗୀମାନେ ଗ୍ରାମୀଣ ଭାରତରେ ବେଶ ଲୋକପ୍ରିୟ। ଭାରତର ବିଭିନ୍ନ ରାଜ୍ୟ ଏହି ପରମ୍ପରାର ମଠ ଓ ମନ୍ଦିରମାନ ଅଛି ଏବଂ ବିଶେଷକରି ଗୋରଖପୁର ସହରରେ ଏହି ପରମ୍ପରା ବହୁତ ସକ୍ରିୟ। ଭାରତର ସହରୀ ଆଭିଜାତ୍ୟ ବର୍ଗ ଗୋରଖନାଥଙ୍କ ଦ୍ୱାରା ସଂସ୍ଥାପିତ ଆନ୍ଦୋଳନକୁ ବ୍ୟଙ୍ଗ କରନ୍ତି।

ଗୋରଖନାଥଙ୍କ ଆୟୁକାଳ ନେଇ ଐତିହାସିକ ମାନଙ୍କ ମଧ୍ୟରେ ମତଭେଦ ଅଛି। ବ୍ରିଗସ୍‌ଙ୍କ ଦ୍ୱାରା ସୂଚିତ ହୋଇଛି ଯେ ପ୍ରତ୍ନତତ୍ତ୍ୱ ଓ ଗ୍ରନ୍ଥ ଅଧ୍ୟୟନରୁ ଗୋରଖନାଥ ଏକାଦଶରୁ ଦ୍ୱାଦଶ ଶତାବ୍ଦୀ ମଧ୍ୟରେ ଥିବା ଜଣାଯାଏ। ବାବା ଫରୀଦଙ୍କ ତଥ୍ୟ ଏବଂ ଜ୍ଞାନେଶ୍ୱରୀ ପାଣ୍ଡୁଲିପି ଗୋରଖନାଥଙ୍କୁ ତ୍ରୟୋଦଶ ଶତାବ୍ଦୀ ସହ ସଂଯୁକ୍ତି କରାଏ। ଗୁଜୁରାଟରୁ ଆବିଷ୍କୃତ ହୋଇଥିବା ପ୍ରମାଣିକ ତଥ୍ୟକୁ ବିଶ୍ୱାସ କରୁଥିବା ଗ୍ରିଏରମନ କୁହନ୍ତି ଯେ ଗୋରଖନାଥ ଚତୁର୍ଦ୍ଦଶ ଶତାବ୍ଦୀରେ ଥିଲେ। କବୀରଙ୍କ ଅସଂଖ୍ୟ କବିତା ଏବଂ ଗୁରୁ ନାନକଙ୍କ ଶିଖବାଦରେ ଗୋରଖନାଥଙ୍କ ପ୍ରଭାବ ଦେଖିବାକୁ ମିଳେ ଏବଂ

ଏଥିରୁ ଅନୁମାନ କରାଯାଏ ଯେ ଅସଂଖ୍ୟ ଅନୁଗାମୀ ଥିବା ପ୍ରଭାବଶାଳୀ ନେତା ଗୋରଖନାଥ ବୋଧେ ଏହି ଆଧ୍ୟାତ୍ମିକ ନେତୃତ୍ୱଙ୍କ ସମସାମୟିକ ଥିଲେ। [୧୦୪]

ଐତିହାସିକ ତଥ୍ୟ କୁହେ ଯେ ଗୋରଖନାଥ ମୂଳତଃ ଜଣେ ଶୈବ ପ୍ରଭାବିତ ବୌଦ୍ଧଧର୍ମୀ ଏବଂ ସେ ପରେ ଶିବ ଓ ଯୋଗକୁ ସାଧନ କରି ହିନ୍ଦୁ ଧର୍ମରେ ରୂପାନ୍ତରିତ ହୋଇଥିଲେ। ଉପନିଷଦରେ ଯୋଗ ଏବଂ ଅଦ୍ୱୈତ ବେଦାନ୍ତ ବ୍ୟାଖ୍ୟାକୁ ସମର୍ଥନ କରୁଥିବା କୁମାରିକା ଏବଂ ଆଦି ଶଙ୍କରଙ୍କ ବିଚାରର ଭାବୁକ ପ୍ରତିପାଦକ ଭାବେ ଗୋରଖନାଥ ଜୀବନ ବ୍ୟତିତ କରିଥିଲେ। ଗୋରଖନାଥ ମଧ୍ୟଯୁଗୀୟ ଭାରତରେ ଦୈତବାଦ ଏବଂ ଅଣଦୈତବାଦ ଆଧ୍ୟାତ୍ମିକ ତତ୍ତ୍ୱ ମଧ୍ୟରେ ଥିବା ବିବାଦକୁ ଅଭ୍ୟାସ ଦୃଷ୍ଟିକୋଣରୁ ଅଦରକାରୀ ବୋଲି ବିବେଚନା କରୁଥିଲେ। ବାନାଜିଂଆ ଲେଖିବା ଅନୁସାରେ ଗୋରଖନାଥ ଏହି କଥା ଉପରେ ଗୁରୁତ୍ୱ ଦେଉଥିଲେ ଯେ ଏ ପସନ୍ଦ ଜଣେ ଯୋଗୀର ନିଜସ୍ୱ ଏବଂ ଆଧ୍ୟାତ୍ମିକ ଅନୁଶାସନ ଓ ଅଭ୍ୟାସ ଉଭୟରୁ କୌଣସି ଗୋଟିଏ ମଧ୍ୟ ବ୍ୟକ୍ତିକୁ ଅସାଧାରଣ ଚେତନାର ସମ୍ପୂର୍ଣ୍ଣ ପ୍ରକାଶିତ ସମାଧି ସ୍ଥିତି ଆଡକୁ ନେବାକୁ ସମର୍ଥ। [୧୦୫]

ଗୋରଖନାଥ ମଠର ମହନ୍ତ ପରମ୍ପରା

ନାଥ ପରମ୍ପରାର ସର୍ବୋଚ୍ଚ କେନ୍ଦ୍ର ଗୋରଖନାଥ ମଠ ଆଦିନାଥ ଭଗବାନ ଶିବଙ୍କ ଶିଷ୍ୟ ଗୁରୁ ଗୋରଖନାଥଙ୍କ ପ୍ରେରଣାରେ ପ୍ରତିଷ୍ଠା ହୋଇଥିଲା। ପରମ୍ପରା ଅନୁଯାୟୀ ଗୋରଖନାଥ ମଠର ମହନ୍ତ ହେଉଛନ୍ତି ଗୁରୁ ଗୋରଖନାଥଙ୍କ ପ୍ରତିନିଧି। ଗୋରଖନାଥ ମଠର ମହନ୍ତ ପରରମ୍ପରା ଗୁରୁଙ୍କ ପ୍ରତି ନିଷ୍ଠା, ସତ୍ୟନିଷ୍ଠା ଏବଂ ଭକ୍ତିର ଉତ୍ତମ ଉଦାହରଣ। ଗୋରଖନାଥ ମନ୍ଦିରରେ ଥିବା ମହନ୍ତଙ୍କ ବାସସ୍ଥାନକୁ 'ଶ୍ରୀ ଗୋରଖଧାମ ପୀଠ' ବା ମଠ ବୋଲି କୁହାଯାଏ। ଗୋରଖନାଥ ମଠର ମହନ୍ତ ଆଜୀବନ ମହନ୍ତ ରୂପେ ଦାୟିତ୍ୱ ତୁଲାଇଥାନ୍ତି। ସମାଧି ନେବା ପୂର୍ବରୁ ସବୁ ମହନ୍ତ ଜଣେ ଉପଯୁକ୍ତ ଶିଷ୍ୟକୁ ଉତ୍ତରାଧୀକାରୀ ନିଯୁକ୍ତ କରିଯାଆନ୍ତି। ମହନ୍ତ ଅଭେଦ୍ୟନାଥ ଶିଷ୍ୟ ଯୋଗୀ ଆଦିତ୍ୟନାଥଙ୍କୁ ୧୯୯୪ ମସିହାରେ ନିଜ ଉତ୍ତରାଧିକାରୀ ଘୋଷଣା କରିବା ପରି ପ୍ରତ୍ୟେକ ମହନ୍ତ ତାଙ୍କ ଶିଷ୍ୟ ଉତ୍ତରାଧିକାରୀଙ୍କୁ ନିର୍ଣ୍ଣୟ କରିଯାଆନ୍ତି। ୨୦୧୪ରେ ଗୁରୁ ଅଭେଦ୍ୟନାଥଙ୍କ ସମାଧି ପରେ ଯୋଗୀ ଆଦିତ୍ୟନାଥ ଗୋରଖନାଥ ମଠର ପୀଠାଧୀଶ୍ୱର ରୂପେ ଅଭିଷିକ୍ତ ହୋଇଥିଲେ।

ମହନ୍ତ ଶ୍ରୀ ବରଦନାଥଙ୍କୁ ଗୋରଖନାଥ ମଠର ପ୍ରଥମ ମହନ୍ତ ରୂପେ ଗ୍ରହଣ କରାଯାଏ ଏବଂ ତାଙ୍କ ପରେ ମହନ୍ତ ଦାୟିତ୍ୱ ତୁଲାଇଥିବା କିଛି ପ୍ରସିଦ୍ଧ ମହନ୍ତମାନେ

ହେଲେ ବାବା ଅମ୍ରିତନାଥ, ଶ୍ରୀ ପରମେଶ୍ୱରନାଥ, ଶ୍ରୀ ବୁଦ୍ଧନାଥ, ଶ୍ରୀ ରାମଚନ୍ଦ୍ରନାଥ, ଶ୍ରୀ ବୀରନାଥ, ଶ୍ରୀ ଅଜବନାଥ, ଶ୍ରୀ ପ୍ରିୟନାଥ, ଶ୍ରୀ ବାଲନାଥ, ଶ୍ରୀ ମନ୍ନାଥ, ଶ୍ରୀ ସନ୍ତୋଷନାଥ, ଶ୍ରୀ ମେହାରନାଥ, ଶ୍ରୀ ଗୋପାଳନାଥ, ଶ୍ରୀ ବଳଭଦ୍ରାନାଥ ଏବଂ ଶ୍ରୀ ଦିଲବରନାଥ। ଯେବେ ଦିଲବରନାଥ ନିଜ ଦାୟିତ୍ୱ ତୁଲାଇବାକୁ ଅସମର୍ଥ ହେଲେ, ସେବେ ଶ୍ରୀ ଗମ୍ଭୀରନାଥଙ୍କୁ ମହନ୍ତ ଦାୟିତ୍ୱ ଦେବା ସହ ଗୋରଖନାଥ ମନ୍ଦିର ମଠର ତତ୍ତ୍ୱାବଧାରକ ମଧ୍ୟ ହେଲେ। ୧୯୩୪ରେ ହିନ୍ଦୁ ଧର୍ମରେ ପ୍ରଚଣ୍ଡ ଆସ୍ଥା ରଖୁଥିବା ଜଣେ ଭକ୍ତ ଯୋଗୀ ମହନ୍ତ ଦିଗ୍‌ବିଜୟନାଥ ମଠର ମହନ୍ତ ରୂପେ ଦାୟିତ୍ୱ ଗ୍ରହଣ କଲେ ଏବଂ ତାଙ୍କ ପରେ ମହନ୍ତ ଅଭେଦ୍ୟନାଥ ଦାୟିତ୍ୱ ନେଲେ।

ଗୋରଖନାଥ ମଠର ମହନ୍ତ ପରମ୍ପରାର ଏକ ବିଶେଷ ଗୁଣ ହେଲା ଧର୍ମ-ଆଧ୍ୟାତ୍ମ- ଯୋଗ ସହ ସେମାନେ ରାଷ୍ଟ୍ରବାଦକୁ ମଧ୍ୟ ଗୁରୁତ୍ୱ ଦିଅନ୍ତି। ମଠ ଅନୁସାରେ ହିନ୍ଦୁ ଧର୍ମ ହିଁ ରାଷ୍ଟ୍ରବାଦ। ଗୋରଖନାଥ ମଠ ନିଜ ଯୋଗ ପରମ୍ପରା ଏବଂ ଭାରତୀୟ ପରମ୍ପରାର ବିଭିନ୍ନ ପ୍ରଥାକୁ ଏକୀକୃତ କରିଛି। ନବରାତ୍ରି, ବିଜୟା ଦଶମୀ, ଶ୍ରୀରାମ ଅଭିଷେକ, ହୋଲି ଆଦି ଭାରତୀୟ ପର୍ବ ମଠ ଉତ୍ସବ ପାଳନର ଏକ ଅଭିନ୍ନ ଅଙ୍ଗ ପାଲଟି ଯାଇଛନ୍ତି। ଯୋଗ- ଆଧ୍ୟାତ୍ମ ସହ ଜନକଲ୍ୟାଣ ଏବଂ ଦରିଦ୍ରସେବା ମଧ୍ୟ ମଠ କାର୍ଯ୍ୟକ୍ରମର ଗୁରୁତ୍ୱପୂର୍ଣ୍ଣ ଅଂଶ। ମଠରେ ଦୈନିକ 'ଜନତା ଦରବାର' ନିରାଶ୍ରୟ ମାନଙ୍କ ପାଇଁ ଖାଦ୍ୟ ଓ ଦହିର ବ୍ୟବସ୍ଥା ସହ ମଠ ଦ୍ୱାରା ପରିଚାଳିତ ବିଭିନ୍ନ ଶିକ୍ଷା ଏବଂ ସ୍ୱାସ୍ଥ୍ୟ ସମ୍ବନ୍ଧୀୟ ଦାତବ୍ୟ ଅନୁଷ୍ଠାନ ଗୁଡ଼ିକ ହେଉଛି ମଠ ଦ୍ୱାରା ନିଆଯାଇଥିବା କେତେକ ବୃହତ୍ କଲ୍ୟାଣକାରୀ ପଦକ୍ଷେପ।

ଗୋରଖନାଥ ମଠର କଲ୍ୟାଣକାରୀ ଯୋଜନା

ଧର୍ମ ଏବଂ ଆଧ୍ୟାତ୍ମ ସହ ଗୋରଖନାଥ ମଠ ସର୍ବଦା ସାମାଜିକ ମଙ୍ଗଳ ନିମନ୍ତେ ଧ୍ୟାନ ଦେଇ ଆସିଛି। ମହନ୍ତି ଦିଗବିଜୟନାଥଙ୍କ ନେତୃତ୍ୱରେ ମଠ ନିଜର ସମାଜମଙ୍ଗଳ କାର୍ଯ୍ୟକ୍ରମ ତ୍ୱରିତ ଭାବରେ ବୃଦ୍ଧି କରିଥିଲା। [(୧୦୬) (୧୦୭)]

ଶିକ୍ଷାକ୍ଷେତ୍ରରେ ମଙ୍ଗଳକାରୀ କାର୍ଯ୍ୟକ୍ରମ

୧୯୩୨ରେ ମହନ୍ତ ଦିଗବିଜୟନାଥ ଗୋରଖପୁରଠାରେ ମହାରାଣା ପ୍ରତାପ ଶିକ୍ଷା ପରିଷଦ ପ୍ରତିଷ୍ଠା କଲେ। ମହନ୍ତ ଦିଗବିଜୟନାଥ ରାଜସ୍ଥାନରୁ ଆସିଥିଲେ ଏବଂ ମହାରାଣା ପ୍ରତାପଙ୍କ ସାହସ ଓ ବୀରତ୍ୱ ଦ୍ୱାରା ବେଶ୍ ପ୍ରଭାବିତ ହୋଇଥିଲେ। ୧୯୪୬ରେ ମହନ୍ତ ଦିଗବିଜୟନାଥ ମହାରାଣା ପ୍ରତାପ ମହାବିଦ୍ୟାଳୟ ଏବଂ

ମହାରାଣା ପ୍ରତାପ ମହିଳା ମହାବିଦ୍ୟାଳୟ ସ୍ଥାପନା କଲେ। ୧୯୫୮ରେ ମଠ ଏହି ଦୁଇ ଅନୁଷ୍ଠାନକୁ ମିଶାଇ ଗୋରଖପୁର ବିଶ୍ୱବିଦ୍ୟାଳୟ ପାଇଁ ପଥ ପରିଷ୍କାର କଲେ। ଆଜିକାର ଦିନରେ ମହାରାଣା ପ୍ରତାପ ଶିକ୍ଷା ପରିଷଦ ଦ୍ୱାରା ପ୍ରାଥମିକ, ମାଧ୍ୟମିକ ଏବଂ ଉଚ୍ଚଶିକ୍ଷା କ୍ଷେତ୍ରରେ ୪୪ଟି ଶିକ୍ଷା ଅନୁଷ୍ଠାନ ପରିଚାଳିତ ହେଉଛନ୍ତି। ମଠର ଏହି ଅନୁଷ୍ଠାନ ଗୁଡ଼ିକରେ ପ୍ରାୟ ୫୦,୦୦୦ ଛାତ୍ରଛାତ୍ରୀ ବୈଷୟିକ ଶିକ୍ଷା, ସଂସ୍କୃତ, ସ୍ନାତକ ଶିକ୍ଷା, ପୋଲିଟେକନିକ୍ ଏବଂ ନର୍ସିଂ ଶିକ୍ଷା ଆଦି ଗ୍ରହଣ କରୁଛନ୍ତି। ପାରମ୍ପରିକ ଶିକ୍ଷା ବ୍ୟବସ୍ଥା ସହ ଏହି ପିଲାମାନଙ୍କୁ ଭାରତୀୟ ସଂସ୍କୃତି, ପରମ୍ପରା ଏବଂ ରାଷ୍ଟ୍ରବାଦର ମଧ୍ୟ ଶିକ୍ଷା ଦିଆଯାଏ।

ସଂସ୍କୃତ ଭାଷା ଏବଂ ଭାରତୀୟ ସଂସ୍କୃତିର ସଂରକ୍ଷଣ

ସଂସ୍କୃତ ଭାଷା ଏବଂ ଭାରତୀୟ ସଂସ୍କୃତିର ସଂରକ୍ଷଣ ନିମନ୍ତେ ମଠ ଉଲ୍ଲେଖନୀୟ କାର୍ଯ୍ୟ କରିଛି। ଗୋରଖନାଥ ମଠ ପରିସର ମଧ୍ୟରେ ସମ୍ପୂର୍ଣ୍ଣାନନ୍ଦ ସଂସ୍କୃତ ବିଶ୍ୱବିଦ୍ୟାଳୟ ଅଧୀନରେ ଥିବା ଏକ ସଂସ୍କୃତ ଭାଷା ମହାବିଦ୍ୟାଳୟ ଅଛି ଏବଂ ପାଖାପାଖି ୩୦୦ ଛାତ୍ର ଏଠାରେ ଅଧ୍ୟନ କରନ୍ତି। ଏଥିପାଇଁ ମଠ ପରିସରରେ ଏକ ଛାତ୍ରାବାସ ମଧ୍ୟ ଅଛି ଏବଂ ଛାତ୍ରମାନଙ୍କର ସମ୍ପୂର୍ଣ୍ଣ ଖର୍ଚ୍ଚ ଗୋରଖନାଥ ମନ୍ଦିର ପ୍ରଶାସନ ଦ୍ୱାରା ବହନ କରାଯାଏ।

ଚିକିତ୍ସା ବିଦ୍ୟା ଏବଂ ଚିକିତ୍ସାଳୟ

ଏହି ଅଞ୍ଚଳରେ ଡାକ୍ତରଖାନା ସୁବିଧା ଯୋଗାଇବାରେ ମଠ ଏକ ମହତ୍ତ୍ୱପୂର୍ଣ୍ଣ ଭୂମିକା ଗ୍ରହଣ କରିଛି। ୧୯୭୨ରେ ମଠ ଗୋରଖନାଥ ଆର୍ୟୁବେଦିକ ମହାବିଦ୍ୟାଳୟ ଏବଂ ଦିଗବିଜୟନାଥ ଆର୍ୟୁବେଦିକ ମହାବିଦ୍ୟାଳୟ ପ୍ରତିଷ୍ଠା କରିଛି। ଯଦିଓ ୧୯୮୪ରୁ ଆୟୁର୍ବେଦିକ ମହାବିଦ୍ୟାଳୟ ବନ୍ଦ ହୋଇଯାଇଛି। ଦିଗବିଜୟ ଆୟୁର୍ବେଦିକ ଡାକ୍ତରଖାନା କାର୍ଯ୍ୟକ୍ଷମ ଅଛି। ଏହି ଆୟୁର୍ବେଦ ଡାକ୍ତରଖାନା ସବୁ ସମୟ ସମୟରେ ଆଧୁନିକୀକରଣ ମଧ୍ୟ କରାଯାଇଛି। ୨୦୦୩ରେ ଅତ୍ୟାଧୁନିକ ଚିକିତ୍ସା ଉପକରଣ ସହ ପ୍ରତିଷ୍ଠିତ ହୋଇଥିବା ଆଧୁନିକ ଗୋରଖନାଥ ଚିକିତ୍ସାଳୟ ପୂର୍ବ ଉତ୍ତରପ୍ରଦେଶ, ବିହାର ଓ ନେପାଳର ନିମ୍ନଭୂମିର ଜନସାଧାରଣଙ୍କ ପାଇଁ ବରଦାନ ସାବ୍ୟସ୍ତ ହୋଇଛି। ମୃତବତ୍ ସରକାରୀ ଚିକିତ୍ସା ଭିତ୍ତିଭୂମି ଏବଂ ମହଙ୍ଗା ଘରୋଇ ଚିକିତ୍ସାଳୟ ବଦଳରେ ଏହି ଅଞ୍ଚଳର ଲୋକଙ୍କ ପାଇଁ ଏହା ଏକ ଉତ୍ତମ ବିକଳ୍ପ ହୋଇପାରିଛି। ମଠ ମଧ୍ୟ ନିୟମିତ ବ୍ୟବଧାନରେ ସ୍ୱାସ୍ଥ୍ୟ ଶିବିର ସବୁ

ଆୟୋଜନ କରି ଚିକିତ୍ସାଳୟ ପହଞ୍ଚିପାରୁନଥିବା ଦରିଦ୍ରମାନଙ୍କ ନିକଟରେ ସ୍ୱାସ୍ଥ୍ୟ ସହାୟତା ଯୋଗାଇ ପାରିଛି।

ଚିକିତ୍ସା ବ୍ୟବସ୍ଥା ପାଇଁ ନିତ୍ୟାନ୍ତ ଆବଶ୍ୟକ ପାରା ମେଡିକାଲ କର୍ମଚାରୀମାନେ ଗୁରୁ ଗୋରଖନାଥ ନର୍ସିଂ ବିଦ୍ୟାଳୟ ଦ୍ୱାରା ପ୍ରଶିକ୍ଷିତ ହେଉଛନ୍ତି। ଗୁରୁ ଗୋରଖନାଥ ଚିକିତ୍ସା ବିଜ୍ଞାନ ଅନୁଷ୍ଠାନ ନାମରେ ଏକ ପ୍ରତିଷ୍ଠାନ ଆରମ୍ଭ କରିବାକୁ ମଠ ଯୋଜନା କରୁଛି।

ଦରିଦ୍ରଙ୍କ ପାଇଁ ଖାଦ୍ୟ

ଦିନକୁ ଦୁଇଥର ମଠ ଦ୍ୱାରା ଭଣ୍ଡାରା (ଜନସାଧାରଣଙ୍କୁ ମାଗଣା ଖାଦ୍ୟ ବଂଟନ) ଆୟୋଜନ ହୁଏ ଏବଂ ଏହା ହଜାର ହଜାର ସଂଖ୍ୟାରେ ସାଧୁ, ଦରିଦ୍ର ଓ ବାସହୀନ ଲୋକଙ୍କ ପାଇଁ ଆୟୋଜିତ ହୋଇଥାଏ। କେହି ଜଣେ ହେଲେ ମଠରୁ ଅଭୁକ୍ତ ଯିବେ ନାହିଁ- ଏହା ନାଥ ପରମ୍ପରାର ଏକ ଦର୍ଶନ। ମଠରେ ଖାଦ୍ୟ ଗ୍ରହଣ କରିବା ପାଇଁ କୌଣସି ପ୍ରଶ୍ନ କରାଯାଏ ନାହିଁ। ଭଣ୍ଡାରାରେ ଯୋଗ ଦେଇଥିବା ଯେକୌଣସି ଜାତି ବା ଧର୍ମର ବ୍ୟକ୍ତିଙ୍କୁ ସମ୍ମାନର ସହ ଖାଦ୍ୟ ପରିବେଷଣ କରାଯାଏ।

ଗୋବଂଶର ଯତ୍ନ

ଗୋରଖନାଥ ମଠ ପରିସରରେ ଏକ ଶୃଙ୍ଖଳିତ ଗୋଶାଳା ଅଛି। ଯେଉଁଠି ଶହ ଶହ ଗାଈ, ବାଛୁରୀ ଏବଂ ଷଣ୍ଢ ପ୍ରତିପାଳିତ ହୁଅନ୍ତି। ମଠ ଗୋବଂଶ ଏବଂ ଅନ୍ୟ ପଶୁମାନଙ୍କ ପ୍ରତି ସେମାନଙ୍କର ପ୍ରେମର ବାର୍ତ୍ତା ନିଜ କାର୍ଯ୍ୟ ମାଧ୍ୟମରେ ପ୍ରଚାର କରନ୍ତି। ଗୋରଖପୁର ଅବସ୍ଥାନ ସମୟରେ ଗାଈମାନଙ୍କ ସହ ଦୈନିକ କିଛି ସମୟ ବିତାଇବା, ଯୋଗୀ ଆଦିତ୍ୟନାଥଙ୍କ ଦୈନନ୍ଦିନ ଚର୍ଯ୍ୟାର ଏକ ମହତ୍ୱପୂର୍ଣ୍ଣ ଭାଗ ଥିଲା। ଏହି ଗାଈ ମାନଙ୍କ କ୍ଷୀରରୁ ପ୍ରସ୍ତୁତ ଘୋଲ ଦହି ପ୍ରସାଦ ଭାବେ ମଠର ଶିଷ୍ୟ ଏବଂ ପରିଦର୍ଶକ ମାନଙ୍କୁ ଦିଆଯାଏ।

ଯୋଗ କେନ୍ଦ୍ର

ଗୋରଖନାଥ ମଠ ଯୋଗକୁ ଗୁରୁତ୍ୱ ଦିଏ। ଭାରତରେ ମହର୍ଷି ପାତଞ୍ଜଳୀ ଏବଂ ଶ୍ରୀ ଗୋରକ୍ଷନାଥଜୀ ଦୁଇ ସମାନ୍ତରାଳ ଯୋଗ ପଦ୍ଧତିରେ ଅଗ୍ରଦୂତ ଥିଲେ। ଗୋରଖନାଥ ମଠ ଯୋଗର ଦର୍ଶନ ଏବଂ ବ୍ୟବହାରିକ ଦିଗରେ ସକ୍ରିୟ ଭାବେ ଜଡିତ। ପ୍ରତିବର୍ଷ ମଠ ଦ୍ୱାରା ଏବଂ ଏକ ସାତଦିନିଆ ଜାତୀୟ ଯୋଗ ଶିବିର ଅନୁଷ୍ଠିତ ହୁଏ। ସେହି

ଅଞ୍ଚଳର ଲୋକଙ୍କ ପାଇଁ ମଠ ପ୍ରତିଦିନ ନିଃଶୁଳ୍କ ଯୋଗ ଶିକ୍ଷା ଆୟୋଜନ କରିଥାଏ।

ପାଠାଗାର

ଯୋଗର ଦର୍ଶନ, ନାଥ ପରମ୍ପରା ଏବଂ ଭାରତୀୟ ପରମ୍ପରା ଉପରେ ବିଭିନ୍ନ ପ୍ରକାରର ପୁସ୍ତକ ସଂଗ୍ରହ ସହିତ ଏକ ଅବିଶ୍ୱସନୀୟ ପାଠାଗାର ଗୋରଖପୁର ମନ୍ଦିରରେ ଅଛି। ନାଥ ପରମ୍ପରା ସହ ସମ୍ପର୍କିତ ବହୁ ପୁରୁଣା ପୋଥି ମଧ୍ୟ ଏହି ପାଠାଗାରରେ ଅଛି। ମଠ ଦ୍ୱାରା ପ୍ରକାଶିତ ପତ୍ରିକା 'ଯୋଗବାହିନୀ'ର ସମସ୍ତ ସଂଖ୍ୟା ଏହି ପାଠାଗାରରେ ସୁରକ୍ଷିତ ଅଛି। ବର୍ଷ ବର୍ଷ ଧରି ମଠ ଦ୍ୱାରା ପ୍ରକାଶିତ ସମସ୍ତ ପୁସ୍ତକ ମଧ୍ୟ ଏହି ପାଠାଗାରରେ ଗଚ୍ଛିତ ଅଛି। ଗୋରଖନାଥ ମନ୍ଦିରର ନିଜସ୍ୱ ପ୍ରକାଶନ ବିଭାଗ ଅଛି ଏବଂ ଏଠାରେ ପ୍ରାୟ ତିନି ଡଜନରୁ ଅଧିକ ଗୁରୁତ୍ୱପୂର୍ଣ୍ଣ ପୁସ୍ତକ ପ୍ରକାଶିତ ହୋଇଛି।

ସାମ୍ପ୍ରଦାୟିକ ଏବଂ ସାମାଜିକ ସଦ୍ଭାବ ଅଭିଯାନ

ହିନ୍ଦୁ ଧର୍ମ ମଧ୍ୟରେ ବିବିଧତାକୁ ଗୋରଖନାଥ ମନ୍ଦିର ସମ୍ମାନ ଦିଏ। ମନ୍ଦିରରେ ନାଥ ପରମ୍ପରାର ଗୁରୁମାନଙ୍କ ପ୍ରତିମୂର୍ତ୍ତି ସହ ସେମାନେ ହିନ୍ଦୁ ଧର୍ମର ଅନ୍ୟ ଗୁରୁତ୍ୱପୂର୍ଣ୍ଣ ଦେବୀ ଦେବତାଙ୍କ ପ୍ରତିମୂର୍ତ୍ତି ମଧ୍ୟ ରଖିଛନ୍ତି। ସମାଜରେ ଶ୍ରେଣୀ ଓ ଜାତି ଆଧାରରେ ବିଭେଦ ଓ ଅସ୍ପୃଶ୍ୟତା ବିରୋଧରେ ଏବଂ ସାମାଜିକ ସଦ୍ଭାବ ରକ୍ଷା କରିବା ଦିଗରେ କାମ କରିବାକୁ ଏକ ମହତ୍ତ୍ୱପୂର୍ଣ୍ଣ ଭୂମିକା ତୁଲାଇଥିଲେ। ସେ ଗ୍ରାମୀଣ ଅଞ୍ଚଳକୁ ବାରମ୍ବାର ପରିଦର୍ଶନରେ ଯାଉଥିଲେ ଏବଂ ଭିନ୍ନ ଭିନ୍ନ ଜାତିର ଲୋକଙ୍କ ସହ ମିଶି ଖାଦ୍ୟ ଗ୍ରହଣ କରୁଥିଲେ। ସେ ଅନ୍ୟ ସାଧୁମାନଙ୍କ ସହ ମିଶି କାଶୀର ଡମ ରାଜାଙ୍କ ଘରେ ଭୋଜନ କରିଥିଲେ ଏବଂ ବିଭିନ୍ନ ମନ୍ଦିରରେ ଦଳିତ ମାନଙ୍କର ପୁରୋହିତ ଓ ମହନ୍ତ ଭାବେ ଅଭିଷିକ୍ତ ହେବାର ପ୍ରକ୍ରିୟାକୁ ଆଗେଇ ନେଇଥିଲେ।

ଶିବିର, ସଂଗୋଷ୍ଠୀ ଏବଂ ସମ୍ମିଳନୀ

ଗୋରଖନାଥ ମନ୍ଦିର ଧର୍ମ, ଦର୍ଶନ, ଆଧ୍ୟାତ୍ମ, ଯୋଗ, ସଂସ୍କୃତି ଏବଂ ଏହି ପ୍ରକାର ଅନ୍ୟ ବିଷୟବସ୍ତୁ ଉପରେ ନିୟମିତ ଭାବେ ଶିବିର, ସଂଗୋଷ୍ଠୀ ଏବଂ ସମ୍ମିଳନୀ ମାନ ଆୟୋଜନ କରନ୍ତି। ୧୯୭୦ରୁ ମଠ ଏକ ବିଶେଷ ସାତଦିନିଆ ଶିବିର ଆୟୋଜନ କରିଆସୁଛି। ଯେଉଁଠାରେ ଧର୍ମ ସଂସଦ ଏବଂ ଜନସଂସଦର ଯୋଗଦାନ ମିଳିତ ଭାବେ ହୁଏ ଏବଂ ଜନସାଧାରଣ ଓ ଧର୍ମ ସମ୍ବନ୍ଧୀୟ ବିଷୟ ଏହି ଯୋଜନାରେ ଅନ୍ତର୍ଭୁକ୍ତ ଥାଏ।

ଜନତା ଦରବାର

ଗୋରଖନାଥ ମଠ ଦ୍ୱାରା ଆୟୋଜିତ ଜନତା ଦରବାର ସମ୍ପୂର୍ଣ୍ଣ ପୂର୍ବ ଉତ୍ତରପ୍ରଦେଶରେ ଜନସାଧାରଣଙ୍କ ମଧ୍ୟରେ ଅତ୍ୟନ୍ତ ଲୋକପ୍ରିୟ । ଲୋକେ ସେମାନଙ୍କ ସମସ୍ୟା ନେଇ ମଠକୁ ଯାଆନ୍ତି ଏବଂ ସମାଧାନ ନେଇ ଆସନ୍ତି । ଯୋଗୀ ଆଦିତ୍ୟନାଥ ଉତ୍ତରପ୍ରଦେଶର ମୁଖ୍ୟମନ୍ତ୍ରୀ ଭାବେ ଦାୟିତ୍ୱ ନେବା ପରେ ଲକ୍ଷ୍ନୌରେ ଜନତା ଦରବାର ଆରମ୍ଭ କଲେ ଏବଂ ମଠର ବରିଷ୍ଠ କର୍ମଚାରୀଙ୍କ ଦ୍ୱାରା ମଠରେ ଜନତା ଦରବାର ଚାଲୁରହିଛି ।

ଗୋରଖପୁରର ଇତିହାସ ଏବଂ ଏଠିକାର ପ୍ରଗତିରେ ମଠର ଭୂମିକା

ଗୁରୁ ଗୋରଖନାଥ ନିଜ ଧ୍ୟାନ ଏବଂ ପ୍ରାର୍ଥନା ପାଇଁ ଥରେ ଏହି ସ୍ଥାନକୁ ଚୟନ କରିଥିବାରୁ ଗୋରଖପୁର ଏବଂ ପବିତ୍ର ଭୂମି ହେବାର ସୌଭାଗ୍ୟ ପ୍ରାପ୍ତ ହୋଇଥିଲା । ଏକ ନିରୋଳା, ଜନବସତି ବିହୀନ ଏବଂ ରାପ୍ତି ନଦୀ କୂଳରେ ଥିବା ଏହି ଜଙ୍ଗଲ ଯୋଗ ଧ୍ୟାନ ପାଇଁ ଉପଯୁକ୍ତ ହେବ ବୋଲି ମନେ କରି ଗୋରଖନାଥ ଏହି ସ୍ଥାନଟିକୁ ବାଛି ଥିବେ ଏବଂ ଗୋରଖପୁରଠାରେ ଜନବସତି ଥିବାର ସାମାନ୍ୟ ସୂଚନା ମିଳେ । ଜଣାଶୁଣା ସ୍ରୋତରୁ ଏହି ସୂଚନା ମିଳେ ଯେ ସ୍ରାତିର (ଦେଓରିଆ ଜିଲ୍ଲା ଅନ୍ତର୍ଗତ) ରାଜା ନିଃସନ୍ତାନ ଥିଲେ । ସେ ଜଙ୍ଗଲ (ଗୋରଖପୁର ଜିଲ୍ଲା)ର ରାଜକୁମାର ମଙ୍ଗଲ ସିଂଙ୍କୁ ପୋଷ୍ୟ ସନ୍ତାନ ରୂପେ ଗ୍ରହଣ କଲେ । ମଙ୍ଗଲ ସିଂ ଗୁରୁ ଗୋରଖନାଥଙ୍କ ପୂଜାସ୍ଥଳୀର ଦକ୍ଷିଣରେ ଗୋରଖପୁର ନାମରେ ଏକ ଛୋଟ ସହର ସ୍ଥାପନ କଲେ । ଗୋରଖପୁର ରୂପେ ନାମିତ ହେବା ପୂର୍ବରୁ ଏହି ଅଞ୍ଚଳ ପୁରାତନ ଭାରତୀୟ ସଭ୍ୟତାର ଏକ ଅଂଶ ଥିଲା ଏବଂ ଧର୍ମ ଓ ସଂସ୍କୃତିର ଉତ୍ତରଣ ସହ ଏହି ଅଞ୍ଚଳର ନୂତନ ପ୍ରଶାସନିକ ବ୍ୟବସ୍ଥା ଓ ରାଜନୈତିକ ଯାତ୍ରାର ମଧ୍ୟ ସାକ୍ଷୀ ରହିଆସିଛି । ଇକ୍ଷ୍ୱାକୁ ବଂଶର ରାଜତ୍ୱ ଏବଂ ଭଗବାନ ଶ୍ରୀରାମଙ୍କ ଶାସନର ସାକ୍ଷୀ ହେବାର ସୌଭାଗ୍ୟ ମଧ୍ୟ ଏହି ଅଞ୍ଚଳର ହୋଇଥିଲା । ରାଜା ଯୁଧିଷ୍ଠିରଙ୍କ ରାଜସୂୟ ଯଜ୍ଞ ପାଇଁ ଗୁରୁ ଗୋରଖନାଥଙ୍କୁ ନିମନ୍ତ୍ରଣ କରିବାକୁ ଆସିଥିବା ମହାବଳୀ ଭୀମଙ୍କୁ ଏହି ସ୍ଥାନ ଆତିଥ୍ୟ ପ୍ରଦାନ କରିଥିଲା । ଏହି ଘଟଣାର ଦୃଷ୍ଟାନ୍ତ ସ୍ୱରୂପ ଏବେକାର ଗୋରଖନାଥ ମନ୍ଦିର ପରିସରରେ ଶୋଇଥିବା ମହାବଳୀ ଭୀମଙ୍କର ଏକ ବୃହତ ପ୍ରତିମା ଅବସ୍ଥିତ ଅଛି । ଭଗବାନ ବୁଦ୍ଧଙ୍କ ସମୟରେ କପିଲାବସ୍ତୁର ଶୈବମାନଙ୍କର ଉତଥାନ ଓ ପତନକୁ ଏ ସ୍ଥାନ ଦେଖିଛି । ଦ୍ୱିତୀୟ ଚନ୍ଦ୍ରଗୁପ୍ତ, ବିକ୍ରମାଦିତ୍ୟ ଏବଂ ରାଜା ହର୍ଷଙ୍କ ମହାନ ସାମ୍ରାଜ୍ୟର ଅଂଶ ଏ ଅଞ୍ଚଳ ।

ମୋଗଲ ଶାସନ ସମୟରେ ଗୋରଖପୁର ସେମାନଙ୍କ ଆକ୍ରମଣର ସମ୍ମୁଖୀନ

ହୋଇଥିଲା। ଆଉରଙ୍ଗଦେବଙ୍କ ଶାସନ ସମୟରେ ଶେହଜାଦା ମୁଆଜାମ ଏ ଅଞ୍ଚଳକୁ ଅକ୍ତିଆର କରି ମୋଗଲ ଭିତ୍ତିଭୂମି ସ୍ଥାପନ କରିବାକୁ ଆସିଥିଲେ। ସେ ଏହି ସ୍ଥାନର ନାମ ପରିବର୍ତ୍ତନ କରି ମୁଆଜମାବାଦ ରଖିଥିଲେ। ପରେ ଏ ସ୍ଥାନ ବ୍ରିଟିଶ ଶାସନ ଅଧୀନକୁ ଆସିଲା କିନ୍ତୁ ଗୁରୁ ଗୋରଖନାଥଙ୍କ ପବିତ୍ର ସ୍ଥାନ ଭାବେ ଥିବା ଦୀର୍ଘ ସ୍ଥାନୀୟ ଇତିହାସ ଥିବାରୁ, ବର୍ଷ ବର୍ଷ ଧରି ଏହି ସ୍ଥାନର ମୂଳନାମ ଗୋରଖପୁର ହିଁ ବଳବତ୍ତର ରହିଆସିଛି। ଅନେକ ସ୍ଥାନର ମୂଳନାମ ମୁସଲମାନ ଆକ୍ରମଣକାରୀଙ୍କ ଦ୍ୱାରା ପରିବର୍ତ୍ତିତ କରାଯାଇଛି ବୋଲି ଯୋଗୀ ଆଦିତ୍ୟନାଥ ପ୍ରାୟ ସବୁବେଳେ ନିଜ ସାକ୍ଷାତକାର ଗୁଡିକରେ କୁହନ୍ତି। କିଛି ସ୍ଥାନର ମୂଳନାମ ଆଉଥରେ ଫେରାଇଥିବାରୁ ଯୋଗୀଙ୍କୁ ନିନ୍ଦାର ସମ୍ମୁଖୀନ ହେବାକୁ ପଡିଛି। ଯୋଗୀ ଯେବେ ସାଂସଦ ହେଲେ, ସେବେ ଏଠାରେ ଏକ ବଜାରର ନାମ 'ମିଆଁବଜାର'କୁ ବଦଳେଇ 'ମାୟାବଜାର' ରଖିଲେ। ସମାନ ଭାବେ 'ଉର୍ଦ୍ଦୁ ବଜାର'କୁ ହିନ୍ଦୀ ବଜାର ରୂପେ ପୁନର୍ନାମିତ କରାଗଲା ଏବଂ ଅଲ୍ଲୀନଗରକୁ ଆର୍ଯ୍ୟନଗର କୁହାଗଲା।

୧୮୬୯ରେ ଗୋରଖପୁର ଏକ ତୃତୀୟସ୍ତରର ମ୍ୟୁନିସିପାଲିଟି ହେଲା। ୧୮୮୫ରେ ଗୋରଖପୁର ରେଳଲାଇନ ଦ୍ୱାରା ସଂଯୁକ୍ତ ହେଲା। ୧୮୯୧ରେ ଗୋରଖପୁର କମିଶନର ମୁଖ୍ୟାଳୟ ହେଲା। ସ୍ୱାଧୀନତା ପରେ ୧୯୪୮ରେ ଗୋରଖପୁର ଏକ ଦ୍ୱିତୀୟ ସ୍ତରର ମ୍ୟୁନିସିପାଲ ଅଞ୍ଚଳ ହେଲା। ୧୯୨୩ରେ ଗୋରଖପୁରଠାରେ ପ୍ରସିଦ୍ଧ ଗୀତା ପ୍ରେସ ପ୍ରତିଷ୍ଠା ହେଲା, ଏବଂ ଏହା ଯୋଗୁ ଗୋରଖପୁର ହିନ୍ଦୁ ଧର୍ମ, ସଂସ୍କୃତି ଏବଂ ପରମ୍ପରା ଆଦି ସମ୍ପର୍କରେ ପୁସ୍ତକ ପ୍ରକାଶନ କରୁଥିବା ସ୍ଥାନ ରୂପେ ଖ୍ୟାତି ଅର୍ଜନ କଲା। ୧୯୫୬ ବେଳକୁ ୧,୫୦,୦୦୦ ଜନସଂଖ୍ୟା ଥିବା ଗୋରଖପୁର ପ୍ରଥମସ୍ତରର ମ୍ୟୁନିସିପାଲଟି ହେଲା। ଏକ ବିକଳ୍ପ ଶିକ୍ଷା ବ୍ୟବସ୍ଥା ସ୍ଥାପନା କରିବାର ସେମାନଙ୍କ ଅଭିଯାନରେ ରାଷ୍ଟ୍ରୀୟ ସ୍ୱୟଂ ସେବକ ସଂଘ ୧୯୫୨ରେ ଗୋରଖପୁରଠାରେ ପ୍ରଥମ ସରସ୍ୱତୀ ଶିଶୁ ମନ୍ଦିର ସ୍ଥାପନ କଲା। ଦେଶର ପ୍ରଥମ ବେସରକାରୀ ପଲିଟେକନିକ ମହାରାଣା ପ୍ରତାପ ଶିକ୍ଷା ପରିଷଦ ଦ୍ୱାରା ୧୯୫୬ରେ ଏଠାରେ ସ୍ଥାପିତ ହୋଇଥିଲା ଏବଂ ୧୯୬୨ରେ ମଦନ ମୋହନ ମାଲବ୍ୟ ଇଞ୍ଜିନିୟରିଂ କଲେଜ ସ୍ଥାପନ ହୋଇଥିଲା। ୧୯୬୩ରେ ଏଠାରେ ଏକ ବୃହତ ସାର କାରଖାନା ପ୍ରତିଷ୍ଠା ହେଲା। ୧୯୬୮ରେ ଗୋରଖପୁରରେ ବାବା ରାଘବ ଦାସ ମେଡିକାଲ କଲେଜ ପ୍ରତିଷ୍ଠା ହେଲା ଏବଂ ୧୯୭୩ରେ ଗୋରଖନାଥ ମଠ ପରିସରରେ ଦିଗବିଜୟନାଥ ଆର୍ଯ୍ୟୁବେଦିକ ଚିକିତ୍ସା ମହାବିଦ୍ୟାଳୟ ସ୍ଥାପିତ ହେଲା। ୧୯୭୪ରେ ଗୋରଖପୁରରେ ଆକାଶବାଣୀ ରେଡିଓ ସେବା ଆରମ୍ଭ ହୋଇଥିଲା।

୧୯୭୭ରେ ଗୋରଖପୁର ଉନ୍ନୟନ ବିଭାଗ ସୃଷ୍ଟି ହେଲା ଏବଂ ଏହାଦ୍ୱାରା ଏଠାରେ ସହରୀକରଣ ପ୍ରକ୍ରିୟା ତ୍ୱରାନ୍ୱିତ ହେଲା। ୧୯୮୨ରେ ଗୋରଖପୁର ପୂର୍ଣ୍ଣ ରୂପେ ମ୍ୟୁନିସିପାଲିଟି ହେଲା ଏବଂ ୧୯୯୪ରେ ଏହା ମ୍ୟୁନିସିପାଲ କର୍ପୋରେସନ ହେଲା। ନିକଟରେ ୧୯୯୦ରୁ ବନ୍ଦ ହୋଇଯାଇଥିବା ସାର କାରଖାନା ଯୋଗୀ ଆଦିତ୍ୟନାଥଙ୍କ ଉଦ୍ୟମରେ ପୁନର୍ବାର କାର୍ଯ୍ୟକ୍ଷମ ହୋଇଛି ଏବଂ ଗୋରଖପୁରରରେ ଅଖିଳ ଭାରତୀୟ ଆର୍ୟୁବିଜ୍ଞାନ କେନ୍ଦ୍ର ପ୍ରତିଷ୍ଠା ପାଇଁ ସମସ୍ତ ଭିତ୍ତିଭୂମି ପ୍ରସ୍ତୁତ ହୋଇସାରିଛି। ଗୋରଖପୁରର ଆଧ୍ୟାତ୍ମିକ, ସାମାଜିକ ଏବଂ ପ୍ରଶାସନିକ ଉନ୍ନୟନରେ ମଠର ଏକ ଅଭିନ୍ନ ଯୋଗଦାନ ରହିଛି। ସହରୀକରଣ ହେବା ସହ ନାଥପନ୍ଥୀମାନଙ୍କ ସହଳ ଉଠିବା, ଯୋଗାଭ୍ୟାସ କରିବା, ଦୈନିକ ପ୍ରାର୍ଥନା ଏବଂ ପରସ୍ପର ସହଯୋଗରେ ଜୀବନ ନିର୍ବାହ କରିବା ଗୋରଖପୁରର ସଂସ୍କୃତି ପାଲଟିଯାଇଛି।

ରାମମନ୍ଦିର ଆନ୍ଦୋଳନରେ ମଠର ଭୂମିକା

ହିନ୍ଦୁ ଧର୍ମ ଅନ୍ତର୍ଗତ ବିଭିନ୍ନ ଉପବିଭାଗ ଏବଂ ବହୁବିଧ ଜାତିକୁ ରାମ ଜନ୍ମଭୂମି ଆନ୍ଦୋଳନ ଏକତ୍ର କଲା। ଜାତୀୟ ସଂସ୍କୃତିର ଗର୍ବ ରକ୍ଷା ପାଇଁ ବୃହତ୍ତର ସ୍ୱାର୍ଥରେ ସମସ୍ତ ହିନ୍ଦୁ ଏକାଠି ହେଲା। ହିନ୍ଦୁ ସଂଖ୍ୟା ଗରିଷ୍ଠତା ମୂଲ୍ୟରେ କଂଗ୍ରେସ ଏବଂ ଅନ୍ୟାନ୍ୟ ଆଞ୍ଚଳିକ ଦଳ ଦ୍ୱାରା କରାଯାଇଥିବା ଖୋଲା ମୁସଲମାନ ତୁଷ୍ଟୀକରଣ ନୀତିକୁ ଉନ୍ମୋଚନ କରିବାରେ ରାମ ଜନ୍ମଭୂମି ଆନ୍ଦୋଳନ ଭାରତୀୟ ଜନତା ପାର୍ଟିକୁ ବହୁତ ସାହାଯ୍ୟ କରିଥିଲା। ଏହି ଆନ୍ଦୋଳନ ମଧ୍ୟ ୧୯୯୦ ଦଶକ ଆରମ୍ଭରୁ ବିଜେପି ପାଇଁ ଅଧିକ ଭୋଟ ଏକାଠି କରିବାରେ ନେତୃତ୍ୱ ନେଇଥିଲା।

ରାମ ଜନ୍ମଭୂମି ସମ୍ପର୍କିତ ଐତିହାସିକ ତଥ୍ୟ ସମ୍ବନ୍ଧରେ ଗୋରଖନାଥ ମନ୍ଦିର ଅତି ଉଚ୍ଚମାନର ସାହିତ୍ୟ ଯୋଗାଇ ଦେଇଥିଲେ।[୧୦୮] ମଠର ସାହିତ୍ୟିକ ତଥ୍ୟ ଅନୁସାରେ ରାଜା କୁଶ ତାଙ୍କ ପିତା ଭଗବାନ ରାମଙ୍କ ଜନ୍ମଭୂମି ଅଯୋଧ୍ୟାର ଏକ ବିଶାଳ ମନ୍ଦିର ନିର୍ମାଣ କରିଥିଲେ। ପରେ ଗୁପ୍ତ ସାମ୍ରାଜ୍ୟର ରାଜା ବିକ୍ରମାଦିତ୍ୟ ଏହି ମନ୍ଦିରର ନବୀକରଣ କରାଇଥିଲେ। ପରବର୍ତ୍ତୀ ସମୟରେ ଅନେକ ମୁସଲିମ ଆକ୍ରମଣକାରୀମାନେ ମାମୁଦ ଗଜନୀର ଭିଣୋଇ ସଲାର ମାସୁଦ ସହ ମିଶି ଏହି ମନ୍ଦିରକୁ ଭାଙ୍ଗିବାର ଦୁଇଟି ଅସଫଳ ପ୍ରୟାସ କରିଥିଲେ। ମହମ୍ମଦ ଘୋରୀଙ୍କ ନେତୃତ୍ୱରେ ରାମ ମନ୍ଦିର ଉପରେ ସବୁଠୁ ବର୍ବର ଆକ୍ରମଣ ହୋଇଥିଲା। କିନ୍ତୁ ଏହା ସମ୍ପୂର୍ଣ୍ଣ ସୁରକ୍ଷିତ ରହିଥିଲା। ମୁସଲିମ ଆକ୍ରମଣକାରୀ ବାବର ନିଜ ସହାୟକ ମୀର ବାକୀକୁ ଏହି ପୁରାତନ ମନ୍ଦିର ଭାଙ୍ଗି ତା ଉପରେ ମସଜିଦ ନିର୍ମାଣର ଆଦେଶ ଦେଲେ।

ମୀର ବାକି ଶକ୍ତିଶାଳୀ ମୋଗଲ ସେନାର ପ୍ରୟୋଗ କରି ମନ୍ଦିରକୁ ଭାଙ୍ଗି ମସଜିଦ ନିର୍ମାଣ କଲା। ସେବେଠାରୁ ବାବର ଦ୍ୱାରା ନିର୍ମିତ ଏହି ବିବାଦୀୟ ସଂରଚନାରୁ ରାମ ଜନ୍ମଭୂମିକୁ ମୁକ୍ତ କରିବାର ବିଭିନ୍ନ ଉଦ୍ୟମ ହୋଇ ଆସୁଛି।

୧୯୪୯ରେ ମହନ୍ତ ଦିଗବିଜୟନାଥ ରାମମନ୍ଦିର ପ୍ରସଙ୍ଗରେ ସମ୍ପୂର୍ଣ୍ଣ ଦାୟିତ୍ୱ ନେଲେ ଏବଂ ଅଖିଳ ଭାରତୀୟ ରାମାୟଣ ମହାସଭାରେ ଯୋଗ ଦେଲେ। ମୁସଲମାନ ଆକ୍ରମଣକାରୀଙ୍କ ଦ୍ୱାରା ନିର୍ମିତ ବିବାଦୀୟ ସଂରଚନା ସମ୍ମୁଖରେ ଅଖିଳ ଭାରତୀୟ ରାମାୟଣ ମହାସଭା ଏକ ନଅଦିନିଆ ରାମଚରିତ ମାନସ ପାରାୟଣ ଆୟୋଜନ କଲେ ଏବଂ ପ୍ରଭୁ ଶ୍ରୀରାମ ଓ ମାତା ସୀତାଙ୍କ ମୂର୍ତ୍ତି ବିବାଦୀୟ ସ୍ଥଳରେ ସ୍ଥାପନା ସହ ଏହି ଆୟୋଜନର ସମାପ୍ତି ହେଲା। ରାମ ଜନ୍ମଭୂମି ଚାରିପାଖରେ ଏକ ପ୍ରାରମ୍ଭିକ ସଂରଚନା ଗଠନ କରିବାକୁ ମହନ୍ତ ଦିଗବିଜୟନାଥ ଅଖିଳ ଭାରତୀୟ ଧର୍ମସଂଘର ସଂସ୍ଥାପକ ସ୍ୱାମୀ କରପାତ୍ରିଜୀ ମହାରାଜଙ୍କ ସହ ନିବିଡ ଭାବେ କାର୍ଯ୍ୟ କଲେ।

ଦୁଇ ଦଶନ୍ଧି ପରେ ୨୧ ଜୁଲାଇ ୧୯୮୪ରେ ଅଯୋଧ୍ୟାର ବାଲ୍ମିକୀ ଭବନଠାରେ ଭାରତର ସାଧୁସନ୍ଥମାନଙ୍କ ଦ୍ୱାରା ରାମଜନ୍ମଭୂମି ଆନ୍ଦୋଳନକୁ ପୁନର୍ଜୀବିତ କରିବାକୁ 'ଶ୍ରୀରାମ ଜନ୍ମଭୂମି ଯଜ୍ଞ' ସମିତି ଗଠନ କରାଗଲା। ସର୍ବ ସମ୍ମତିକ୍ରମେ ମହନ୍ତ ଅଭେଦ୍ୟନାଥ ଏହି ସମିତିର ସଭାପତି ହେଲେ। ସେ ତାଙ୍କ ଶେଷ ଜୀବନ ପର୍ଯ୍ୟନ୍ତ ଏହି ପଦରେ ରହିଥିଲେ।

୧୯୮୫ ନଭେମ୍ବର ୧ ରେ ଅନୁଷ୍ଠିତ ଧର୍ମ ସଂସଦରେ ୮ ମାର୍ଚ୍ଚ ୧୯୮୬ ସୁଦ୍ଧା ଶ୍ରୀରାମ ଜନ୍ମଭୂମିର ତାଲା ଖୋଲିବାକୁ କିମ୍ବା ଲକ୍ଷ ଲକ୍ଷ ସାଧୁ ଏବଂ ସେମାନଙ୍କ ଶିଷ୍ୟମାନଙ୍କ ଦ୍ୱାରା ଏକ ଆନ୍ଦୋଳନର ସମ୍ମୁଖୀନ ହେବାକୁ ସରକାରଙ୍କୁ ଏକ ଚରମପତ୍ର ଦିଆଗଲା। ମହନ୍ତ ଅଭେଦ୍ୟନାଥଙ୍କୁ ଏହି ସର୍ବ ଭାରତୀୟ ଆନ୍ଦୋଳନ ପାଇଁ ସଂଯୋଜକ ନିଯୁକ୍ତ କରାଗଲା। ମହନ୍ତ ଅଭେଦ୍ୟ ନାଥ, ବିଶ୍ୱ ହିନ୍ଦୁ ପରିଷଦ ଏବଂ ଫୈଜାବାଦର ଜଣେ ଯୁବ ଓକିଲଙ୍କ ମିଳିତ ସହଯୋଗରେ ଏହି ଆନ୍ଦୋଳନ ଗୋଷ୍ଠୀ ୧ ଫେବୃଆରୀ ୧୯୮୬ରେ ଶ୍ରୀରାମ ଜନ୍ମଭୂମି ଦ୍ୱାର ଉନ୍ମୁକ୍ତ କରାଇବାର ଏକ ଅଦାଲତ ଆଦେଶ ଆଣିବାରେ ସକ୍ଷମ ହେଲେ। ଭାରତର ତତ୍‌କାଳୀନ ପ୍ରଧାନମନ୍ତ୍ରୀ ରାଜୀବ ଗାନ୍ଧୀଙ୍କୁ ଏ ସମ୍ପର୍କରେ ସହଯୋଗ କରିବା ପାଇଁ ଆନ୍ଦୋଳନ ଗୋଷ୍ଠୀ ଚାପ ପକାଇବାରେ ସମର୍ଥ ହୋଇଥିଲା। ରାମ ଜନ୍ମଭୂମି ଆନ୍ଦୋଳନ ପାଇଁ ସାରା ଭାରତରେ ଥିବା ଲକ୍ଷ ଲକ୍ଷ ହିନ୍ଦୁଙ୍କ ଠାରୁ ଗୋଟିଏ ପୂଜା ଇଟା ଏବଂ ଏକ ଟଙ୍କା ପଚିଶ ପଇସା ସଂଗ୍ରହ କରିବାକୁ ୯ ନଭେମ୍ବର ୧୯୮୯ରେ ପ୍ରୟାଗ ଠାରେ ଆୟୋଜିତ ତୃତୀୟ ଧର୍ମ ସଂସଦରେ ମହନ୍ତ ଅଭେଦ୍ୟନାଥଙ୍କ ନେତୃତ୍ୱରେ ନିଷ୍ପତ୍ତି ନିଆଗଲା। ୧୯୮୯ ଫେବୃଆରୀ ୧ରେ

ପ୍ରୟାଗଠାରେ ଆୟୋଜିତ କୁମ୍ଭମେଳାଠାରେ ପ୍ରସିଦ୍ଧ ଦେବରାହା ବାବାଙ୍କ ବକ୍ତବ୍ୟ ହିନ୍ଦୁମାନଙ୍କୁ ଆହୁରି ଉତ୍ସାହିତ କଲା। ଶ୍ରୀରାମ ଜନ୍ମଭୂମି ହିନ୍ଦୁଙ୍କର ଏବଂ ସେଠାରେ ରାମ ମନ୍ଦିର ନିର୍ମାଣ ହେବା ଉଚିତ ବୋଲି ବାବା ଦେବରାହା ଗୁରୁତ୍ୱ ଦେଲେ।

୨୨ ସେପ୍ଟେମ୍ବର ୧୯୮୯ରେ ମହନ୍ତ ଅଭେଦ୍ୟନାଥଙ୍କ ନେତୃତ୍ୱରେ ଦିଲ୍ଲୀର ବୋଟ କ୍ଲବ ଠାରେ ଏକ ବୃହତ ହିନ୍ଦୁ ସମ୍ମିଳନୀ ଅନୁଷ୍ଠିତ ହେଲା। ସେଠାରେ ନିମ୍ନ ସଂକଳ୍ପ ସବୁ ପାରିତ ହେଲା।

ଶ୍ରୀରାମ ଜନ୍ମଭୂମି ସବୁବେଳେ ହିନ୍ଦୁଙ୍କର ଏବଂ ସର୍ବଦା ଏହା ହିନ୍ଦୁମାନଙ୍କର ରହିବ। ଶ୍ରୀରାମ ଜନ୍ମଭୂମିଠାରେ ଏକ ଭବ୍ୟ ମନ୍ଦିର ନିର୍ମାଣ ହେବ। ୯ ନଭେମ୍ବର ୧୯୮୯ରେ ଶିଳନ୍ୟାସ କରାଯିବ, ଆଗାମୀ ନିର୍ବାଚନ ଗୁଡିକରେ ଶ୍ରୀରାମ ଜନ୍ମଭୂମି ଏକ ନିର୍ବାଚନୀ ପ୍ରସଙ୍ଗ ହେବ ଏବଂ ଏହାକୁ ବିରୋଧ କରୁଥିବା ଲୋକଙ୍କୁ ଭୋଟ ଦିଆଯିବ ନାହିଁ।

ଭାରତର ତତ୍‌କାଳୀନ ଗୃହମନ୍ତ୍ରୀ ବୁଟା ସିଂ ଏବଂ ଉତ୍ତରପ୍ରଦେଶର ତତ୍‌କାଳୀନ ମୁଖ୍ୟମନ୍ତ୍ରୀ ନାରାୟଣ ଦତ୍ତ ତିୱାରୀ ମହନ୍ତ ଅଭେଦ୍ୟନାଥଙ୍କୁ ଶିଳାନ୍ୟାସ ଉତ୍ସବ ବିଳମ୍ବିତ କରାଇବାକୁ ବୁଝାଇବା ପାଇଁ କଠୋର ଉଦ୍ୟମ କଲେ, କିନ୍ତୁ ମହନ୍ତ ଅଭେଦ୍ୟନାଥ ଦୃଢପ୍ରତିଜ୍ଞ ଥିଲେ। ୯ ନଭେମ୍ବର ୧୯୮୯ରେ ଶିଳାନ୍ୟାସ ଉତ୍ସବ ଆରମ୍ଭ ହେଲା ଏବଂ ୧୦ ନଭେମ୍ବର ୧୯୮୯ରେ ଶ୍ରୀ କମଲେଶ୍ୱର ପ୍ରସାଦ ନାମକ ଦଳିତଙ୍କ ଦ୍ୱାରା ଭିତ୍ତିପ୍ରସ୍ତର ସ୍ଥାପନ କରାଗଲା। ଏହି ଭବ୍ୟ ଉତ୍ସବରେ ମହନ୍ତ ଅଭେଦ୍ୟନାଥ କହିଲେ ଯେ ଏହା କେବଳ ଶ୍ରୀରାମ ମନ୍ଦିରର ମୂଳଦୂଆ ପକାଇବା ନୁହେଂ, ବରଂ ଏକ ହିନ୍ଦୁ ରାଷ୍ଟ୍ରର ମୂଳଦୁଆ ପଥର। ହିନ୍ଦୁ ସମାଜର ଏକତା ତଥା ହିନ୍ଦୁ ସମାଜରେ ସାମାଜିକ ସୌହାର୍ଦ୍ଦ୍ୟର ମୂଳଦୁଆ ପଥର ଅଟେ।

ଭିତ୍ତିପ୍ରସ୍ତର ସ୍ଥାପନ ସମାରୋହ ପରେ ଶ୍ରୀରାମ ଜନ୍ମଭୂମି ଆନ୍ଦୋଳନ ଏକ ଭିନ୍ନ ଉଚ୍ଚତାରେ ପହଞ୍ଚିଥିଲା। ଭାରତର ତତ୍‌କାଳୀନ ପ୍ରଧାନମନ୍ତ୍ରୀ ଭି.ପି. ସିଂ ମହନ୍ତ ଅଭେଦ୍ୟନାଥଙ୍କୁ ସାକ୍ଷାତ କରି ଆସନ୍ତା ଚାରି ମାସ ମଧ୍ୟରେ କିଛି ଦୃଢ ପଦକ୍ଷେପ ନେବା ସମ୍ବନ୍ଧରେ ଆଶ୍ୱାସନା ଦେଲେ। ଏହା ପ୍ରଧାନମନ୍ତ୍ରୀଙ୍କ ଦ୍ୱାରା କେବଳ ସମୟ ଗଡାଇବା କୌଶଳ ବୋଲି ପ୍ରମାଣିତ ହେଲା। ପ୍ରଧାନମନ୍ତ୍ରୀ ବିଶ୍ୱନାଥ ପ୍ରତାପ ସିଂ ମଣ୍ଡଳ କମିଶନ ପ୍ରସ୍ତାବ ଆଣି ହିନ୍ଦୁ ସମାଜରେ ଫାଟ ସୃଷ୍ଟି କରି ଶ୍ରୀରାମ ଜନ୍ମଭୂମି ଆନ୍ଦୋଳନ ଗତିରୋଧ କରିବାକୁ ଚେଷ୍ଟା କଲେ। ତତ୍‌କାଳୀନ ଉତ୍ତରପ୍ରଦେଶ ମୁଖ୍ୟମନ୍ତ୍ରୀ ମୁଲାୟମ ସିଂ ଯାଦବ ଶ୍ରୀରାମ ଜନ୍ମଭୂମି ଆନ୍ଦୋଳନକୁ ସାମ୍ପ୍ରଦାୟିକ ଆନ୍ଦୋଳନ କହିଲେ ଏବଂ ରାଜ୍ୟ ସାରା ସାଧୁ ସନ୍ଥ ତଥା ରାଷ୍ଟ୍ରୀୟ ସ୍ୱୟଂସେବକ ସଂଘର

ସ୍ୱେଚ୍ଛାସେବୀମାନଙ୍କୁ ହଇରାଣ ହରକତ କଲେ। ଶ୍ରୀରାମ ଜନ୍ମଭୂମି କମିଟି ୩୦ ଅକ୍ଟୋବର, ୧୯୯୦କୁ ଅଯୋଧ୍ୟାରେ କରସେବକ (ଧାର୍ମିକ ଲକ୍ଷ୍ୟ ପାଇଁ ସ୍ୱେଚ୍ଛାସେବୀ) ମାନଙ୍କର ବୃହତ ସମ୍ମିଳନୀ ପାଇଁ ଦିନ ଧାର୍ଯ୍ୟ କଲେ। ମୁଲାୟମ ସରକାର ଅଯୋଧ୍ୟା ଭିତରକୁ କାହାରିକୁ ପ୍ରବେଶ କରାଇ ନଦେବାକୁ ସବୁ ପ୍ରକାର ଉଦ୍ୟମ କଲେ। ୨୬ ଅକ୍ଟୋବରରେ ଦିଲ୍ଲୀରୁ ଅଯୋଧ୍ୟା ଆସିବା ବାଟରେ ମହନ୍ତ ଅଭେଦ୍ୟନାଥ ଗିରଫ ହେଲେ ଏବଂ ରାଜ୍ୟ ସରକାରଙ୍କର ସମସ୍ତ ଉଦ୍ୟମ ସତ୍ତ୍ୱେ ଲକ୍ଷ ଲକ୍ଷ କର ସେବକ ୩୦ ଅକ୍ଟୋବରରେ ଅଯୋଧ୍ୟାକୁ ପ୍ରବେଶ କଲେ। ନିଜ ବିଫଳତାରେ ବ୍ୟସ୍ତ ହୋଇ ମୁଲାୟମ ସିଂ ସରକାର କର ସେବକ ମାନଙ୍କ ଉପରେ ଆଖିବୁଜା ଗୁଳିଚାଳନା କରିବାକୁ ନିର୍ଦ୍ଦେଶ ଦେଲେ ଏବଂ ଏଥିରେ ଅନେକ କର ସେବକ ନିହତ ହେଲେ। ତା'ପରେ ପୁରା ଏକ ବର୍ଷ ଧରି ମୁଲାୟମ ସିଂ ଯାଦବ ସରକାରଙ୍କର କରସେବକ ମାନଙ୍କ ଉପରେ ଏପରି ଗୁଳିଚାଳନାର ବିରୋଧରେ ସାରା ଦେଶରେ ବିଭିନ୍ନ ଜାଗାରେ ପ୍ରଦର୍ଶନ ଓ ଧାରଣା ଚାଲୁରହିଲା। ପରବର୍ଷ ୩୦ ଅକ୍ଟୋବର ୧୯୯୧ରେ ଅଯୋଧ୍ୟାରେ ଶୌର୍ଯ୍ୟ ଦିବସ ଅନୁଷ୍ଠିତ ହେଲା। ଏହି ଅବସରରେ ମହନ୍ତ ଅଭେଦ୍ୟନାଥ କହିଲେ ଯେ ଶ୍ରୀରାମ ଜନ୍ମଭୂମିର ଭବ୍ୟ ମନ୍ଦିର କାହାରି ଦୟାରେ ନୁହେଁ, ବରଂ ହିନ୍ଦୁମାନଙ୍କ ସାହାସ ଆଧାରରେ ନିର୍ମିତ ହେବ।

୨୩ ଜୁଲାଇ ୧୯୯୨ରେ ମହନ୍ତ ଅଭେଦ୍ୟନାଥଙ୍କ ନେତୃତ୍ୱରେ ଏକ ପ୍ରତିନିଧି ଦଳ ତତ୍‌କାଳୀନ ପ୍ରଧାନମନ୍ତ୍ରୀ ଶ୍ରୀ ପି.ଭି. ନରସିଂହ ରାଓଙ୍କୁ ସାକ୍ଷାତ କଲେ।ରାମଜନ୍ମଭୂମି ସମ୍ବନ୍ଧରେ ମହନ୍ତ ଅଭେଦ୍ୟନାଥଙ୍କର ପ୍ରଧାନମନ୍ତ୍ରୀ ନରସିଂହ ରାଓଙ୍କୁ ତୃତୀୟ ଥର ପାଇଁ ସାକ୍ଷାତ ଥିଲା। ପ୍ରଧାନମନ୍ତ୍ରୀ ନରସିଂହ ରାଓଙ୍କର ଏକ ସହମତ ସମାଧାନ ହେବା ଯାଏ ଜନ୍ମଭୂମି ଆନ୍ଦୋଳନକୁ ୩ ମାସ ଯାଏ ବନ୍ଦ ରଖିବା ଅନୁରୋଧରେ ମହନ୍ତ ଅଭେଦ୍ୟନାଥ ରାଜି ହୋଇଗଲେ। ୩ ମାସ ବିତିଗଲା କିନ୍ତୁ କିଛି ଘଟିଲା ନାହିଁ।

୩୦ ଅକ୍ଟୋବର ୧୯୯୨ରେ ପଞ୍ଚମ ଧର୍ମ ସଂସଦ ଅନୁଷ୍ଠିତ ହେଲା। ୬ ଡିସେମ୍ବର ୧୯୯୨ରେ ରାମ ଜନ୍ମଭୂମି ସ୍ଥଳରେ ରାମ ମନ୍ଦିର କାର୍ଯ୍ୟାରମ୍ଭ ହେବ ବୋଲି ଧର୍ମ ସଂସଦ ଦ୍ୱାରା ସ୍ଥିର ହେଲା। ମହନ୍ତ ଅଭେଦ୍ୟନାଥ ବିଭିନ୍ନ ହିନ୍ଦୁ ଅନୁଷ୍ଠାନ ମାନଙ୍କର ସାଧୁଗଣ ଏବଂ ଭାରତୀୟ ଜନତା ପାର୍ଟିର ପ୍ରମୁଖ ନେତାଙ୍କ ଉପସ୍ଥିତିରେ ବିବାଦିତ ସଂରଚନାକୁ କିଛି ସମୟ ମଧ୍ୟରେ ଧ୍ୱସ୍ତ କରି ଦିଆଗଲା। ଅଯୋଧ୍ୟାର ବିବାଦୀୟ ଢାଞ୍ଚା ଭାଙ୍ଗିବା ପରେ ଅନେକ ରାଜନୈତିକ ଘଟଣା ଘଟିଲା, ତଥାପି ମହନ୍ତ ଅଭେଦ୍ୟନାଥ ସନ୍ତୁଷ୍ଟ ହେଲେ ଯେ ପ୍ରଭୁ ରାମଙ୍କ ଜନ୍ମସ୍ଥାନ ରାମ ମନ୍ଦିର ଭାଙ୍ଗିବା ପରେ ନିର୍ମିତ ଆପତ୍ତିଜନକ ଢାଞ୍ଚାରୁ ମୁକ୍ତ ହୋଇଛି।

୨୦୧୪ରେ ନିଜ ମୃତ୍ୟୁ ପର୍ଯ୍ୟନ୍ତ ମହନ୍ତ ଅଭେଦ୍ୟନାଥ ଏହି ଆନ୍ଦୋଳନକୁ ଭିନ୍ନକ୍ଷମତାରେ ଚାଲୁ ରଖିଥିଲେ। ୧୯୯୪ରେ ଯୋଗୀ ଆଦିତ୍ୟନାଥ ମହନ୍ତ ଅଭେଦ୍ୟନାଥଙ୍କ ସହଯୋଗ ଦେଲେ ଏବଂ ସଂସଦରେ ବହୁବାର ରାମ ମନ୍ଦିର ପ୍ରସଙ୍ଗ ଉଠାଇଥିଲେ। ଉଭୟ କେନ୍ଦ୍ର ଓ ଉତ୍ତରପ୍ରଦେଶରେ ଭାରତୀୟ ଜନତା ପାର୍ଟିର ସରକାର ଥିବାରୁ ବର୍ତ୍ତମାନ ଅଯୋଧ୍ୟାର ଭଗବାନ ରାମଙ୍କର ଭବ୍ୟ ମନ୍ଦିର ନିର୍ମାଣ ବଡ ଆଶା ଦେଖାଦେଇଛି। ଏ ପୁସ୍ତକ ଅନୁବାଦ ହେଲା ବେଳକୁ ଅଯୋଧ୍ୟାରେ ଶ୍ରୀରାମଙ୍କ ଭବ୍ୟ ମନ୍ଦିର ନିର୍ମାଣ କାର୍ଯ୍ୟ ଆରମ୍ଭ ହୋଇସାରିଛି।

ଯୋଗୀ ମୁଖ୍ୟମନ୍ତ୍ରୀ ହେବା ପରେ ରାମ ଜନ୍ମଭୂମିରେ କି ପରିବର୍ତ୍ତନ ହୋଇଛି

ସ୍ୱରାଜ୍ୟ ପତ୍ରିକାରେ ଅତୁଲ ଚନ୍ଦ୍ରା ଏକ ସମ୍ପୂର୍ଣ୍ଣ ବିବରଣୀ ଦେଇ ଶ୍ରୀରାମ ଜନ୍ମଭୂମି ସମ୍ବନ୍ଧରେ [୧୦୯] ଏକ ଆଲୋଖ୍ୟ ଲେଖିଥିଲେ ଯାହାର ଶୀର୍ଷକ ଥିଲା "ଯୋଗୀ ଆଦିତ୍ୟନାଥ ଉତ୍ତରପ୍ରଦେଶର ମୁଖ୍ୟମନ୍ତ୍ରୀ ହେବା ପରଠାରୁ ରାମ ଜନ୍ମଭୂମିରେ ଏଇ ସବୁ ପରିବର୍ତ୍ତନ ହୋଇଛି" ଅତୁଲଙ୍କ ଅନୁସାରେ କେନ୍ଦ୍ର ସରକାର ରାମାୟଣ ମ୍ୟୁଜିୟମ ପାଇଁ ୧୫୪ କୋଟି ଟଙ୍କା ମଞ୍ଜୁର କରିସାରିଛନ୍ତି। ଦାୟିତ୍ୱ ନେବା ପରେ ଯୋଗୀ ସରକାର ରାମାୟଣ ମ୍ୟୁଜିୟମ ପାଇଁ ଆବଶ୍ୟକ ୨୦ ଏକର ଜମି ଦେଇସାରିଛନ୍ତି। ଅଯୋଧ୍ୟାର ପୌରପରିଷଦକୁ ରାଜ୍ୟ ସରକାର ମ୍ୟୁନିସିପାଲ କର୍ପୋରେସନ ସ୍ତରକୁ ଉନ୍ନୀତ କରିସାରିଛନ୍ତି। ଅଯୋଧ୍ୟାରେ ରାମଲୀଳାର ପୁନରୁଦ୍ଧାର ପାଇଁ ଆଦେଶ ଦିଆସରିଛି। ମେ ମାସରେ ସିବିଆଇ ଅଦାଲତ ବରିଷ୍ଠ ବିଜେପି ନେତା ଏଲ.କେ.ଆଡଭାନୀ, ମୁରଲୀ ମନୋହର ଯୋଶୀ ଏବଂ ଅନ୍ୟମାନଙ୍କୁ ଜେରା କରିବାର ଦିନକ ପରେ ଯୋଗୀ ଆଦିତ୍ୟନାଥ ଅସ୍ଥାୟୀ ରାମ ମନ୍ଦିର ପ୍ରାର୍ଥନା କଲେ ଏବଂ ଗତ ପନ୍ଦର ବର୍ଷ ମଧ୍ୟରେ ଏପରି କରିବାରେ ସେ ଉତ୍ତରପ୍ରଦେଶର ପ୍ରଥମ ମୁଖ୍ୟମନ୍ତ୍ରୀ ଥିଲେ। ଯଦିଓ ସେ ତାଙ୍କ ଗସ୍ତ ସମୟରେ ମନ୍ଦିର ବିଷୟରେ କଥାବାର୍ତ୍ତା କରିନାହାନ୍ତି। ତଥାପି ସହରକୁ ତୀର୍ଥଯାତ୍ରୀ ବଢାଇବା ପାଇଁ ୩୫୦ କୋଟି ଟଙ୍କା ଦେବା ଘୋଷଣା କରିଥିବା ବେଳେ ସେଠିକାର ବାସିନ୍ଦାମାନଙ୍କୁ "ନିରବଚ୍ଛିନ୍ନ ରାମଲୀଳା" ବାବଦରେ ଆଶ୍ୱାସନା ଦେଇଥିଲେ।

ସ୍ୱରାଜ୍ୟର ଅତୁଲ ଚନ୍ଦ୍ରାଙ୍କ କହିବା ଅନୁଯାୟୀ ରାମ ଜନ୍ମଭୂମିର ବିକାଶକୁ ପ୍ରଭାବିତ ମନ୍ଦିର ପାଇଁ ପଥର ଆସିବା ଦୃଷ୍ଟିକୋଣରୁ ବୁଝିବାକୁ ହେବ। ୨୧ ଜୁନ୍ ୨୦୧୭ରେ ବଡ ବଡ ପଥରରେ ଲଦା ଦୁଇଟି ଟ୍ରକ୍ ପ୍ରସ୍ତାବିତ ରାମମନ୍ଦିର ସ୍ଥାନରେ ପହଞ୍ଚିଥିଲା। ୧୫ ଦିନରୁ କିଛି ଅଧିଖ ସମୟ ପରେ ୫ ଜୁଲାଇ ସକାଳେ ପଥର ଲଦା

୩ଟି ଟ୍ରକ ଅଯୋଧ୍ୟାରେ ପହଞ୍ଚିଲା ଏବଂ ଆଉ ୬ଟି ଟ୍ରକ୍ ରାସ୍ତାରେ ଥିଲେ। ବିଶ୍ୱ ହିନ୍ଦୁ ପରିଷଦ ମୁଖପାତ୍ର ଶରଦ ଶର୍ମାଙ୍କ କହିବା ଅନୁଯାୟୀ ପ୍ରସ୍ତାବିତ ମନ୍ଦିରରେ ବ୍ୟବହାର ପାଇଁ ୧୧୦,୦୦୦ ଘନ ଫୁଟ ପଥର କଟା ଏବଂ ଖୋଦିତ ହୋଇଥିଲା। ଅଯୋଧ୍ୟାରେ ଥିବା କାର୍ଯ୍ୟଶାଳାରେ ବର୍ଷ ବର୍ଷ ଧରି ନିରବଚ୍ଛିନ୍ନ ଭାବେ କାମ ଚାଲି ଆସୁଛି ବୋଲି ଶର୍ମା କହିଲେ। ଯଦିଓ ବର୍ତ୍ତମାନ ଥିବା ପଥର ତଳ ତାଲା ମନ୍ଦିର ନିର୍ମାଣ ପାଇଁ ଯଥେଷ୍ଟ ଆଉ ୭୦,୦୦୦ ଘନଫୁଟ ପଥର ପ୍ରଥମ ମହଲା ନିର୍ମାଣ ପାଇଁ ଆବଶ୍ୟକ ବୋଲି ଶର୍ମା କହିଲେ। ୨୦୧୫ରେ ସମାଜବାଦି ପାର୍ଟି ସରକାର ଅଯୋଧ୍ୟାକୁ ପଥର ପରିବହନ ବନ୍ଦ କରି ବିଶ୍ୱ ହିନ୍ଦୁ ପରିଷଦର ଭର୍ତ୍ସନାକୁ ନିମନ୍ତ୍ରଣ କରି ଆଣିଥିଲେ।

ଚତୁର୍ଥ ଭାଗ

ଉତ୍ତରାଖଣ୍ଡର ଅଜୟ ବିଷ୍ଟ ଭାବେ ଯୋଗୀ ଆଦିତ୍ୟନାଥ

ଯୋଗୀ ଆଦିତ୍ୟନାଥ ଉପାଖ୍ୟାନ ଗୋଟିଏ ଦିନରେ ଘଟିନଥିଲା। ଆଜିର ଯୋଗୀ ଆଦିତ୍ୟନାଥଙ୍କ ବ୍ୟକ୍ତିତ୍ୱ ତାଙ୍କର ପ୍ରାରମ୍ଭିକ ପୋଷଣରୁ ଏହାର ପ୍ରଭାବ ଦେଖାଇଛି। ଯୋଗୀ ଆଦିତ୍ୟନାଥଙ୍କ ଗୋରଖପୁର ପୂର୍ବବର୍ତ୍ତୀ ଦିନ ଗୁଡିକ ବିଷୟରେ ଖୁବ୍ କମ୍ ଲୋକଲୋଚନକୁ ଆସିଛି ଯେପରି ତାଙ୍କ ପିଲାଦିନ, ପାଳନ ପୋଷଣ, ତାଙ୍କ ବିଦ୍ୟାଳୟର ଦିନ, ମହାବିଦ୍ୟାଳୟର ଦିନ, ତାଙ୍କ ପରିବାର ଓ ବନ୍ଧୁବାନ୍ଧବଙ୍କ ସମ୍ପର୍କ ଇତ୍ୟାଦି। ଏହି ଗୋଲକଧନ୍ଦାର ହଜିଯାଇଥିବା ଖଣ୍ଡ ଗୁଡିକୁ ଏକାଠି କରି ମୋ ପାଠକମାନଙ୍କ ପାଖରେ ପହଞ୍ଚାଇବାକୁ ମତେ ଉତ୍ତରାଖଣ୍ଡର ପର୍ବତମାଳା ଗସ୍ତ କରିବାକୁ ହୋଇଥିଲା। 'ଦେବଭୂମି ଉତ୍ତରାଖଣ୍ଡରେ ଅଜୟଙ୍କ ଜନ୍ମ' ତତ୍କାଳୀନ ଉତ୍ତରପ୍ରଦେଶ ଓ ଏବେକାର ଉତ୍ତରାଖଣ୍ଡର ଉତ୍ତରକାଶୀ ଜିଲ୍ଲାରେ ୧୯୭୨ ଜୁନ୍ ୫ରେ ଯୋଗୀ ଆଦିତ୍ୟନାଥ ଅଜୟ ମୋହନ ସିଂ ବିଷ୍ଟ ନାମରେ ଜନ୍ମ ହୋଇଥିଲେ ଏବଂ ସେ ସମୟରେ ତାଙ୍କ ବାପା ସେଠି କର୍ମରତ ଥିଲେ। ଚାରିଭାଇ ଓ ତିନି ଭଉଣୀଙ୍କ ମଧ୍ୟରେ ଯୋଗୀ ପଞ୍ଚମ ସନ୍ତାନ ଭାବେ ଜନ୍ମ ନେଇଥିଲେ। ତାଙ୍କ ବାପା ଆନନ୍ଦ ସିଂ ବିଷ୍ଟ ଜଣେ ବନ୍ୟପ୍ରାଣୀ ରେଞ୍ଜର ଓ ତାଙ୍କ ମା ସାବିତ୍ରୀ ଦେବୀ ଜଣେ ଗୃହିଣୀ ଥିଲେ। ଏକ ଉଲ୍ଲେଖନୀୟ କଥା ହେଲା ଯେ ନିର୍ବାଚନ ପ୍ରାର୍ଥୀପତ୍ରରେ ପିତାଙ୍କ ନାମ ସ୍ଥାନରେ ଯୋଗୀ ଆଦିତ୍ୟନାଥ ମହନ୍ତ ଅଭେଦ୍ୟନାଥଙ୍କ ନାମ ଲେଖୁଥିଲେ। କାରଣ ସନ୍ନ୍ୟାସ ଗ୍ରହଣ ପରେ ଗୁରୁଙ୍କ ପିତାଙ୍କ ସ୍ଥାନ ମିଳେ।

ଅଜୟ ସିଂଙ୍କ ଜନ୍ମଦାତା ପିତା ଆନନ୍ଦ ସିଂ ବିଷ୍ଟଙ୍କ ସହ ଆଲୋଚନା ବେଳେ ସେ କହିଲେ ଯେ ୩୮ ବର୍ଷ ଧରି ସାଧୁତାର ସହ ବନବିଭାଗରେ କାମ କରିଛନ୍ତି। ଚାରି ଦଶନ୍ଧି ଧରି ତାଙ୍କ କାର୍ଯ୍ୟକାଳରେ ସେ ମସୋରି, ଟନସ, ଉତ୍ତରକାଶୀ, ତିହିରି ଡିଭିଜନ୍‌ରେ କାମ କଲା ପରେ ୧୯୯୧ରେ ପାଓରୀ ଡିଭିଜନର ଅବସର ଗ୍ରହଣ କରିଥିଲେ। ସେ କହିଲେ ଅନ୍ୟ ଅନେକ କର୍ମଚାରୀଙ୍କ ପରି ସେ ଭ୍ରଷ୍ଟାଚାର କରି ସମ୍ପତ୍ତି ବଢାଇ ନାହାନ୍ତି କି ଅନେକ ଗୁଡିଏ କୋଠାବାଡି କରିନାହାନ୍ତି ଏବଂ ବୋଧହୁଏ ଏଥିପାଇଁ ତାଙ୍କ ପିଲାମାନେ ଧାର୍ମିକ ଏବଂ ସଚ୍ଚୋଟ ହୋଇଛନ୍ତି। ତାଙ୍କର ବିଭିନ୍ନ ଜାଗାରେ ସରକାରୀ ପୋଷ୍ଟିଂ ହେଉଥିବାରୁ ତାଙ୍କ ପରିବାର ଅଧିକାଂଶ ସମୟ ଗଡଓ୍ୱାଲର ପାଓରୀଠାରେ ରହୁଥିଲେ ବୋଲି ଆନନ୍ଦ ସିଂ କହିଲେ। ପ୍ରକୃତରେ ଅଜୟଙ୍କ ପିଲାଦିନ ଏବଂ ତାଙ୍କ ପ୍ରତିପୋଷଣ ଅଧିକାଂଶ ଭାଗ ତାଙ୍କ ପୈତୃକ ଗ୍ରାମ ଗଡଓ୍ୱାଲ ଜିଲ୍ଲାର ପାଓରୀ ଅନ୍ତର୍ଗତ ପଞ୍ଚୁର ଠାରେ ହୋଇଛି। ଉତ୍ତରାଖଣ୍ଡ ରାଜ୍ୟର ଯମକେଶ୍ୱର ବ୍ଲକର ଠାଙ୍ଗର ଗ୍ରାମ ପଞ୍ଚାୟତରରେ ପ୍ରାୟ ୧୫-୨୦ ଘରକୁ ନେଇ ପଞ୍ଚୁର ଏବଂ ଛୋଟ ଗ୍ରାମ। ଅଜୟଙ୍କ ମାତା ମତେ କହିଲେ ଯେ ଅଜୟ ତାଙ୍କ ତିନି ବଡଭଉଣୀଙ୍କୁ ବହୁତ ଶ୍ରଦ୍ଧା କରୁଥିଲେ। ନିକଟରେ ଇଣ୍ଡିଆ ଟିଭିରେ ଦେଇଥିବା ଏକ ସାକ୍ଷାତକାରରେ ଯୋଗୀ ଆଦିତ୍ୟନାଥ ତାଙ୍କ ଭଉଣୀମାନଙ୍କ ଠାରୁ ବହୁତ କିଛି ଶିଖିଛନ୍ତି ବୋଲି କହିଥିଲେ। ଯୋଗୀ କହିଥିଲେ ଯେ ତାଙ୍କ ଭଉଣୀମାନେ ହିଁ ତାଙ୍କୁ ଅକ୍ଷର ପରିଚୟ କରାଇଛନ୍ତି ଏବଂ ଭାଷାଜ୍ଞାନ ଶିଖିବାରେ ସହାୟକ ହୋଇଛନ୍ତି। ଅଜୟଙ୍କ ସମ୍ବନ୍ଧରେ କହିଲା ବେଳେ ସାବିତ୍ରୀ ଦେବୀ ନିଜ ଅନ୍ୟପିଲାଙ୍କ କଥା ମଧ୍ୟ ସବିସ୍ତାରେ କହିଲେ। ତାଙ୍କର ପୁଷ୍ପା, କୌଶଲ୍ୟା ଓ ଶଶୀ ନାମରେ ୩ ଜଣ ଝିଅ ଏବଂ ମନେନ୍ଦ୍ର, ଅଜୟ, ଶୈଳେନ୍ଦ୍ର ଓ ମହେନ୍ଦ୍ର ନାମରେ ୪ ପୁଅ। ସେ କହିଲେ ଯେ ଯମକେଶ୍ୱରର ବଦୋଲିରେ ବାହା ହୋଇଥିବା ପୁଷ୍ପା ଏବଂ ଜାତୀୟ ରାଜଧାନୀ ଅଞ୍ଚଳରେ ରହୁଛନ୍ତି। କୌଶଲ୍ୟା ଉତ୍ତରାଖଣ୍ଡ କୋଟଦ୍ୱାରରେ ଏବଂ ଶଶୀ ଉତ୍ତରାଖଣ୍ଡର ନୀଳକଣ୍ଠରେ ରହୁଛନ୍ତି। ତାଙ୍କ ପୁଅମାନଙ୍କ ମଧ୍ୟରୁ ମନେନ୍ଦ୍ର ପଞ୍ଚୁର ଗାଁ ନିକଟରେ ଥିବା ଗୁରୁ ଗୋରଖନାଥ ମହାବିଦ୍ୟାଳୟରେ କମ୍ପ୍ୟୁଟର ଅପରେଟର ଓ ଶିକ୍ଷକ ଭାବେ କାର୍ଯ୍ୟ କରନ୍ତି ଏବଂ ଏହି ଅନୁଷ୍ଠାନ ଯୋଗୀ ଆଦିତ୍ୟନାଥଙ୍କ ତତ୍ତ୍ୱାବଧାନରେ ପ୍ରତ୍ୟକ୍ଷ ରାଶି ଗୋରଖନାଥ ମଠ ଦ୍ୱାରା ପରିଚାଳିତ। ଶୈଳେନ୍ଦ୍ର ଗଡଓ୍ୱାଲ ରାଇଫଲରେ ସୁବେଦାର ଭାବେ ଦେଶ ସେବା କରୁଛନ୍ତି। ତାଙ୍କ କନିଷ୍ଠ ପୁଅ ମହେନ୍ଦ୍ର ବିଦ୍ୟାଳୟରେ ଶିକ୍ଷକତା ସହ ଅମର ଉଜାଲା ସମ୍ବାଦପତ୍ରରେ ସାମ୍ବାଦିକତା କରନ୍ତି। ଆଉ ଅଜୟ ବିଷୟରେ ତ ଆପଣ ସବୁ ଜାଣନ୍ତି କହି ସାବିତ୍ରୀ ଦେବୀ ନିଜ କଥା ଶେଷ କଲେ।

ଅଜୟ ଜଣେ ଭଲ ଛାତ୍ର ଥିଲେ ଏବଂ କେବେ କୁସଙ୍ଗରେ ପଡି ନଥିଲେ ବୋଲି ସାବିତ୍ରୀ ଦେବୀ ମତେ କହିଲେ। ସେ କହିଲେ ଯେ ଅଜୟ ବହୁତ ସାଧାରଣ ବାଳକ ଥିଲେ। ସେ ଏତେ ବଡ ପଦବୀକୁ ଯିବେ ବୋଲି ସେ କେବେ ହେଲେ ଭାବିନଥିଲେ। ଯେହେତୁ ପିଲାମାନଙ୍କ ବାପା ବାହାରେ କାମ କରୁଥିଲେ। ପରିବାରଠୁ ଅଲଗା ରହୁଥିଲେ ଏବଂ ଟିକେ କଠୋର ଥିଲେ, ତେଣୁ ପିଲାମାନେ ଓ ବିଶେଷକରି ଅଜୟ ତାଙ୍କ ସହ ବେଶି ଅନ୍ତରଙ୍ଗ ଥିଲେ। ସେମାନଙ୍କର ବ୍ୟକ୍ତିଗତ ଅଭ୍ୟାସ ବାବଦରେ କହିବାକୁ ଯାଇ ସାବିତ୍ରୀ ଦେବୀ କହିଲେ ଯେ ସେମାନଙ୍କ ଗରେ ସମସ୍ତେ ବଡି ସକାଳୁ ଉଠନ୍ତି। ଏପରିକି ଏବେ ୮୦ ବର୍ଷ ବୟସରେ ବି ସେ ଭୋର ୪ଟାରୁ ଉଠି ତାଙ୍କ ନିତ୍ୟକର୍ମ ସାରି ଘର ପାଖରେ ଥିବା ତାଙ୍କର ଛୋଟ ଚାଷ ଜମିକୁ ଦେଖାଶୁଣା କରିବାକୁ ଯାଆନ୍ତି। ୮୫ ବର୍ଷ ବୟସରେ ଅଜୟଙ୍କ ପିତା ମଧ୍ୟ ଭୋର ୪ଟାରୁ ଉଠି ଘର ଓ ଏହାର ଆଖପାଖ ସଫା କରନ୍ତି। ସାବିତ୍ରୀ ଦେବୀ କହିଲେ ଯେ ପିଲାଦିନରୁ ହିଁ ଅଜୟ ଗାଈମାନଙ୍କୁ ଶ୍ରଦ୍ଧା କରୁଥିଲେ। ବିଷ୍ଟ ପରିବାର ନିଜ ଘରେ ଗାଈ ପାଳୁଥିଲେ ଏବଂ ବିଦ୍ୟାଳୟରୁ ଫେରିବା ପରେ ଗାଈମାନଙ୍କୁ ଚରେଇ ନେବା ଅଜୟଙ୍କର ନିୟମିତ କର୍ମ ଥିଲା। ପଞ୍ଚୁରରେ ଥିବା ତାଙ୍କ ଘରର ଚାରିପାଖରେ ଥିବା ଗଛ ଗୁଡିକୁ ଦେଖାଇ ସାବିତ୍ରୀ ଦେବୀ କହିଲେ ଯେ ସେ ଗଛ ଗୁଡିକରୁ ଅଧିକାଂଶ ଅଜୟ ଛୋଟ ବେଳେ ଲଗାଇଥିଲେ। ଆଜି ଯୋଗୀ ଆଦିତ୍ୟନାଥ ଏକ ଯୋଗୀର ଜୀବନ ବଞ୍ଚୁଛନ୍ତି, କିନ୍ତୁ ତାଙ୍କର ସୂର୍ଯ୍ୟୋଦୟ ପୂର୍ବରୁ ଉଠିବା, ଗୋମାତା ପ୍ରତି ଶ୍ରଦ୍ଧା, ପରିବେଶ ଓ ପ୍ରକୃତି ପ୍ରତି ତାଙ୍କର ସମ୍ମାନ, ପ୍ରଧାନମନ୍ତ୍ରୀ ନରେନ୍ଦ୍ର ମୋଦୀଙ୍କ 'ସ୍ୱଚ୍ଛ ଭାରତ ଯୋଜନା' ପ୍ରତି ତାଙ୍କର ସମ୍ପୂର୍ଣ୍ଣ ସହମତି, ଭ୍ରଷ୍ଟାଚାର ବିରୁଦ୍ଧରେ ତାଙ୍କର ଦୃଢ ସ୍ଥିତି ଏବଂ ମହିଳାମାନଙ୍କ ପ୍ରତି ତାଙ୍କର ଅତ୍ୟଧିକ ସମ୍ମାନ ଆଦି ମୂଲ୍ୟବୋଧ ପିଲା ବେଳୁ ତାଙ୍କ ମଧ୍ୟରେ ତାଙ୍କ ପିତାମାତାଙ୍କ ସଂସ୍କାର ଦ୍ୱାରା ବିକଶିତ ହୋଇଛି।

ଆନନ୍ଦ ସିଂ ବିଷ୍ଟ କହିଲେ ଯେ ବହୁତ ଛୋଟ ବୟସରୁ ଅଜୟ ଅତ୍ୟନ୍ତ ନମ୍ର, ଭଦ୍ର ଏବଂ ଖବରକାଗଜରେ ଜଣେ ଉତ୍ସାହୀ ପାଠକ ଥିଲେ। ଶ୍ରୀ ବିଷ୍ଟ କହିଲେ ଯେ ଯଦିଓ ସେ ବାରମ୍ବାର ଗସ୍ତରେ ଯାଉଥିବାର ଘରଠୁ ଦୂରରେ ରହୁଥିଲେ, ତେବେ ପିଲାମାନଙ୍କ ଉପରେ ଦୃଷ୍ଟି ରଖିବାକୁ ସ୍ଥିର କରିଥିଲେ। ପିଲାମାନଙ୍କର ପାଠପଢାରେ ଧ୍ୟାନ ରହୁଛିକି ନାହିଁ ସୁନିଶ୍ଚିତ କରିବାକୁ ଘରକୁ ଅଚାନକ ପରିଦର୍ଶନରେ ଆସୁଥିଲେ। ବୋଧହୁଏ ଏହି ସବୁ ଶୃଙ୍ଖଳା ଯୋଗୁଁ ପଞ୍ଚୁରର ଅଜୟ ଯୋଗୀ ଆଦିତ୍ୟନାଥ ହୋଇ ଆଜି ଉତ୍ତରପ୍ରଦେଶର ୨୧ତମ ମୁଖ୍ୟମନ୍ତ୍ରୀ ହୋଇ ପାରିଛନ୍ତି ବୋଲି ସେ କହିଲେ। କୌତୁହଳର କଥା ଏହା ଯେ ମୁଖ୍ୟମନ୍ତ୍ରୀ ହେବା ପରେ ଯୋଗୀ ଜୀ ଏବଂ ତାଙ୍କ

ମନ୍ତ୍ରୀମାନେ ବିଭିନ୍ନ ସରକାରୀ ସେବା ସଂସ୍ଥାକୁ 'ଅଚାନକ ପରିଦର୍ଶନ' ଧାରା ନିରନ୍ତର ଜାରି ରଖିଛନ୍ତି। ଜଣେ ଗର୍ବିତ ବାପା ହିସାବରେ ଶ୍ରୀ ବିଷ୍ଟ ଭାବନ୍ତି ଯେ ଉତ୍ତରପ୍ରଦେଶ ପରି ରାଜ୍ୟକୁ ଚଳାଇବା ସମସ୍ତଙ୍କ ଦ୍ୱାରା ସମ୍ଭବ ନୁହେଁ ଏବଂ ନିଜ ପିଲାବେଳୁ ନିଷ୍ପତ୍ତି ନେବାର କ୍ଷମତା ବିକାଶ କରାଇଥିବାରୁ ଯୋଗୀଙ୍କ ଦ୍ୱାରା ଏହ ସମ୍ଭବ ହୋଇପାରିଛି। ଜଣେ ସାଂସଦ ଭାବେ ଯୋଗୀଙ୍କ କାର୍ଯ୍ୟ ସର୍ବଦା ଲୋକଙ୍କ ପାଇଁ ଏବଂ ଭ୍ରଷ୍ଟାଚାର ମୁକ୍ତ ହୋଇଥିବାରୁ ଲୋକେ ଯୋଗୀଙ୍କୁ ଶ୍ରଦ୍ଧା କରନ୍ତି ବୋଲି ଶ୍ରୀ ବିଷ୍ଟ ମତେ କହିଲେ। ତାଙ୍କ ପୁଅ ଉତ୍ତରପ୍ରଦେଶର ମୁଖ୍ୟମନ୍ତ୍ରୀ ହେବା ପରେ ତାଙ୍କ ଜୀବନଧାରା ସାମାନ୍ୟ ବଦଳି ଯାଇଛି ବୋଲି ଶ୍ରୀ ବିଷ୍ଟ କହିଲେ। ଲୋକେ ତାଙ୍କ ପୁଅ ପାଖକୁ ସୁପାରିଶ ପତ୍ର ନେବାକୁ ତାଙ୍କ ପାଖକୁ ଧାଡି ବାନ୍ଧି ଆସୁଛନ୍ତି। ସେ ଏପରି ଲୋକଙ୍କୁ ଦୂରରେ ରଖନ୍ତି, ସେମାନଙ୍କ ଅଭିନନନ୍ଦକୁ ସାଦରେ ଗ୍ରହଣ କରନ୍ତି, ସେମାନଙ୍କୁ ଚା ପାନ କରିବାକୁ କୁହନ୍ତି ଏବଂ ଭଦ୍ର ଭାବରେ ସେମାନଙ୍କୁ କୁହନ୍ତି ଯେକୌଣସି ସୁପାରିଶ ଉପରେ ବିଚାର କରାଯିବ ନାହିଁ। ଜଣେ ବନ କର୍ମଚାରୀ ହୋଇଥିବାରୁ ସାରା ଜୀବନ ତାଙ୍କୁ ଖାକି ପୋଷାକ ପିନ୍ଧିବାକୁ ହୋଇଥିଲା ବୋଲି ଶ୍ରୀ ବିଷ୍ଟ କହିଲେ। ତାଙ୍କ ପୋଷାକର କାନ୍ଧରେ ତିନି ତାରକାର ଚିତ୍ର ଥିଲା ଯାହାକି ଏକ ପୋଲିସ ପୋଷାକ ପରି ଦିଶୁଥିଲା ଏବଂ ଆହୁରି ମଧ୍ୟ ଉତ୍ତରପ୍ରଦେଶ ପୋଲିସ ପ୍ରତୀକ ପରି ତାଙ୍କ ପୋଷାକରେ ମଧ୍ୟ ଉତ୍ତରପ୍ରଦେଶ ବନବିଭାଗର ପ୍ରତୀକ ଲାଗିଥିଲା ଏବଂ ଏଥିପାଇଁ କିଛି ସମୟରେ ଅଜୟଙ୍କ ସାଙ୍ଗମାନେ ତାଙ୍କୁ ଭ୍ରମରେ ପୋଲିସ ବୋଲି ଭାବୁଥିଲେ। ଏବେ ଅଜୟ ମୁଖ୍ୟମନ୍ତ୍ରୀ ହେବା ପରେ ସୁରକ୍ଷା ନିୟମ ଦୃଷ୍ଟିରୁ ତାଙ୍କ ସହ ସବୁବେଳେ ଜଣେ ଖାକି ପୋଷାକ ପିନ୍ଧା ବନ୍ଧୁକଧାରୀ ରହୁଛନ୍ତି ବୋଲି ଶ୍ରୀ ବିଷ୍ଟ ହସି ହସି କହିଲେ।

ଠାଙ୍ଗର, ଚମାଖୋଟ ଏବଂ ଗାଜାରେ ଅଜୟଙ୍କ ପ୍ରାଥମିକ ଶିକ୍ଷା

ପଞ୍ଚୁର ଗାଁକୁ ଯିବା ବେଳେ ମୁଁ ସେହି ଗାଁର ଦୀପକ ଚନ୍ଦ୍ରାଙ୍କୁ ଭେଟିଲି। ଯିଏ ଯୋଗୀଙ୍କ ଠାରୁ ଦୁଇ ବର୍ଷ ତଳଶ୍ରେଣୀରେ ବିଦ୍ୟାଳୟରେ ପଢୁଥିଲେ। ଦୀପକଙ୍କ ସହ କଥାବାର୍ତ୍ତା କଲା ବେଳେ ମୁଁ ଜାଣିଲି ଯେ ଅଜୟ ତାଙ୍କ ପ୍ରାଥମିକ ଶିକ୍ଷା ପାଇଁ ଠାଙ୍ଗର ସରକାରୀ ପ୍ରାଥମିକ ବିଦ୍ୟାଳୟକୁ ଯାଉଥିଲେ। ପଞ୍ଚୁର ଗ୍ରାମ ଯମକେଶ୍ୱର ବ୍ଲକ୍ ଅନ୍ତର୍ଗତ ଠାଙ୍ଗେର ଗ୍ରାମପଞ୍ଚାୟତରେ ଅବସ୍ଥିତ। ଦୀପକ କହିଲେ ଯେ ଅଜୟ ଜଣେ ଶାନ୍ତ ସ୍ୱଭାବର ବାଳକ ଥିଲେ ଏବଂ ସର୍ବଦା ଅନ୍ୟକୁ ସାହାଯ୍ୟ କରିବାରେ ଆଗ୍ରହୀ ଥିଲେ। ଠାଙ୍ଗର ସରକାରୀ ବିଦ୍ୟାଳୟରେ ଅଷ୍ଟମ ଶ୍ରେଣୀ ଯାଏ ଥିବାରୁ ଅଜୟ ନବମ ଶ୍ରେଣୀ

ପଢିବାକୁ ଚମାଖୋଟ ସରକାରୀ ବିଦ୍ୟାଳୟକୁ ଗଲେ ଏବଂ ଦଶମ ଓ ଏକାଦଶ ଶ୍ରେଣୀ ଶିକ୍ଷା ପାଇଁ ଚିହିରୀର ଗାଜାକୁ ଗଲେ ।

ଯମକେଶ୍ୱରଠାରେ ଥିବା ମହାଯୋଗୀ ଗୁରୁ ଗୋରଖନାଥ ମହାବିଦ୍ୟାଳୟର ଇତିହାସ ପ୍ରାଧ୍ୟାପକ ଡା ଉର୍ମିଳେଶ ତ୍ୟାଗୀ କୁହନ୍ତି ଯେ ଯମକେଶ୍ୱର ଅଞ୍ଚଳର ଆଧ୍ୟାତ୍ମିକ ଓ ଜାତୀୟତାବାଦ ଚମତ୍କାରୀ ବ୍ୟକ୍ତିତ୍ୱ ଦେବାର ଇତିହାସ ଅଛି । ଭୀଷ୍ମ କୁକ୍ରେଟୀଙ୍କ ଅନୁଯାୟୀ ଯମକେଶ୍ୱର ମନ୍ଦିର ସମ୍ବନ୍ଧରେ ଥିବା ସ୍ଥାନୀୟ ଲୋକ କଥା ଅଦ୍ଭୁତ ଏବଂ ବର୍ତ୍ତମାନ ଯମକେଶ୍ୱର ଉତ୍ତରାଖଣ୍ଡର ଏକ ପ୍ରସିଦ୍ଧ ଶୈବପୀଠ ଯମକେଶ୍ୱର ସତେଦ ବା ସତେଦୀ ନଦୀକୂଳରେ ଅବସ୍ଥିତ ଏବଂ ଏହାର ଅନ୍ୟ ତିନି ପାର୍ଶ୍ୱରେ ଶ୍ମଶାନ ଅବସ୍ଥିତ । ଯମକେଶ୍ୱର ମନ୍ଦିରର କାହାଣୀ ଅନୁଯାୟୀ ମହର୍ଷି ମ୍ରିକଣ୍ଡ ନିଜ ପତ୍ନୀ ମରୁଦମତିଙ୍କ ସହ ଏଠାରେ ରହୁଥିଲେ ଏବଂ ପୁତ୍ରସନ୍ତାନ ପ୍ରାପ୍ତି ନିମନ୍ତେ ଶିବ ଉପାସନା କରୁଥିଲେ, ଫଳସ୍ୱରୂପ ତାଙ୍କୁ ଏକ ବିଚକ୍ଷଣ ଅଳ୍ପାୟୁ ପୁତ୍ର କିମ୍ବା ମନ୍ଦବୁଦ୍ଧି ଦୀର୍ଘାୟୁ ପୁତ୍ରର ବରଦାନ ମିଳିଲା । ମ୍ରିକଣ୍ଡ ଋଷି ପ୍ରଥମ ପସନ୍ଦ ନେବାକୁ ଚାହିଁଲେ ଏବଂ ଅଳ୍ପ ଆୟୁର ଭାଗ୍ୟ ନେଇ ପ୍ରଚଣ୍ଡ ମେଧା ଯୁକ୍ତ ଓଜସ୍ୱୀ ମାର୍କଣ୍ଡେୟଙ୍କୁ ପୁତ୍ର ରୂପେ ପ୍ରାପ୍ତ ହେଲେ । ଜ୍ୟୋତିର୍ବିଦ୍ୟା ସାହାଯ୍ୟରେ ଭଗବାନ ନାରଦ ଗଣନା କରି କହିଲେ ଯେ ମାର୍କଣ୍ଡେୟଙ୍କ ମୃତ୍ୟୁ ୧୧ ବର୍ଷ ବୟସରେ ହେବ ଏବଂ ସ୍ୱାଭାବିକ ଭାବେ ଏହା ଋଷି ମ୍ରିକଣ୍ଡଙ୍କୁ ମ୍ରିୟମାଣ କଲା । ମାର୍କଣ୍ଡେୟ ଦୀର୍ଘଜୀବନ ପାଇଁ ପ୍ରତିକାର ବ୍ୟବସ୍ଥା କଡା ପଚାରିଲେ । ଋଷି ମ୍ରିକଣ୍ଡଙ୍କ କଥାରେ ମାର୍କଣ୍ଡେୟ ମଣିକୂଟ ପର୍ବତର ପାଦଦେଶରେ ଶତ୍ରୁଦ୍ରା ନଦୀକୂଳରେ ମହାମୃତ୍ୟୁଞ୍ଜୟ ମନ୍ତ୍ର ଜପ କରି ତପସ୍ୟା କରିଲେ । ମାର୍କଣ୍ଡେୟ ବାଲିରେ ଏକ ଶିବଲିଙ୍ଗ ପ୍ରତିଷ୍ଠା କରି ଅଶ୍ୱତଥ୍ ବୃକ୍ଷ ମୂଳରେ ଜପ ଆରମ୍ଭ କଲେ । ମାର୍କଣ୍ଡେୟଙ୍କ ମୃତ୍ୟୁଦିନ ଯମରାଜ ତାଙ୍କୁ ନେବାକୁ ଆସିଲେ । ମହା ମୃତ୍ୟୁଞ୍ଜୟ ମନ୍ତ୍ର ଜପ ଶେଷ ହୋଇନଥିବାରୁ ମାର୍କଣ୍ଡେୟ ଯମରାଜଙ୍କୁ ଅପେକ୍ଷା କରିବାକୁ କହିଲେ । ତଥାପି ଯମ ନିଜର କାଳପାଶ ମାର୍କଣ୍ଡେୟଙ୍କ ଉପରକୁ ନିକ୍ଷେପ କଲେ । ମାର୍କଣ୍ଡେୟ ବାଲିର ଶିବଲିଙ୍ଗକୁ ହାତରେ ଧରିଥିଲେ ଓ ଯମଙ୍କ କାଳପାଶରେ ତାହା ଭାଙ୍ଗିଯିବାରୁ ତନ୍ମଧ୍ୟରୁ ମହାମୃତ୍ୟୁଞ୍ଜୟ ରୁଦ୍ର ଆବିର୍ଭୁତ ହେଲେ । ଭଗବାନ ଶିବଙ୍କ ଆବିର୍ଭାବ ଦେଖି ଯମରାଜ ଜମ୍ରାଦି ଗ୍ରାମ (ଏବେର ଯମକେଶ୍ୱରୀ ଆଡକୁ ଧାଇଁଲେ । ଯମରାଜ ସେହି ଗ୍ରାମରେ ଶିବଙ୍କ ମହାମୃତ୍ୟୁଞ୍ଜୟ ରୁଦ୍ର ରୂପର ଜପ କରିବାକୁ ଲାଗିଲେ । ଯମରାଜଙ୍କୁ ଶିବ କହିଲେ ଯେଉଁଠାରେ ମହାମୃତ୍ୟୁଞ୍ଜୟ ଜପ ହେଉଥିବ, ସେଠାକୁ ଯମରାଜ ପ୍ରବେଶ କରିବା ଉଚିତ ନୁହେଁ । ଭଗବାନ ଶିବ ଯମରାଜଙ୍କୁ କହିଲେ ଯେ ଯେଉଁଠାରେ ସେ (ଯମ) ବସି ଜପ କରୁଥିଲେ, ସେଠାରେ ଏକ ସ୍ୱୟମ୍ଭୁ ଶିବଲିଙ୍ଗ ବିଦ୍ୟମାନ

ଅଛନ୍ତି ଏବଂ ସେହି ସ୍ୱୟମ୍ଭୁ ଶିବଙ୍କ ନିକଟରେ ଯମରାଜ ପ୍ରାର୍ଥନା ଓ ଜପ କରନ୍ତି ବୋଲି ଶିବ ମତ ଦେଲେ। ସେହି ସ୍ୱୟମ୍ଭୁ ଶିବ ଲିଙ୍ଗ ଯମଙ୍କ ନାମରେ ନାମିତ ହେବ ବୋଲି ଭଗବାନ ଶିବ ଘୋଷଣା କଲେ, ଯିଏ ଯମ ଶିବ ଲିଙ୍ଗ ନିକଟରେ ଜପ ବା ପ୍ରାର୍ଥନା କରିବ ସେ ଦୀର୍ଘ ଆୟୁ ପ୍ରାପ୍ତ ହେବ ବୋଲି ଭଗବାନ ଶିବ କହିଲେ। ଯମରାଜ ସେଠାରେ ଶିବ ବା ଈଶ୍ୱରଙ୍କ ନିକଟରେ ଏକ ବର୍ଷ ପାଇଁ ପ୍ରାର୍ଥନା କରିଥିବାରୁ ସେ ସ୍ଥାନର ନାମ ଯମକେଶ୍ୱର ହେଲା। ନିକଟବର୍ତ୍ତୀ ଗ୍ରାମ ଠାଙ୍ଗର, ପଞ୍ଚୁରା, କାଣ୍ଡୀ, ଡମ୍ରଣା, ବିଧ୍ୟାନୀ ଉପରେ ଯମକେଶ୍ୱର ଶୈବାଳୟର ଗହୀର ଧାର୍ମିକ ଓ ଆଧାତ୍ମିକ ପ୍ରଭାବ ପଡିଛି। ପଞ୍ଚୁର ଗ୍ରାମରେ ବଢିଥିବା ଅଜୟ ବିଷ୍ଟ ଏହି ସବୁ ପ୍ରଭାବଶାଳୀ ଆଧାତ୍ମିକ ଲୋକଶ୍ରୁତିକୁ ନିଜ ଜୀବନର ଅଂଶ ରୂପେ ପାଇଛନ୍ତି।

୧୯୩୧ରେ ଗଡଓ୍ୱାଲାରେ ଘଟିଥିବା ଶିଳ୍ପକାର ମୁକ୍ତି ଆନ୍ଦୋଳନର ଇତିହାସ ସହ ମଧ୍ୟ ଯମକେଶ୍ୱର ସ୍ଥାନ ଜଡିତ, ଯେଉଁଠାରେ ଶିଳ୍ପକାରମାନେ ସମାଜର ଅସ୍ପୃଶ୍ୟତା ଦୂରେଇବାକୁ ଏକ ସମ୍ମିଳନୀ ଆୟୋଜନ କରିଥିଲେ। ପଞ୍ଚୁର ନିକଟରେ ଥିବା କାଣ୍ଡି ନାମକ ଗ୍ରାମର ରାଜନୈତିକ ଇତିହାସ ବହୁତ ଦୃଢ ଥିଲା ଏବଂ ରାଜନୈତିକ ସକ୍ରିୟତା ଦୃଷ୍ଟିରୁ ଏହି ଗ୍ରାମକୁ ସେ ଅଞ୍ଚଳର ରାଜନୈତିକ ରାଜଧାନୀ କୁହାଯାଏ। ଭାରତର ସ୍ୱାଧୀନତା ଆନ୍ଦୋଳନ ସମୟରେ ଗୋବିନ୍ଦ ବଲ୍ଲଭ ପନ୍ଥ ଯେତେବେଳେ ଦେଶର ଯୁବଶକ୍ତିଙ୍କୁ ନିଜ ନିଜ ଅଞ୍ଚଳରେ ରହି ତୃଣମୂଳସ୍ତରରେ ଦେଶ ପାଇଁ କାମ କରିବାକୁ ଆହ୍ୱାନ ଦେଲେ, ସେତେବେଳେ ବନାରସ ହିନ୍ଦୁ ବିଶ୍ୱବିଦ୍ୟାଳୟର ଛାତ୍ର ଜଗମୋହନ ସିଂ ନେଗୀ ବିଶ୍ୱବିଦ୍ୟାଳୟ ଛାଡି ଉତ୍ତରାଖଣ୍ଡର ନିଜ ଗ୍ରାମରେ ସ୍ୱାଧୀନତା ସଂଗ୍ରାମରେ ଯୋଗଦେଲେ। ଋଷିକେଶର ଥିବା ଋଷିକୂଳ ମେଡିକାଲ କଲେଜରେ ଥିବା ଆୟୁର୍ବେଦିକ ସ୍ନାତକ କ୍ରାନ୍ତି ଚନ୍ଦ୍ର ଉନିୟାଲ ନିଜ ଗୁରୁତ୍ୱପୂର୍ଣ୍ଣ ଡିଗ୍ରି ଓ ବୃତ୍ତିକୁ ମଝିରେ ଛାଡି ଡମ୍ରଣାଠାରେ ଭାରତୀୟ ସ୍ୱାଧୀନତା ଆନ୍ଦୋଳନରେ ଯୋଗ ଦେଲେ। ଭାରତୀୟ ସ୍ୱାଧୀନତା ଆନ୍ଦୋଳନରେ ନିଜର ପ୍ରଭୃତ ଯୋଗଦାନ ଦେଇଥିବା ପାଖାପାଖି ୨୬ଜଣ ସ୍ୱାଧୀନତା ସଂଗ୍ରାମ ଏହି ଅଞ୍ଚଳର ଥିଲେ ଏବଂ ଏ ସମ୍ପର୍କରେ ତଥ୍ୟଗତ ପ୍ରମାଣ ମଧ୍ୟ ଅଛି। ବ୍ରିଟିଶ ଶାସକମାନଙ୍କ ଦ୍ୱାରା ଏହି ଅଞ୍ଚଳକୁ ବାଗି ଅଞ୍ଚଳ ବା ବିଦ୍ରୋହୀ ଅଞ୍ଚଳ ନାମ ଦିଆଯାଇଥିଲା। ଯୋଗୀ ଆଦିତ୍ୟନାଥଙ୍କ ଚରିତ୍ରରେ ଆମେ ଯେଉଁ ବିଦ୍ରୋହୀ ଭାବ ଦେଖୁ ଏଥିରେ ଆଶ୍ଚର୍ଯ୍ୟ ହେବାର କିଛି ନାହିଁ। ନିଜ ଘର ଛାଡି ଖୁବ୍ କମ ବୟସରେ ନାଥପନ୍ଥୀ ସନ୍ଥ ହୋଇଥିବା ଯୋଗୀ ଅଭେଦ୍ୟନାଥଙ୍କ ଜନ୍ମସ୍ଥାନ ମଧ୍ୟ କାଣ୍ଡି ଗ୍ରାମ ଅଟେ। ବହୁ ବର୍ଷ ପରେ ଅଭେଦ୍ୟନାଥ ଅଜୟଙ୍କୁ ଭେଟିଲେ ଏବଂ ତାଙ୍କ ମଧ୍ୟରେ ଗୋରଖପୁର ମଠର ଉତ୍ତରାଧିକାରୀ ପାଇଲେ। ଅଜୟଙ୍କ ପାଳନ ପୋଷଣ

ଏହି ଆଧ୍ୟାତ୍ମିକ ଏବଂ ରାଷ୍ଟ୍ରବାଦୀ ବ୍ୟକ୍ତିମାନଙ୍କ ପ୍ରତିଛବିରେ ହୋଇଥିଲା ଏବଂ ଆଜି ଆମେ ତାଙ୍କ ପାଖରେ ମଧ୍ୟ ଏହି ସବୁ ଗୁଣ ଦେଖୁଛନ୍ତି।

ଋଷିକେଶରେ ଅଜୟଙ୍କ ପାଠପଢ଼ା

ଏକାଦଶ ଓ ଦ୍ୱାଦଶ ଶ୍ରେଣୀ ପାଠପଢ଼ା ପାଇଁ ଅଜୟ ଉତ୍ତରାଖଣ୍ଡର ସହର ଋଷିକେଶ ଗଲେ ଓ ଶ୍ରୀ ଭାରତ ମନ୍ଦିର ଇଣ୍ଟର କଲେଜରେ ନାମ ଲେଖାଇଲେ। ସେ ଇଂରାଜୀ ଓ ହିନ୍ଦୀ ସହ ପଦାର୍ଥ ବିଜ୍ଞାନ, ରାସୟନ ବିଜ୍ଞାନ ଓ ଗଣିତ ପଢ଼ିବାକୁ ଇଚ୍ଛା କଲେ। ନିଜ ସ୍ନାତକ ଶିକ୍ଷା ଶେଷ କରୁଥିବା ବଡଭାଇ ମନେନ୍ଦ୍ରଙ୍କ ସହ ଅଜୟ ଋଷିକେଶରେ ରହିଲେ।

ଯେବେ ମୁଁ ସେ ବିଦ୍ୟାଳୟ ଦେଖିବାକୁ ଗଲି ପୂର୍ବରୁ ଅଜୟଙ୍କ ହିନ୍ଦୀ ଶିକ୍ଷକ ଶ୍ରୀ ବଂଶୀଧର ପୋଖରିୟାଲ, ଶାରିରୀକ ଶିକ୍ଷା ଶିକ୍ଷକ ଶ୍ରୀ ଡିପିଏସ୍ ରାୱତ ଏବଂ ଗଣିତ ଶିକ୍ଷକ ଶ୍ରୀ ଦେବେନ୍ଦ୍ର କୁମାର ବାର୍ଷ୍ଣେ ଗର୍ବର ସହ ମତେ ଶ୍ରେଣୀରେ ଅଜୟ ବସୁଥିବା ସ୍ଥାନ ଦେଖାଇଲେ। ଯୋଗୀ ଆଦିତ୍ୟନାଥଙ୍କ ବକ୍ତୃତା, ଦକ୍ଷତା ପ୍ରସଙ୍ଗରେ ଆଲୋଚନା ହେବାରୁ ପୋଖରିଆଲ ମତେ କହିଲେ ଯେ ଅଜୟ ବିଦ୍ୟାଳୟରେ ମଧ୍ୟ ଜଣେ ଖୁବ୍ ଭଲ ବକ୍ତା ଥିଲେ। ବିଦ୍ୟାଳୟରେ ପ୍ରତି ସପ୍ତାହରେ ବାଦ-ବିବାଦ ମଞ୍ଚ ଆୟୋଜନ କରାଯାଉଥିଲା ଏବଂ ଅଜୟ ଏଥିରେ ଭାଗ ନେଉଥିଲେ। ଶ୍ରୀ ବାର୍ଷ୍ଣେ କହିଲେ ଯେ ଅଜୟ ସର୍ବଦା ଜଣେ ଆଗ୍ରହୀ ଛାତ୍ର ଥିଲେ ଏବଂ ବହୁତ ପ୍ରଶ୍ନ ପଚାରୁଥିଲେ। ଡା ବାର୍ଷ୍ଣେ ବିଦ୍ୟାଳୟର ମୁଖ୍ୟ ଦାୟିତ୍ୱରେ ଥିଲେ ଏବଂ ଶାନ୍ତିଶୃଙ୍ଖଳା ବଜାର ରଖିବା ତାଙ୍କ କାର୍ଯ୍ୟାବଳୀର ମୁଖ୍ୟ ଅଂଶ ଥିଲା। ସେ ମନେ ପକାଇ କହିଲେ ଯେ ବିଦ୍ୟାଳୟରେ ଖରାପ ଅଭ୍ୟାସ, ଯେମିତିକି ଧୂମପାନ କରୁଥିବା ପିଲାଙ୍କ ସମ୍ପର୍କରେ ଅଜୟ ତାଙ୍କୁ ତଥ୍ୟ ଦେଉଥିଲେ। ଭାରତୀ ଇଣ୍ଟର କଲେଜରେ ଆଉ ଜଣେ ସହପାଠୀ ଯାହାଙ୍କ ନାମ ମଧ୍ୟ ଅଜୟ ବିଷ୍ଟ ଥିଲା। କହିଲେ ସେମାନଙ୍କ ସମାନ ନାମ କାରଣରୁ ବହୁ ସମୟରେ ଶିକ୍ଷକ ମାନେ ଭ୍ରମରେ ରହୁଥିଲେ। ଏହି ସମାନ ନାମଧାରୀ ଅଜୟ ଜଣଙ୍କ ବର୍ତ୍ତମାନ ସାଂସଦ ରମେଶ ପୋଖରିଆଲ ନିଶଙ୍କଙ୍କ ସହ ଘନିଷ୍ଠ ସହଯୋଗୀ ରୂପେ କାର୍ଯ୍ୟ କରୁଛନ୍ତି ଏବଂ ସେ ମତେ କହିଲେ ଯେ ୨୦୧୪ ମସିହାରେ ସାଂସଦମାନଙ୍କ ଶପଥ ଗ୍ରହଣ ଉତ୍ସବରେ ସେ ନିଶଙ୍କଜୀଙ୍କ ସହ ଯାଉଥିଲେ। ସେଠାରେ ସେ ଯୋଗୀ ଆଦିତ୍ୟନାଥଙ୍କୁ ଦେଖି ଯାଇ ନିଜର ପରିଚୟ ଦେଲେ। ଯୋଗୀ ତାଙ୍କୁ ଚିହ୍ନି ପାରିଲେ ଏବଂ ଦୃଢ଼ ଆଲିଙ୍ଗନ କଲେ ବୋଲି ସମାନ ନାମଧାରୀ ଅଜୟ ମତେ କହିଲେ।

ଶ୍ରୀ ବଂଶୀଧର ପୋଖରିଆଲ କହିଲେ ଯେ ଏହି ବିଦ୍ୟାଳୟ ମହନ୍ତ ପରମ୍ପରା

ଅନୁଶାସନରେ ପରିଚାଳିତ ହେବ। କେବଳ ମାତ୍ର ସଂଯୋଗ ନୁହେଁ, ଭରତ ମନ୍ଦିର ଟ୍ରଷ୍ଟର ମହନ୍ତମାନେ ସ୍ଥାନୀୟ ଲୋକଙ୍କ କଲ୍ୟାଣ ନିମନ୍ତେ ଏହି ସ୍କୁଲ ସହ ଋଷିକେଶ ଆଖପାଖରେ ଅନେକ ଗୁଡିଏ ଅନୁଷ୍ଠାନ ପରିଚାଳନା କରନ୍ତି। ଭଗବାନ ଶ୍ରୀରାମଙ୍କ ଭାଇ ଶ୍ରୀ ଭରତଙ୍କ ନାମ ସହ ଭରତ ମନ୍ଦିର ସମ୍ପର୍କିତ। ରାମାୟଣରେ ଉଦାହରଣ ଦେଇ ଶ୍ରୀ ପୋଖରିଆଲ କହିଲେ ଯେ ରାବଣ ଜଣେ ବୈଦିକ ବ୍ରାହ୍ମଣ ହୋଇଥିବାରୁ ତାଙ୍କୁ ମାରିବା ପରେ ଶ୍ରୀରାମ ଓ ତାଙ୍କ ଭାଇମାନେ ପାପଗ୍ରସ୍ତ ହେଲେ। ସେଇ ପାପ ପ୍ରକ୍ଷାଳନ ପାଇଁ ସବୁ ଭାଇମାନେ ଋଷିକେଶ ଆସିଲେ। ଦେବପ୍ରୟାଗ ନାମକ ସ୍ଥାନରେ ସ୍ରୀରାମ ପୂଜା ଓ ପ୍ରାର୍ଥନା କଲେ। ଭଗବାନ ଶ୍ରୀରାମଙ୍କ ନାମରେ ବର୍ତ୍ତମାନ ଦେବପ୍ରୟାଗ ଠାରେ ଏକ ରଘୁନାଥ ମନ୍ଦିର ଅଛି। ଯୁଦ୍ଧରେ ଅନେକ ଲୋକଙ୍କୁ ମାରିଥିବା ପାପରେ ଅଭିଶାପ ପାଇ ଲକ୍ଷ୍ମଣ କୁଷ୍ଠ ରୋଗରୁ ମୁକ୍ତି ପାଇଲେ। ସେହି ସ୍ଥାନ ବର୍ତ୍ତମାନ 'ଲକ୍ଷ୍ମଣ ଝୁଲା' ନାମରେ ପରିଚିତ। ଋଷିକେଶର 'ମୁନି କି ରେଠି' ସ୍ଥାନରେ ଶତ୍ରୁଘ୍ନଜୀ ପୂଜା ଓ ପ୍ରାର୍ଥନା କରିଥିବାରୁ ସେଠାରେ ତାଙ୍କର ଏକ ମନ୍ଦିର ଅଛି। ଏହି ଚାରି ଭାଇଙ୍କ ମଧ୍ୟରେ ଭରତଙ୍କ ପାପ ସବୁଠୁ କମ୍ ଥିଲା ଏବଂ ଋଷିକେଶର ଭଗବାନ ବିଷ୍ଣୁଙ୍କ ମନ୍ଦିରଠାରେ ପୂଜା ଓ ପ୍ରାର୍ଥନା କରିଥିଲେ। ବିଷ୍ଣୁ ତାଙ୍କୁ ବରଦାନ କରି କହିଲେ ଯେ ଯେଉଁଠାରେ ସେ ପୂଜା କରିଛନ୍ତି, ସେ ସ୍ଥାନ ତାଙ୍କ ନାମରେ ନାମିତ ହେବ। ସେହି ସ୍ଥାନରେ ଭରତଙ୍କ ନାମରେ ଏକ ଭବ୍ୟ ମନ୍ଦିର ଅଛି ଏବଂ ସାରା ଦେଶରେ ଏହା ଏକମାତ୍ର ଭରତ ମନ୍ଦିର। ଭଗବାନ ବିଷ୍ଣୁ ଏଠାରେ ଋଷିକେଶ ନାରାୟଣ ନାମରେ ପୂଜା ପାଆନ୍ତି ଏବଂ ତାଙ୍କ ନାମ ଅନୁସାରେ ଏହି ସ୍ଥାନର ନାମ ଋଷିକେଶ ହୋଇଛି।

ବର୍ଷ ବର୍ଷ ଧରି ଭରତ ମନ୍ଦିର ଟ୍ରଷ୍ଟ ସମାଜ କଲ୍ୟାଣ କର୍ମରେ ସକ୍ରିୟ ରହିଆସିଛି। ୧୯୨୦ରେ ଭରତ ମନ୍ଦିର ଟ୍ରଷ୍ଟ ଭରତ ସଂସ୍କୃତ ବିଦ୍ୟାଳୟ ସ୍ଥାପନ କଲା। ସଂଯୋଗ ବଶତଃ ଯୋଗୀ ଆଦିତ୍ୟନାଥଙ୍କ ଗୁରୁ ମହନ୍ତ ଅଭେଦ୍ୟନାଥ ଏହି ସମାନ ବିଦ୍ୟାଳୟରୁ ସଂସ୍କୃତ ଶିକ୍ଷାପ୍ରାପ୍ତ ହେଇଥିଲେ। ୧୯୪୨ରେ ଭରତ ମନ୍ଦିର ଟ୍ରଷ୍ଟ ପକ୍ଷରୁ ମହନ୍ତ ପର୍ଶୁରାମ ଷଷ୍ଠ ଶ୍ରେଣୀରୁ ଦ୍ୱାଦଶ ଶ୍ରେଣୀ ପିଲାଙ୍କ ଶିକ୍ଷା ପାଇଁ ଭରତ ମନ୍ଦିର ଇଣ୍ଟର କଲେଜ ସ୍ଥାପନା କଲେ ଯେଉଁଠି ଅଜୟ ତାଙ୍କ ଦ୍ୱାଦଶ ଶ୍ରେଣୀର ଶିକ୍ଷା ସମାପ୍ତ କରିଥିଲେ। ଆଜି ବି ଏହା ଏ ଅଞ୍ଚଳର ସବୁଠାରୁ ବଡ ମହାବିଦ୍ୟାଳୟ ୨୦୦୨ ବେଳକୁ ଭରତ ମନ୍ଦିର ଟ୍ରଷ୍ଟ ଭରତ ମନ୍ଦିର ପରିସରରେ ଏକ ସିବିଏସ୍‌ଇ ପାଠ୍ୟକ୍ରମ ସ୍କୁଲ ପ୍ରତିଷ୍ଠା କଲେ। ଭିନ୍ନକ୍ଷମ ପିଲାମାନଙ୍କ ପାଇଁ ଭରତ ମନ୍ଦିର ଟ୍ରଷ୍ଟ ଜ୍ୟୋତି ବିଶେଷ ବିଦ୍ୟାଳୟ ସ୍ଥାପନା କରିଥିଲେ। ୧୯୭୨ରେ ଭରତ ମନ୍ଦିର ଟ୍ରଷ୍ଟର ଲଳିତ ମୋହନ ଶର୍ମା ରାଜ୍ୟ ସରକାରଙ୍କୁ ସ୍ନାତକ ମହାବିଦ୍ୟାଳୟ ସ୍ଥାପନ କରିବାକୁ ଏକ ବଡ ଜମି

ପ୍ରଦାନ କରିଥିଲେ। କିଛି ବର୍ଷ ପରେ ସରକାର ଏହି ମହାବିଦ୍ୟାଳୟକୁ ପଣ୍ଡିତ ଲଳିତ ମୋହନ ଶର୍ମା ସ୍ନାତକୋତ୍ତର ମହାବିଦ୍ୟାଳୟ ରୂପେ ପ୍ରତିଷ୍ଠିତ କଲେ।। ସଂଯୋଗବଶତଃ କୋଟଦ୍ୱାରରୁ ନିଜ ସ୍ନାତକ ଶିକ୍ଷା ପରେ ଅଜୟ ସଂଯୋଗବଶତଃ ଋଷିକେଶର ଏହି ମହାବିଦ୍ୟାଳୟରେ ନିଜ ସ୍ନାତକୋତ୍ତର ଶିକ୍ଷା ପାଇଁ ନାମ ଲେଖାଇଲେ। ନିଜ ସ୍ନାତକୋତ୍ତର ଶିକ୍ଷା ଅଧାରୁ ଛାଡି ଅଜୟ ଗୋରଖନାଥ ମଠରେ ନାଥପନ୍ଥୀ ସନ୍ନ୍ୟାସୀ ଭାବେ ଜୀବନ ବିତାଇବାକୁ ଚାଲିଗଲେ। ଏହା ଉଲ୍ଲେଖଯୋଗ୍ୟ ଯେ ଆଜି ଉତ୍ତରପ୍ରଦେଶର ପୂର୍ବାଞ୍ଚଳରେ ଜନକଲ୍ୟାଣ ପାଇଁ ମହନ୍ତ ଯୋଗୀ ଆଦିତ୍ୟନାଥଙ୍କ ନେତୃତ୍ୱରେ ଗୋରଖନାଥ ମଠ ଦ୍ୱାରା ୪୪ଟି ଶିକ୍ଷା ଅନୁଷ୍ଠାନ ପରିଚାଳିତ ହେଉଛି। ଶ୍ରୀ ପୋଖରିଆଲ ମତେ କହିଲେ ଯେ ଉତ୍ତରାଖଣ୍ଡର ପାର୍ବତ୍ୟାଞ୍ଚଳରେ ନାଥ ପରମ୍ପରା ଏବଂ କାନଫଟା ସାଧୁ ମାନଙ୍କ କାହାଣୀ ସେଠାକାର ଲୋକକଥାର ଏକ ଅଂଶ ପାଲଟିଯାଇଛି। ଗଡୱାଲର ଶ୍ରୀନଗର ଠାରେ ନାଥ ପରମ୍ପରାର ଏକ ବିଶାଳ ମନ୍ଦିର ଅଛି। ଋଷିକେଶ ଏବଂ ହରିଦ୍ୱାରରେ ମଧ୍ୟ ନାଥ ପରମ୍ପରାର ମନ୍ଦିର ଅଛି।

କୋଟଦ୍ୱାରରେ ଅଜୟଙ୍କ ମହାବିଦ୍ୟାଳୟ ସମୟ

୧୯୮୯ରେ ଅଜୟ କୋଟଦ୍ୱାରର ସରକାରୀ ସ୍ନାତକୋତ୍ତର ମହାବିଦ୍ୟାଳୟରେ ନିଜ ସ୍ନାତକ ଶିକ୍ଷା ପାଇଁ ଯୋଗଦାନ ଦେଲେ। ପୂର୍ବ ଶ୍ରେଣୀରେ ପଦାର୍ଥବିଜ୍ଞାନ, ରସାୟନ ବିଜ୍ଞାନ ଓ ଗଣିତ ବିଷୟ ପଢିଥିବାରୁ ସ୍ନାତକ ଶ୍ରେଣୀରେ ମଧ୍ୟ ସମାନ ବିଷୟ ନେଇ ପଢିଲେ। ମୁଁ ଅଜୟଙ୍କ ପିଲାଦିନର କିଛି ଉପାଖ୍ୟାନ ଶୁଣିଥିଲି। ଯେଉଁଠୁ ଅଜୟଙ୍କ ବ୍ୟକ୍ତିତ୍ୱ ଏବଂ ଚିନ୍ତାଧାରା ସମ୍ବନ୍ଧରେ ଏକ ଧାରଣା ମିଳେ।

ଅଜୟଙ୍କ ସହପାଠୀ ଅନିଲ ବିଷ୍ଟ ଆମକୁ କହିଲେ ଯେ କଲେଜରେ ସେମାନଙ୍କର ଏକ ଗୋଷ୍ଠୀ ଥିଲେ ଏବଂ ସେମାନଙ୍କ ମଧ୍ୟରେ ଥିଲେ ନିଜ ଅଜୟ, ଅନିଲ ବିଷ୍ଟ, ସନ୍ଦୀପ ବିଷ୍ଟ, ଅନୁପ କାନ୍ଦାରୀ, ହର୍ଷପାଲ ରାଣା, ଅରବିନ୍ଦ ବନସଲ, ନୀରଜ ଅଗ୍ରୱାଲ ଏବଂ ବବିତା ରାଣା, ସରସ୍ୱତୀ ରାୱତ ଓ ଆରତୀ ଢୋନଦିୟାଲ ନାମରେ ତିନି ଜଣ ସାଙ୍ଗ। ଯୋଗୀଙ୍କ ବନ୍ଧୁ ରାଜଭୂଷଣ ସିଂ ରାୱତ ଏବେ ମଧ୍ୟ ଯୋଗୀଙ୍କ ଘନିଷ୍ଠ ସହଯୋଗୀ ଭାବେ କାର୍ଯ୍ୟ କରୁଛନ୍ତି ଓ ଯୋଗୀ ମୁଖ୍ୟମନ୍ତ୍ରୀ ହେବା ପରେ ରାଜଭୂଷଣ ମଧ୍ୟ ଲକ୍ଷ୍ନୌରେ ଆସି ରହିଛନ୍ତି। ରାଜା ବାବୁ ନାମରେ ପରିଚିତ ରାଜଭୂଷଣ ଯାଦବ ନିୟମିତ ଭାବେ ମହାବିଦ୍ୟାଳୟର ସହପାଠୀମାନଙ୍କର ବନ୍ଧୁମିଳନ ଆୟୋଜନ କରାନ୍ତି ଏବଂ ସେମାନଙ୍କର ପୂର୍ବତନ ବନ୍ଧୁ ମୁଖ୍ୟମନ୍ତ୍ରୀ ଯୋଗୀ ଆଦିତ୍ୟନାଥଙ୍କ ସହ ଅନ୍ୟ ବନ୍ଧୁମାନଙ୍କ ଯୋଗାଯୋଗର ମୁଖ୍ୟ ବିନ୍ଦୁ ମଧ୍ୟ ଅଟନ୍ତି।

କୋଟଦ୍ୱାର ଠାରେ ଅଳଙ୍କାର ଦୋକନ କରିଥିବା ଅଜୟଙ୍କ ସହପାଠୀ ନୀରଜ ଅଗ୍ରୱାଲ ମତେ କହିଲେ ଯେ ଅଜୟଙ୍କ ସମେତ ତାଙ୍କ ଗୋଷ୍ଠୀ ସକାଳୁ କୋଟଦ୍ୱାର ଝଣ୍ଡା ଛକଠାରୁ ସିଦ୍ଧବଲୀ ହନୁମାନ ମନ୍ଦିର ଯାଇ ପ୍ରାୟ ୩କି.ମି ଦୌଡୁଥିଲେ। ତା ପରେ ତାଙ୍କ ଗୋଷ୍ଠୀର ପିଲାମାନେ ବ୍ୟାଡମିଣ୍ଟନ ଖେଳୁଥିଲେ ଏବଂ ଅଜୟ ନିଜର ଯୋଗ ଓ ବ୍ୟାୟାମ ଅଭ୍ୟାସ ଜାରି ରଖୁଥିଲେ। ଏହି ଦଳଟି ପ୍ରାୟତଃ ନିକଟସ୍ଥ କାଲାଗଡ, ତାଡକେଶ୍ୱର ଏବଂ ମସୌରିକୁ ବଣଭୋଜି କରିବାକୁ ଯାଉଥିଲେ। କୋଟଦ୍ୱାରା ଏକ ବଡ ସହର ଥିଲା ଏବଂ ଅଜୟଙ୍କର ସମ୍ପୂର୍ଣ୍ଣ ସ୍ୱାଧୀନତା ଥିଲା। ଯଦିଓ ଅଜୟ ସାଧାରଣ ଓ ଶାନ୍ତ ସ୍ୱଭାବର ଥିଲେ। ତେବେ ସେ ସହରୀ ଆଦବକାଇଦା ଢାଞ୍ଚାରେ ପଡିବାକୁ ଲାଗିଲେ। ତାଙ୍କ ମହାବିଦ୍ୟାଳୟ ସମୟର କିଛି ଫଟୋରେ ଅଜୟଙ୍କୁ କଳାଚଷମା ଓ ଅତ୍ୟାଧୁନିକ ପୋଷାକରେ ଦେଖିବାକୁ ମିଳେ।

ଅଜୟଙ୍କ କଥା ପଡିବାରୁ ତାଙ୍କର ଆଉ ଜଣେ ସହପାଠୀ ବନ୍ଦନା ରାଣା କହିଲେ ଯେ, ଅଜୟ ବେଶ ଚୁପ୍‌ଚାପ ସ୍ୱଭାବର ଥିଲେ। କିନ୍ତୁ ସହପାଠୀମାନଙ୍କୁ ସାହାଯ୍ୟ କରିବାକୁ ସର୍ବଦା ଆଗ୍ରହୀ ଥିଲେ। ବନ୍ଦନା ବର୍ଣ୍ଣନା କରି କହିଲେ ଯେ ସେମାନେ ମହାବିଦ୍ୟାଳୟର ପ୍ରଥମ ବର୍ଷରେ ଥିଲା ବେଳେ ସେମାନଙ୍କର ଜଣେ ସହପାଠୀ ସରସ୍ୱତୀ ରାୱତ ଯୁଗ୍ମ ସମ୍ପାଦକ ପଦ ପାଇଁ ନିର୍ବାଚନରେ ପ୍ରତିଦ୍ୱନ୍ଦ ହେଲେ ଏବଂ ଅଜୟଙ୍କ ସମେତ ତାଙ୍କ ପୂରା ଗୋଷ୍ଠୀ ଦୁଗ୍ଗଡ ନାମକ ସ୍ଥାନକୁ ଏହି ନିର୍ବାଚନ ପ୍ରଚାର ପାଇଁ ଗଲେ। ସେମାନଙ୍କର ପ୍ରଚାର ସରିଲା ବେଳକୁ ସଂଧ୍ୟା ୬ଟା ବାଜି ସାରିଥିଲା ଏବଂ କୌଣସି ବସ ସେଠାରେ ସେମାନଙ୍କୁ ନବା ପାଇଁ ଅଟକିଲା ନାହିଁ। କାରଣ କଲେଜ ପିଲାମାନେ ସାଧାରଣତଃ ବଦମାସି କରି ଟିକେଟ ନକାଟି ବସ୍‌ରେ ଯାତ୍ରା କରିବାର ପରମ୍ପରା ଥିଲା। ଦୁର୍ଭାଗ୍ୟବଶତଃ ଯାତାୟତ ପାଇଁ ଏକମାତ୍ର ମାଧମ ବସ ଥିଲା ଏବଂ ଧିରେ ଧିରେ ଅନ୍ଧାର ବଢୁଥିଲା। ସେହି ସମୟରେ ମୋବାଇଲ ଫୋନର ପ୍ରଚଳନ ନଥିବାରୁ ଛାତ୍ରଛାତ୍ରୀମାନଙ୍କ ପରିବାର ଜନଙ୍କୁ ଏ ଅସୁବିଧା ସମ୍ପର୍କରେ ଜଣାଇବା ସମ୍ଭବ ନଥିଲା। ବବିତା ବହୁତ ବ୍ୟସ୍ତ ହୋଇପଡିଲେ ଏବଂ ତାଙ୍କ ମନକୁ ଆସିଲା ଯେ ବୋଧହୁଏ ତାଙ୍କ ବାପା ମା ତାଙ୍କୁ ଘରେ ପୁରାଇ ଦେବେ ନାହିଁ। ବବିତା କାନ୍ଦ କାନ୍ଦ ହେବା ଅବସ୍ଥାରେ ହଠାତ୍ ଅଜୟ ଆଗରୁ ଆସୁଥିବା ବସ୍ ସମ୍ମୁଖରେ ଛିଡା ହୋଇ ବସକୁ ରହିବାକୁ ବାଧ କରୁଛନ୍ତି। ବସ୍ ଅଜୟଙ୍କ ଠୁ କିଛି ଇଞ୍ଚ ଦୂରରେ ହିଁ ଅଟକିଲା। ସମସ୍ତେ ଅଜୟଙ୍କ ନିରାପତ୍ତା ପାଇଁ ବ୍ୟସ୍ତ ହୋଇପଡିଲେ, କିନ୍ତୁ ବସ କଣ୍ଡକ୍ଟରର ବିରୋଧକୁ ଖାତିର ନ କରି ଅଜୟ ପ୍ରଥମେ ସବୁ ଝିଅମାନଙ୍କୁ ବସ୍‌ରେ ଚଢିବାକୁ କହିଲେ, ଝିଅମାନେ ବସ୍ କଣ୍ଡକ୍ଟରକୁ ଆଶ୍ୱସ୍ତ କଲେ ଯେ ସେମାନେ

ଟିକେଟ ପଇସା ଦେବେ ଏବଂ ଅଜୟ ସସବୁ ଛାତ୍ରଛାତ୍ରୀଙ୍କୁ ନିରାପଦରେ କୋଟଦ୍ୱାର ଫେରାଇ ଆଣିବାରେ ସକ୍ଷମ ହେଲେ। ଏହା ଏକ ସାଧାରଣ ଘଟଣା ନଥିଲା। ଏହି ଘଟଣା ଯୋଗୀଙ୍କର ମହିଳାମାନଙ୍କ ସୁରକ୍ଷା ଓ ନିରାପତ୍ତା ଓ ସେମାନଙ୍କ ପ୍ରତି ଗଭୀର ସମ୍ମାନବୋଧ ଥିବାର ନିଦର୍ଶନ ଥିଲା। ଏବେ ମୁଖ୍ୟମନ୍ତ୍ରୀ ହେବା ପରେ ସାରା ରାଜ୍ୟର ମହିଳାମାନଙ୍କ ନିରାପତ୍ତା ଓ ସୁରକ୍ଷା ନିମନ୍ତେ ଆଣ୍ଟିରୋମିଓ ସ୍କ୍ୱାର୍ଡ କରି ଯୋଗୀ ସରକାର ମହିଳାମାନଙ୍କୁ ସମ୍ମାନ ଦେବାର ଉଦାହରଣ ବଜାୟ ରଖିଛନ୍ତି।

ଏସ୍‌ଏଫଆଇ ବଦଳରେ ଅଜୟ ଏବିଭିପିକୁ ବାଛିଲେ

ଅଜୟଙ୍କର ସବୁବେଳେ ରାଜନୀତିରେ ଆଗ୍ରହ ଥିଲା ଏବଂ ତାଙ୍କ କଲେଜ ସମୟରେ ମଧ୍ୟ ସେ ଛାତ୍ରରାଜନୀତିରେ ଯୋଗ ଦେବାକୁ ଚାହୁଁଥିଲେ। ତାଙ୍କ ଭଉଣୀ କୌଶଲ୍ୟା କୋଟଦ୍ୱାରରେ ବାହା ହୋଇଥିଲେ ଏବଂ ତାଙ୍କ ଭଉଣୀଙ୍କ ଦିଅର ଭାରତୀୟ କମ୍ୟୁନିଷ୍ଟ ପାର୍ଟି ସହ ଜଡିତ ବାମପନ୍ଥୀ ଛାତ୍ର ସଂଗଠନ ଏସ୍‌ଏଫଆଇ ସହ ସଂପୃକ୍ତ ଥିଲେ। ସେ ଅଜୟଙ୍କୁ ଏସ୍‌ଏଫଆଇ ବ୍ୟାନରରେ ଛାତ୍ର ରାଜନୀତିରେ ଯୋଗ ଦେବାକୁ ଚାପ ପ୍ରୟୋଗ କଲେ। କିନ୍ତୁ ପ୍ରମୋଦ ରାୱତ (ଆକାଟୁନା) ଅଜୟଙ୍କୁ ଭିନ୍ନ ପ୍ରକାରେ ବୁଝାଇ ରାଷ୍ଟ୍ରୀୟ ସ୍ୱୟଂ ସେବକ ସଂଘର ଛାତ୍ର ବିଭାଗ ଅଖିଳ ଭାରତୀୟ ବିଦ୍ୟାର୍ଥୀ ପରିଷଦ(ଏବିଭିପି)ରେ ଯୋଗ ଦେବାକୁ ରାଜି କରାଇଲେ। ଏବିଭିପିରେ ଯୋଗ ଦେବା ପରେ ଅଜୟ ଏ କ୍ଷେତ୍ରରେ ବହୁତ ସକ୍ରିୟ ହେଲେ। ସେ ସେହି ଅଞ୍ଚଳରେ ଏବିଭିପି ଦ୍ୱାରା ଆୟୋଜିତ ସବୁ ଆୟୋଜନ, ଅଭିଯାନ ଏବଂ ବିରୋଧ ପ୍ରଦର୍ଶନର ପୁରୋଭାଗରେ ରହୁଥିଲେ। ଥରେ ଉତ୍ତରାଖଣ୍ଡକୁ ଅଲଗା କରିବା ଆନ୍ଦୋଳନରେ ଅଜୟ ପୋଲିସ ଲାଠିମାଡକୁ ସାମ୍ନା କରି ଜଣେ ବରିଷ୍ଠ କାର୍ଯ୍ୟକର୍ତ୍ତା ରାକେଶ ଚାମୋଲୀଙ୍କୁ ବଞ୍ଚେଇଥିଲେ। କୋଟଦ୍ୱାର ଅଜୟଙ୍କ ସାମାଜିକ ଓ ରାଜନୈତିକ ଆନ୍ଦୋଳନ ପାଇଁ ପ୍ରଥମ ଶିକ୍ଷାଭୂମି ପାଲଟିଗଲା।

ଅଜୟଙ୍କ କୋଟଦ୍ୱାର ରହଣି ସମୟରେ କଥା କରି ତାଙ୍କ ସହପାଠୀ ଅନିଲ ବିଷ୍ଟ କହିଲେ ଯେ କଲେଜର ଶେଷବର୍ଷରେ କୋଟଦ୍ୱାରରେ ଏବିଭିପିର ଏକ ବୃହତ୍ କର୍ମଶାଳା ଆୟୋଜନ ହୋଇଥିଲା ଏବଂ ସେଠାରେ ଜଣେ ବାହାରୁ ଆସିଥିବା କର୍ମକର୍ତ୍ତା କଲେରାରେ ପୀଡିତ ହୋଇ ଦୁର୍ଭାଗ୍ୟବଶତଃ ମୃତ୍ୟୁବରଣ କଲେ। ଯେତେବେଳେ କେହି ମୃତକଙ୍କ ଗ୍ରାମ ତାଡକେଶ୍ୱରକୁ ତାଙ୍କ ଶବ ନେବାକୁ ଆଗେଇ ଆସିଲେ ନାହିଁ, ସେତେବେଳେ ଅଜୟ ଅନ୍ୟ ସ୍ୱେଚ୍ଛାସେବୀଙ୍କ ସହ ମିଶି ମୃତକଙ୍କ ଶବ କେମିତି ତାଙ୍କ ପରିବାରଜନଙ୍କୁ ହସ୍ତାନ୍ତର ହେବ, ସେ କଥା ବ୍ୟକ୍ତିଗତ ଭାବେ ଦେଖିଲେ।

ଦାୟିତ୍ୱବୋଧ ଏବଂ ବିପଦରେ ପଡିଥିବା ଲୋକଙ୍କୁ ସାହାଯ୍ୟ କରିବାର ମାନସିକତା ଅଜୟଙ୍କର ପିଲାଦିନୁ ଥିଲା ଏବଂ ଆଜି ମୁଖ୍ୟମନ୍ତ୍ରୀ ହେବାପରେ ଲୋକଙ୍କ ଅବସ୍ଥାରେ ଉନ୍ନତି ଆଣିବାର ପ୍ରଚେଷ୍ଟାରୁ ଏକଥା ପ୍ରମାଣିତ।

ନିଜ ଜୀବନର ପ୍ରଥମ ନିର୍ବାଚନ ଅଜୟ କିପରି ହାରିଲେ

୧୯୯୨ରେ ନିଜ ମହାବିଦ୍ୟାଳୟର ସମ୍ପାଦକ ପଦ ପାଇଁ ଲଢିବାକୁ ଅଜୟ ଚାହିଁଲେ। ସେ ଏବିଭିପି ତରଫରୁ ସମ୍ପାଦକ ପଦ ପାଇଁ ଟିକେଟ୍ ପାଇପାରିଥାଆନ୍ତେ। କିନ୍ତୁ ପଦ୍ମେଶ ବୁଦଲାକୋଟି ନାମରରେ ଆଉ ଜଣେ ଛାତ୍ର ସେଇ ସମାନ ପଦ ପାଇଁ ଏବିଭିପିର ଟିକେଟ ଚାହିଁଲେ। ଏହି ବିବାଦ ତୁଟାଇବାକୁ ଏବିଭିପି ଆଉ ଜଣେ ତୃତୀୟ ବ୍ୟକ୍ତି ଦୀପ ପ୍ରକାଶ ଭଟ୍ଟଙ୍କୁ ଟିକେଟ୍ ଦେଲା। ଅଜୟ ସେତେବେଳେ ବହୁତ ବିଦ୍ରୋହୀ ଥିଲେ। ଏବିଭିପି ଟିକେଟ ନ ପାଇବାରୁ ସେହି ପଦ ପାଇଁ ଅଜୟ ସ୍ୱାଧୀନ ପ୍ରାର୍ଥୀ ଭାବେ ଲଢିଲେ। ଅଜୟ ଏହି ନିର୍ବାଚନ ହାରିଗଲେ। ଅରୁଣ ତିୱାରୀ ନାମକ ଏକ ବ୍ୟକ୍ତି କୋଟଦ୍ୱାର ସରକାରୀ ସ୍ନାତକୋତ୍ତର ମହାବିଦ୍ୟାଳୟର ଛାତ୍ର ସଂସଦର ସଭାପତି ପଦ ଜିତିଲେ। ଅଧୁନା ଅରୁଣ ସମାଜବାଦୀ ପାର୍ଟିର ଜଣେ ସକ୍ରିୟ ସଦସ୍ୟ ଏବଂ ପଦ୍ମେଶ ବୁଦଲାକୋଟି କୋଟଦ୍ୱାର ରାଷ୍ଟ୍ରୀୟ ସ୍ୱୟଂସେବକ ସଂଘର ଜଣେ ସକ୍ରିୟ ସଦସ୍ୟ ଅଛନ୍ତି। ଏହାପରେ ଅଜୟ ଆଜି ଯାଏ କୌଣସି ନିର୍ବାଚନ ହାରିନାହାନ୍ତି। ଯୋଗୀ ଆଦିତ୍ୟନାଥ ଭାବେ ଅଜୟ ପାଞ୍ଚଥର ଲୋକସଭା ନିର୍ବାଚନ ଲଢିଛନ୍ତି ଏବଂ ସବୁ ଜିତିଛନ୍ତି।

ଏହି ସମ୍ପାଦକ ନିର୍ବାଚନ ବିଷୟରେ ବର୍ଣ୍ଣନା କରି ଅଜୟଙ୍କ ସହପାଠୀ ଅନିଲ ବିଷ୍ଟ ମତେ କହିଲେ ଯେ, ସେହି ନିର୍ବାଚନ ଅଭିଯାନ ଆୟୋଜନ ସମୟରେ ଅଜୟ ଦିନେ ରାତିରେ ଆଉ ଜଣେ ସାଙ୍ଗ ବଖରାରେ ଶୋଇ ପଡିଥିଲେ ଏବଂ ସେହି ରାତିରେ କେହି ଜଣେ ଅଜୟଙ୍କ କୋଠରୀ ଭାଙ୍ଗି ତାଙ୍କର ସବୁ ସାର୍ଟିଫିକେଟ ଅନ୍ୟ ଦରକାରୀ କାଗଜପତ୍ର ଓ ଅନ୍ୟ ସବୁ ଜିନିଷ ଚୋରି କରି ନେଇଗଲା। ଏହି ଘଟଣାରେ ଅଜୟ ବିଚଳିତ ହୋଇ ନିର୍ବାଚନରେ ପୂର୍ଣ୍ଣପ୍ରାଣରେ ମନଯୋଗ ଦେଇପାରିଲେ ନାହିଁ।

ଯେବେ ଅଜୟଙ୍କ ବାପା, ମା ସନ୍ନ୍ୟାସୀ ଯୋଗୀ ଆଦିତ୍ୟନାଥଙ୍କୁ ଭେଟିଲେ

ନିଜ ସ୍ନାତକ ଶିକ୍ଷା ପରେ ୧୯୯୨ରେ ଗଣିତ ଓ ବିଜ୍ଞାନରେ ସ୍ନାତକୋତ୍ତର ଶିକ୍ଷା ପାଇଁ ଅଜୟ ଋଷିକେଶର ଲଳିତ ମୋହନ ଶର୍ମା ସରକାରୀ ସ୍ନାତକୋତ୍ତର ମହାବିଦ୍ୟାଳୟରେ ନାମ ଲେଖାଇଲେ। ପ୍ରଥମ ବର୍ଷ ସ୍ନାତକୋତ୍ତର ଶିକ୍ଷା ସମୟରେ

ହିଁ ସେ ଗୋରଖପୁର ଯାଇ ମହନ୍ତ ଅଭେଦ୍ୟନାଥଙ୍କୁ ସାକ୍ଷାତ କରିବା ଆରମ୍ଭ କଲେ। ଦୁଇ ତିନିଥର ସାକ୍ଷାତପରେ ଅଜୟ ଗୋରଖନାଥ ମଠରେ ପୂର୍ଣ୍ଣକାଳୀନ ଶିଷ୍ୟ ହୋଇ ରହିବାକୁ ସ୍ଥିର କଲେ। ନଭେମ୍ବର ୧୯୯୩ରେ ନିଜ ଘର ପରିବାର, ସାଙ୍ଗସାଥୀ, ପିତାମାତା ଓ ପାଠପଢ଼ା ଛାଡି କାହାରିକୁ କିଛି ନ କହି ଅଜୟ ଗୋରଖପୁର ଚାଲିଗଲେ। ୧୫ ଫେବୃଆରୀ ୧୯୯୪ରେ ଅଜୟ ନିଜ ଗୁରୁ ମହନ୍ତ ଅଭେଦ୍ୟନାଥଙ୍କ ଦ୍ୱାରା ନାଥପନ୍ଥୀ ଯୋଗୀ ରୂପେ ଅଭିଷିକ୍ତ ହେଲେ।

ଦୁଇ ମାସ ପରେ ଖବରକାଗଜରୁ ଅଜୟଙ୍କ ସନ୍ନ୍ୟାସ ଗ୍ରହଣ ବାବଦରେ ତାଙ୍କ ପିତା ମାତା ଜାଣିଲେ। ସେ ପର୍ଯ୍ୟନ୍ତ ତାଙ୍କ ବାପା ମା ଭାବୁଥିଲେ ଯେ ଅଜୟ କୌଣସି କର୍ମସଂସ୍ଥାନ ଯୋଗାଡ ପାଇଁ ଗୋରଖପୁର ଯାଇଛନ୍ତି। ସନ୍ନ୍ୟାସ ସମ୍ବନ୍ଧରେ ଜାଣିବା ପରେ ପରବର୍ତ୍ତୀ ଟ୍ରେନରେ ହିଁ ଅଜୟଙ୍କ ବାପା ମା ଗୋରଖପୁରରେ ପହଞ୍ଚିଲେ ଏବଂ ଯୋଗୀଙ୍କୁ ସନ୍ନ୍ୟାସ ବେଶ ଭୂଷାରେ ଦେଖି ତାଙ୍କ ପିତା ଆନନ୍ଦ ସିଂ ବିଷ୍ଟ ଶୋକାଭିଭୂତ ହେଲେ। ସେତେବେଳେ ମହନ୍ତ ଅଭେଦ୍ୟନାଥ ମଠରୁ ବାହାରେ ଥିଲେ ଏବଂ ଯୋଗୀ ନିଜ ବାପା ମାଙ୍କୁ ବୁଝାଇ ଶୁଝାଇ ଗୁରୁଙ୍କ ସହ ଫୋନରେ କଥା କୁହାଇଲେ। ମହନ୍ତ ଅଭେଦ୍ୟନାଥ ଅଜୟଙ୍କ ପିତାମାତାଙ୍କୁ କହିଲେ ଯେ ତାଙ୍କ ପୁଅ ଅଜୟ ବର୍ତ୍ତମାନ ଯୋଗୀ ଆଦିତ୍ୟନାଥ। ମହନ୍ତ ଅଭେଦ୍ୟନାଥ ଆନନ୍ଦ ସିଂ ବିଷ୍ଟଙ୍କୁ ବୁଝାଇ କହିଲେ ଯେ ତାଙ୍କ ଚାରିପୁଅଙ୍କ ମଧ୍ୟରୁ ଜଣେ ମାତ୍ର ରାଷ୍ଟ୍ର ନିର୍ମାଣ ଓ ହିନ୍ଦୁ ଧର୍ମକୁ ସୁଦୃଢ କରିବାକୁ ମହନ୍ତଙ୍କ ସାଙ୍ଗରେ ଆସିଛନ୍ତି ଏବଂ ସେମାନେ ଦୟାକରି ତାଙ୍କୁ ଦେଶ ସେବା କରିବାକୁ ଛାଡନ୍ତୁ ବୋଲି ଅନୁରୋଧ କଲେ। ପ୍ରଥମେ ବିରୋଧ କରୁଥିଲେ ହେଁ ପରେ ଅଜୟଙ୍କ ପିତାମାତା ରାଜି ହୋଇଗଲେ।

ଦୁଇ ମାସ ପରେ ସନ୍ନ୍ୟାସ ପରମ୍ପରାର ପ୍ରଥା ଅନୁଯାୟୀ ଯୋଗୀ ଆଦିତ୍ୟନାଥ ଉତ୍ତରାଖଣ୍ଡରେ ଥିବା ତାଙ୍କ ଗାଁକୁ, ନିଜ ମାଙ୍କ ଠାରୁ ଭିକ୍ଷା ଗ୍ରହଣ କରିବାକୁ ଆସିଲେ, ତା ପରଠୁ ଅଜୟଙ୍କ ବାପା ମା ଗୋରଖନାଥ ମଠରେ ଯୋଗୀ ଆଦିତ୍ୟନାଥଙ୍କୁ କେତେ ଥର ଭେଟିଛନ୍ତି। ବର୍ତ୍ତମାନ ସେମାନେ ଯୋଗୀ ଆଦିତ୍ୟନାଥଙ୍କ ପଦର ଗରିମା ରକ୍ଷା ପାଇଁ ଅନ୍ୟମାନଙ୍କ ପରି ତାଙ୍କୁ 'ମହାରାଜ ଜୀ' ବୋଲି ସମ୍ବୋଧନ କରନ୍ତି। ଆଦିତ୍ୟନାଥ ମଧ୍ୟ ପରିବାରର କିଛି ଗୁରୁତ୍ୱପୂର୍ଣ୍ଣ ଉତ୍ସବ ପାଇଁ ନିଜ ପୈତୃକ ଗାଁକୁ ଯାଇଛନ୍ତି। ଯୋଗୀ ଆଦିତ୍ୟନାଥ ଉତ୍ତରାଖଣ୍ଡରେ ନିଜ ଗାଁ ନିକଟରେ ଗୋରଖପୁର ମଠ ପ୍ରଶାସନ ଦ୍ୱାରା ପରିଚାଳିତ ମହାଯୋଗୀ ଗୁରୁ ଗୋରଖନାଥ ମହାବିଦ୍ୟାଳୟ ପ୍ରତିଷ୍ଠା କରିଛନ୍ତି।

ଅଜୟଙ୍କ ପିତାମାତାଙ୍କ ସହ ଆଲୋଚନା ସମାପ୍ତ କରି ମୁଁ କହିଲି ଯେ

ଉତ୍ତରାଖଣ୍ଡର ପାର୍ବତ୍ୟାଞ୍ଚଳ ବହୁତ ସୁନ୍ଦର ଏବଂ ଆଗରୁ ଏଠାରୁ ଶ୍ରୀ ଗୋବିନ୍ଦ ବଲ୍ଲଭ ପନ୍ଥ, ଶ୍ରୀ ହେମବତୀ ନନ୍ଦନ ବହୁଗୁଣା ଓ ଶ୍ରୀ ନାରାୟଣ ଦତ୍ତ ତିୱାରୀ ଉତ୍ତରପ୍ରଦେଶର ମୁଖ୍ୟମନ୍ତ୍ରୀ ହୋଇଛନ୍ତି ଏବଂ ବର୍ତ୍ତମାନ ଏଘରୁ ଉତ୍ତରପ୍ରଦେଶ ପାଇଁ ଚତୁର୍ଥଥର ଜଣେ ମୁଖ୍ୟମନ୍ତ୍ରୀ ଯାଇଛନ୍ତି। ଏହା ଶୁଣି ସବିତା ଦେବିଜୀ, ଗର୍ବିତ ଭାବରେ କହିଲେ ଯେ ଅଜୟ ସବୁବେଳେ ଲୋକଙ୍କ ସେବା କରିବାକୁ ଭଲ ପାଉଥିଲେ ଏବଂ ସେ ସେହି କାର୍ଯ୍ୟ କରୁଛନ୍ତି। ଖୁସିର ଅଶ୍ରୁ ଆଖିରେ ରଖି ଆନନ୍ଦ ସିଂ କହିଲେ ଯେ ଅଜୟଙ୍କ ପିତା ମାତା ଭାବେ ସେମାନେ ବହୁତ ଭାଗ୍ୟଶାଳୀ ଏବଂ ଆଜି ସେମାନେ ଏତେ ବିଶାଳ ରାଜ୍ୟର ମୁଖ୍ୟମନ୍ତ୍ରୀ ହୋଇଥିବା ନିଜ ସନ୍ନ୍ୟାସୀ ପୁତ୍ର ପାଇଁ ବେଶ ଗର୍ବିତ ଓ ଆନନ୍ଦିତ।

1- www.janasatta.com/national/
2- Uttar Pradesh- 'Vikas ki Pratiksha mein', by Shantanu Gupta, Publishe: Bloomsbury, India
3- Yogi Adityanath's First Press Conference As the New CM of UP https:// www.youtube.com/
4- Home work ho chukka hai, ab bas nirnay, http:// panchjanya.com/
5- Panchayat AajTak, 5th May 2017- https://www.youtube.com/watch
6- Yogi's Janta Darbar. http// Indiatoday.intoday.in/ video/
7- UP Chief Minister Yogi Adityanath in Aap ki Adalat, India TV http:// www.youtube.com/ watch
8- Amar Singh in Aap ki Adalat 2017 (full Episode) https://www.youtube.com/watch
9- http:// www.indiasamvad.co.in/ special- stories/
10- Top 16 decisions in 30 days: Yogi Adityanath's first month as Uttar Pradesh CM http:// www.hindustantimes.com/ lucknow
11- http:// www. youtube.com/ watch
12- http://nyaaya.in/law/979
13- http:// www.firstpost.com/india
14- Crime against women highest in Uttar Pradesh: NCW http:// indiatoday.intoday.in/ story/
15- Exclusive: Yogi Adityanath Speaks At 'Panchaya Aajtak'- Uttar Pradesh https://www.youtube.com/watch
16- Yogi Adityanath govt. decides to waive farm loans in Uttar Pradesh: http:// www.livemint.com/ politics/
17- http:// twitter.com/ SureshRanaBJP/status
18- http:// www.business-standard.com/ article/ economy-policy/
19- https:// www.youtube.com/watch.
20- http:// www.newindianexpress.com/nation/2017
21- http://indiatoday.intoday.in/story
22- https:// www.youtube.com/watch
23- Exclusive: Yogi Adityanath Speaks at 'Panchayat Aajtak'- Uttar Pradesh https://www. youtube.com/watch

24-	BiMaRU stands for Bihar, Madhya Pradesh, Rajasthan and Uttar Pradesh
25-	https:// www.youtube.com/watch
26-	http:// zeenes.india.com/ bihar/ nitish-kumar-asks-up
27-	http://indianexpress.com/article/india
28-	http://indianexpress.com/article/india
29-	http:// hindustanties.com/analysis/why-up-cm-yogi
30-	http:// www.business-standar.com/article/ economy-policy/
31-	http://economictimes.indiatimes.com/articleshow/
32-	http:// www.hindustantimes.com/lucknow/
33-	Krishna and Dhirendra K. Jha (Ayodhya: The Dark Night, page 28)
34-	Magic Letter That Gets All Work Done in Yogi Adityanath's Gorakhpur Durbar https:// www.youtube.com/watch?v
35-	CM Yogi's residence a new citadel for those in trouble http:// www.asianage.com/india/politics/
36-	http:// www.prsindia.org/mptrack/yogiadityanath
37-	http:// www.prsindia.org/mptrack/rahulgandhi
38-	http://loksabha.nic.in/
39-	http:// www.ndtv.com/cities/pm-modi-
40-	http://164.100.47.194/Loksabha/Members/
41-	https://www.washingtonpost.com/news/worldviews/wp
42-	http://www.bbc.com/news/world-asia-india
43-	https://www.nytimes.com/2017/03/18/world/asia
44-	http://www.indiasamvad.co.in/top-stories/
45-	http:/www.nytimes.com/2017/07/12/world/asia/
46-	http://www.hinduyuvavahini.in/samvidhan.aspx
47-	http://www.hinduyuvavahini.in/samvidhan_2.aspx
48-	http://www.hinduyuvavahini.in/samachar.aspx
49-	What is Yogi Adityanath's Hinddu YuvaVahini? http://indianexpress.com/article/what-is/
50-	http://indianexpress.com/profile/columnist/
51-	Dhirendra K. Jha, Yogi Adityanath and the Hindu YuvaVahini
52-	http://scroll.in/article/837614/rss-asks-
53-	http://economictimes.indiatimes.com/articleshow/
54-	http://www.dinancialexpress.com/india-news/demand-for-yogi
55-	http://indianexpress.com/article/what-is/
56-	http:// www.frontpagemag.com/fpm/29632/love-jihad-
57-	Yogi Adityanath in Aap Ki Adalat. (2014) https://www.youtube.com/watch

58- "Kerala CM criticised for sepaking out against 'Love Jihad". The Economic TImes. 27 July 2010. http://economictimes.indiatimes.com/news/politics-and-nation/
59- http:// news.rediff.com/report/2009/oct/14
60- http://www.daijiworld.com/news/newsDisplay
61- http://www.newinddianexpress.com/states/kerala/2009/oct/19
62- http:// timesofindia.indiatimes.com/world/pakistan/
63- http://www.standard.co.uk/news/police-protect-grils-
64- https://www.theguardian.com/commentisfree/belief/
65- http://indiatoday.intoday.in/story/love-jihad-
66- http://timesofindia.indiatimes.com/city/bangalore/
67- http://www.firstpost.com/inddia/keralas-missing-youths-
68- http://articles.economictimes.indiatimes.com/2009-12-10/news/
69- http://www.news18.com/news/india/a-first
70- http:// www.newindianexpress.com/nation/2017/mar/18/
71- http://www.thehindu.com/thehindu/op/2002/12/17
72- Yogi Adityanath Cried in Lok Sabha www.youtube.com/watch
73- http://timesofindia.indiatimes.com/india/Ahmedabad-blasts-brains-SIMI
74- http://www.hindustantimes.com/india/one-killed-
75- http://zeenews.india.com/home/
76- http://www.newsnations.in/india-news/when-
77- https:// www.youtube.com/watch
78- http://www.thehindu.com/news/national
79- http://www.hindustantimes.com/assembly-elections/
80- http://www.deccanchronicle.com/150210/nation-current-affairs/
81- http://indianexpress.com/article/india/
82- http://economictimes.indiatimes.com/news/politics-and-
83- http://www.business-standard.com/article/plitics/
84- https://swarajyamag.com/ideas/politically
85- https://www.youtube.com/watch
86- https://tribune.com.pk/story/
87- http://www.ndtv.com/india-news/bjps
88- https://www.youtube.com/watch
89- https://www.youtube.com/watch
90- The Yogi And the Fanatic. Will Eastern UP Be The Next Gujrat? http://archives.peeoplesdemocracy.in/2007/
91- Yogi Adityanath in Aap Ki Adalat. (2014) https://www.youtube.com/watch

92- Rashtra Sant, Mahant Avaidyanath, Publisher: Mahant Avaidyanath Nyas, Gorakhpur
93- http:// www.business-standard.com/article/opinion/adityanath-
94- Wolf-Dieter Storl (2004). Shiva: The Wildd God of Power and Ecstasy. Inner Traditions.p.258
95- http:// www.britannica.com/topic/Natha
96- Mallinson, James (2011) 'NathSampradaya.' In: Brill Encyclopedia of Hinduism Vol.3. Brill, pp.407-428
97- NathSampradaya' by Hazari Prasad Dwivedi, 1950, Publisher: Hindustan Academy, Uttar Pradesh, Allahabad
98- 'Goraknath and the Kanpatha Yogis' by George Weston Briggs, 1938, Publisher: Motilal Banarsidass Publishers
99- http:// www.gorakhnathmandir.in/mandir-nath-
100- http://yogigorakshnath.org/members-of-sampradya/
101- George Weston Briggs (1938), Gorakhnath and the Kanpatha Yogis, 6th Edition(2009 Reprint), MotilalBanarsidass.ISBN 978-8120805644
102- AK Banerjea (1983), Philosophy of Gorakhnath with Goraksha-Vacana-Sangraha, ISBN-978-8120805347, page 23-25
103- David Lorenzen (2006), Who Invented Hinduism, Yoda Press, ISBN 978-8190227261, pages 51-63.
104- George Weston Briggs (1938), Gorakhnath and the Kanpatha Yogis, 6th Edition(2009 Reprint), MotilalBanarsidass.ISBN 978-8120805644
105- AK Banerjea (1983), Philosophy of Gorakhnath with Goraksha-Vacana-Sangraha, ISBN-978-8120805347, page xli,307-312
106- Shri Gorakhnath Mandir Evam Gorakhpur kaltihas, Published by: Shri Gorakhnath Mandir
107- http:// 164.100.47.194/ Loksabha/ Members/Member Bioprofile.aspx
108- Rashtra Sant Mahant Advaidyanath, Published by Mahant Avaidyanath Trust
109- https:// swarajyamag.com/politics/
110- https:// www.youtube.com/watch
111- Bhishma Kukreti, 1984, Garhwal Ki Lok Kathayen, Binsar Prakashan

BLACK EAGLE BOOKS

www.blackeaglebooks.org
info@blackeaglebooks.org

Black Eagle Books, an independent publisher, was founded as a nonprofit organization in April, 2019. It is our mission to connect and engage the Indian diaspora and the world at large with the best of works of world literature published on a collaborative platform, with special emphasis on foregrounding Contemporary Classics and New Writing.

www.ingramcontent.com/pod-product-compliance
Lightning Source LLC
Chambersburg PA
CBHW020533080526
44583CB00013B/841
* 9 7 8 1 6 4 5 6 0 2 1 5 6 *